WEIN SELLER 2022

WERDVERLAG.CH

Schweizer Familie

Chandra Kurt

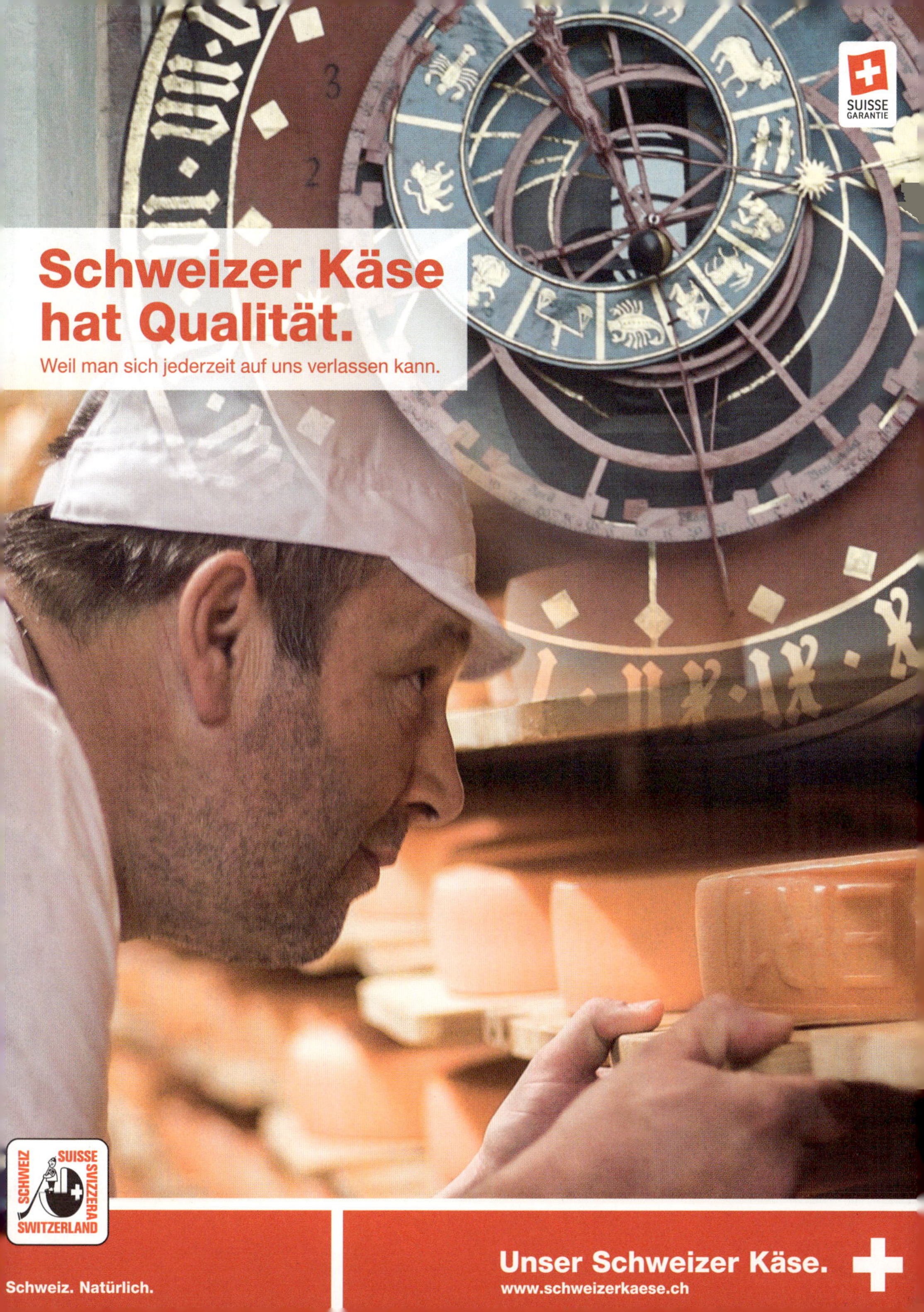
SUISSE GARANTIE
Schweizer Käse hat Qualität.
Weil man sich jederzeit auf uns verlassen kann.
SCHWEIZ SUISSE SVIZZERA SWITZERLAND
Schweiz. Natürlich.
Unser Schweizer Käse.
www.schweizerkaese.ch

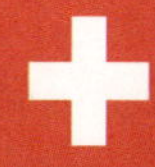

Delea
EXPOVINA WINE TROPHY
expovina
SILBER-DIPLOM
ZÜRICH 2021
GRAND PRIX DU VIN SUISSE
argent
2021
25°
CHARME
BRUT
delea.ch

Der Weinseller ist ein finanziell unabhängiger Einkaufsführer. Die Beiträge sind weder gesponsert noch finanziert. Die Idee zu diesem Buch ist vor über 20 Jahren geboren mit dem Ziel, im grossen Weinangebot des Schweizer Detailhandels und der Discounter eine Einkaufshilfe zu bieten. Fragen und Kommentare zum Weinseller können per E-Mail direkt an die Autorin gerichtet werden: office@chandrakurt.com

Alle Angaben in diesem Buch wurden vom Autor/Autorin nach bestem Wissen und Gewissen erstellt und von ihm/ihr und dem Verlag mit Sorgfalt geprüft. Inhaltliche Fehler sind dennoch nicht auszuschliessen. Daher erfolgen alle Angaben ohne Gewähr. Weder Autor/Autorin noch Verlag übernehmen Verantwortung für etwaige Unstimmigkeiten.

Chandra Kurt AG
Idee und Inhalt: Chandra Kurt, www.chandrakurt.com
Fotos Seiten 6, 12 und 13: Philipp Rohner, www.philipprohner.ch
Jacopo Salvi, www.fpro.it
Christoph Kern, www.christophkern.ch
Design und Layout: Headline, head-line.it

Werd & Weber Verlag AG
Lektorat: Alain Diezig, Werd & Weber Verlag AG
Korrektorat: Heinz Zürcher, Steffisburg
Satz: Julian Spycher, Werd & Weber Verlag AG

ISBN 978-3-03922-126-4

www.werdverlag.ch
www.weinseller.com

Der Verlag Werd & Weber wird vom Bundesamt für Kultur mit einem Strukturbeitrag für die Jahre 2021–2024 unterstützt.

Inhalt

Gute Weine.
Unter Freunden.
#tavolataVS
Schweiz. Natürlich.
SWISS WINE | OHNE WENN UND ABER
VALAIS
Wallis
lesvinsduvalais.ch
OCTANE

DOMAINE
Jean-René Germanier
BALAVAUD
Fendant

CHANDRA KURT

Chandra Kurt ist eine der führenden Weinautorinnen der Schweiz und hat mehr als zwanzig Bücher über Wein verfasst, darunter «Wine Tales», «Chasselas – Von Féchy bis Dézaley» oder «Château Monestier La Tour». Den «Weinseller» realisiert sie seit 1998.

Sie studierte Politikwissenschaft an den Universitäten Zürich und Lausanne sowie am Institute of Masters of Wine in London. Chandra schreibt für verschiedene nationale und internationale Publikationen zum Thema Wein und lancierte 2015 das Weinmagazin «Weinseller Journal». Sie ist Mitglied des Londoner «Circle of Wine Writers» und «Commandeur de l'Ordre des Vins Vaudois». 2021 erhielt sie den «Ehrenrebstock der Heidazunft.» Kurt wurde 1968 in Sri Lanka geboren, wo ihre Eltern im Auftrag des Smithsonian Institution das Leben Asiatischer Elefanten erforschten. Heute lebt sie in Zürich.

chandrakurt.com

Einleitung

Die Weintrends sind aktuell nicht nur von Covid geprägt, sondern auch von den klimatischen Einflüssen, die dieses Jahr besonders verheerende Spuren hinterlassen haben. Die gute Nachricht ist jedoch, dass Wein weiterhin eine grosse Beliebtheit geniesst, wenn auch der Konsum global leicht gesunken ist.

Als ob die Weinwelt durch die Pandemie nicht schon genug ins Stocken geraten wäre, hat dieses Jahr das Klima auch noch gezeigt, welch zerstörerische Folgen es für den Weinbau haben kann – und zwar mit Frost, Feuer, Wasser und Dürre. So biblisch das klingen mag, muss sich das Jahr 2021 für zahlreiche Winzer wie die Hölle angefühlt haben. Der Klimawandel ist keine Prognose mehr und wir erleben gerade den grössten önologischen Umbruch der Neuzeit. Er ist so massiv, weil er wie Covid global auftritt und jede Region anders darauf reagieren muss. Gleichzeitig wächst eine Generation von Weingeniessern heran, die gesünder und bewusster trinkt und grossen Marken misstrauisch gegenübersteht. Aber beginnen wir doch zuerst mit etwas Statistik. 2020 wurden weltweit rund 260 Millionen Hektoliter Wein produziert, wobei Italien (49,1 mhl), Frankreich (46,6 mhl) und Spanien (40,7 mhl) für 53 % der globalen Produktion verantwortlich

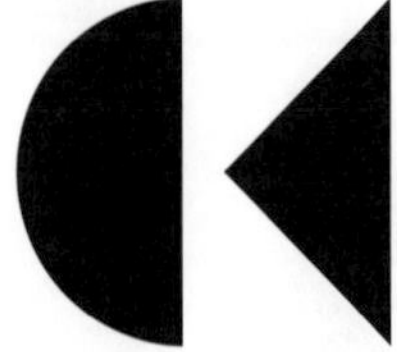

sind. Was den Verbrauch anbelangt, so ist dieser im Vergleich zum Vorjahr um 3 % gesunken und liegt jetzt bei 234 Millionen Hektoliter. Auch in der Schweiz wird etwas weniger Wein ausgeschenkt und wir geniessen pro Kopf 30,1 Liter Wein. Zum Vergleich: In Italien sind es 46,6 Liter, in Österreich 29,9 Liter und in Deutschland 27,5 Liter.

CO_2-Emission senken

Seit bald einem Jahrzehnt ist bekannt, dass die Produktion und der Transport der Weinflasche Verursacher der grössten CO_2-Emission ist. Aus diesem Grund wird nach Alternativen geforscht und es ist nur eine Frage der Zeit, bis die Weinflaschen leichter werden oder wir gar zum System der Mehrwegflaschen zurückfinden. Auch verschwinden mehr und mehr die Kapseln an den Flaschenhälsen und neue Verpackungsformen wie die Aludose tauchen parallel zum Einzug der Hard Seltzer auf. Lokaler Genuss ist nach wie vor hoch im Kurs mit dem Zusatz, dass vor allem jetzt die Generation Z auf Nachhaltigkeit und Bio setzt. Konventionellen Weinen steht die Greta-Generation skeptisch gegenüber, zumal jeder von ihnen für sie einen Vertreter von ungesund vinifizierten Weinen repräsentiert, die mit Pestiziden und Herbiziden behandelte Trauben enthalten und im Keller mit Zusatzstoffen und technologischen Tricks aufgemotzt worden sind. Wie wichtig biologischer und umweltfreundlicher Weinbau ist und noch mehr werden wird, hat auch das etablierteste publizistische Sprachorgan der Weinwelt anerkannt. Neu zeichnet Robert Parkers Wine Advocate Kellereien mit einem speziellen «Eco Distinction»-Label aus. Was für ein Statement und Impuls für die Weinwelt!

Parallel zum ökologischen «Gute Gewissen»-Wein entdeckt man neue Weine, die auf wenig Kalorien und wenig oder gar keinen Alkohol setzen. Und dass «vegan» auf dem Label steht, stört auch immer weniger.

Weinberg-Management

Auf einem ganz anderen Sektor der Weinwelt stehen grosse Änderungen bevor, und das ist im Weinberg selber. Winzer müssen ihren Sortenspiegel den neuen klimatischen Gegebenheiten anpassen, was wiederum zur Folge hat, dass gesetzlich regulierte Regionen wie etwa das Chianti Classico entweder ihre Regulierungen aktualisieren oder die Produktion von solchen Weinen mit einem DOC-Status langfristig nicht mehr möglich sein wird. Die Pflanzung in höhere, kühlere Lagen ist bereits in vollem Gange – auch werden neue Weinregionen im Norden plötzlich attraktiver, während es im Süden zu heiss oder trocken wird. Als Folge davon steigen auch immer mehr Winzer auf neue Traubensorten um, die gegen Klimastress resistent sind – sogenannte PiWi-Sorten, die gegen Sonnenbrand resistent oder beispielsweise auch gegen Mehltau gewappnet sind. Dies wird wiederum ein Problem für bekannte Weine wie Bordeaux oder Burgunder, zumal wir uns kaum vorstellen können, einen Burgunder ohne Pinot Noir und einen Bordeaux ohne Cabernet Sauvignon und Merlot zu geniessen. Interessant an dieser Diskussion ist, dass Griechenland zum Beispiel als älteste Weinregion Europas primär autochthone Sorten kultiviert, die eine unglaubliche genetische Präposition besitzen, extremes Wetter durchzuhalten. Das macht das Land zu einer hochspannenden neuen alten Weinregion, die es sich zu entdecken lohnt. Im Weinseller 2022 haben wir noch keinen Wein aus Griechenland, aber im Weinseller Journal werden wir uns diese Region in Zukunft näher anschauen.

Schweiz

Lob gebührt auch dem Schweizer Wein, der seit Beginn des Covid-Zeitalters agil und solidarisch aufgetreten ist – ganz abgesehen davon, dass der jetzt im Handel erhältliche 2020er-Jahrgang qualitativ hochwertig ist. Jetzt ist ein guter Zeitpunkt, sich einige Flaschen davon in den Keller zu legen. Der Absatz über den Onlinehandel ist explodiert, wie auch das Interesse, die Kellereien direkt zu besuchen und zu erleben, wo Wein herkommt und wer die Leute dahinter sind. Der Schock der Zeit hat viele gezwungen anzuhalten, etwas nachzudenken und sich neuen Gegebenheiten anzupassen. Solche Veränderungen mögen schwierig und unbequem erscheinen, aber sie sind notwendig und auf lange Sicht leichter zu akzeptieren als ein überhitzter Planet.

Statistik Schweiz

2020 beträgt die Schweizer Rebfläche 14 696 Hektaren und ist somit im Vorjahresvergleich rückläufig (–8 ha; –0,05 %). Die mit weissen Rebsorten bepflanzte Fläche macht 6427 ha (+41 ha) aus, während die mit roten Rebsorten bepflanzte Fläche 8269 ha beträgt (–49 ha). Die Fläche für weisse Rebsorten stellt 44 % der Gesamtfläche dar, jene für rote Rebsorten 56 %. Die Rebfläche des Kantons Wallis verringert sich um 29 ha und beläuft sich auf 4766 ha. Das Wallis ist jedoch weiterhin der grösste Weinbaukanton der Schweiz, gefolgt von den Kantonen Waadt mit 3787 ha (+13 ha) und Genf mit 1391 ha (–16 ha). Die Tessiner Rebfläche weitet sich um 31 ha aus und umfasst 1127 ha. In der Deutschschweiz verfügt der Kanton Zürich mit 608 ha (–6 ha) über die grösste Rebfläche, vor den Kantonen Schaffhausen mit 472 ha (–7 ha), Graubünden mit 423 ha (–0,5) und Aargau mit 386 ha (–0,6 ha).

Trotz eines weiteren Rückgangs im Jahr 2020 (–73 ha) bleibt Pinot Noir mit 3875 ha Rebfläche die meistangebaute Rebsorte in der Schweiz. Auch die mit Chasselas bepflanzte Rebfläche geht 2020 erneut zurück (–51 ha) und beträgt 3606 ha. Die bisher am dritthäufigsten angebaute Gamay-Traube verliert weiter an Fläche (–58 ha) und wird von der Merlot-Traube überholt (+39 ha). Auch andere Rebsorten sind weiter auf dem Vormarsch in der Schweiz. Hierzu zählen die weissen Rebsorten Heida (+20 ha), Sylvaner (+18 ha) und Petite Arvine (+16 ha).
Im 2020 konnten die Schweizer Winzerinnen und Winzer eine Weinernte von gut 83 Millionen Litern einfahren. Die Erntemenge liegt somit rund 13 % unter dem zehnjährigen Mittel und ist die zweitkleinste in den vergangenen zehn Jahren. Tiefer war nur noch die Ernte 2017, als der Frost den Trauben stark zusetzte. Die im 2020 importierte Menge an Weinen, Schaumweinen, Süssweinen, Weinspezialitäten, Mistellen und Traubenmosten beträgt gesamthaft rund 183 Millionen Liter (+4,5 Mio. Liter; +2,5 %). Wie in den Vorjahren wurde auch 2020 am meisten Wein aus Italien eingeführt (78 Mio. Liter; +2,5 %). (Quelle: BLW)

Zum Weinseller 2022
Der Weinseller stellt bereits seit 24 Jahren jedes Jahr eine Selektion des Kernsortiments des Schweizer Detailhandels vor. Dieses Jahr sind es insgesamt 580 Flaschen, von denen 167 aus der Schweiz stammen, was unser Land zum Hauptterroir der 2022er-Ausgabe macht. Noch nie haben wir so viele Weine aus heimischem Terroir präsentiert. Neben Weinen aus der Schweiz hat es im Buch primär Weine aus Italien, Frankreich Spanien und Portugal, die sich preislich zwischen Fr. 2.79 und Fr. 80.– bewegen. Besonders aufgefallen ist dieses Jahr, dass die Anzahl der Bioweine deutlich zugenommen hat. Sei das bei den Weiss-, Rot- oder auch Schaumweinen.

Wir haben den Weinseller auch optisch etwas aufgefrischt, ebenso wie unseren Online-Auftritt.

Ich wünsche Ihnen jetzt schon viel Vergnügen beim Entdecken der einen oder anderen Trouvaille und freue mich wie immer auf Feedback oder Anregungen: office@chandrakurt.com

Ihre
Chandra Kurt

Benützung des Buches

Reihenfolge der Detailhändler
Die Detailhändler sind alphabetisch geordnet aufgeführt:

Jeder Wein wurde für diese Ausgabe im Sommer 2021 neu verkostet.

Sortierung der Weine
Innerhalb der einzelnen Handelshäuser sind die Weine aufgeteilt in Weiss-, Rosé-, Rot-, Schaum- und Süssweine. In jeder Kategorie sind sie nach Ländern sortiert, wobei immer zuerst das Sortiment der Schweiz aufgelistet ist. Bei den Ländern wiederum sind die Weine nach dem Preis geordnet: der günstigste zuerst, der teuerste zuletzt.

Punkte-Skala
Die Bewertung der Weine orientiert sich an einer 20-Punkte-Skala. Viele Punkte sind ein Indiz für die Qualität einer Abfüllung – aber kein Garant dafür, dass man diesen Wein auch persönlich mag. Wie die Punkte zu verstehen sind, sehen Sie auf der nebenstehenden Seite.

Aufgefallen
Auf der Kapitelseite jedes Detailhändlers finden Sie fünf Weine, die aus unterschiedlichen Gründen positiv aufgefallen sind – sozusagen persönliche Highlights aus der diesjährigen Verkostung.

Weinseller-Statistik
Die grafisch aufgearbeiteten Daten geben Ihnen zu jedem Detailhändler einen Überblick über die Menge, die Länderzusammensetzung, die verkosteten Weine sowie zur Preisspanne des vorgestellten Sortiments.

Punkte-Skala

Punkte

19–20 Punkte	Topweine ihrer Art.	**19^{+}**
18 Punkte	Einmalige, komplexe und delikate Tropfen, die jede Geniesserseele erfreuen. Weine, die man sich unbedingt in den Keller legen sollte oder zumindest einmal probieren muss. Etwas für Kenner.	**18**
17 Punkte	Sehr schöne und empfehlenswerte Weine, mit denen man seine Freunde beeindrucken kann. Ein sicherer Kauf, der in der Regel etwas teurer ist.	**17**
16 Punkte	Schöne Weine, die jedes Abendessen und jede Party positiv umrahmen. Meistens sind sie gut balanciert, preislich attraktiv und sehr korrekt. Diese Tropfen eignen sich auch gut als Geschenke.	**16**
15 Punkte	Alltagswein. Gute Weine, die nicht speziell auffallen, aber gut ankommen. Sie sind nicht zu schwer, aber süffig und meist recht fruchtig. Preislich in der Regel sehr attraktiv.	**15**
14 Punkte	Einfacher Alltagswein. Nichts Besonderes, aber okay. Kostet in der Regel auch nicht viel.	**14**
Weine mit *	Bei Weinen mit einem Stern bei der Punktangabe handelt es sich um empfehlenswerte Schnäppchen, also sichere Käufe. Dieser Tipp beruht entweder auf dem speziellen Preis-Leistungs-Verhältnis oder auf einer wirklich erstaunlichen Qualität. Sterne wurden aber auch vergeben, wenn ein Wein aus einer sonst eher teuren Region nicht so viel kostet und seine Qualität trotzdem stimmt.	*****

Topweine 2021

Von den total 580 verkosteten Weinen haben es 77 in das Topweine-Ranking geschafft. Diese Weine haben mindestens 17,5 Punkte oder mehr erhalten. Der günstigste unter ihnen kostet Fr. 9.50 und der teuerste Fr. 80.–. Einige unter ihnen zählen seit Jahren zu Klassikern der einzelnen Kernsortimente und andere sind neu dazugekommen. Wir haben sie jeweils auch preislich in die drei Kategorien «Unter 15 Franken», «Unter 25 Franken» und «Über 25 Franken» eingeteilt.

VISIONARY, SINCE 1831

Punkte

18+

Unter 25 Franken

Fr. 17.50 Manor **Palomar Monastrell 2018,** Juan Gil, Jumilla DO 499

Über 25 Franken

Fr. 27.- Globus **Riesling x Sylvaner 2020,** Schiefer, Obrecht............... 255

Fr. 70.- Globus **Il Blu IGT 2018,** Brancaia, Toskana............................... 283

Fr. 80.- Globus **Champagne Blanc de Blancs,** Billecart-Salmon, Grand Cru 295

Punkte

18

Unter 15 Franken

Fr. 12.90 Volg **VOLGAZ! Vin Mousseux,** VOLG Weinkellereien, Halbtrocken............................... 667

Fr. 12.90 Manor **Domaine Le Petit Cottens 2020,** Réserve, Grand Cru de Luins, La Côte 441

Fr. 14.99 Aldi **LFE 900 2015,** Luis Felipe Edwards, Single Vineyard 75

Unter 25 Franken

Fr. 16.- Globus **Moscato d'Asti 2020,** La Baudria................................ 298

Fr. 16.95 Coop **Vallado 2019,** Quinta do Vallado, Naturaplan, DOC, Douro................. 181

Fr. 17.90 Volg **Stella d'Argento 2019,** Primitivo di Manduria DOC....... 651

Fr. 17.95 Manor **Fendant 2019,** Domaine des Muses, Valais AOC 446

Fr. 18.90 Manor **Château de Malessert 2019,** 1er Grand Cru, Féchy, Cave de La Côte, La Côte AOC.... 447

Fr. 20.- Denner **Heida 2020,** Château La Tour Goubing, Fleur de Clos, Chai du Baron, Valais AOC... 213

Fr. 22.90 Volg **Poggio Civetta 2019,** Bolgheri DOC............................ 653

Fr. 24.95 Coop **Heida 2020,** Maître de Chais, Provins, Valais AOC...... 129

Über 25 Franken

Fr. 27.90 Volg **Amarone della Valpolicella DOCG 2018,** Zeni............. 654

Fr. 32.50 Spar **Tête de Bélier 2017,** Château Puech-Haut, Languedoc 562

Fr. 44.90 Spar **Château Gloria 2018,** Saint-Julien................................ 564

Fr. 50.- Globus **Gagliole IGT 2016,** Colli della Toscana Centrale.......... 282

Fr. 55.- Globus **Obrecht Brut Nature Blanc,** Weingut Obrecht............ 290

Punkte

17.75

Unter 15 Franken

Preis	Händler	Wein	Seite
Fr. 12.90	Manor	**Melacce 2020,** Castello ColleMassari, Montecucco DOC	455

Unter 25 Franken

Preis	Händler	Wein	Seite
Fr. 21.95	Spar	**Château Monestier La Tour 2017,** Côtes de Bergerac AOC	558

Über 25 Franken

Preis	Händler	Wein	Seite
Fr. 29.95	Spar	**L'Avi Arrufi 2015,** Terra Alta DO, Celler Piñol	591
Fr. 30.–	Globus	**Le Macchiole DOC 2019,** Bolgheri Rosso, Toscana	279

Punkte

17.5

Unter 15 Franken

Preis	Händler	Wein	Seite
Fr. 9.50	Volg	**Mirada Moscato 2020,** Valencia DO	618
Fr. 9.80	Volg	**Salvagnin AOC Vaud 2020,** Feu Sacré, Cave Duprée	627
Fr. 9.95	Coop	**Marquês de Borba 2017,** Colheita, Naturaplan, DOC, Alentejo	180
Fr. 9.95	Volg	**Beaurempart 2020,** Grande Réserve, Pays d'Oc IGP	637
Fr. 9.99	Aldi	**Ronco di Sassi 2020,** Vino Bianco d'Italia	55
Fr. 9.99	Aldi	**Aglianico 2018,** Arrogantone, Limited Edition, Campagnia	84
Fr. 10.90	Volg	**Goldbeere Riesling-Silvaner 2020,** Ostschweiz, VOLG Weinkellereien	605
Fr. 12.50	Volg	**Marqués de Riscal 2020,** Verdejo, Rueda DO	619
Fr. 12.90	Volg	**Costalago 2019,** Rosso Veronese IGT, Zeni	646
Fr. 12.95	Coop	**Neuchâtel Blanc 2020,** Cave du Château d'Auvernier, AOC Neuchâtel	122
Fr. 13.50	Volg	**Oro Selección Solitario 2018,** Toro DO, Mähler-Besse	660
Fr. 14.90	Volg	**G Cuvée 2020,** Prestige, VOLG Weinkellereien	631
Fr. 14.95	Coop	**Roma 2018,** Terre Domiziane, Roma DOC	171
Fr. 14.95	Spar	**Moscato d'Asti 2020,** Bricco del Sole, Cascina La Morandina	597

Unter 25 Franken

Preis	Händler	Wein	Seite
Fr. 15.90	Volg	**Ripasso Valpolicella 2019,** Superiore, DOC, Zeni	650
Fr. 16.95	Spar	**Œil-de-Perdrix 2020,** Cave du Château d'Auvernier	541
Fr. 17.50	Coop	**Bansella 2018,** Prunotto, DOCG, Nizza	175
Fr. 17.80	Volg	**Heida 2020,** Cave Valcombe, Valais AOC	613
Fr. 17.90	Manor	**ColleMassari 2017,** Rosso Riserva, Montecucco	482
Fr. 17.90	Volg	**Malans Steinböckler Pinot Noir 2020,** AOC Graubünden, VOLG Weinkellereien	633
Fr. 17.95	Spar	**Crémant de Bourgogne Brut,** Blanc de Blancs, Pascal Arnoux	593
Fr. 18.–	Globus	**Finca Resalso 2019,** Ribera del Duero, Emilio Moro	285

Punkte

17.5

Preis	Händler	Wein	Seite
Fr. 19.95	Manor	**Museum Real 2015,** Reserva DO, Cigales	500
Fr. 19.95	Coop	**Alimo 2017,** Cusumano, DOC, Sicilia	178
Fr. 19.95	Coop	**Portia Prima 2018,** La Encina, Ribera del Duero	186
Fr. 19.95	Spar	**Valpolicella Ripasso Manfro 2018,** Famiglia Castagnedi, Tenuta Sant'Antonio	571
Fr. 19.99	Aldi	**Durante 2019,** Toscana Rosso	90
Fr. 19.90	Volg	**Fincas Valdemacuco 2017,** Crianza, Valdemar, Ribera del Duero DO	663
Fr. 21.95	Coop	**Château Saint-André 2020,** AOC, Châteauneuf-du-Pape	167
Fr. 23.-	Globus	**Rioja Ramón Bilbao 2017,** Edicion Limitada, Crianza	286
Fr. 24.90	Manor	**Dea Vulcano 2018,** Donnafugata, Etna Rosso DOC	485
Fr. 24.90	Manor	**Post Scriptum 2019,** De Chryseia, Douro DOC	494
Fr. 24.95	Spar	**Châteauneuf-du-Pape 2015,** Réserve de Léonie	559

Über 25 Franken

Preis	Händler	Wein	Seite
Fr. 26.50	Spar	**Abadia Retuerta 2016,** Selección Especial, Sardon de Duero	590
Fr. 27.95	Spar	**Das Phantom 2018,** K+K Kirnbauer, Burgenland	582
Fr. 28.95	Spar	**Edizione 2018,** Cinque Autoctoni, Fantini	576
Fr. 30.-	Globus	**Gagliole Il Bianco IGT 2019,** Gagliole, Toscana	259
Fr. 30.-	Globus	**Grüner Veltliner 2020,** Federspiel, Ried Kreutels, Weingut Knoll	261
Fr. 32.-	Globus	**Primitivo Cento su Cento IGT 2018,** Castel di Salve, Salento	280
Fr. 34.95	Spar	**Champagne Lacourte-Godbillon,** Brut, 1er Cru, Terroirs d'Ecueil	594
Fr. 34.95	Coop	**Châteauneuf-du-Pape 2017,** Château Mont-Redon	168
Fr. 35.-	Globus	**Dézaley 2019,** Chemin de Fer, Luc Massy	256
Fr. 35.-	Globus	**The Chocolate Block 2019,** Boekenhoutskloof	287
Fr. 37.90	Manor	**Chianti Classico 2016,** Riserva, Tenuta Perano, Frescobaldi	491
Fr. 39.90	Globus	**Pannobile 2017,** Weingut Heinrich, Burgenland	284
Fr. 40.-	Globus	**Château de Selle 2020,** Domaines Ott, Côte de Provence	268
Fr. 40.-	Globus	**Quercegobbe Merlot Rosso IGT 2018,** Toscana	281
Fr. 41.90	Manor	**Champagne Drappier,** Brut Nature	504
Fr. 45.-	Globus	**Chardonnay 2020,** Obrecht	257
Fr. 49.95	Coop	**Champagne Pommery Rosé,** Brut	193
Fr. 54.95	Spar	**Brunello di Montalcino 2015,** Canalicchio di Sopra, Toskana	581
Fr. 55.-	Globus	**Champagne Billecart-Salmon,** Brut Réserve	293
Fr. 79.90	Manor	**Champagne Billecart-Salmon Rosé,** Brut	507

Volg

Weinseller-Statistik

580 Verkostete Weine

293 Rotweine
167 Weissweine
61 Schaumweine
47 Roséweine
12 Süssweine

15 Länder

WICHTIGSTE LÄNDER

Land	Anzahl
Schweiz	167
Italien	164
Frankreich	104
Spanien	62
Portugal	18
USA	16
Österreich	14

SCHWEIZER REGIONEN

Region	Anzahl
Wallis	58
Waadt	57
Deutschschweiz	29
Tessin	12
Drei-Seen-Land	9
Genf	2

ALTE VERSUS NEUE WELT

	Anzahl
Alte Welt (Europa)	537
Neue Welt (Amerika, Argentinien, Australien, Chile, Neuseeland, Südafrika)	43

00.– 10.– 20.– 30.– 40.– 50.– 60.– 70.– 80.–

von **2.79** bis **80.–** Franken

151
Weine zwischen 5 und 10 Franken

146
Weine zwischen 10 und 15 Franken

112
Weine zwischen 15 und 20 Franken

ALDI «EINFACH ALDI»

Der Discounter Aldi ist seit 2005 in der Schweiz aktiv. Sein Ursprung liegt in Deutschland, wo 1913 im Ruhrgebiet der erste kleine Lebensmittelladen eröffnet wurde. 1960 hatte Aldi bereits über 300 Filialen zwischen dem Ruhrgebiet und Aachen. Aus dem florierenden Familienunternehmen entwickelten sich zwei eigenständige, erfolgreiche Unternehmensgruppen: Aldi Süd und Aldi Nord. Aldi Suisse ist Teil von Aldi Süd.

Auf den folgenden Seiten stellen wir das Kernsortiment vor. Besonders wichtig sind dabei Weine aus der Schweiz und Italien. Der Trend von Bioweinen hat weiter zugenommen. Interessant auch einige neue Blockbuster-Weine aus dem Süden Italiens wie etwa der Aglianico – also gute Pendants zum populären Primitivo. Sehr zu empfehlen auch die 2020er Chasselas-Weine, deren Qualität top ist.

VINOTECA.ALDI.CH

Verkostungs-Statistik Aldi

67 verkostete Weine, davon 33 Rotweine

13 Anzahl Länder

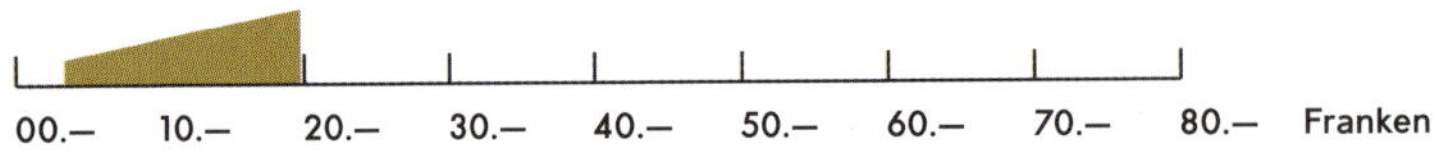

von **2.79** bis **19.89**

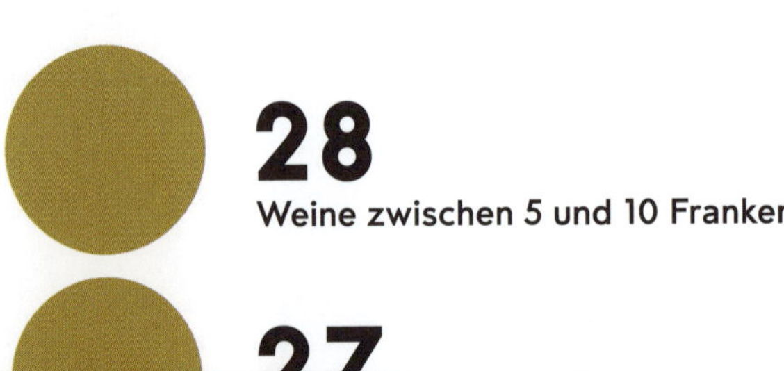

28

Weine zwischen 5 und 10 Franken

27

Weine unter 5 Franken

Aufgefallen

Punkte
16.5*

FR. **5.89** SEITE **36**

LA CÔTE 2020
LES ETERNELLES, LA CÔTE AOC
CAVE BOURGEOISE

Punkte
17.5*

FR. **9.99** SEITE **84**

AGLIANICO 2018
ARROGANTONE
LIMITED EDITION, CAMPAGNIA

Punkte
16.25*

FR. **9.99** SEITE **92**

FLAT LAKE 2020
HILLINGER
CUVÉE ROT

Punkte
17*

FR. **5.99** SEITE **104**

MOSCATO D'ASTI 2020
VILLA GARDUCCI

Punkte
16.5*

FR. **19,89** SEITE **98**

CHAMPAGNE JACQUES LORENT
GRANDE RÉSERVE, BRUT

Punkte

16.5*

SCHWEIZ

WEISSWEIN

PREIS FR. 5.89

LA CÔTE 2020
LES ETERNELLES, LA CÔTE AOC
CAVE BOURGEOISE

Auch der neue Jahrgang ist eine Trouvaille der Linie Les Eternelles. Es handelt sich um den Basiswein, der erst noch etwas günstiger geworden ist. In der Stilistik ist er etwas intensiver als noch der 2019er und aromatisch komplexer – was ich hervorragend finde. Noten von reifen Birnen, Honig und Quitte sind zentral, wie auch eine apflige Frische im Abgang. Toller Haus-Chasselas, von dem es sich lohnt, ein paar Kartons in den Keller zu stellen. Natürlich ist das kein Lagerwein, aber die perfekte Erfrischung – oder Einstimmung auf den Abend.

TRINKREIFE JETZT GENIESSEN
PASST ZU APÉRO, FISCHSTÄBCHEN, KÄSESCHNITTE, BRATWURST, KALTER PLATTE, FONDUE
SERVICETIPP BEI 8–10 °C SERVIEREN
ALKOHOLWERT 12,5 %

SWISS WINE

SCHWEIZ

Punkte

15.25

WEISSWEIN

PREIS FR. 5.89

FENDANT DU VALAIS 2020
WEINWELT SCHWEIZ
VALAIS AOC

Ein Topseller des Aldi-Sortiments. Ein sicherer Wert, wenn der Weisse einfach und trocken sein sollte. Im Vergleich zum 2019er frischer, süffiger und perfekt gegen den Durst. Er ist nicht so intensiv und komplex wie der La Côte, der gleich teuer ist, dafür ist er in der Aromatik etwas exotischer und schlanker. Perfekt für den Apéro, das Picknick oder den Jass-Abend. Basiswein zu einem Basispreis. Kein Lagerwein.

TRINKREIFE JETZT GENIESSEN
PASST ZU APÉRO, SÜSSWASSERFISCH, KÄSEGERICHTEN, QUICHE, GEFLÜGEL, TRUTHAHN
SERVICETIPP BEI 8–10 °C SERVIEREN
ALKOHOLWERT 12,5 %

SCHWEIZ

Punkte

16.5*

WEISSWEIN

PREIS FR. 6.49

MONT-SUR-ROLLE 2020
CAVE DE BELLECOUR
LA CÔTE AOC

Auch hier ist das Preis-Leistungs-Verhältnis top. Dieser Chasselas ist aromatisch bunt, frivol, süffig und fast schon etwas aromatisch (in der Regel sind die Basis-Chasselas-Weine eher neutral). Lockerer Genuss vom ersten bis zum letzten Schluck mit Noten von Honig, Rosen und Quittenparfait. Der neue Jahrgang ist von einem neuen Abfüller und trotz seines tiefen Preises qualitativ noch interessanter geworden. Auch wenn er etwas auf der aromatisch-verführerischen Seite daherkommt, ist das ein toller Wein, um eine neue Chasselas-Generation zu gewinnen. Stilistisch ist er viel moderner und selbstsicherer. Easy drinking vom Genfersee.

TRINKREIFE JETZT GENIESSEN
PASST ZU APÉRO, FONDUE, VEGETARISCHEN GERICHTEN, FORELLE, KÄSESCHNITTE, SUSHI
SERVICETIPP BEI 8–10 °C SERVIEREN
ALKOHOLWERT 12 %

Punkte

15.5

SCHWEIZ

WEISSWEIN

PREIS FR. 6.49

RIESLING SILVANER 2020 LANDWEIN, OSTSCHWEIZ CAVE BELMUR

Ein leichtfüssiger Ostschweizer Apérowein mit zurückhaltender, leicht exotischer Aromatik. Er strahlt in blassem Gelb und duftet einladend frisch nach Limetten-, Muskat- und Rosennoten. Im Gaumen trocken und gleichzeitig delikat fruchtig. Im Abgang Noten von gekühltem Limettensaft. Kühlen und trinken. Kein Lagerwein. Nach wie vor einer der günstigsten Riesling-Silvaner-Weine auf dem Markt, der mit dem neuen Jahrgang eine Spur dynamischer und frischer daherkommt. Perfekt gegen den Durst und wenn einem der Chasselas zu wenig aromatisch ist.

TRINKREIFE JETZT GENIESSEN
PASST ZU APÉRO, FORELLENFILET, BLÄTTERTEIGGEBÄCK, CROSTINI MIT GEMÜSE, GEFLÜGEL, SPARGELN
SERVICETIPP BEI 8–10 °C SERVIEREN
ALKOHOLWERT 12 %

Punkte

16*

SCHWEIZ

WEISSWEIN

PREIS FR. 6.99

CHASSELAS BIO 2020
NATURE SUISSE BIO
CAVE DE LA CÔTE

2020 war in vieler Hinsicht ein spezielles Jahr – auch für die Weinwelt. Fest steht, dass im Schweizer Detailhandel zahlreiche der Schweizer 2020er-Abfüllungen qualitativ nicht nur besser sind (vor allem im Basissegment), sondern auch einige Preise gesunken sind – wie in diesem Fall. Dieser Biowein kostet im Vergleich zum 2019er einen Franken weniger und qualitativ ist er mehr oder weniger auf demselben Niveau. Noten von Honig, Golden-Delicious-Apfel und etwas Muskat sind zu erkennen, wie auch etwas Limettensorbet und Hefe. Toller Hauswein, der nicht nur gut für das Gewissen ist, sondern auch für den Spontan-Apéro. Kühlen, aufschrauben und die Güte unserer Hauptweissweinsorte geniessen.

TRINKREIFE JETZT GENIESSEN
PASST ZU APÉRO, FISCHSTÄBCHEN, KÄSESCHNITTE, VEGETARISCHEN GERICHTEN, HÄPPCHEN, SUSHI
SERVICETIPP BEI 8–10 °C SERVIEREN
ALKOHOLWERT 11,7 %

SCHWEIZ

Punkte

15.25

WEISSWEIN

PREIS FR. 7.89

PANORAMA 2019 ASSEMBLAGE BLANC VIN DE PAYS ROMAND

Frivol, extrovertiert und bunt-schmelzig. Dieser Wein zelebriert weniger das Terroir als vielmehr die Stilistik. Und die ist cremig-intensiv. Schrill wie ein Kostüm des Eurovision Song Contest. Hat klar eine moderne Ader. Wem die Chasselas-Weine zu schlank oder klassisch sind, schenkt sich besser hiervon ein Glas ein. Aromatisch wird der Gaumen hier mit kandierten Früchten, die im Honig baden, konfrontiert. Kleiner Waadtländer Blockbuster-Unterhaltungswein.

TRINKREIFE JETZT GENIESSEN
PASST ZU GRILLADEN VOM GEFLÜGEL UND KALB, SPARERIBS, PIZZA, PASTAGERICHTEN, PAELLA
SERVICETIPP BEI 8–10 °C SERVIEREN
ALKOHOLWERT 13 %

Punkte

15.5

SCHWEIZ

WEISSWEIN

PREIS FR. 8.39

FÉCHY 2020
LES ETERNELLES, LA CÔTE AOC
CAVE BOURGEOISE

Der neue Jahrgang ist weniger floral als noch der 2019er, aber ebenso süffig. Noten von Honig, Birnenkompott und etwas weissen Blüten sind zentral. Ist etwas bodenständiger und kerniger. Dennoch kann ich nur sagen: kühlen, aufschrauben und zu Häppchen servieren, wie aber auch zu Schweizer Küchenklassikern.

TRINKREIFE JETZT GENIESSEN
PASST ZU APÉRO, FONDUE, VEGETARISCHEN GERICHTEN, FORELLE, KALTER PLATTE, SUSHI
SERVICETIPP BEI 8–10 °C SERVIEREN
ALKOHOLWERT 12,2 %

SCHWEIZ

Punkte

16*

WEISSWEIN

PREIS FR. 8.99

EPESSES 2020
CAVE DE BELLECOUR
LAVAUX AOC

Der neue Jahrgang bringt eine neue Stilistik mit sich. Er ist frischer, aromatischer und auch charmanter. Noten von exotischen Blüten, Honig und Ingwergebäck sind zentral. Leicht in der Art und herrlich gegen den Durst. Ein Schweizer Chasselas-Klassiker, den man immer im Kühlschrank bereit haben sollte. Perfekter Apérowein, der perfekt zu Schweizer Käse passt. Ideal, wenn der Weisse eher trocken und süffig sein sollte. Preislich für einen Epesses natürlich sehr günstig.

TRINKREIFE JETZT GENIESSEN
PASST ZU APÉRO, FISCH, KÄSE, EXOTISCHEN VORSPEISEN, FITNESSTELLER MIT GEFLÜGEL, QUICHE
SERVICETIPP BEI 8–10 °C SERVIEREN
ALKOHOLWERT 12 %

Punkte

16

SCHWEIZ

WEISSWEIN

PREIS FR. 8.99

CUVÉE DES ALPES 2020 GRANDE CUVÉE BLANCHE VIN DE PAYS SUISSE

Ein Franken günstiger und qualitativ ein grosser Sprung nach vorne – was will man mehr. Assemblage aus Chasselas, Chardonnay, Amigne, Malvoisie, Petite Arvine und Muscat – also eine bunt aromatische Schweizer Traubenmischung. Klar auf der modernen, spassigen Seite, aber sehr schön umgesetzt. Auch hier profitieren wir wieder vom verrückten Jahr 2020. Hat Schmelz, Fülle, Unterhaltungswert und auch eine schöne aromatische Balance. Bunt wie ein Regenbogen mit einem süss-fruchtigen Schmelz im Abgang und Noten von Mandarinensorbet, Melone, Honig, Papaya und etwas Birne.

TRINKREIFE JETZT GENIESSEN
PASST ZU APÉRO, FORELLENFILET, BLÄTTERTEIGGEBÄCK, GEFLÜGEL, GRILLADEN VOM FISCH, VEGETARISCHEN GERICHTEN, PIZZA
SERVICETIPP BEI 8–10 °C SERVIEREN
ALKOHOLWERT 13 %

SCHWEIZ

Punkte

14.5

WEISSWEIN

PREIS FR. 9.89

BIANCO DI MERLOT 2019 TICINO DOC CANTINA SOCIALE MENDRISIO

Ein Jahr nach der letzten Verkostung etwas zurückhaltender in der Aromatik. Sehr süffig und leicht, wobei er Noten von Limetten, Rhabarber und etwas Apfel offenbart. Easy drinking und gradlinig. Ein Weisswein, den man ruhig auch on the rocks geniessen kann. Kein Wein der grossen Worte. Spezialität aus dem Tessin, zumal kaum eine andere Weinregion aus Merlot Weisswein vinifiziert. Daher ist er preislich immer etwas teurer als zum Beispiel ein Chasselas.

TRINKREIFE JETZT GENIESSEN
PASST ZU GRILLADEN VOM FISCH, ANTIPASTI, RISOTTO, APÉRO
SERVICETIPP BEI 8–10 °C SERVIEREN
ALKOHOLWERT 12,4 %

SCHWEIZ

Punkte

15.75

WEISSWEIN

PREIS FR. 9.89

JOHANNISBERG 2020
WEINWELT SCHWEIZ
VALAIS AOC

Modern, üppig und etwas frischer als noch der 2019er. Aber sicher die richtige Wahl, wenn der Chasselas zu leicht und der Petite Arvine zu aromatisch ist. Der Johannisberg ist ein Gaumenschmeichler mit barocker Fülle und Aromen, die an kandierte Früchte, Honig, Birnenkompott und etwas Rosennektar denken lassen. Er ist herrlich für sich allein oder als Begleitung zu kräftigen Gerichten mit Geflügel, Kalb oder Fisch. Die Walliser geniessen dazu sicher auch Käse. Die Traubensorte Johannisberg (auch Sylvaner- oder Silvanerrebe genannt) stammt wahrscheinlich aus Österreich oder Transsilvanien (Siebenbürgen). Im Wallis ist sie seit Mitte des 19. Jahrhunderts anzutreffen. Interessant an dieser Sorte ist, dass daraus verschiedene Weine vinifiziert werden können – von trocken bis süss.

TRINKREIFE JETZT GENIESSEN
PASST ZU GEFLÜGEL, KALBFLEISCH, LOUP DE MER, KÄSEGERICHTEN, GEMÜSELASAGNE
SERVICETIPP BEI 10–12 °C SERVIEREN
ALKOHOLWERT 13,5 %

Punkte

17*

SCHWEIZ

WEISSWEIN

PREIS FR. 10.49 (7 dl)

ST-SAPHORIN 2020
CAVE BOURGEOISE
LAVAUX AOC

Wow – dieser St-Saphorin kommt in meinen Kühlschrank. Er ist herrlich aromatisch, dynamisch und sehr süffig. Auch hier wieder ein Beispiel, dass man beim 2020er-Jahrgang besonders bei den Basisweinen super Entdeckungen machen kann. Noten von weissen Blüten, Honig, Melone und Mandarinenschalen sind zu erkennen. Er trinkt sich fast von selbst, so delikat und frisch fliesst er den Hals hinunter. Ein St-Saphorin kostet immer etwas mehr, aber wer einmal in diesem Weingebiet die steilen Weinberge rauf- oder runtergelaufen ist, versteht schnell, warum das so ist. St-Saphorin ist zudem Teil der Unesco-geschützten Weinbauregion Lavaux.

TRINKREIFE JETZT GENIESSEN
PASST ZU SÜSSWASSERFISCH, KÄSEGERICHTEN, GEFLÜGEL, QUICHE, RISOTTO AL LIMONE, KRUSTENTIEREN
SERVICETIPP BEI 8–10 °C SERVIEREN
ALKOHOLWERT 12,5 %

SCHWEIZ

Punkte

16.25*

WEISSWEIN

PREIS FR. 11.49

PETITE ARVINE 2020
CAVE BELMUR

Frisch, saftig und limitiert. Petite Arvine ist wie Heida eine Walliser Weinspezialität, die aus einer autochthonen Sorte, also einer einheimischen Sorte vinifiziert wird. Im Vergleich zum Heida geht der Petite Arvine in der Stilistik in eine ganz andere Richtung. Er ist frischer, dynamischer und saftiger. In der Aromatik Noten von Fleur de Sel, Honig und Quittenparfait. Ein fröhlicher Weisswein, der für gute Laune sorgen wird. Petite Arvine geniesst auch den Übernamen der «önologischen Alpenperle». Der neue Jahrgang ist rassiger und fliesst daher noch schneller den Hals hinunter.

TRINKREIFE JETZT GENIESSEN
PASST ZU APÉRO, KÄSEGERICHTEN, SCHLACHTPLATTE, CHINESISCHER KÜCHE, CURRY, GEFLÜGEL, FISCH
SERVICETIPP BEI 8–10 °C SERVIEREN
ALKOHOLWERT 13 %

Punkte

17

SCHWEIZ

WEISSWEIN

PREIS FR. 12.49

AIGLE 2020
LES ETERNELLES, CHABLAIS AOC
CAVE BOURGEOISE

Elegant und klassisch vom ersten bis zum letzten Schluck. Neu in diesem Kapitel und ein etwas gehaltvollerer Chasselas. Er passt sowohl zum Apéro, wie aber auch zu Vorspeisen und Fischgerichten. Noten von weissen Blüten, Honig, Minze und reifen Melonen sind zentral. Hat eine schöne Gaumenfülle, ohne zu schwer zu wirken. Man fühlt, dass die Trauben viel Wärme genossen haben, da er im Vergleich zum St-Saphorin eine Spur opulenter ist. Solide, klassisch und schweizerisch.

TRINKREIFE JETZT GENIESSEN
PASST ZU APÉRO RICHE, SÜSSWASSERFISCH, KÄSEGERICHTEN, GEFLÜGEL, QUICHE, RISOTTO AL LIMONE, VEGETARISCHER KÜCHE
SERVICETIPP BEI 8–10 °C SERVIEREN
ALKOHOLWERT 12,2 %

SCHWEIZ

Punkte

15.5

WEISSWEIN

PREIS FR. 12.95

HEIDA/PAÏEN 2019
CAVE DES BIOLLES

Ein Jahr nach der letzten Verkostung reifer und schmelziger. Ist nach wie vor sehr aromatisch und lässt an Muskat, Rosen und kandierte Äpfel denken. Gemütlicher Weisswein, der sortentypisch und aromatisch üppig auffällt. Perfekt, wenn man nach einem Chasselas einen intensiveren Schweizer Weisswein sucht. Païen ist übrigens die Bezeichnung für Heida im Unterwallis (also im französischsprachigen Teil des Wallis). Diese Walliser Spezialität geniesst man besser zu einem aromatisch expressiven Gericht. Auch gut zu exotischer Küche.

TRINKREIFE JETZT GENIESSEN
PASST ZU NASI GORENG, FONDUE, KÄSEGERICHTEN, EXOTISCHER KÜCHE, CURRY, SATAY-SPIESSCHEN, GRILLADEN VOM FISCH, SPARERIBS
SERVICETIPP BEI 8–10 °C SERVIEREN
ALKOHOLWERT 13,5 %

Punkte

15

FRANKREICH

WEISSWEIN

PREIS FR. 5.99

LA FERME JULIEN 2020 BLANC

Easy drinking und Dolce-Far-Niente-Stimmung in einem. Neu in diesem Kapitel und ein klassischer Unterhaltungswein. Preislich ein Hit und aromatisch auf der bunten, unbekümmerten Seite. Offenbart Noten von saftigen Früchten wie Aprikosen, Quitten und Mandarinen. Im Gaumen mittelschwer und sehr zugänglich. Das bunte Glas Weisswein aus Frankreich. Gut für die Garten- oder Studentenparty.

TRINKREIFE JETZT GENIESSEN
PASST ZU TAPAS, APÉRO, KRUSTENTIEREN, SPAGHETTI ALLE VONGOLE
SERVICETIPP BEI 8–10 °C SERVIEREN
ALKOHOLWERT 13 %

Punkte

14.75

FRANKREICH

WEISSWEIN

PREIS FR. 8.95

GEWÜRZTRAMINER 2020 HUBSTER

Ein neuer Wein im Frankreichsortiment, mit dem man gut in die Welt der aromatischen Gewürztraminer einsteigen kann. Noten von Rosen, Muskat und Honig sind sowohl in der Nase wie auch im Gaumen erkennbar. Kommt eher auf leisen Sohlen daher, fällt aber wegen seiner expressiven Aromatik sehr auf. Ein Basis-GT, der in jungen Jahren zu geniessen ist und mit dem Lagern nicht besser wird. Ideal zu exotisch aromatischer Küche.

TRINKREIFE JETZT GENIESSEN
PASST ZU TARTE FLAMBÉE, GERÄUCHERTER WURST, ZWIEBELSUPPE, SAUERKRAUT, INDISCHEM CURRY, APÉRO
SERVICETIPP BEI 8–10 °C SERVIEREN
ALKOHOLWERT 14 %

Punkte

15.5*

ITALIEN

WEISSWEIN

PREIS FR. 5.99

TREVENEZIE 2020
SAN ZENONE
IGT

Der neue Jahrgang wurde von Bianco delle Venezie in Trevenezie umgetauft. Ansonsten ist er verlässlich wie eh und je. Dieser Weisse geht in die Kategorie der süffigen und spassigen Alltagsweine. Kurz: ein Top-Basis-Wein. Er ist wohl etwas fruchtiger als auch schon, aber man erkennt primär Noten von weissen Pfirsichen, Rhabarber, Honig und Lilien. Wein für den Notvorrat oder wenn man Lust auf ein unkompliziertes Glas Wein hat, über das man nicht gross nachdenken muss. Easy und spassig. Auch on the rocks zu servieren.

TRINKREIFE JETZT GENIESSEN
PASST ZU APÉRO, ANTIPASTI, PASTA, FISCH, VEGETARISCHEN GERICHTEN, EXOTISCHEN VORSPEISEN, KRUSTENTIEREN, GRILLADEN VOM FISCH, PIZZA ALLE VONGOLE, RISOTTO, GEFLÜGEL
SERVICETIPP BEI 8–10 °C SERVIEREN
ALKOHOLWERT 12,5 %

Punkte

15.25

ITALIEN

WEISSWEIN

PREIS FR. 5.99

GRANDE ALBERONE BIANCO 2020
TERRE SICILIANE IGP

Der neue Jahrgang ist eher auf der trockenen Seite und weniger extrovertiert als auch schon. Der weisse Bruder des äusserst erfolgreichen gleichnamigen Rotweins. Wurde aus Chardonnay, Catarratto und Inzolia vinifiziert und duftet nach weissen Blüten, Honig und weissem Pfirsichsaft. Im Gaumen dann schmelzig mit Aromen von Honig, Ananassaft und Mandarinen. Moderner und spassiger Gaumenplausch. Es lebe die bunte Weinwelt, die perfekt zur Convenience-Küche passt. Preislich ein unglaubliches Schnäppchen.

TRINKREIFE JETZT GENIESSEN
PASST ZU APÉRO, EXOTISCHER KÜCHE, GEFLÜGEL, GRILLADEN VOM FISCH, HAMBURGER
SERVICETIPP BEI 8–10 °C SERVIEREN
ALKOHOLWERT 13 %

Punkte

17.5*

ITALIEN

WEISSWEIN

PREIS FR. 9.99

RONCO DI SASSI 2020 VINO BIANCO D'ITALIA

Auch der neue Jahrgang ist ein Coup de cœur von mir – und einer der besten Weissweine des Aldi-Kapitels. Aus den Sorten Chardonnay, Verdeca, Fiano und Malvasia vinifiziert. Auf dem Etikett steht zudem «Authentic Italian Southern Experience». Klar modern und klar etwas muskulös. Noten von Quitten, weissem Pfirsich und Honig sind dominant – es kommt auch etwas Minze und Limettensaft dazu. Ein gefährlich süffiger Weisser, von dem man ruhig ein paar Flaschen gekühlt bereitstellen kann – vorausgesetzt, man hat gerne bunte, geschminkte Weine, die im Gaumen so richtig loskrachen. Hier hat es viel Verstärker im Motor, daher der perfekte Wein für einen «Fast and the Furious»-Abend oder zumindest einen Blockbuster mit Muskelprotz Dwayne Johnson.

TRINKREIFE JETZT GENIESSEN
PASST ZU FISCH, GEFLÜGEL, WIENERSCHNITZEL, CORDON BLEU, APÉROHÄPPCHEN
SERVICETIPP BEI 8–10 °C SERVIEREN
ALKOHOLWERT 13 %

Punkte

16.25*

NEUSEELAND

WEISSWEIN

PREIS FR. 7.49

SAUVIGNON BLANC 2020 MARLBOROUGH

Wow – eine absolute Entdeckung, und das zu diesem Preis. Sicher der beste Sauvignon Blanc, den wir je bei Aldi verkostet haben. Klirrend frisch und pur in seiner expressiven Sauvignon-Aromatik. Noten von Limetten, Rosen, Ingwersorbet und Passionsfrucht sind zentral. Eisgekühlt serviert, haben Sie hier einen der charismatischsten Weine dieses Kapitels. Vorausgesetzt, man mag expressive Weine wie diesen. Das pure Gegenteil eines Chardonnay oder Chasselas zum Beispiel. Ich würde diesen Wein sogar dekantieren und dann ausschenken und erst später verraten, zu welchem Schnäppchenpreis es diesen Neue-Welt-Wein gibt.

TRINKREIFE JETZT GENIESSEN
PASST ZU APÉRO, SOMMERSALATEN, SPARERIBS, GEFLÜGEL, FISCHGERICHTEN, FRÜHLINGSROLLEN, FISCHCARPACCIO, PASTA AL LIMONE, CAESAR SALAD
SERVICETIPP BEI 8–10 °C SERVIEREN
ALKOHOLWERT 12,5 %

Punkte

16*

ÖSTERREICH

WEISSWEIN

PREIS FR. 6.99

WEISSBURGUNDER 2020
SÜDSTEIERMARK

Neu in diesem Kapitel und ein süffig-saftiger Weissburgunder aus der Steiermark. Aus diesem österreichischen Weinbaugebiet stammen zahlreiche besonders frische und knackige Weissweine. Dieser Weissburgunder duftet nach weissen Blüten, Honig und Melone. Im Gaumen dann saftig, zugänglich und herrlich frisch. Perfekt für den Apéro, leichte Häppchen oder das gesellige Zusammensein. Ist jetzt schön trinkreif und ideal, wenn der Weisse nicht zu aromatisch sein sollte.

TRINKREIFE JETZT GENIESSEN
PASST ZU APÉRO, ANTIPASTI, TAPAS, FISCH, KRUSTENTIEREN, GEFLÜGEL, HÄPPCHEN, SPARGELN
SERVICETIPP BEI 8–10 °C SERVIEREN
ALKOHOLWERT 12,5 %

Punkte

16*

ÖSTERREICH

WEISSWEIN

PREIS FR. 7.99

GRÜNER VELTLINER 2020 RIEDEN SELECTION PRIVAT

Der beste Jahrgang, den wir von diesem GV (Grünen Veltliner) je verkostet haben. Noten von Fleur de Sel, Limetten, Mandarinenschalen und Quitten. Trocken und fruchtig zugleich. Ein toller Alltags-Grüner-Veltliner, der den Gaumen herrlich erfrischt und Lust auf einen zweiten Schluck macht. Einfach, aber mit schöner Typizität. Der Grüne Veltliner ist die wichtigste autochthone Sorte Österreichs und einer der spannendsten autochthonen Weissweine der Welt. Preislich ist dieser GV perfekt und im Schnäppchenbereich.

TRINKREIFE JETZT GENIESSEN
PASST ZU APÉRO, ZWIEBELWÄHE, TARTE FLAMBÉE, KRUSTENTIEREN, FISCH, GEFLÜGEL
SERVICETIPP BEI 8–10 °C SERVIEREN
ALKOHOLWERT 12 %

Punkte

15.5

ÖSTERREICH

WEISSWEIN

PREIS FR. 9.99

FLAT LAKE WEISSWEINCUVÉE 2020 HILLINGER

Neu in diesem Kapitel. Ein moderner und opulenter Weisser, der ganz anders als der GV oder Weissburgunder aus der Steiermark daherkommt. Hier geht es barock zu und her. Die Frische ist weniger vordergründig als die reiche Aromatik, die an Honig, Melonenkompott und Quittenkonzentrat denken lässt. Erinnert an einen Wein der Neuen Welt. Easy drinking pur. Perfekter Begleiter für aromatisch extrovertierte Gerichte.

TRINKREIFE JETZT GENIESSEN
PASST ZU GRILLADEN VOM FISCH, HAMBURGER, PIZZA, PASTAGERICHTEN, SOMMERSALATEN MIT GEFLÜGEL
SERVICETIPP BEI 8–10 °C SERVIEREN
ALKOHOLWERT 13 %

SCHWEIZ

Punkte

16.25*

ROSÉ

PREIS FR. 6.49

DÔLE BLANCHE 2020
VALAIS AOC

Schweizer Rosé für das gesellige Zusammensein. Im Vergleich zum Œil-de-Perdrix dieses Kapitels etwas voluminöser und dichter in der Aromatik. Assemblage aus Pinot Noir und Gamay, die Nase und Gaumen im Nu erfrischt. Noten von Passionsfrucht, Quitten und Rosen sind zu erkennen, wie auch eine angenehm fruchtige Dominanz. Mittelschwer vom Gehalt und absolut easy drinking. Verspielt und sehr süffig. Kühlen, aufschrauben, coolen Sound auflegen und Häppchen dazu servieren. Wie beim Œil-de-Perdrix du Valais ist auch hier das Etikett etwas gar traditionell, zumal der Rosé in der Art viel moderner schmeckt. Dennoch ein süffiger Durstlöscher, wenn man sich pink verführen lassen will. Kann ruhig auch on the rocks serviert werden.

TRINKREIFE JETZT GENIESSEN
PASST ZU APÉRO, CURRY, EXOTISCHEN GERICHTEN, KALTER PLATTE, TERRINE, FISCH, KÄSESCHNITTE, VORSPEISEN, HAMBURGER, NASI GORENG
SERVICETIPP BEI 11–12 °C SERVIEREN
ALKOHOLWERT 13 %

SWISS WINE

SCHWEIZ

Punkte

15.5

ROSÉ

PREIS FR. 7.49

ŒIL-DE-PERDRIX DU VALAIS 2020
VALAIS AOC
WEINWELT SCHWEIZ

Fruchtiger Rosé für den lockeren Apéro. Dieser fröhliche Rosé verzaubert schon mit seiner knackigen pinken Farbe. Sie strahlt und leuchtet wie ein önologischer Blickfang. Im Duft perfekt fruchtig charmant wie ein Côte de Provence. Im Gaumen dann sehr delikat und angenehm frisch-fruchtig. Noten von Cassis, Kirschen und Himbeeren sind zentral. Easy-drinking-Rosé aus dem Wallis, der viel bunter schmeckt, als sein Label suggeriert. Guter Hausrosé, der aus Pinot Noir vinifiziert worden ist.

TRINKREIFE JETZT GENIESSEN
PASST ZU APÉRO, GEFLÜGEL, EXOTISCHER KÜCHE, KALTER PLATTE, FISCHGERICHTEN, ANTIPASTI, VEGANEN GERICHTEN, RISOTTO MIT MUSCHELN
SERVICETIPP BEI 11–12 °C SERVIEREN
ALKOHOLWERT 13 %

SCHWEIZ

Punkte

16.5

ROSÉ

PREIS FR. 9.89

FEDERWEISS 2020
AOC SCHAFFHAUSEN

Der neue Jahrgang ist aromatisch frecher und auf der frivolen Seite mit Noten von Walderdbeeren, Cassis und Himbeeren. Easy drinking und aromatisch ganz seiner charmanten Farbe entsprechend. Ein herrlicher Rosé gegen den Durst, den man ruhig auch on the rocks servieren kann. Ist aus Pinot Noir vinifiziert und in der Farbe von pinker Blässe. Perfekter Gartenparty-Rosé, der Lockerheit und Dolce-Far-Niente-Stimmung suggeriert.

TRINKREIFE JETZT GENIESSEN
PASST ZU KALTER PLATTE, PIZZA, GRILLADEN, TERRINE, EXOTISCHEN GERICHTEN, ANTIPASTI, APÉRO, SPARERIBS
SERVICETIPP BEI 12–13 °C SERVIEREN
ALKOHOLWERT 13,2 %

Punkte

14.5

FRANKREICH

ROSÉ

PREIS FR. 5.99

LA FERME JULIEN 2020

Neuer Rosé im Aldi-Kapitel, der von der Familie Perrin stammt – den Schöpfern des bekannten Miraval-Weins. Wie sein Preis schon suggeriert ein Basiswein, aber ein trockener, dynamischer gegen den Durst. On the rocks und zu leichten Häppchen serviert perfekt. Noten von Himbeeren und Walderdbeeren sind zentral. Kein Lagerwein, sondern jung zu geniessen.

TRINKREIFE JETZT GENIESSEN
PASST ZU APÉRO, GRILLADEN VOM FISCH, PASTA MIT MUSCHELN, HOT DOGS, ANTIPASTI, RISOTTO, SOMMERSALATEN
SERVICETIPP BEI 11–12 °C SERVIEREN
ALKOHOLWERT 12,5 %

Punkte

15.25

ITALIEN

ROSÉ

PREIS FR. 5.99

GRANDE ALBERONE 2020 VINO ROSATO D'ITALIA

Der moderne Grande Alberone mit italienischem Flair. Der neue Jahrgang ist wie ein Klon des 2019ers. Der Rosé-Hit bei Aldi, der auch einen roten und einen weissen Bruder hat. Noten von Passionsfrucht, Minze und Limetten sind zu erkennen. Hat eine expressive Aromatik, die auf der süss-fruchtigen Seite markiert, wobei der neue Jahrgang eine Spur frischer den Hals hinunterfliesst. Im Finale erkennt man auch dezente Feuersteinbonbon-Aromen. Spassiger Party-Rosato, der auch on the rocks serviert werden kann.

TRINKREIFE JETZT GENIESSEN
PASST ZU ANTIPASTI, PASTA, GRILLADEN VOM FISCH, PAELLA, GEFLÜGEL, HAMBURGER
SERVICETIPP BEI 12–13 °C SERVIEREN
ALKOHOLWERT 13 %

Punkte

15.5

SCHWEIZ

ROTWEIN

PREIS FR. 5.99

DÔLE DU VALAIS 2020
VALAIS AOC
WEINWELT SCHWEIZ

Assemblage aus Pinot Noir und Gamay, die auf der fruchtigen, mittelschweren Seite markiert. Noten von reifen Walderdbeeren, Schokolade und Brombeeren sind zu erkennen. Preislich fast unschlagbar – man bekommt einen reifen und korrekten Wein, der zufrieden den Hals hinunterplätschert und dabei Lust macht, etwas Käse und Trockenfleisch zu essen – oder eine Wanderung in den Walliser Bergen zu planen. Easy drinking. Wird mit dem Lagern nicht besser und auch nicht, wenn die Flasche zu lange offen ist.

TRINKREIFE JETZT GENIESSEN
PASST ZU APÉRO, SÜSSWASSERFISCH, KALTER PLATTE, KÄSETELLER, MOSTBRÖCKLI, QUICHE, KÄSEKUCHEN, RINDSPLÄTZLI, GEFLÜGEL
SERVICETIPP BEI 15–16 °C SERVIEREN
ALKOHOLWERT 13 %

SCHWEIZ

Punkte

15.5

ROTWEIN

PREIS FR. 6.99

GAMARET GARANOIR 2020
WEINWELT SCHWEIZ

Wem der Dôle und auch der Pinot Noir zu leicht ist, findet in diesem Wein wahrscheinlich seinen Schweizer Tischwein, zumal die beiden Sorten Gamaret und Garanoir generell etwas üppigere und barockere Weine hervorbringen. Auch in der Farbe trumpfen sie mehr auf. Auch wenn es sich um einen Basiswein handelt, so ist er doch angenehm ausgewogen, süss-fruchtig und charmant. Preislich natürlich perfekt. Mittelschwer und sehr zugänglich.

TRINKREIFE JETZT GENIESSEN
PASST ZU ANTIPASTI, GRILLADEN, HAMBURGER, HOTDOG, PIZZA
SERVICETIPP BEI 15–16 °C SERVIEREN
ALKOHOLWERT 13 %

Punkte

15.75

SCHWEIZ

ROTWEIN

PREIS FR. 6.99

BLAUBURGUNDER 2020
OSTSCHWEIZ
CAVE BELMUR SA

Auch wenn es ein Basis-Pinot-Noir ist, verführt er doch mit einer äusserst dichten und klaren Fruchtigkeit. Noten von Walderdbeeren, Cassis, etwas Pfeffer und Schokolade sind zu erkennen. Hat auch delikate Tannine, die ihm ein schönes Gerüst verleihen. Pinot Noir mit Biss und würzigem Finale. Kann ruhig auch noch etwas gelagert werden – Struktur hat er genug. Generell werde ich vom 2020er-Jahrgang etwas mehr einkaufen, zumal diese Weine in einem der speziellsten Jahre dieser Zeit vinifiziert worden sind.

TRINKREIFE JETZT GENIESSEN
PASST ZU APÉRO, KALTER PLATTE, AUFSCHNITT, SUPPEN, KÄSESCHNITTE, FONDUE, FORELLENFILET, NASI GORENG, HAMBURGER
SERVICETIPP BEI 15–16 °C SERVIEREN
ALKOHOLWERT 12,8 %

SCHWEIZ

Punkte

15.75

ROTWEIN

PREIS FR. 7.89

PANORAMA 2018
VIN DE PAYS ROMAND

Ein neuer Wein in diesem Kapitel. Interessant ist, dass es sich um einen leicht älteren Jahrgang handelt. Im Gaumen mittelschwer und modern. Das heisst, dass die Aromatik an süsse Früchte, Schokolade und etwas Kaffee denken lässt. Kein Terroirwein, sondern ein Unterhaltungswein, der in einer speziellen, schrillen Aromatik vinifiziert worden ist. Easy drinking aus der Genferseeregion, die auch optisch ganz modern verführt.

TRINKREIFE JETZT GENIESSEN
PASST ZU GRILLADEN, HAMBURGER, HOTDOGS, PIZZA, PASTAGERICHTEN, SCHNITZEL
SERVICETIPP BEI 15–16 °C SERVIEREN
ALKOHOLWERT 13,5 %

Punkte

16

SCHWEIZ

ROTWEIN

PREIS FR. 8.49

PINOT NOIR SALGESCH 2020
VALAIS AOC

Ein moderner, schmelziger Pinot Noir und ideal, wenn der Rote nicht zu schwer sein soll, aber eine ausgeprägte Fruchtigkeit offenbaren darf. Noten von Cassis, Backpflaumen und Schokolade sind zentral. Pinots aus Salgesch sind immer etwas rarer und spezieller, daher ist der Preis für diese Abfüllung fast schon ein Schnäppchen. Easy drinking aus der grössten Weinregion der Schweiz. Unbekümmerter Weingenuss für geselliges Zusammensein. Warum nicht auch wieder einmal Schweizer Küchenklassiker zusammen kochen – vom Raclette bis zum Zürcher Geschnetzelten, dieser Pinot passt perfekt.

TRINKREIFE JETZT GENIESSEN
PASST ZU TERRINE, SÜSSWASSERFISCH, KALTER PLATTE, KÄSETELLER, MOSTBRÖCKLI, QUICHE, KÄSEKUCHEN, RINDSPLÄTZLI
SERVICETIPP BEI 15–16 °C SERVIEREN
ALKOHOLWERT 13 %

SCHWEIZ

Punkte

16

ROTWEIN

PREIS FR. 9.79

MERLOT DEL TICINO DOC 2019
CANTINA SOCIALE MENDRISIO

Ich kenne und schätze die Weine der Cantina Sociale Mendrisio schon seit vielen Jahren und habe mich sehr gefreut, diesen neuen Merlot bei Aldi zu entdecken. Er verführt bereits in der Nase mit saftigen, dichten Waldbeerenaromen. Im Gaumen schöner Schmelz und sehr viel Frucht. Hat auch delikate Gerbstoffe, die ihm eine gute Struktur verleihen, die wiederum wichtig ist, wenn man dazu ein kräftiges Stück Fleisch oder einen Braten geniessen will. Schmeckt leicht gekühlt am besten. Alltagstessiner für rund zehn Franken. Traditioneller Schweizer, der zu Chansons oder Balladen genossen werden sollte. Und vielleicht plant man ja auch wieder einmal einen Tessin-Besuch – zum Beispiel im Hermann Hesse Museum in Montagnola.

TRINKREIFE JETZT GENIESSEN
PASST ZU KALTER PLATTE, TERRINE, KANINCHEN, POLENTA, RISOTTO, GEFLÜGEL, SALAMI
SERVICETIPP BEI 15–16 °C SERVIEREN
ALKOHOLWERT 12,4 %

Punkte

15.5

SCHWEIZ

ROTWEIN

PREIS FR. 9.99

NATURE SUISSE BIO CUVÉE ROUGE 2020 VALAIS, BIO EN RECONVERSION

«Bio en reconversion» ist ein Begriff, den man in Zukunft immer mehr hören wird. Er bedeutet, dass das Weingut dabei ist, auf biologischen Weinbau umzustellen. Dies dauert aber immer ein paar Jahre und daher befindet sich der Betrieb in Reconversion. Für den Weinkunden bedeutet das auf jeden Fall, dass der Wein bereits jetzt auf eine «gesündere» Art vinifiziert wird. Diese Cuvée Rouge geht klar in die Liga der schweren Weine, die auch kräftigere Gerbstoffe offenbaren. Zu diesem Wein isst man unbedingt etwas, das auch eine kräftige Sauce hat. Noten von Pfeffer, Cassis und Leder sind zentral. Hat eine rustikale und bodenständige Note.

TRINKREIFE BIS 2025 GENIESSEN
PASST ZU RISOTTO, GEFLÜGEL, PASTAGERICHTEN, HACKBRATEN, KALTER PLATTE, WURSTWAREN, EINTOPF
SERVICETIPP BEI 16–18 °C SERVIEREN
ALKOHOLWERT 13,5 %

SCHWEIZ

Punkte

16*

ROTWEIN

PREIS FR. 11.49

CORNALIN 2020
VALAIS AOC
WEINWELT SCHWEIZ

Der zweite Jahrgang dieses Cornalin ist sehr zugänglich trotz seiner kräftigen und robusten Art. Der Cornalin ist nicht nur eine rare autochthone Schweizer Sorte, es ist auch nicht einfach, einen ausgewogenen Wein daraus zu vinifizieren, da die Cornalin-Rebe eine sehr «launische» Rebe ist. Jahr für Jahr ist ihr Charakter etwas anders und die Winzer müssen ihr jeweils besonders viel Aufmerksamkeit und Achtung widmen. Dieser 2020er ist absolut eine Entdeckung wert. Er ist dicht, stoffig und zeigt Noten von Lorbeer, Tabak, schwarzer Schokolade und Brombeerkonzentrat. Ideal zu schwerer Kost. Ist jetzt trinkreif und kann ruhig aus einem etwas grösseren Glas genossen – oder gar dekantiert– werden.

TRINKREIFE JETZT GENIESSEN
PASST ZU WILD, LAMM, ENTE, BRATEN, WÜRZIGEM BERGKÄSE, RISOTTO MIT CHAMPIGNONS, RÄUCHERWURST, PIZZA MIT SCHWARZEN OLIVEN
SERVICETIPP BEI 16–18 °C SERVIEREN
ALKOHOLWERT 14 %

Punkte

16.5

ARGENTINIEN

ROTWEIN

PREIS FR. 9.95

MALBEC 2019
RESERVE, ALARIS
TRAPICHE

Der neue Jahrgang ist verlässlich wie eh und je. Easy drinking für weniger als zehn Franken. Party- oder Hochzeitswein, den die Gäste kistenweise leeren werden – dies dank seiner Aromen von konzentrierten Brombeeren, Schokolade und Cassis und der Tatsache, dass er 15 Monate in französischen Barriques reifte. Stammt von einem sehr spannenden Produzenten, der seit Jahren für sein gutes Preis-Leistungs-Verhältnis bekannt ist. Regenbogenwein für den Gaumen – man muss auch kein Experte sein, um diesen Wein zu mögen. Er ist herrlich unkompliziert und fruchtig. Verantwortlich für diesen Wein ist das Weingut Trapiche, das im Jahr 1883 von Tiburcio Benegas gegründet worden ist.

TRINKREIFE JETZT GENIESSEN
PASST ZU GRILLADEN, FLEISCHGERICHTEN, ENTE, WILD, SCHLACHTPLATTE, VEGETARISCHER KÜCHE
SERVICETIPP BEI 15–16 °C SERVIEREN
ALKOHOLWERT 14 %

Punkte

16.5

CHILE

ROTWEIN

PREIS FR. 8.99

NUCOS 2018
MERLOT GRAN RESERVA

Neu in diesem Kapitel und ein kleiner Blockbuster. Noten von kandierten Früchten, Karamell und Schokolade sind zu erkennen – und zwar nicht zu knapp. Auf der anderen Seite ist er aber nicht so überladen wie die süditalienischen Roten. Charmant und charismatisch vom ersten bis zum letzten Schluck. Auch wenn auf dem Etikett Merlot steht, enthält er doch etwas Cabernet Sauvignon und Syrah. Hitparadenstürmer aus Südamerika.

TRINKREIFE JETZT GENIESSEN
PASST ZU GRILLADEN VOM GEFLÜGEL ODER FLEISCH, EINTOPF, HAMBURGER, GERICHTEN MIT SPECK UND BOHNEN, PIZZA
SERVICETIPP BEI 16–18 °C SERVIEREN
ALKOHOLWERT 14,5 %

Punkte

18*

CHILE

ROTWEIN

PREIS FR. 14.99

LFE 900 2015
LUIS FELIPE EDWARDS
SINGLE VINEYARD

Der neue Jahrgang ist der beste, den wir je verkostet haben. Ein klassischer Medaillen-Abräumer, der überall gut ankommt und auch ein Jahr nach der letzten Verkostung noch okay ist. Ein purer Blockbuster-Wein, der Sie im Nu in Beschlag nehmen wird. Die Trauben werden auf 900 Meter über Meer kultiviert, was übrigens ein neuer Trend auf dem Weinmarkt ist – Trauben aus alpinen oder zumindest sehr hohen Lagen. Dieser Syrah-dominierte Wein ist stoffig, dicht, mit Noten von schwarzen Kirschen, Pfeffer, Cassis und saftigen Pflaumen. Kaum im Gaumen, macht er sich breit, sogar sehr breit. Dieser schwere Rotwein verlangt nach einem Stück Fleisch vom Grill oder einem kräftigen Gericht. Die Tannine sind dicht und werden perfekt von der Frucht eingepackt. Im Finale kräftig und lang. Die Weine von Luis Felipe Edwards sind bekannt als Qualitätsweine mit perfektem Preis-Leistungs-Verhältnis.

TRINKREIFE BIS 2025 GENIESSEN
PASST ZU GRILLADEN, LAMM, BRATEN, HAMBURGER, EXOTISCHER UND VEGETARISCHER KÜCHE
SERVICETIPP BEI 16–18 °C SERVIEREN
ALKOHOLWERT 14,5 %

Punkte

15

FRANKREICH

ROTWEIN

PREIS FR. 5.99

LA FERME JULIEN 2020 ROUGE

Neuer Rotwein im Frankreichkapitel, den es auch in Rosé und Weiss zu entdecken gibt. Alle drei Weine haben einen Drehverschluss und suggerieren den unkomplizierten Weingenuss. Dieser schmeckt charmant beerig und ist sehr zugänglich. Auch hat er eine florale Note und eine unbekümmerte, süffige Art. Easy drinking für alle Tage, das natürlich preislich ein super Schnäppchen ist.

TRINKREIFE JETZT GENIESSEN
PASST ZU GRILLADEN, HAMBURGER, RISOTTO, PIZZA, KALTER PLATTE, TERRINE, ZWIEBELSUPPE
SERVICETIPP BEI 16–17 °C SERVIEREN
ALKOHOLWERT 13,5 %

Punkte

15.75

FRANKREICH

ROTWEIN

PREIS FR. 12.49

CHÂTEAU PEYMOUTON 2017 SAINT-ÉMILION GRAND CRU

Ein Jahr nach der letzten Verkostung etwas reifer und wahrscheinlich ist jetzt der richtige Zeitpunkt, um ihn zu geniessen. Ich betone auch dieses Jahr, dass ein Saint-Émilion Grand Cru (Bordeaux) zu diesem Preis sehr günstig ist. Was man auch wissen muss ist, dass Weine aus dieser Region immer viel Charakter und Struktur haben. Es sind komplexe Weine, die man nicht einfach so geniesst, zumal ihre Gerbstoffe eine grosse Präsenz haben. Wie also trinkt man einen solchen Wein? Zum Essen. Und das sollte eher kräftiger Natur sein. Fleisch ist immer passend, wie auch Pilze und Pfeffer. In diesem Bordeaux tauchen Noten von Walderdbeeren, Cassis, Leder, Zedernholz und Schokolade auf. Perfekt, wenn der Rote etwas mehr Gehalt, Tiefe und Fülle haben soll. Dekantieren von Vorteil.

TRINKREIFE JETZT GENIESSEN
PASST ZU STEAK, BRATEN, EINTOPF, COQ AU VIN, HAMBURGER, PFEFFERTERRINE, LINSEN MIT SPECK UND BOHNEN
SERVICETIPP BEI 16–17 °C SERVIEREN
ALKOHOLWERT 14,5 %

Punkte

15.5

FRANKREICH

ROTWEIN

PREIS FR. 19.89

CHÂTEAUNEUF-DU-PAPE 2019 CUVÉE GRANDE RÉSERVE

Ein neuer Châteauneuf-du-Pape, der aromatisch intensiv und temperamentvoll auffällt. Noten von Rosinen, Backpflaumen, Leder und Zimt sind dominant. Auch spürt man viel Wärme und im Finale eine medizinale, würzige Aromatik. Rustikal und komplex vom ersten bis zum letzten Schluck. Ein Klassiker seiner Art, der nach einem üppigen Gericht verlangt. Ebenso wie der Bordeaux kein einfacher Rotwein ist, ist auch dieser eine Gattung für sich, die meist einen etwas geübteren Gaumen verlangt. Ideal, wenn der Rote etwas komplexer und komplizierter sein darf. Sollte auch aus etwas grösseren Gläsern (Pinot-Noir-Gläser) serviert werden. Assemblage aus Syrah, Grenache und Mourvèdre.

TRINKREIFE JETZT GENIESSEN
PASST ZU STEAK, BRATEN, WILD, KALBSSTEAK MIT PILZEN, BOHNENSUPPE MIT SPECK, ENTE, TERRINE
SERVICETIPP BEI 16–17 °C SERVIEREN
ALKOHOLWERT 14,5 %

Punkte

15

ITALIEN

ROTWEIN

PREIS FR. 5.99

ROSSO TOSCANA 2016
SAN ZENONE
IGT

Assemblage aus Sangiovese, Merlot und Cabernet Sauvignon, der auch mit dem neuen Jahrgang ganz im Hausstil daherkommt. Ein Bestseller unter den Aldi-Rotweinen – was ich verstehe, denn er bietet alles, was viele Weinliebhaber suchen: einen tiefen Preis, eine gute Begleitung zum Essen, modernes Weinmachen und Aromen, die viel Schmelz und Süsse in sich haben. Interessant ist weiter, dass diese Art der Vinifikation der Kellerei allerhand Prämierungen eingebracht hat. Der Rosso Toscana ist ein klarer Convenience-Food-Wein – wobei ich dies nicht negativ meine. Er ist viel mehr in der Kellerei konzipiert und produziert worden als im Weinberg. Das Resultat ist ein aromatisch verlässlicher Gaumenschmeichler, der zu unterhalten versteht. Noten von Walderdbeeren, Schokolade und etwas Cassis tauchen auf. Generell sind die verschiedenen Weine von San Zenone eine Entdeckung wert.

TRINKREIFE JETZT GENIESSEN
PASST ZU ITALIENISCHEN KÜCHENKLASSIKERN, PASTA, PIZZA, LASAGNE, KANINCHEN, GEFLÜGEL, PECORINO
SERVICETIPP BEI 15–17 °C SERVIEREN
ALKOHOLWERT 13 %

Punkte

16*

ITALIEN

ROTWEIN

PREIS FR. 5.99

PRIMITIVO DI MANDURIA 2019
POGGIO VECCHIO
DOC

Gehört zu den meistverkauften Weinen bei Aldi und wurde auch dieses Jahr etwas günstiger. Im Gaumen intensiv und fruchtig mit dezent spürbaren Gerbstoffen, die ihm ein gutes Gerüst verleihen. Noten von Schokolade, kandierten Kirschen, Holunder und etwas Rosen sind zu erkennen. Mit diesem Wein gehen Sie auf Nummer sicher, wenn der Gaumen schnell unterhalten werden soll. Schrill, bunt und laut. Generell ist mir auch aufgefallen, dass die Qualität günstiger Weine aus dem Süden Italiens viel besser ist und auch einfacher zu verstehen, als wenn man eine sehr günstige Version aus einer klassischen Region wie Barolo oder Montalcino sucht. Primitivo ist ein klassischer Unterhaltungswein, so wie eine neue Netflix-Serie.

TRINKREIFE JETZT GENIESSEN
PASST ZU FLEISCHGERICHTEN, WILD, GEGRILLTEM THUNFISCH, LAMM, PASTA MIT PILZEN, RISOTTO MIT MEERESFRÜCHTEN, GRILLADEN
SERVICETIPP BEI 16–17 °C SERVIEREN
ALKOHOLWERT 14,5 %

Punkte

15.5

ITALIEN

ROTWEIN

PREIS FR. 6.79

VALPOLICELLA RIPASSO 2018 SUPERIORE SAN ZENONE, DOCG

Assemblage aus Corvina und Rondinella, die feurig-fruchtig den Hals hinunterfliesst und eine aromatisch moderne Spur hinterlässt. Noten von Rosinen, kandierten Erdbeeren, Himbeerkonzentrat und Schokolade sind hier dominant. Preislich natürlich sehr günstig, wobei dieser norditalienische Klassiker auch gerne den Ruf geniesst, der kleine Bruder des Amarone zu sein. Man weiss also, dass man es mit einem relativ mächtigen Wein zu tun hat. Der neue Jahrgang ist etwas moderner und süss-fruchtiger als noch der 2017er. Ideal, wenn der Wein eine barocke Üppigkeit in sich haben darf und auch genügend Gerbstoffe.

TRINKREIFE JETZT GENIESSEN
PASST ZU PASTA, PIZZA, GEFLÜGEL, BRATEN, OSSOBUCO, EINTOPF, WILDTERRINE
SERVICETIPP BEI 15–17 °C SERVIEREN
ALKOHOLWERT 14 %

Punkte

16.75*

ITALIEN

ROTWEIN

PREIS FR. 7.99

GRANDE ALBERONE ROSSO CASK AGED THE ORIGINAL BLEND

Hitparadenwein mit Feel-Good-Charakter, der sich in der Grundstilistik ganz treu geblieben ist. Der Topseller mit dem Übernamen «The original Blend». Kaum eine Medaille, die er nicht schon gewonnen hat. Die aktuelle Abfüllung spart nicht mit Fruchtaromen. Sie ist intensiv und süss-fruchtig, wobei auch die nötige Struktur vorhanden ist, um all die aromatische Schminke zu stützen. Unterhaltungswein erster Güte. Die Nase ist wunderbar und macht Lust auf den ersten Schluck. Man denkt an Himbeereis, Rosinen und Schokolade. Im Gaumen marmeladig fruchtig und würzig zugleich. Hier wird vom ersten Moment an dick aufgetragen – optisch, aromatisch und preislich. Der Wein stammt aus dem Süden Italiens und wurde primär aus Primitivo vinifiziert, wobei er auch Cabernet Sauvignon, Merlot und Teroldego enthält.

TRINKREIFE JETZT GENIESSEN
PASST ZU GRILLADEN, EINTOPF, ENTE, WILD, PASTA MIT TOMATENSAUCE, PIZZA, LASAGNE, HAMBURGER, SPARERIBS
SERVICETIPP BEI 16–17 °C SERVIEREN
ALKOHOLWERT 14,5 %

Punkte

17*

ITALIEN

ROTWEIN

PREIS FR. 9.99

GRANDE ALBERONE ROSSO ORGANIC RED WINE BLACK BIO

Der Grande Alberone Black Bio hat einen qualitativen Sprung nach vorne gemacht. Klar bleibt er ein Unterhaltungswein, der im Keller entstanden ist und wie ein Hitparadensong oder ein Unterhaltungsprogramm à la «Deutschland sucht den Superstar» konzipiert worden ist. Warum auch nicht. Oder anders ausgedrückt – der Kardashian unter den Rotweinen des Aldi-Kapitels. Man wird super Fan oder versteht die Aufregung nicht. Der Black Bio fällt im Gaumen als temperamentvoller, fruchtiger und aromatisch intensiver Rotwein auf, der im Nu die volle Präsenz in Anspruch nimmt. Noten von Walderdbeeren, Schokolade und Rhabarber sind zentral.

TRINKREIFE JETZT GENIESSEN
PASST ZU GRILLADEN, EINTOPF, PASTA MIT TOMATENSAUCE, PIZZA, LASAGNE, HAMBURGER, SPARERIBS, OSSOBUCO
SERVICETIPP BEI 16–17 °C SERVIEREN
ALKOHOLWERT 14 %

Punkte

17.5*

ITALIEN

ROTWEIN

PREIS FR. 9.99

AGLIANICO 2018
ARROGANTONE, LIMITED EDITION
CAMPAGNIA

Ein neuer Italo-Blockbuster, der seine Muskeln spielen lässt. Herrlich zu sehen, dass die Primitivo-Traube ernst zu nehmende Konkurrenz aus dem Süden Italiens erhält. Die rustikale Aglianico-Sorte erlebt im Moment einen wahren Boom und geniesst bereits den Übernamen «Nebbiolo des Südens». Wie aus Nebbiolo vinifizierte Weine haben auch Aglianicos ein grosses Alterungspotenzial. Zu den wichtigsten Produktionsregionen des Aglianico zählt Kampanien. Der vulkanische Boden der Region verleiht der Sorte hier ihre komplexe und vielschichtige Struktur, was man bei diesem fetten Wein so richtig spüren kann, zumal man sich fast durchkauen muss, so intensiv geht es hier zu und her. Der Name Arrogantone heisst so viel wie der arrogante, zu selbstsichere Wein. Unbedingt entdecken und dekantiert geniessen. Önologischer Vulkanausbruch für den Gaumen mit schokoladig-fruchtiger Dominanz. Gegen diesen Wein wirkt der Amarone fast «leicht».

TRINKREIFE BIS 2023 GENIESSEN
PASST ZU PASTA, PIZZA, GRILLADEN, HAMBURGER, EXOTISCHEN GERICHTEN
SERVICETIPP BEI 16–17 °C SERVIEREN
ALKOHOLWERT 15 %

Punkte

14.75

ITALIEN

ROTWEIN

PREIS FR. 10.99

BARBARESCO 2018
FORZATI

Ich sags gleich – hier dominieren, wie für einen Barbaresco typisch, die Tannine. Und zwar nicht zu knapp. Kaum im Gaumen, macht sich ein staubiges Gefühl breit, das sich beim zweiten Schluck mit Noten von kandierten Orangen, Ingwer und Mandarinen vermischt. Dieser Piemonteser verlangt nach einem kräftigen Pasta- oder Fleischgericht mit Sauce. Kein Wein für Anfänger, zumal es hier recht rustikal und bodenständig zu und her geht. Aus der Sorte Nebbiolo vinifiziert. Preislich für einen Barbaresco natürlich sehr tief.

TRINKREIFE BIS 2024 GENIESSEN
PASST ZU PASTA MIT TOMATENSAUCE, OSSOBUCO, EINTOPF, HACKBRATEN, SCHLACHTPLATTE
SERVICETIPP BEI 15–17 °C SERVIEREN
ALKOHOLWERT 14 %

Punkte

15

ITALIEN

ROTWEIN

PREIS FR. 13.99

BAROLO 2017 DOCG

Es ist nicht einfach, einen so günstigen Barolo zu finden, da die Weine ihren Preis haben und man selten unter 20 Franken etwas Gutes findet. Wenn Sie den Grande Alberone Rosso oder Primitivo mögen, wird Ihnen dieser Wein nicht so gut gefallen, denn er unterhält eher spartanisch-zurückhaltend, wobei die neue Abfüllung an Qualität zugelegt hat. Seine Farbe ist granatrot mit einem dezenten Braunton und seine Aromatik eher rustikal – wie für einen Barolo typisch. Aromen von Zedernholz, kandierten Mandarinen, Rosinen und Backpflaumen tauchen auf. Im Gaumen trocken dank der feinen, dichten Tannine. Am besten geniesst man dazu einen Braten mit Sauce oder sonst ein kräftiges Gericht. Kein Gaumenschmeichler – hier geht es rustikal und bodenständig zu und her.

TRINKREIFE BIS 2023 GENIESSEN
PASST ZU BRATEN, EINTOPF, LAMM, WILD, PILZEN, OSSOBUCO, GRILLADEN, GERICHTEN MIT PILZEN
SERVICETIPP BEI 15–17 °C SERVIEREN
ALKOHOLWERT 14 %

Punkte

16.75

ITALIEN

ROTWEIN

PREIS FR. 14.49

AMARONE DELLA VALPOLICELLA 2018 SAN ZENONE DOCG

Der neue Jahrgang kommt erneut sehr elegant und frisch daher, wobei auch ein moderner Touch zu erkennen ist. Der Wein leuchtet dunkel im Glas und seine Nase ist verführerisch fruchtig wie Rosinen und Holunderkonfitüre. Noten von schwarzen Kirschen, Rosinen und etwas Schokolade sind weiter zu erkennen. Im Gaumen süss-fruchtig und schmelzig, aber auch etwas frisch. Klar ein schwerer Wein, der den Gaumen intensiv in Anspruch nimmt. Man sollte daher unbedingt etwas dazu essen. Ideal, wenn Ihnen der Teo zu schwer ist, Sie keinen Süditaliener entkorken wollen und doch viel Aroma im Gaumen wünschen. Ist zudem noch günstiger geworden.

TRINKREIFE BIS 2024 GENIESSEN
PASST ZU GERICHTEN MIT SÄMIGER SAUCE, WILD, PILZGERICHTEN, PASTA MIT KRÄFTIGER TOMATENSAUCE, BRATEN
SERVICETIPP BEI 17–18 °C SERVIEREN
ALKOHOLWERT 14,5 %

Punkte

17.25

ITALIEN

ROTWEIN

PREIS FR. 14.99

RONCO DI SASSI 2018
VINO ROSSO D'ITALIA

Aus den Sorten Montepulciano, Primitivo und Aglianico vinifiziert. Der neue Jahrgang ist ausgewogen, intensiv und voller süss-fruchtiger Dominanz. Aromen von kandierten Kirschen, Rosinen und schwarzer Schokolade sowie Noten von geröstetem Kaffee tauchen auf. Weihnachtswein für Italo-Freunde. Blockbuster-Genuss pur. «The Fast and the Furios» in flüssiger Form. Hier entspricht die Gaumenunterhaltung dem grossen Hollywood-Sommerhit-Kino. Mit diesem Wein können Sie so manchen Weinkenner verblüffen. Vorsicht vor seinen 15,5 Volumenprozenten und vor dem Gewicht der Flasche. Solche Weine boomen seit einiger Zeit und es scheint, dass sie immer populärer werden. Augen zu und rein in den Genuss. Aromatische Gaumenachterbahn, die auf pure Unterhaltung setzt. Ein Rockkonzert für den Gaumen, eine heftig geschminkte Unterhaltungskünstlerin. Natürlich ist das kein Terroirwein, sondern ein Kind seiner Zeit, das viele Stunden in der virtuellen Welt verbringt und immer mehr die wahren Werte vergisst.

TRINKREIFE JETZT GENIESSEN
PASST ZU PASTA, PIZZA, LASAGNE, EINTOPF, HAMBURGER, GERICHTEN MIT SAUCE, GEHACKTEM MIT HÖRNLI, BRATEN, HAMBURGER
SERVICETIPP BEI 15–17 °C SERVIEREN
ALKOHOLWERT 15,5 %

Punkte

16.5

ITALIEN

ROTWEIN

PREIS FR. 17.95

PRIMITIVO DI MANDURIA IL TEO 2018 DOP

Ich erinnere mich noch, als der Il Teo neu lanciert wurde. Inzwischen ist natürlich seines Erfolges wegen die Konkurrenz um ihn gestiegen und er wirkt fast eine Spur zu konzentriert – was auch seine 16 Volumenprozent bestätigen. Nach wie vor eine Bombe von Wein, der wie önologische Tinte den Hals hinunterfliesst. Flüssige Patisserie, die für den Gaumen eine mega Unterhaltung bietet, falls man gerne önologische Achterbahn fährt. Ein Wein, der voller Schminke und Parfüm in den Raum tritt und unbedingt auffallen will. Ich kenne Weinfreunde, die einen solchen Wein als «fette Schnecke» bezeichnen würden. Nicht jedermanns Sache, zumal hier die Stilistik schon sehr im Vordergrund steht. Aber wer das gerne hat, schleppt von jetzt an ein paar dieser schweren Flaschen nach Hause.

TRINKREIFE JETZT GENIESSEN
PASST ZU GERICHTEN MIT SÄMIGER SAUCE, WILD, STEAK, EXOTISCHER KÜCHE, HAMBURGER, BRATEN, PASTAGERICHTEN
SERVICETIPP BEI 17–18 °C SERVIEREN
ALKOHOLWERT 16 %

Punkte

17.5*

ITALIEN

ROTWEIN

PREIS FR. 19.99

DURANTE 2019 TOSCANA ROSSO, IGT

Assemblage aus Sangiovese, Merlot und Cabernet Sauvignon. Neu in diesem Kapitel und ein muskulöser Blockbusterwein. Bisher kamen solche Weine primär aus dem Süden Italiens, jetzt scheint auch die Toskana Quelle dieser Gaumenexplosionen zu sein. Deftig vom ersten bis zum letzten Tropfen. Wie ein verstärkter Motor zischt er im Gaumen los und markiert sozusagen jede Geschmackszelle in Sekundenschnelle. Noten von Backpflaumen, Schokolade, Kaffee, Brombeerkonzentrat und Vanille sind zentral. Hat eine selbstsichere und äusserst festliche Note. Daher ideal für ein romantisches Dinner, das Familienessen oder wenn man sich vor dem Cheminée entspannt.

TRINKREIFE BIS 2024 GENIESSEN
PASST ZU PASTAKREATIONEN, PIZZA, LASAGNE, POLENTA MIT RAGÙ, STEAK, GEFLÜGEL
SERVICETIPP BEI 17–18 °C SERVIEREN
ALKOHOLWERT 14 %

Punkte

15.25

ÖSRERREICH

ROTWEIN

PREIS FR. 6.49

BLAUER ZWEIGELT 2019 RESERVE BURGENLAND, LENZ MOSER

Der neue Jahrgang ist eine Spur konzentrierter und stoffiger als noch der 2018er. Noten von schwarzen Kirschen, Brombeerkonzentrat und Schokolade sind zu erkennen. Hat eine saftige Fruchtigkeit und angenehme Frische im Abgang. Einfach, aber okay. Interessant ist auch, dass die Flasche mit einem Drehverschluss versehen ist. Der heutige Gutskeller der Kellerei Lenz Moser in Rohrendorf bei Krems wurde urkundlich erstmals im Jahre 1040 erwähnt. Die Kellerei verarbeitet Trauben von rund 3000 Weinbauern und Winzergenossenschaften aus den Weinbaugebieten Niederösterreich und Burgenland.

TRINKREIFE JETZT GENIESSEN
PASST ZU KALTER PLATTE, SUPPE MIT WURST, ENTE, GEFLÜGEL, FISCH VOM GRILL, PIZZA
SERVICETIPP BEI 15–16 °C SERVIEREN
ALKOHOLWERT 13 %

Punkte

16.25*

ÖSRERREICH

ROTWEIN

PREIS FR. 9.99

FLAT LAKE 2020
HILLINGER
CUVÉE ROT

Modern und schrill und charismatisch. Wir haben ein Fassmuster verkostet, aber das hat uns schon sehr gut gefallen. Wenn dicht und aufgemotzt, dann so. Dieser stoffige Österreicher hat Rock'n'Roll in seinen Adern. Viel Kraft, Dynamik und Power in jedem Schluck. Ein bunt aromatischer und sehr gefälliger Österreicher mit einer extrovertierten Ausstrahlung. Die Frucht ist eher ein Konzentrat und das lässt an Cassis, Brombeeren, Schokolade und schwarze Kirschen denken. Ideal zu überaromatisierten Speisen. Wird vom Topwinzer Leo Hillinger vinifiziert und ist für seinen Preis absolut ein Schnäppchen.

TRINKREIFE JETZT GENIESSEN
PASST ZU EXOTISCHER KÜCHE, WILD, LAMM, ENTENTERRINE, SCHLACHTPLATTE
SERVICETIPP BEI 16–17 °C SERVIEREN
ALKOHOLWERT 13 %

Punkte

15.5

PORTUGAL

ROTWEIN

PREIS FR. 6.99

VINHAS D'OURO 2017
DOC DOURO

Neu in diesem Kapitel und auch der älteste hier vorgestellte Wein, der aber noch perfekt schmeckt. Klar ist es ein einfacher Basiswein, aber ein äusserst ausgewogener und stoffiger. Die Frucht ist dicht und die Tannine präsent und gut eingebunden. Solider Hauswein für Portugal-Nostalgiker oder wenn man auf der Suche nach einem traditionellen Wein ist, der auch zu Hausmannskost serviert werden kann. Hat Fülle, Schmelz und im Finale würzige Aromen.

TRINKREIFE JETZT GENIESSEN
PASST ZU BRATEN, WURST VOM GRILL, EINTOPF, GRILLADEN, TERRINE, GERICHTEN AUS SCHWARZEM REIS, BELUGA-LINSEN MIT SPECK
SERVICETIPP BEI 16–17 °C SERVIEREN
ALKOHOLWERT 14 %

Punkte

15.5

SPANIEN

ROTWEIN

PREIS FR. 6.79

MERINAS ORGANIC 2019 ROBLE

Das Label suggeriert einen Wein aus der Neuen Welt, wie auch die Tatsache, dass der Wein auf Englisch angeschrieben ist. Die Herkunft ist jedoch Spanien, genauer gesagt Kastilien. Biozertifiziert und sehr auf der unterhaltsam fruchtigen Seite. Ein Alltagswein zum Aufschrauben und Geniessen. Easy drinking pur. Hat eine fröhliche Dynamik in sich und Aromen, die an schwarze Kirschen, Himbeeren, Cassis und Erdbeeren denken lassen. Feel-Good-Spanier für einen wirklich günstigen Preis. Der neue Jahrgang ist eine Assemblage aus Tempranillo und Syrah und erst noch vegan.

TRINKREIFE JETZT GENIESSEN
PASST ZU TAPAS, CHORIZO, GEFLÜGEL, GRILLADEN, VEGETARISCHEN GERICHTEN, GRILLIERTEM FISCH
SERVICETIPP BEI 15–16 °C SERVIEREN
ALKOHOLWERT 14 %

Punkte

15.5*

SPANIEN

ROTWEIN

PREIS FR. 7.95

RIOJA ALTIVO 2014
RESERVA
DOCA

Traditioneller Alltagsspanier. Noten von Backpflaumen, Leder und Mandarinenschalen sind zu erkennen. Im Gaumen mittelschwer und wunderbar reif. Süffiger und unprätentiöser Basiswein für den unkomplizierten Genuss. Rustikal, traditionell und bodenständig mit dezenten Ecken und Kanten. Wer Wein für weniger als zehn Franken sucht, bei dem es sich erst noch um einen Reserva handelt, wird hier fündig werden. Ein Wein der leisen, aber regionaltypischen Töne. Kein Fruchtbombenwein. Hier hat es etwas Struktur und Gerbstoffe.

TRINKREIFE JETZT GENIESSEN
PASST ZU TAPAS, PAELLA, GEFLÜGEL, KALBSBRATEN, ENTE, SPARERIBS
SERVICETIPP BEI 17–18 °C SERVIEREN
ALKOHOLWERT 12,5 %

Punkte

16.5

SPANIEN

ROTWEIN

PREIS FR. 8.99

DON FLORENCIO 2015 CRIANZA TEMPRANILLO

Der neue Jahrgang ist noch eine Spur stoffiger und moderner. Im Gaumen schmelzig, verführerisch und modern wie die Netflix-Serie «Halston». Hier wird richtig dick aufgetragen und Flasche für Flasche unterhalten. Backpflaumen, Schokolade und Vanillekuchen sind Aromen, die auftauchen. Der Tempranillo reifte 12 Monate im Holzfass. Önologische Unterhaltung pur. Wenn Ihnen die intensiven Primitivo-Weine aus dem Süden Italiens gefallen, dann ist dieser Wein das spanische Pendant dazu.

TRINKREIFE JETZT GENIESSEN
PASST ZU PIZZA, HAMBURGER, STEAK, EXOTISCHER KÜCHE, INDISCHEN GERICHTEN
SERVICETIPP BEI 17–18 °C SERVIEREN
ALKOHOLWERT 14,5 %

Punkte

16.5*

FRANKREICH

SCHAUMWEIN

PREIS FR. 8.99

CRÉMANT DE LOIRE BRUT MARQUIS DE BEAUCEL

Diesen Crémant haben wir das letzte Jahr zum ersten Mal verkostet und die neue Abfüllung hat deutlich an Finesse zugelegt. Diese Assemblage aus Chenin Blanc, Cabernet Franc und Chardonnay hat eine delikate Mousse und Noten, die an Ananas, Quitten und Limetten denken lassen. Im Gaumen sehr erfrischend und süffig. Ist klar frischer als der Champagner dieses Kapitels und daher ideal, wenn man eher schlanke, dynamische und rassige Schaumweine sucht. Perfekt zum Apéro oder während man das Nachtessen zubereitet. Ideal auch, wenn einem der Prosecco zu leicht ist und man etwas Frankreichflair nach Hause zaubern will. Ein sicherer Wert zu einem Top-Preis.

TRINKREIFE JETZT GENIESSEN
PASST ZU APÉRO, KRUSTENTIEREN, GRILLADEN VOM FISCH, TAPAS, HÄPPCHEN
SERVICETIPP BEI 6–8 °C SERVIEREN
ALKOHOLWERT 12 %

Punkte

16.5*

FRANKREICH

SCHAUMWEIN

PREIS FR. 19.89

CHAMPAGNE JACQUES LORENT GRANDE RÉSERVE BRUT

Ein neuer Champagner in diesem Kapitel und eine absolute Entdeckung. Erstens findet man kaum Champagner unter 20 Franken, zweitens ist man hier mit einem Klassiker seiner Art konfrontiert, der die Stimmung eines Pariser Bistros in sich trägt, und drittens ist seine Aromatik ausgewogen und anregend. Noten von Quitten, Brioche und Honig sind zu erkennen, wie auch Aprikosenkonzentrat und etwas Hefe. Die Mousse ist delikat und zart. Kurz: der ideale Champagner für das Fest, den gelegentlichen Apéro oder um während des Kochens des Abendessens ein stimulierendes Glas zu geniessen. Klar, dass ich mir ein paar Flaschen davon in den Keller lege.

TRINKREIFE JETZT GENIESSEN
PASST ZU APÉRO, HÄPPCHEN, ANTIPASTI, GEBÄCK, GEMÜSEWÄHE, TERRINE, GEFLÜGEL
SERVICETIPP BEI 6–8 °C SERVIEREN
ALKOHOLWERT 12,5 %

Punkte

16*

ITALIEN

SCHAUMWEIN

PREIS FR. 7.49

PROSECCO SUPERIORE EXTRA DRY DOCG OROPERLA

Kommt optisch und auch aromatisch aufgefrischt daher. Hat wohl eine etwas kernige Art, aber er erfrischt im Nu. Noten von Limetten, Lindenblüten, Honig und weissem Pfirsich. Kein Prosecco der grossen Worte, aber einer für den grossen Durst. Kühlen, entkorken und in ein im Gefrierfach gekühltes Prosecco-Glas einschenken – oder on the rocks servieren. Dynamische Bollicine aus dem Norden Italiens. Preislich sehr attraktiv.

TRINKREIFE JETZT GENIESSEN
PASST ZU APÉRO, ANTIPASTI, SATAY-SPIESSCHEN, GESELLIGER RUNDE, GRILLADEN VOM FISCH
SERVICETIPP BEI 6–8 °C SERVIEREN
ALKOHOLWERT 11 %

Punkte

15.5

ITALIEN

SCHAUMWEIN

PREIS FR. 9.49

PROSECCO BIOLOGICO EXTRA DRY PRIMANATURA

Der neue Jahrgang ist herrlich fruchtig und dynamisch. Dieser Bio-Prosecco duftet nach Quitten, Honig und Rhabarber und kitzelt den Gaumen mit seiner Mousse im Nu wach. Hat einen schönen Schmelz und fast schon exotische Noten. Ein moderner Prosecco für das umweltbewusste Gewissen. Crostini und Antipasti anrichten, während man schon die ersten Gläser geniesst. Modern auch die bauchige Flasche. Schmeckt im Vergleich zum letztjährigen Wein dynamischer und deutlich fruchtiger.

TRINKREIFE JETZT GENIESSEN
PASST ZU ANTIPASTI, SALAMI, FISCH VOM GRILL, APÉRO, GEMÜSEGERICHTEN
SERVICETIPP BEI 6–8 °C SERVIEREN
ALKOHOLWERT 11,5 %

Punkte

15.5

ITALIEN

SCHAUMWEIN

PREIS FR. 9.99

PROSECCO MILLESIMATO SUPERIORE DOCG OROPERLA 2019 EXTRA DRY

Der Premium-Prosecco des Aldi-Sortiments hat im Gegensatz zu den anderen einen Jahrgang. Die aktuelle Abfüllung ist frisch, fruchtig und auch voller delikater Mousse. Aromatisch tauchen auch blumige Nuancen auf, wobei er weniger expressiv als der neue Bio-Prosecco ist. Im Finale Noten von Mandarinen und Aprikosen. Alltags-Prosecco für weniger als 10 Franken, der den Gaumen herrlich stimuliert und ihn auf das Nachtessen vorbereitet. Warum nicht auch on the rocks servieren oder wieder einmal Bellinis mixen?

TRINKREIFE JETZT GENIESSEN
PASST ZU APÉRO, ANTIPASTI, GESELLIGER RUNDE
SERVICETIPP BEI 6–8 °C SERVIEREN
ALKOHOLWERT 11 %

Punkte

15.5

ITALIEN

SCHAUMWEIN

PREIS FR. 9.99

OROPERLA ROSÉ MILLESIMATO 2020 EXTRA DRY VINO SPUMANTE

Ich gehe davon aus, dass dieser Schaumwein aus dem Proseccogebiet im nächsten Jahr als Rosé Prosecco angeschrieben sein wird. Denn seit letztem November ist der Export von Prosecco DOC Rosé erlaubt. Laut dem Konsortium Prosecco DOC wurden letztes Jahr bereits 16,8 Mio. Flaschen dieses pinken Proseccos vinifiziert (primär aus Glera, assembliert mit 10–15 % Pinot Nero). Prognosen zufolge wird für 2021 eine Produktion von 50 Millionen Flaschen erwartet. Von diesem Volumen sind 80–85 % für den Export bestimmt. Der Oroperla Rosé Millesimato ist ein kerniger Schaumwein mit einer absolut charmant pinken Farbe. Im Gaumen knackig frisch und rassig mit Noten von Himbeeren, Rosen und etwas Cassis. Ist im Vergleich zur letztjährigen Abfüllung etwas trockener und weniger auf der fruchtigen Seite. Easy-drinking-Bollicine-Spass für weniger als zehn Franken.

TRINKREIFE JETZT GENIESSEN
PASST ZU APÉRO, ANTIPASTI, GESELLIGER RUNDE
SERVICETIPP BEI 6–8 °C SERVIEREN
ALKOHOLWERT 12 %

SCHWEIZ

Punkte

17*

SÜSSWEIN

PREIS FR. 8.99

MOUSSEUX SUISSE DEMI-SEC

Neuer Schaumwein aus Pinot Noir. Duftet einladend charmant nach frischen Apfelschnitzen, die mit Honig überträufelt worden sind. Im Gaumen sehr ausgewogen mit einer delikaten Mousse und einer süss-fruchtigen Aromatik, die nicht zu dominant ist, was diesem dynamischen Schaumwein einen schönen Trinkfluss verleiht. Wirkt im Finale trocken und so anregend, dass man gleich einen zweiten Schluck davon nimmt. Easy-drinking-Bollicine, die dem Moment etwas Lockeres und Unbekümmertes verleihen. Auch on the rocks ein Kracher.

TRINKREIFE JETZT GENIESSEN
PASST ZU APÉRO, ANTIPASTI, GESELLIGER RUNDE
SERVICETIPP BEI 6–8 °C SERVIEREN
ALKOHOLWERT 11,5 %

Punkte

17*

ITALIEN

SÜSSWEIN

PREIS FR. 5.99

MOSCATO D'ASTI 2020
VILLA GARDUCCI

Oh ja … dachte ich beim ersten Schluck dieses Moscato. So muss er schmecken, und von seinem günstigen Preis sprechen wir schon gar nicht. Zugegeben, es war der letzte Wein der Aldi-Verkostung und ich hätte meinen Gaumen nicht besser erfrischen können. Wichtig auch: Diese neue Abfüllung hat rein gar nichts mit dem 2019er zu tun. Es sind zwei komplett unterschiedliche Weine. Die frische Muskatnase zieht einen sofort in ihren Bann. Sortentypisch und erfrischend. Im Gaumen Rosen- und Holunderaromen. Leichtfüssig und gefällig mit eleganter Mousse. Ein Leichtgewicht mit Charme, das von morgens bis abends gut schmeckt – auch on the rocks. Das Piemont ist sein Zuhause und dort geniesst dieser Schaumwein den Ruf des sanften Verführers. Man trinkt ihn vor und nach dem Essen und erfreut sich dabei seines erfrischend-süssen Charakters.

TRINKREIFE JETZT GENIESSEN
PASST ZU APÉRO, ANTIPASTI, GEBÄCK, SONNTAGSBRUNCH, FRÜHLINGSROLLEN
SERVICETIPP BEI 6–8 °C SERVIEREN
ALKOHOLWERT 5,5 %

Neuenburger
Pinot Noir
Der Unwiderstehliche
SWISS WINE | OHNE WENN UND ABER
NEUENBURG
www.neuenburgerpinotnoir.ch
Nicht einfach nur trinken, sondern mit Mass geniessen
chweiz Natürlich.

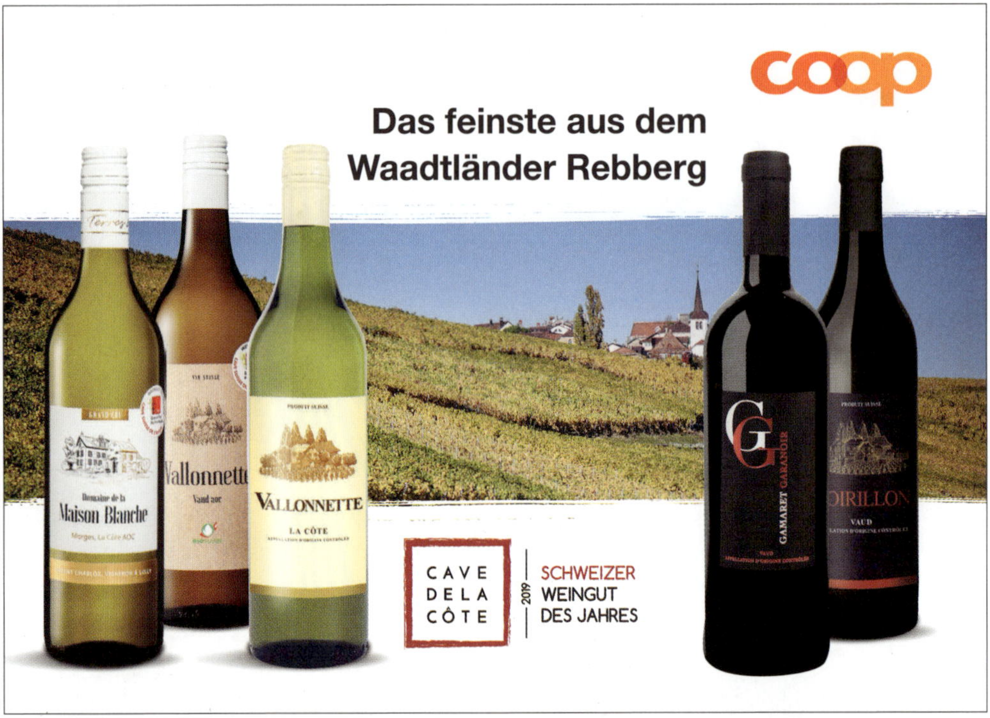
coop
Das feinste aus dem
Waadtländer Rebberg
Domaine de la
Maison Blanche
Vallonnette
VALLONNETTE
LA CÔTE
GAMARET GARANOIR
VAUD
CAVE
DE LA
CÔTE
2019
SCHWEIZER
WEINGUT
DES JAHRES

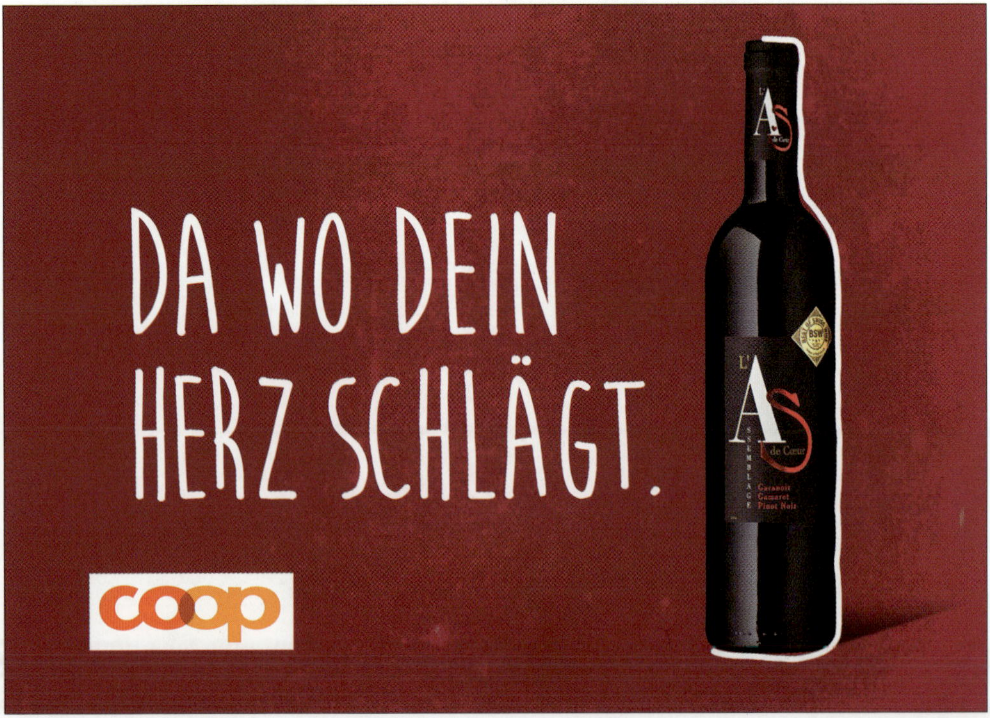
DA WO DEIN
HERZ SCHLÄGT.
L'AS de Cœur
ASSEMBLAGE
Garanoir
Gamaret
Pinot Noir
coop

Wein nach Deinem Geschmack.

Immer mehr Bio.

Unser Naturaplan Weinsortiment erfreut sich wachsender Beliebtheit. So der Cigalus vom Pionier Gérard Bertrand. Sein elegantes Exotik-Aroma, komplex mit schöner Würze, und die Frische und ausgewogene Fruchtigkeit überzeugen Jahr für Jahr. Ein toller Charakterwein, der ausgezeichnet Fisch, Meeresfrüchte und helles Fleisch begleitet. Auch der Bio-Châteauneuf-du-Pape begeistert mit seinen intensiven Noten von schwarzen Kirschen, Cassis und Kräutern. Mit seinem fein abgestimmten Tannin und dem langen Abgang passt er hervorragend zu Rindfleisch, Auberginen und Lamm. Zwei grossartige Genusstropfen, die natürlich begeistern.

naturaplan BIO

AUDE HAUTERIVE IGP CIGALUS BLANC GÉRARD BERTRAND, 75 CL

27.95
(10 cl = 3.73)

CHÂTEAUNEUF-DU-PAPE AOP TERRA AMATA, 75 CL

23.95
(10 cl = 3.19)

Preisänderungen sind vorbehalten.
Coop verkauft keinen Alkohol an Jugendliche unter 18 Jahren.
Erhältlich in ausgewählten Coop Supermärkten sowie unter mondovino.ch

coop
Für mich und dich.

MAISON
GILLIARD
1885
DÔLE DES MONTS
DER LIEBLINGSWEIN VON
LOÏC MEILLARD,
PROFESSIONELLER SKIFAHRER
MAISON GILLIARD
ÉLEVEURS DE GRANDS VINS
DÔLE DES MONTS
SION
MAISON FONDÉE EN 1885

MIONETTO
FONDATA NEL 1887

MIONETTO
PROSECCO
ROSÉ DOC

MIONETTO
PROSECCO
DOC TREVISO BRUT

COOP
«FÜR MICH UND DICH»

Coop ist der grösste Weinhändler des Landes. In grösseren Filialen findet man über 850 Weine aus aller Welt, wobei das Sortiment je nach Region und Lage unterschiedlich zusammengestellt wird. Interessant ist, dass Coop in Sachen Wein an allen Fronten wächst. Die Onlineplattform wird ständig ausgebaut und bietet auch Weine an, die nur online bezogen werden können. Auch wächst das Team an Experten, die die Plattform betreuen.

Die Vielfalt des Coop-Angebots ist unangefochten die grösste auf dem Schweizer Markt. Eigentlich kann man hier alles finden – vom ganz einfachen und günstigen Alltagswein bis zur teuren Rarität, wobei auch die Entdeckungen, die man sonst nur in Vinotheken findet, nicht zu kurz kommen. Dieses Jahr ist erneut ein Trend zu Bioweinen oder zumindest zu nachhaltig produzierten Weinen zu erkennen. Interessant auch die Entwicklung aus dem Süden Italiens, wo wir neu die spannende DOC Roma entdeckt haben.

COOP.CH
MONDOVINO.CH

Verkostungs-Statistik Coop

84 verkostete Weine, davon 44 Rotweine

12 Anzahl Länder

WICHTIGSTE LÄNDER	
Schweiz	25
Italien	16
Frankreich	14
Spanien	13

SCHWEIZER REGIONEN	
Wallis	11
Waadt	8
Drei-Seen-Land	4
Deutschschweiz	2
Tessin	1

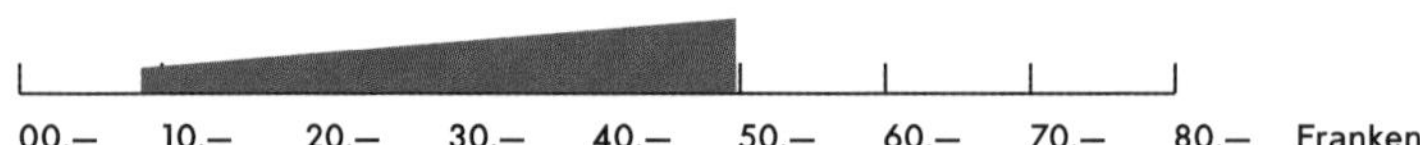

von **8.59** bis **49.95**

33

Weine zwischen 10 und 15 Franken

23

Weine zwischen 15 und 20 Franken

Aufgefallen

Punkte
16.5*

FR. **15.95** SEITE **165**

PINOT NOIR 2019
LOUIS JADOT
BOURGOGNE

Punkte
16.75

FR. **14.95** SEITE **172**

VINO ROSSO 2020
TERRA ALPINA
LAGEDER CREATION

Punkte
17.5*

FR. **14.95** SEITE **171**

ROMA 2018
TERRE DOMIZIANE
ROMA DOC

Punkte
17.5*

FR. **12.95** SEITE **122**

NEUCHÂTEL BLANC 2020
CAVES DU CHÂTEAU D'AUVERNIER
NEUCHÂTEL AOC

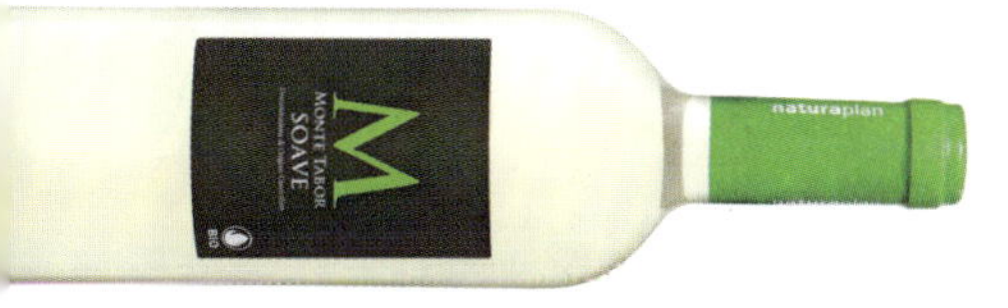

Punkte
16.5*

FR. **9.95** SEITE **135**

SOAVE 2020
MONTE TABOR
NATURAPLAN

Punkte

16.5

SCHWEIZ

WEISSWEIN

PREIS FR. 8.95

RIESLING-SYLVANER 2020
FALKENKÖNIG
AARGAU AOC

Dies ist die wichtigste Weissweinsorte der Deutschschweiz, deren Name immer wieder für Verwirrung sorgt, da sie primär unter ihrem eigentlich falschen Namen «Riesling x Sylvaner» (oder «Riesling-Sylvaner») bekannt ist. 1882 wurde sie vom Thurgauer Professor Hermann Müller an der Forschungsanstalt von Geisenheim in Deutschland aus einer Kreuzung zwischen Riesling und Madeleine Royale gezüchtet. Zum falschen Namen kam es, da lange als «Mutter» der Neuzüchtung Riesling und als «Vater» Silvaner angenommen wurde. Riesling-Sylvaner-Weine sind herrlich aromatisch, delikat und erfrischen im Gaumen mit einer expressiven Blumigkeit. Noten von Rosen, Muscat und Honig sind zu erkennen, und zwar nicht zu knapp. Fröhlicher Wein, der Freude bereitet. Viel Frische im Abgang sowie ein moderner, bunter Touch. Genuss pur.

TRINKREIFE JETZT GENIESSEN
PASST ZU FISCHKNUSPERLI, SPARGELN, KARTOFFELSALAT, ZWIEBELWÄHE, APÉRO, GEBÄCK
SERVICETIPP BEI 8–10 °C SERVIEREN
ALKOHOLWERT 12 %

SCHWEIZ

Punkte

16.25

WEISSWEIN

PREIS FR. 9.95

FENDANT 2020
DOMAINES DES VIRETS
VALAIS AOC

Für die Walliser ist Fendant viel mehr als nur Wein. Er ist der König der Walliser Weine – trotz der Fülle an raren Sorten, die hier gedeihen. Diese Abfüllung ist rassig, exotisch und aromatisch. Sehr zugänglicher und bunter Fendant (Chasselas), der ideal gegen den Durst ist. Süffig und unkompliziert. Ein Coop-Klassiker, der alles hat, was ein Schweizer Alltagsweisswein haben sollte. Wie für Chasselas typisch, ist der Wein nicht zu schwer und auch nicht so aromatisch wie etwa ein Sauvignon Blanc oder ein Verdejo. Der 2020er Jahrgang ist eine Spur gemütlicher in der Art als auch schon, aber grundsätzlich ganz im Hausstil.

TRINKREIFE JETZT GENIESSEN
PASST ZU FONDUE, SÜSSWASSERFISCH, KÄSEGERICHTEN, QUICHE, GEFLÜGEL, TRUTHAHN
SERVICETIPP BEI 8–10 °C SERVIEREN
ALKOHOLWERT 12 %

SCHWEIZ

Punkte

17*

WEISSWEIN

PREIS FR. 10.50

MORGES VIEILLES VIGNES 2020
CAVE DE LA CÔTE

Ein wunderbarer Chasselas mit einem dezenten Schmelz und schöner Frische – auch mit dem neuen Jahrgang. Er ist delikat, zart und doch etwas cremig im Abgang. Noten von weissen Blüten, Honig und reifen Birnen verführen Nase und Gaumen. Kühlen, aufschrauben und geniessen. Ideal, wenn man Lust auf ein unkompliziertes Glas Schweizer Wein hat. Ideal auch als Getränk zur Lektüre eines literarischen Klassikers, zumal dieser Chasselas frisch hält und nicht müde macht. Der Wein trägt auch das Terravin-Gütesiegel.

TRINKREIFE JETZT GENIESSEN
PASST ZU APÉRO, HÄPPCHEN, KÄSE, FISCH, GEFLÜGEL, SUSHI
SERVICETIPP BEI 8–10 °C SERVIEREN
ALKOHOLWERT 12,5 %

SCHWEIZ

Punkte

16.75

WEISSWEIN

PREIS FR. 11.50 (7 dl)

FÉCHY 2020
LES MERVEILLES
LA CÔTE AOC

Der neue Jahrgang ist etwas molliger und barocker in der Art und eine Spur weniger frisch (was mit dem Jahrgang zu tun hat) – dennoch ein süffiger Gaumenpleaser. Noten von exotischen Früchten, etwas Honig und viel saftiger Frische. Ist erstaunlich aromatisch für einen Chasselas. Unbedingt ein paar dieser Weine in den Keller stellen. Sie werden am Apéro im Nu ausgetrunken, vorausgesetzt, der Wein wird eiskalt serviert. Toller Vin de soif in der typischen Waadtländer Flasche.

TRINKREIFE JETZT GENIESSEN
PASST ZU APÉRO, FISCH VOM SEE, KÄSEGERICHTEN
SERVICETIPP BEI 8–10 °C SERVIEREN
ALKOHOLWERT 12 %

SCHWEIZ

Punkte

17.25*

WEISSWEIN

PREIS FR. 12.50

PIERRAFEU 2020
CHARTE D'EXCELLENCE, FENDANT, PROVINS, VALAIS AOC

Auch der neue Jahrgang ist wunderbar elegant, filigran und einladend. Seine Aromatik ist von einer blumigen Charakteristik geprägt – wenn auch sehr delikat und zartgliedrig. Noten von weissen Blüten und Lilien sind zu erkennen. Ein frischer, knackiger und eleganter Fendant. Filigran und den Groove «Trink mich» in sich tragend. Hat die Energie eines Bergbachs und den Charme eines Frühlingsmorgens. Ein perfekter Wein für die japanische Küche wie auch nach einem langen Spaziergang oder bevor man das erste Brotstück ins Fondue tunkt.

TRINKREIFE JETZT GENIESSEN
PASST ZU SUSHI, SASHIMI, FISCH, APÉRO, KÄSEPLATTE
SERVICETIPP BEI 8–10 °C SERVIEREN
ALKOHOLWERT 12,1 %

SCHWEIZ

Punkte

16.25

WEISSWEIN

PREIS FR. 12.95 (7dl)

**EPESSES 2020
RIVES D'OR
LAVAUX AOC**

Ein fröhlicher, fruchtiger und bunter Epesses, der die Nase mit Aromen von weissen Blüten, Honig, Lindenblüten und Melonen verführt. Fliesst gemütlich den Hals hinunter und ist auch hier eher auf der bunt-fruchtigen Seite. Easy drinking vom Genfersee, das gut gegen den Durst oder für die gute Laune eingeschenkt werden kann. Ein moderner Chasselas für moderne Gaumen. Sehr zugänglich und fast schon füllig opulent im Finale.

TRINKREIFE JETZT GENIESSEN
PASST ZU KÄSE, FISCHGERICHTEN, GEMÜSETERRINE, KALTER PLATTE, ZWIEBELSUPPE, GEFLÜGEL
SERVICETIPP BEI 8–10 °C SERVIEREN
ALKOHOLWERT 13 %

SCHWEIZ

Punkte

17.5*

WEISSWEIN

PREIS FR. 12.95

NEUCHÂTEL BLANC 2020
CAVES DU CHÂTEAU D'AUVERNIER
NEUCHÂTEL AOC

Das Château Auvernier befindet sich am Neuenburgersee und ist seit über 400 Jahren im Familienbesitz. Thierry und Henry Grosjean repräsentieren die 14. und 15. Generation dieser traditionsbewussten Schlossfamilie, deren Weine zu den besten der Region zählen. Etwas über 60 Hektaren Reben werden verarbeitet, wobei Chasselas und Pinot Noir die önologische DNA des Gutes sind. Im Vergleich zu allen Waadtländer Chasselas dieses Kapitels hat dieser den meisten Biss, eine dynamische Struktur und auch am meisten Energie. Wein mit Komplexität und Eleganz. Noten von weissen Blüten, Hefe, Mandarinenschalen und etwas Pfirsich. Hat Frische und Struktur und macht Lust, ein grosses Glas davon einzuschenken.

TRINKREIFE JETZT GENIESSEN
PASST ZU APÉRO, HÄPPCHEN, FILET DE PERCHE, KÄSEGERICHTEN, RISOTTO MIT PILZEN, GEFLÜGEL
SERVICETIPP BEI 8–10 °C SERVIEREN
ALKOHOLWERT 11,9 %

SCHWEIZ

Punkte

17

WEISSWEIN

PREIS FR. 12.95 (7dl)

COOP

AIGLE 2020
LES PLANTAILLES
CHABLAIS AOC

Der neue Jahrgang kommt erfreulicherweise ganz im Hausstil daher. Ein Coup de cœur von mir. Diesen Wein sollte man immer im Kühlschrank bereithalten, denn er ist der pure Durstlöscher. Die Nase ist delikat und dezent blumig-frisch. Im Gaumen elegant und sehr charmant. Einen schönen Chasselas zu trinken macht einfach Spass, denn er erfrischt den Gaumen unprätentiös und selbstsicher. Ich kenne keine andere Traubensorte, die diese Gabe besitzt. Aromatisch tauchen Noten von Birnen, Honig und weissen Blüten auf. Ein eleganter Aigle, der nicht nur die Lust weckt, eine Pause einzulegen, sondern einen auch dazu animiert, ein altes Schweizer Kochbuch aus dem Bücherregal zu nehmen und eines der Gerichte daraus zu kochen. Warum nicht auch etwas mehr einkaufen, damit man dieses spezielle 2020 nicht vergisst, das unseren Alltag so ziemlich durcheinandergebracht hat – und zwar für jeden von uns.

TRINKREIFE JETZT GENIESSEN
PASST ZU SCHWEIZER KÜCHENKLASSIKERN, SÜSSWASSERFISCH, GEFLÜGEL, APÉRO
SERVICETIPP BEI 8–10 °C SERVIEREN
ALKOHOLWERT 12,5 %

SCHWEIZ

Punkte

16

WEISSWEIN

PREIS FR. 13.95

HEIDA 2020
FLEUR DU RHÔNE
VALAIS AOC

Hausmarke von Coop, die mit dem neuen Jahrgang herrlich fruchtig aus dem Glas strahlt. Exotische Fruchtnoten sind zentral und auch eine Saftigkeit, die an Limetten, Pink Grapefruit und Sweet & Sour denken lässt. Modern und spassig. Wenn Ihnen der Chasselas zu neutral ist, dann gehört dieser Walliser Klassiker in den Kühlschrank.

TRINKREIFE JETZT GENIESSEN
PASST ZU NASI GORENG, FONDUE, KÄSEGERICHTEN, EXOTISCHER KÜCHE, CURRY, SATAY-SPIESSCHEN, GRILLADEN VOM FISCH, SPARERIBS
SERVICETIPP BEI 10–12 °C SERVIEREN
ALKOHOLWERT 13,5 %

SCHWEIZ

Punkte

17*

WEISSWEIN

PREIS FR. 13.95

DOMAINE DU MARTHERAY 2019
FÉCHY, GRAND CRU
LA CÔTE AOC

2019 war die 100. Ernte der Domaine, die zur Vereinigung Clos, Domaines et Châteaux gehört. Dieser Chasselas ist ein Féchy-Klassiker, der trocken und süffig den Hals hinunterfliesst. Noten von reifen Birnen und Äpfeln sind zu erkennen, genauso wie eine dezente Honignote. Das Jahr Lagerung seit der letzten Verkostung hat ihm übrigens sehr gut getan, zumal er eine Spur vielschichtiger geworden ist. Ich gebe ihm daher neu ein Sternchen. Kann ruhig auch dekantiert werden. Ein klassisch eleganter Chasselas, vom ersten bis zum letzten Schluck.

TRINKREIFE JETZT GENIESSEN
PASST ZU APÉRO, KÄSEGERICHTEN, EGLIFILET, KALTER PLATTE, SUSHI
SERVICETIPP BEI 8–10 °C SERVIEREN
ALKOHOLWERT 12,5 %

Punkte

17

SCHWEIZ

WEISSWEIN

PREIS FR. 15.50 (7 dl)

ST-SAPHORIN 2020
TERRE-PLEIN, BERNARD BOVY
LAVAUX AOC

Der neue Jahrgang ist etwas in sich ruhender und nicht mehr ganz so energetisch wie noch der 2018er, den wir letztes Mal vorgestellt haben. Noten von Ananas, Papaya und Melone erfreuen Nase und Gaumen, ebenso die cremig fette Note im Abgang. Hat Biss und Fülle mit zusätzlichen Aromen von Bergkräutern im Finale. Bernard Bovy ist ein traditioneller Winzer des Waadtlandes, der die Kultur der Region stark mitprägt. Er lebt für den Chasselas und seine Heimat.
Bei dieser Abfüllung handelt es sich um einen Klassiker, der wegen seiner Herkunft etwas teurer ist (St-Saphorin kostet immer etwas mehr). Klassiker vom Genfersee.

TRINKREIFE JETZT GENIESSEN
PASST ZU APÉRO, FONDUE, KÄSEGERICHTEN, EGLIFILET
SERVICETIPP BEI 8–10 °C SERVIEREN
ALKOHOLWERT 12,7 %

Punkte

17.25

SCHWEIZ

WEISSWEIN

PREIS FR. 19.95 (7 dl)

EPESSES 2020
CHATALLY, DOMAINE LOUIS BOVARD
LAVAUX AOC

Die Domaine Louis Bovard von Louis-Philippe Bovard ist zweifelsohne eine der Topadressen im Lavaux und Louis-Philippe der Grand Seigneur des Chasselas. Zusammen haben wir nicht nur ein Buch über Chasselas verfasst, sondern auch viel über die Güte unserer Nationaltraube diskutiert. Dieser Epesses zeigt ein schönes Volumen mit Noten von Quitten, Honig und Lindenblüten. Er hat Gehalt und eine auffallende aromatische Präsenz. Persönlich würde ich dazu etwas essen – wenn auch nur ein leichtes Gericht. Ein Chasselas, der vor sich hin strahlt und aromatisch bunt den Hals hinunterfliesst. Dekantieren kann man ihn problemlos.

TRINKREIFE JETZT GENIESSEN
PASST ZU APÉRO, FONDUE, KÄSEGERICHTEN, EGLIFILET, GEFLÜGEL, SOMMERSALATEN, GRÜNEN SPARGELN, RISOTTO MIT MUSCHELN
SERVICETIPP BEI 8–10 °C SERVIEREN
ALKOHOLWERT 12,8 %

Punkte

17

SCHWEIZ

WEISSWEIN

PREIS FR. 23.95

PETITE ARVINE 2020
CŒUR DE BARON, FINE FOOD
VALAIS AOC

Delikat, zart parfümiert und blumig frivol verführt diese Walliser Rarität aus der noch jungen Kellerei von Patrice Walpen. Er hat das Weingut erst vor ein paar Jahren übernommen und vinifiziert schon eine elegante und regelmässig prämierte Weinpalette. Dieser Petite Arvine ist ein aromatischer Gaumengenuss. Noten von Fleur de Sel, Pink Grapefruit, Minze und Rosmarin sind zu erkennen. Sehr schön die Finesse und die Präsenz im Gaumen. Perfekter Wein für aromatische Gerichte, die auch Zitrone oder Koriander enthalten. Festlich und elegant. Auch ein guter Geschenkwein. Empfehlen kann ich auch, einmal die Domaine zu besuchen.

TRINKREIFE BIS 2024 GENIESSEN
PASST ZU APÉRO, THAI-CURRY, CURRY, MEDITERRANER KÜCHE, FISCHGERICHTEN, SOMMERSALAT MIT GEFLÜGEL, SCALOPPINE AL LIMONE
SERVICETIPP BEI 8–10 °C SERVIEREN
ALKOHOLWERT 13,5 %

SCHWEIZ

Punkte

18

WEISSWEIN

PREIS FR. 24.95

HEIDA 2020
MÂITRE DE CHAIS, PROVINS
VALAIS AOC

Der Heida dieser Linie zählt seit Jahren für mich zu einem der besten Schweizer Weissweine. Er hat genügend Fülle, Frische, Präzision, um den auch noch so verwöhnten Gaumen interessiert zu halten. Noten von Fleur de Sel, Ingwer und Limetten sind zu erkennen, wie auch etwas Harz und weisse Rosen. Schon wenn man den Wein im Glas schwenkt, merkt man schnell, dass man hier einen aromatischen Exhibitionisten geniessen wird. Denn während sich der Wein ölig im Glas wendet, offenbart er Noten von exotischen Früchten, Honig, Marzipan, kandiertem Ingwer und etwas Minze. Im Gaumen kommen dann noch eine markante Säure sowie ein intensives Volumen dazu. Der 2020er zeichnet sich zudem durch eine rassige Frische und kühle Note im Abgang aus. Ideal, um Nicht-Schweizer-Wein-Kenner von der Güte unseres Weinschaffens zu überzeugen. Kann auch ruhig noch etwas gelagert werden.

TRINKREIFE JETZT GENIESSEN
PASST ZU FISCH – AUCH VOM GRILL, EXOTISCHER KÜCHE, KÄSESCHNITTE, KRUSTENTIEREN
SERVICETIPP BEI 10–12 °C SERVIEREN
ALKOHOLWERT 13,5 %

Punkte

16.5

CHILE

WEISSWEIN

PREIS FR. 10.95

SAUVIGNON BLANC 2020
LOS VASCOS

Ein kerniger, knackiger Sauvignon Blanc, der kühl und aromatisch den Hals hinunterfliesst. Kein Wein der grossen Worte. Hier schweift man in Gedanken ins ferne Chile und lässt sich dabei von Aromen wie Limetten, Feuersteinbonbons und Passionsfrucht überraschen. Easy drinking von weit weg. Die Domaines Barons de Rothschild (Lafite) übernahmen 1988 das Anwesen Los Vascos (Los Vascos bedeutet «die Basken», zu Ehren seiner ursprünglich baskischen Herkunft).

TRINKREIFE JETZT GENIESSEN
PASST ZU APÉRO, HÄPPCHEN, FISCH VOM GRILL, GEFLÜGEL, SPARERIBS
SERVICETIPP BEI 8–10 °C SERVIEREN
ALKOHOLWERT 13 %

Punkte

16.5

DEUTSCHLAND

WEISSWEIN

PREIS FR. 12.95

WEISSBURGUNDER 2020
ZÄHRINGER, BADEN
NATURAPLAN

Die Weinbaugeschichte der Familie Zähringer in Heitersheim begann am 31. Oktober 1844. Damals erwarb Michael Zähringer für seine Söhne, den Färbergesellen Josef Zähringer und dessen Bruder Wilhelm, ein Anwesen in Heitersheim. Zum Grundstück gehörte ausser der Färbereinrichtung auch ein Weinkeller mit Trotte. Inzwischen ist der Betrieb seit über 175 Jahren ein Familienbetrieb. Diesen Weissburgunder stellen wir neu im Weinseller vor. Es handelt sich um einen knackigen, kernigen Weissburgunder, der süffig und rassig den Gaumen erfrischt. Noten von Limetten, weissen Blüten und Fleur de Sel. Wenn Ihnen Chasselas gefällt, Sie aber etwas mehr Druck und Frische suchen, dann würde ich einmal diesen verkosten. Demeterwein mit Drehverschluss. Perfekt gegen den Durst.

TRINKREIFE JETZT GENIESSEN
PASST ZU APÉRO, FISCHGERICHTEN, RISOTTO MIT GEMÜSE, ANTIPASTI, FISCHTERRINE, GEFLÜGEL
SERVICETIPP BEI 8–10 °C SERVIEREN
ALKOHOLWERT 14 %

Punkte

16

FRANKREICH

WEISSWEIN

PREIS FR. 11.95

SAUVIGNON BLANC 2020
DOURTHE, LA GRANDE CUVEÉ
AOC BORDEAUX

Der aktuelle Jahrgang ist nicht so expressiv wie auch schon, aber herrlich gegen den Durst. Dieser Markenwein ist ein toller Alltagswein, den man am besten schön kalt und in jungen Jahren geniesst. Er ist perfekt für Krustentiere, Jazz und eine lockere Gesellschaft, die gerne zusammen kocht, Musik hört und Ferien in Weingebieten plant. Natürlich ist es kein Terroirwein, da er mehr eine Stilistik repräsentiert, und die ist mehr oder weniger mit jedem Jahrgang gleich, aber auch Markenweine können den Durst löschen und sehr gut zu Fischgerichten passen.

TRINKREIFE JETZT GENIESSEN
PASST ZU APÉRO, FISCHTAPAS, EXOTISCHEN VORSPEISEN, GRILLIERTEM FISCH, GEFLÜGEL, KRUSTENTIEREN, GRÜNEN SPARGELN
SERVICETIPP BEI 8–10 °C SERVIEREN
ALKOHOLWERT 12,5 %

Punkte

17

FRANKREICH

WEISSWEIN

PREIS FR. 19.95

GEWÜRZTRAMINER 2020
DOMAINE BLANCK
AOC ALSACE

Der Gewürztraminer von Blanck geht in die Gattung der eher frischen Gewürztraminer. Seine Aromatik ist klar expressiv und lässt an Rosen, Muskat und Honig denken. Im Gaumen dann aber eine schöne Frische, was in diesem Fall interessant ist, zumal dieser eher überaromatische Wein dadurch rassig den Hals hinunterfliesst. Die Traube ist nicht jedermanns Sache, da sie aromatisch sehr polarisiert. Die Domaine Paul Blanck zählt zu den besten der Region, die auch biodynamisch arbeiten. Ein blumiger Gruss aus dem Elsass – und ideal, wenn der Weisse so richtig anders schmecken sollte.

TRINKREIFE BIS 2024 GENIESSEN
PASST ZU CURRY, APÉRO RICHE, TERRINE, SPANFERKEL, TARTE FLAMBÉE
SERVICETIPP BEI 8–10 °C SERVIEREN
ALKOHOLWERT 13,5 %

Punkte

17

FRANKREICH

WEISSWEIN

PREIS FR. 29.50

LES VAILLONS 2019
DOMAINE LONG-DEPAQUIT
1ER CRU, AOC CHABLIS

Wie für Chardonnay aus dieser Burgunder Region typisch, sollte der Wein eher frisch, trocken und sehr mineralisch sein. Der 1er Cru der Toplage Vaillons ist ein Chablis aus dem Schulbuch. Nicht aufdringlich, aber doch sehr präsent. Delikate Aromen von geschliffenem Gestein, Honig, Ananas und etwas Aprikose. Viel Frische, Eleganz und Präsenz im Gaumen und Abgang sowie Aromen, die an Brioche und Champignons denken lassen. Ein trockener Chardonnay mit mineralischem Finale. Ich würde ihn sogar dekantieren, damit er sich voll entfalten kann.

TRINKREIFE BIS 2029 GENIESSEN
PASST ZU GEFLÜGEL, TERRINE, FISCHGERICHTEN, SPARGELN, KALBSBRUST
SERVICETIPP BEI 8–10 °C SERVIEREN
ALKOHOLWERT 13 %

Punkte

16.5*

ITALIEN

WEISSWEIN

PREIS FR. 9.95

SOAVE 2020
MONTE TABOR, NATURAPLAN
DOC

Veganer und biologischer Soave, den wir neu vorstellen. Es ist ein fröhlicher, aromatischer Weisser, der nach Pfirsich und Aprikosen duftet und auch im Gaumen viel Fruchtigkeit zelebriert. Schön seine Frische und rassige Art. Perfekt gegen den Durst und herrlich zu Antipasti oder Fischknusperli. Hat eine moderne Art, die sicher gut ankommen wird. Kleiner Coup de cœur von mir.

TRINKREIFE JETZT GENIESSEN
PASST ZU APÉRO, ANTIPASTI, FRITTIERTEM TINTENFISCH, GEMÜSELASAGNE, GEBÄCK, PASTA AL LIMONE
SERVICETIPP BEI 8–10 °C SERVIEREN
ALKOHOLWERT 12,5 %

Punkte

16.5

ITALIEN

WEISSWEIN

PREIS FR. 13.50

VINO BIANCO 2020
TERRA ALPINA
CREATION LAGEDER

Assemblage aus Chardonnay, Müller-Thurgau, Garganega, Welschriesling und Pinot Grigio – wow, was für eine Mischung! So etwas verkostet man wirklich selten. Neu in diesem Kapitel und einer von zwei Weinen dieses Terra-Alpina-Projekts der Familie Lageder (siehe auch bei den Rotweinen). Kernig, knackig und frisch. Hat etwas Schmelz, lebt aber von der Frische. Noten von Quitten und Aprikosen wie auch Rhabarber sind zu erkennen. Ein dynamischer Wein, der die alpine Weinkultur zelebriert und neue Wege geht.

TRINKREIFE JETZT GENIESSEN
PASST ZU APÉRO, VORSPEISEN, QUICHE
SERVICETIPP BEI 8–10 °C SERVIEREN
ALKOHOLWERT 12 %

Punkte

16.75

NEUSEELAND

WEISSWEIN

PREIS FR. 14.50

SAUVIGNON BLANC 2020 MATUA MALBOROUGH

Das ist Neuseeland pur. Keine andere Weinregion produziert so intensive, überbunte Sauvignon-Blanc-Aromen wie dieses Land. Im Gaumen erfrischend, süffig und üppig zugleich. Sehr intensiv mit Aromen von Stachelbeeren und Limetten. Spannend auch der Vergleich zum Sauvignon Blanc aus Frankreich – wenn Sie beide Weine nebeneinander verkosten, verstehen Sie schnell den Begriff «Neue Welt» – die ist expressiver, farbiger und auch intensiver. Perfekter Partywein. Stimmungsmacher, den ich an ganz heissen Tagen sogar on the rocks geniessen würde. Auf dem Etikett erkennt man eine Maori-Maske.

TRINKREIFE JETZT GENIESSEN
PASST ZU APÉRO, KRUSTENTIEREN, FISCHCARPACCIO, FISCHTELLER
SERVICETIPP BEI 8–10 °C SERVIEREN
ALKOHOLWERT 13,5 %

Punkte

16.5

PORTUGAL

WEISSWEIN

PREIS FR. 12.95

VINHO VERDE 2020
ALVARINHO, JOÃO PORTUGAL RAMOS
DOC

Rassiger Vinho Verde, der dem Gaumen kaum Zeit lässt, sich an diese aromatische Frische zu gewöhnen. Hier geht es kühl, knackig und aromatisch frisch zu und her. Noten von Quittensorbet, Limettenkonzentrat und Rhabarber sind zentral. Ein moderner, frischer Portugiese für die lockere Runde. Hat wohl viele Aromen, die er jedoch schlank dynamisch präsentiert. João Portugal Ramos ist eine Persönlichkeit des portugiesischen Weinbaus. Einerseits berät er als Önologe bekannte Weingüter in den wichtigsten Weinregionen Portugals, auf der anderen Seite erzeugt er seine ganz eigenen Weine, die preislich sehr attraktiv sind.

TRINKREIFE JETZT GENIESSEN
PASST ZU APÉRO, FISCHGERICHTEN, ANTIPASTI, PAELLA, GRILLADEN VOM GEMÜSE
SERVICETIPP BEI 8–10 °C SERVIEREN
ALKOHOLWERT 13 %

Punkte

16.5

SPANIEN

WEISSWEIN

PREIS FR. 9.95

VERDEJO 2020
LEGARIS
RUEDA DO

Rueda liegt im Zentrum der Hochebene der Region Kastilien und Léon, neben den Appellationen Ribera del Duero und Toro. Das Anbaugebiet liegt rund 180 Kilometer nordwestlich von Madrid und ist eine Hochburg für rassige, süffige und herrlich erfrischende Weissweine. Vom Legaris haben wir in der Regel den Rotwein vorgestellt – neu jetzt den Weissen. Ein frischer Verdejo, der fröhlich durch den Gaumen zischt und dabei eine aromatische Spur von Quitten, Limetten und Minze hinterlässt. Süffig, gradlinig und saftig. Wein gegen den Durst, den man ruhig als Blue-Chip-Apérowein an Lager haben kann.

TRINKREIFE JETZT GENIESSEN
PASST ZU APÉRO, ANTIPASTI, TAPAS, GRILLADEN VOM FISCH, KRUSTENTIEREN, GEFLÜGEL, FISCHCARPACCIO
SERVICETIPP BEI 8–10 °C SERVIEREN
ALKOHOLWERT 13 %

Punkte

17

USA

WEISSWEIN

PREIS FR. 23.50

CHARDONNAY 2019 BLACK STALLION NAPA VALLEY

Fett, dicht und Neue Welt pur. Ein barocker Chardonnay, der seine Fülle ganz selbstbewusst zeigt und auch geniesst – wie die Schauspielerin Melissa McCarthy. Das Weingut gehört der Familie Indelicato, die auch die bekannte Weinlinie Delicato produziert. Dieser voluminöse Chardonnay ist perfekt, wenn es im Gaumen etwas füllig und barock zu und her gehen darf. Noten von Ananas, Vanille-Stalden-Creme, kandiertem Ingwer und weisser Schokolade sind zu erkennen. Im Finale dann eine frische Note und erneut sehr viel konzentrierte Fruchtigkeit. Ein klassischer New World Chardonnay, der locker und zufrieden stimmt und Lust macht, ein Steak auf dem Grill zu braten. Auch wenn dieser Chardonnay sehr zugänglich ist, so hat er doch eine markante Komplexität.

TRINKREIFE JETZT GENIESSEN
PASST ZU APÉRO, VORSPEISEN, GRILLADEN, EXOTISCHEN GERICHTEN, KRUSTENTIEREN
SERVICETIPP BEI 8–10 °C SERVIEREN
ALKOHOLWERT 14,5 %

Punkte

16.5

SCHWEIZ

ROSÉ

PREIS FR. 8.95

PINOT NOIR ROSÉ 2020
SCHAFFHAUSEN AOC
HALLAUER

Ein knackiger, süffiger Pinot, der aromatisch an Aprikosen, Melonen und Mandarinen erinnert. Süffig, frisch und strahlend selbstsicher. Hat eine bunte Aura und trinkt sich wie von selbst. Fröhlicher Genuss vom ersten bis zum letzten Schluck.

TRINKREIFE JETZT GENIESSEN
PASST ZU PICKNICK, WURSTSALAT, APÉRO, GRILLADEN VOM FISCH, GEMÜSEWÄHE
SERVICETIPP BEI 12–13 °C SERVIEREN
ALKOHOLWERT 13 %

SCHWEIZ

Punkte

17*

ROSÉ

PREIS FR. 8.95

ŒIL-DE-PERDRIX DU VALAIS 2018
LE ROSEL
VALAIS AOC

Der neue Jahrgang hat eine schöne Fruchtigkeit und duftet fröhlich vor sich hin. Man erkennt Aromen von süssen Walderdbeeren, Quitten und Melone. Easy drinking pur. Das Etikett ist zwar etwas altmodisch, aber klassisch, und wenn Sie auf der Suche nach einem Schweizer Rosé gegen den Durst und für einen unkomplizierten Moment sind, dann ist Le Rosel seit Jahren ein sicherer Wert. Œil-de-Perdrix besteht immer zu 100 % aus Pinot Noir.

TRINKREIFE JETZT GENIESSEN
PASST ZU KALTER PLATTE, SALSIZ, GEFLÜGEL, TERRINE, GEMÜSESUPPE, QUICHE
SERVICETIPP BEI 12–13 °C SERVIEREN
ALKOHOLWERT 13 %

SCHWEIZ

Punkte

16.25

ROSÉ

PREIS FR. 9.95

CUVÉE 48 ROSÉ
CAVE DE JOLIMONT
VAUD AOC

Thierry Ciampi wurde am Grand Prix du Vin Suisse 2020 zum Weinmacher des Jahres auserkoren. Diesen fruchtigen Rosé hat er vinifiziert und das Resultat ist ein spassiger, leichtfüssiger und süffiger Rosé, den man zu allerhand Gelegenheiten entkorken kann. Persönlich würde ich ihn sogar on the rocks servieren, zumal er genügend fruchtige Aromen in sich vereint. Easy drinking vom Genfersee. Die Cave de Jolimont in Mont-sur-Rolle gehört zum Château d'Allaman, welches im Besitz der Firma Schenk in Rolle ist.

TRINKREIFE JETZT GENIESSEN
PASST ZU KALTER PLATTE, GEBÄCK, APÉRO, GRILLIERTEM FISCH
SERVICETIPP BEI 12–13 °C SERVIEREN
ALKOHOLWERT 13,4 %

SCHWEIZ

Punkte

16.5

ROSÉ

PREIS FR. 19.95

DÔLE BLANCHE 2020
MAÎTRE DE CHAIS
PROVINS

Diese Assemblage aus Pinot Noir und Gamay ist aromatisch moderner und fruchtbetonter als noch vor ein paar Jahren. Zentral sind jetzt süss-fruchtige Noten, die an Himbeersorbet, Walderdbeeren und Melone denken lassen. Easy drinking pur, das verspielt und bunt den Gaumen erfreut. Hat eine spannende Saftigkeit im Abgang und löscht den Durst perfekt. Ursprünglich ein Klassiker aus dem Wallis, der jetzt eine neue moderne Charakteristik offenbart und ideal entkorkt werden kann, wenn man ein geselliges Zusammenkommen plant.

TRINKREIFE JETZT GENIESSEN
PASST ZU VORSPEISEN, TERRINE, FISCH, FONDUE, HAMBURGER, GEFLÜGEL, EXOTISCHEN VORSPEISEN
SERVICETIPP BEI 12–14 °C SERVIEREN
ALKOHOLWERT 12,8 %

Punkte

16

FRANKREICH

ROSÉ

PREIS FR. 8.95

L'ESTIL 2020, TERRES DU MIDI NATURAPLAN

Neuer Biowein in diesem Kapitel, der kitschig bunt auffällt. Auf dem Etikett steht bereits «Finesse & Fraîcheur», eventuell hätte man noch «profiter de l'instant» anfügen können. Modern, schrill, knackig und für einen Gaumen, dem es nicht aromatisch genug sein kann. Das Positive an einer solchen intensiven Stilistik ist, dass man sie gut auch on the rocks geniessen kann, zumal es genügend Aromen im Wein hat. Auch die Flasche hat eine spezielle Form. Assemblage aus Cabernet Sauvignon, Grenache, Sauvignon Blanc und Mourvèdre. Preislich top.

TRINKREIFE JETZT GENIESSEN
PASST ZU APÉRO, GRILLADEN VOM FISCH UND GEFLÜGEL, SOMMERSALATEN, TERRINE, GEMÜSESUPPE, ANTIPASTI, PASTA ALLE VONGOLE
SERVICETIPP BEI 10–12 °C SERVIEREN
ALKOHOLWERT 13 %

Punkte

16.5

FRANKREICH

ROSÉ

PREIS FR. 9.95

ROSÉ 2020, CARAGUILHES, NATURAPLAN AOC LANGUEDOC

Der neue Jahrgang kommt aromatisch etwas anders daher, da das Weingut ein Problem mit Mehltau hatte und die Trauben daher von anderen Lieferanten stammen. Das Resultat ist etwas kerniger und trockener. Auch markiert dieser Südfranzose viel frischer im Finale. Gut gegen den Durst und in Kombination mit mediterranen Häppchen. Assemblage aus Cinsault, Grenache, Grenache Noir, Mourvèdre und Syrah. Auch on the rocks eine gute Idee.

TRINKREIFE JETZT GENIESSEN
PASST ZU APÉRO, EXOTISCHER KÜCHE, GRILLADEN, TAPAS, GEFLÜGEL, ANTIPASTI
SERVICETIPP BEI 12–13 °C SERVIEREN
ALKOHOLWERT 13,5 %

Punkte

16

ITALIEN

ROSÉ

PREIS FR. 18.95

ROSATO 2020 AQUA DI VENUS IGP, RUFFINO

Ein neuer Wein aus der Toskana, der schon optisch etwas Aufmerksamkeit verdient. Die Flasche gleicht einer grossen Parfümflasche und die Inspiration für den Namen haben die Ruffinos von keinem Geringeren als Maestro Sandro Botticelli und seinem weltbekannten Gemälde «Die Geburt der Venus» (Uffizien Florenz) erhalten. Ich frage jetzt nicht, was genau mit «Aqua di Venus» gemeint ist. Der Wein ist eine Assemblage aus Pinot Gris, Sangiovese und Syrah. Im Gaumen frisch, saftig und an Pink Grapefruit, Limetten und Pfirsichsorbet erinnernd. Wenn Ihnen Miraval oder Whispering Angel gefällt, könnte dies auch ein guter Kandidat sein.

TRINKREIFE JETZT GENIESSEN
PASST ZU APÉRO, PASTA ALLE VONGOLE, GRILLADEN VOM FISCH, ANTIPASTI, RISOTTO MIT ZUCCHETTI UND MOZARELLA, PIZZA, HAMBURGER, GEFLÜGEL
SERVICETIPP BEI 12–13 °C SERVIEREN
ALKOHOLWERT 12,5 %

Punkte

16.5

PORTUGAL

ROSÉ

PREIS FR. 10.95

VALLADO ROSÉ 2020
QUINTA DO VALLADO
DOURO DOP

Neu in diesem Kapitel und ein frischer, delikater und saftiger Rosé aus dem portugiesischen Douro-Tal, das vor allem für Portweine bekannt ist. Wurde aus der Hauptsorte Touriga Nacional vinifiziert und duftet fein fruchtig und einladend. Im Gaumen dann Noten von Stachelbeeren und Pink Grapefruit, wobei seine saftige Art viel Dynamik in sich birgt. Perfekter Vin de soif, mit dem man ein Mittagessen aufwerten kann oder den man zu leichten Gerichten serviert. Die Quinta do Vallado ist ein historisches Weingut, das im Besitz der Familie Ferreira ist und zu den Topgütern der Region zählt.

TRINKREIFE JETZT GENIESSEN
PASST ZU APÉRO, FRITTIERTEM FISCH, HÄPPCHEN, ANTIPASTI, GEFLÜGEL
SERVICETIPP BEI 10–12 °C SERVIEREN
ALKOHOLWERT 12,5 %

Punkte

16.25

SPANIEN

ROSÉ

PREIS FR. 7.95

ROSADO 2020
CUNE, DOCA
RIOJA

Optisch ein eher dunkler Rosé, der fast schon wie ein heller Rotwein wirkt. Trockener Auftakt mit Noten von Rosen, Cassis und Holunderblüten. Im Gaumen süffig, frisch und dezent exotisch. Ein Wein, den man im Nu gerne mag. Er verführt und duftet wie ein grosser Strauss roter Rosen. Ein Klassiker aus Spanien, der sowohl jungen wie traditionellen Weingeniessern gefallen wird und der mit dem neuen Jahrgang ganz im Hausstil daherkommt. Kein Rosé zum Apéro, sondern eher einer, den man zu Tapas geniesst, da er doch etwas Tannine hat. Absoluter Design-Rosé, dessen Weinfarbe und Etikett schon Kult sind. Preislich sehr attraktiv – auch für einen Partywein. Kühlen und aufschrauben. Veganer Wein.

TRINKREIFE JETZT GENIESSEN
PASST ZU TAPAS, PAELLA
SERVICETIPP BEI 13–14 °C SERVIEREN
ALKOHOLWERT 13,5 %

Punkte

15.75

SCHWEIZ

ROTWEIN

PREIS FR. 9.95

BLAUBURGUNDER 2020 STAMMHEIMER AOC ZÜRICH

Ein mittelschwerer, fruchtbetonter Ostschweizer, der eine reife Aromatik in sich trägt. Noten von Backpflaumen, Cassis und schwarzen Kirschen sind zu erkennen, wie auch etwas Leder und Waldboden. Hat auch einen rustikalen Touch und passt sehr gut zu Schweizer Küchenklassikern. Preislich natürlich perfekt, zumal ein Deutschschweizer Pinot unter zehn Franken eher selten ist.

TRINKREIFE JETZT GENIESSEN
PASST ZU KALTER PLATTE, TERRINE, ZÜRCHER GESCHNETZELTEM, PASTETE
SERVICETIPP BEI 15–16 °C SERVIEREN
ALKOHOLWERT 13 %

SCHWEIZ

Punkte

16.5

ROTWEIN

PREIS FR. 9.95

DOLCE VITA 2020
JOLIMONT DEPUIS 1893
VIN DE PAYS SUISSE

Darf der Rotwein etwas süss, schmelzig und charmant sein? Sollte er mehr eine Stilistik in sich vereinen und nicht unbedingt ein Terroir? Sind Sie auf der Suche nach einem Wein, der Italianità suggeriert, aber aus der Schweiz stammt? Dann ist der Dolce Vita der perfekte Wein dazu. Denn diese Assemblage aus Gamaret, Garanoir und Gamay duftet und schmeckt nach schwarzen Kirschen, die mit flüssiger Schokolade überträufelt worden sind. Easy drinking pur, das bei jedem Schluck eine fette Aromaspur hinterlässt. Kann ruhig als Versuch einmal anstelle eines Primitivo entkorkt werden.

TRINKREIFE JETZT GENIESSEN
PASST ZU PASTA, PIZZA, GRILLADEN, WILD, NASI GORENG, HAMBURGER
SERVICETIPP BEI 15–17 °C SERVIEREN
ALKOHOLWERT 12 %

SCHWEIZ

Punkte

16.25

ROTWEIN

PREIS FR. 12.95

PINOT NOIR 2020
JENINSER STEINHUHN, AOC
WEINKELLEREI ZUM STAUFFACHER

Eine Eigenabfüllung von Coop. Entkorken und dekantieren. Dieser Pinot braucht etwas Luft, um sich zu öffnen. Von der Stilistik her ist er rustikal mit Noten von Backpflaumen, Leder, Rauch und wilden Erdbeeren. Im Vergleich zum Stammheimer Blauburgunder hat er mehr Struktur und ist weniger auf der warmfruchtigen Seite. Im Gaumen mittelschwer und süffig. Ideal zu kräftigen Gerichten oder einem Abend mit der Jass-Gruppe. Dieser Wein ist nur in der Deutschschweiz erhältlich. Oder online.

TRINKREIFE JETZT GENIESSEN
PASST ZU WILDGEFLÜGEL, KANINCHEN, SCHLACHTPLATTE, PILZTERRINE
SERVICETIPP BEI 14–15 °C SERVIEREN
ALKOHOLWERT 13 %

Punkte

16.75

SCHWEIZ

ROTWEIN

PREIS FR. 12.95

L'AS DE CŒUR 2020 ASSEMBLAGE ROUGE VAUD AOC

Diese Assemblage aus Gamaret, Garanoir und Pinot Noir leuchtet in kräftigem Rubinrot. Der neue Jahrgang ist wunderbar modern, stoffig und dicht, wobei er nicht zu voluminös auftritt. Ideal, wenn der Rote aus der Schweiz stammen sollte und intensiv, aber gefällig und charmant zugleich sein muss. Bodenständig in der Stilistik mit einem schönen Fruchtschmelz im Abgang. Aromatisch denkt man an schwarze Kirschen, Walderdbeeren und etwas Zedernholz. Passt perfekt zu einem unkomplizierten Abend mit Freunden oder Familie. Easy drinking, wobei er nicht mehr so modern wirkt wie beispielsweise der Dolce Vita. Der neue Jahrgang kommt ganz im Hausstil daher.

TRINKREIFE JETZT GENIESSEN
PASST ZU GRILLADEN, GEFLÜGEL, BRATEN, KALTER PLATTE, FONDUE, HAMBURGER
SERVICETIPP BEI 16–17 °C SERVIEREN
ALKOHOLWERT 13,5 %

SCHWEIZ

Punkte

17.25*

ROTWEIN

PREIS FR. 14.95

CHÂTEAU D'ALLAMAN 2020
LA CÔTE AOC
GRAND CRU

Ein kleiner Coup de cœur von mir, den ich auch dieses Jahr gerne empfehle. Aus den Sorten Gamaret, Gamay, Pinot Noir und Garanoir vinifiziert und elegant vom ersten bis zum letzten Schluck. Mittelschwer mit Aromen von schwarzen Kirschen, Holunder, Cassis, Wacholder und etwas Pfeffer. Die Tannine sind fein und präsent und das Finale von einer schmelzigen Frucht gezeichnet. Diesen Wein kann man kistenweise verschenken, denn er ist nicht nur ein Klassiker des Waadtländer Weinschaffens, er ist auch so süffig, dass die Flasche im Nu leer sein wird. Ein schönes Beispiel dafür, dass das Waadtland auch ein gutes Rotweinterroir ist. Der neue Jahrgang zeichnet sich durch eine klare Fruchtigkeit und Frische im Finale aus.

TRINKREIFE BIS 2024 GENIESSEN
PASST ZU GRILLADEN, GEFLÜGEL, BRATEN, KALTER PLATTE, KANINCHEN, WURSTWAREN, SCHLACHTPLATTE
SERVICETIPP BEI 16–17 °C SERVIEREN
ALKOHOLWERT 13,5 %

Punkte

16

SCHWEIZ

ROTWEIN

PREIS FR. 15.95

HUMAGNE ROUGE 2019
BIBACCHUS
VALAIS AOC

Eigenmarke des Hauses, die zusammen mit der Maison Bonvin vinifiziert wird. Urchiger Auftakt mit Noten von Unterholz, kaltem Rauch, kleinen Walderdbeeren und etwas Kirschen. Im Gaumen geht es ähnlich bodenständig weiter. Klassischer Humagne Rouge, der sich mittelschwer, aber sehr typisch präsentiert. Ideal, wenn einem der Pinot zu leicht und fruchtig ist und man auch keinen zu schweren Wein will. Spannend an dieser Traube ist auch, dass ihr Duft umso vielschichtiger wird, je länger der Wein im Glas ist. Der Humagne Rouge ist eine robuste, spätreifende Rebsorte, die nur an den am besten exponierten Lagen des Walliser Weinbergs reift und eine der zahlreichen autochthonen Raritäten ist.

TRINKREIFE JETZT GENIESSEN
PASST ZU KALTER PLATTE, WILD, LAMM, PFEFFERSTEAK, PILZTERRINE, ZWIEBELSUPPE MIT SPECK, HAMBURGER, RÖSTI MIT PILZEN
SERVICETIPP BEI 15–16 °C SERVIEREN
ALKOHOLWERT 13 %

Punkte

16

SCHWEIZ

ROTWEIN

PREIS FR. 18.95

LA PORTE DE NOVEMBRE 2020
MAISON GILLIARD

Das Walliser Weinhaus Robert Gilliard wurde 1885 von Edmond Gilliard gegründet und vinifiziert unter anderem die zwei Klassiker Fendant Les Murettes und Dôle des Monts. Ein weiterer bekannter Wein des Hauses ist der «La Porte de Novembre», von dem ich bis jetzt nur den süss-fruchtigen Johannisberg vorgestellt hatte. Die rote Abfüllung offenbart eine ähnlich fruchtige, gefällige Stilistik. Man denkt an Rosinen, Himbeersaft, Schokolade und etwas Rosenessenz. Die Tannine sind ganz fein und im Gaumen wird man primär von süssem Fruchtschmelz umgarnt. Easy drinking, wenn es so richtig geschmeidig sein darf.

TRINKREIFE JETZT GENIESSEN
PASST ZU GRILLADEN, PASTA, PIZZA, HAMBURGER
SERVICETIPP BEI 15–17 °C SERVIEREN
ALKOHOLWERT 13,4 %

SCHWEIZ

Punkte

17.25

ROTWEIN

PREIS FR. 26.95

HUMAGNE ROUGE 2019
MAÎTRE DE CHAIS
PROVINS, VALAIS AOC

Der Top-Humagne-Rouge aus der Barrique. Eleganz und französisches Flair sind in diesem Raritäten-Walliser zu spüren. Neben der würzigen Aromatik erkennt man auch dezente Röstaromen, die aber perfekt mit der Frucht vermählt sind. Hat eine schöne Struktur und eine Tiefe, die ihn zum perfekten Begleiter von kräftigen Gerichten macht. Komplex und spannend vom ersten bis zum letzten Tropfen. Kann sogar dekantiert werden. Humagne Rouge ist eine spezielle Walliser autochthone Sorte, die ich sehr empfehlen kann, wenn Ihnen Syrah und Pinot Noir gefallen. Es ist ein Wein der eher leisen, aber unvergesslichen und vielschichtigen Töne. Aromatisch tauchen Noten von Backpflaumen, Cassis und Pfeffer auf.

TRINKREIFE BIS 2025 GENIESSEN
PASST ZU WILD, FLEISCHGERICHTEN, STEAK, BRATEN, LAMM
SERVICETIPP BEI 16–18 °C SERVIEREN
ALKOHOLWERT 13,5 %

Punkte

17

ARGENTINIEN

ROTWEIN

PREIS FR. 17.50

CABERNET SAUVIGNON 2018
LA MASCOTA, BODEGAS SANTA ANA
MENDOZA

Viel Schmelz, Charme und aromatische Fülle. Im Vergleich zum Cabernet aus Chile wärmer in der Aromatik. Das heisst anders ausgedrückt, dass die Frucht hier dichter ist und an Cassiskonfitüre, etwas Schokolade und Kaffee denken lässt. Delikat und modern. Die Tannine sind ganz fein und wunderbar seidig. Mit diesem Wein gehen urbane wie ländliche Weingeniesser auf Nummer sicher – vorausgesetzt, sie schätzen einen barocken, eher kräftigen Easy- drinking-Rotwein. Die argentinische Bodegas Santa Ana wurde im Jahr 1891 durch den italienischen Einwanderer Don Luis Tirasso gegründet.

TRINKREIFE JETZT GENIESSEN
PASST ZU STEAK, BRATEN, WILD, LAMM, EINTOPF, EXOTISCHEN GERICHTEN
SERVICETIPP BEI 16–17 °C SERVIEREN
ALKOHOLWERT 14 %

Punkte

17*

AUSTRALIEN

ROTWEIN

PREIS FR. 12.50

SHIRAZ 2019
WYNNS
COONAWARRA ESTATE

Ein Klassiker aus Australien, der wie aus dem Schulbuch schmeckt. Schmelzig, dicht und doch nicht zu opulent. Man erkennt Aromen von gemahlenem schwarzem Pfeffer, Brombeeren und unverwechselbare florale Noten. Sie verführen schmelzig und charmant. Auch schwarze Schokolade und gerösteter Kaffee tauchen aromatisch auf. Am Gaumen fein, trotz delikaten Gerbstoffen. Ein australisches Schnäppchen. Die Geschichte von Coonawarra Estate geht auf das Jahr 1891 zurück, als der schottische Pionier John Riddoch die ersten Reben pflanzte. Heute ist die Winery eng mit der Region Coonawarra verlinkt, die eines der wenigen Weinbaugebiete Australiens ist, in denen sich deutlich der kühlende Einfluss des Ozeans bemerkbar macht. Daher wird Coonawarra klimatisch, aber auch qualitativ gerne mit dem Haut-Médoc in Bordeaux verglichen.

TRINKREIFE BIS 2024 GENIESSEN
PASST ZU STEAK, LAMM, ENTE, EXOTISCHEN GERICHTEN, HAMBURGER, SCHLACHTPLATTE
SERVICETIPP BEI 15–17 °C SERVIEREN
ALKOHOLWERT 13,7 %

Punkte

16.5

AUSTRALIEN

ROTWEIN

PREIS FR. 17.50

CLANCY'S 2017 RED BLEND, PETER LEHMANN BAROSSA

Ein Klassiker aus dem Coop-Sortiment. Assemblage aus Cabernet Sauvignon, Merlot und Shiraz, die kräftig leuchtet und dank ihrer fruchtigen Basis richtig Lust auf den ersten Schluck macht. Man erkennt Erdbeerkonzentrat, Brombeeren, Cassis, etwas Lorbeer und schwarze Schokolade. Im Gaumen stoffig und intensiv, wobei er frisch den Hals hinunterfliesst. Die Tannine sind leicht spürbar, wobei sie in der saftig-intensiven Frucht eingepackt sind. Ein dynamischer und komplexer Australier mit viel exotischer Aromatik und einem unbekümmerten Charakter, der voll auf dem Easy-Trip-Groove ist. Warum nicht ein Glas einschenken, den Grill einfeuern und ein saftiges Steak darauf braten? Easy drinking, das in Gedanken nach Australien reisen lässt.

TRINKREIFE JETZT GENIESSEN
PASST ZU GRILLADEN, GERICHTEN MIT THUNFISCH, EXOTISCHEN FLEISCHGERICHTEN, BRATEN, WILD
SERVICETIPP BEI 16–17 °C SERVIEREN
ALKOHOLWERT 14,5 %

Punkte

17.25

AUSTRALIEN

ROTWEIN

PREIS FR. 17.50

THE BAROSSAN 2018
SHIRAZ
PETER LEHMANN

Ein Jahr nach der letzten Verkostung noch wunderbar präsent, wenn nicht sogar eine Spur ausgewogener, als ob ihm diese Zeit gut getan hätte. Der The Barossan Shiraz leuchtet in kräftigem Rubinrot. In der Nase dann Noten von Cassis, Heidelbeeren und schwarzer Schokolade. Auch im Gaumen sehr intensiv mit einer zusätzlichen Pfeffernote. Er ist markiert von schönem Schmelz und einer sehr zugänglichen Art, wobei er klar in die Kategorie der modernen, geschminkten und aromatisch eher extrovertierten Weine geht. Der perfekte Wein für geselliges Zusammensein. Peter Lehmann war eine wichtige Persönlichkeit des australischen Weinbaus. 1947 begann er seine Lehre im Weinbau, um sich später sein ganzes Leben dem Wein zu widmen. Dass seine Weine in der Schweiz so bekannt sind, hat nicht zuletzt damit zu tun, dass der Schweizer Pionier Donald Hess 2003 einer der wichtigen Partner der Peter Lehmann Winery wurde. Inzwischen wurde das Weingut allerdings ganz an die australische Casella Family Brands Winery verkauft, aber der Name steht nach wie vor für solide, preislich attraktive Weine aus Down Under.

TRINKREIFE JETZT GENIESSEN
PASST ZU PIZZA, HAMBURGER, GRILLADEN, SPARERIBS, SCHMORBRATEN
SERVICETIPP BEI 16–17 °C SERVIEREN
ALKOHOLWERT 14,5 %

Punkte

16

CHILE

ROTWEIN

PREIS FR. 12.50

CABERNET SAUVIGNON 2019 LOS VASCOS, DOMAINES BARONS DE ROTHSCHILD

Eine Kreation von Château Lafite-Rothschild, die zu den frühen Kooperationen mit Weingütern der Neuen Welt zählt. Im Glas wird man von einem frischen Cabernet begrüsst, der die Signatur von Chile herrlich portiert. Oftmals haben Weine aus Chile einen zusätzlich minzigen Charakter oder eine Expression, die mehr Frische in sich trägt. Das kann man auch gut vergleichen, wenn man neben diesem den Cabernet Sauvignon von La Mascota aus Argentinien verkostet. Noten von Cassis, Leder und kaltem Rauch sowie etwas Pfeffer tauchen auf. Hat eine schöne Struktur und Tannine, was für einen Cabernet sehr typisch ist.

TRINKREIFE JETZT GENIESSEN
PASST ZU GRILLADEN, BRATEN, PIZZA, GEFLÜGEL
SERVICETIPP BEI 16–18 °C SERVIEREN
ALKOHOLWERT 14 %

Punkte

16.5

FRANKREICH

ROTWEIN

PREIS FR. 13.95

OR & AZUR 2020 GÉRARD BERTRAND, NATURAPLAN AOP, LANGUEDOC

Diesen Biowein stellen wir neu vor – er stammt aus dem reichhaltigen Portfolio von Gérard Bertrand. Die Farben Gold und Himmelblau (Or & Azur) sind seit der Antike heraldische Symbole, die mit der Biene verbunden sind. Ihre Symbolik ist besonders reich und repräsentiert auch die Lebensenergie, also die Seele. Der Wein trägt auch das Label «Bee friendly», das zum Ziel hat, Bienen und andere Bestäuber zu schützen. Diese Assemblage aus Grenache und Syrah präsentiert sich dicht, stoffig und mit einem saftig fruchtigen Finale. Hat viel Kraft und ist alles andere als ein marmeladiger Charmeur. Blind verkostet, musste ich an einen Roten aus dem Douro-Tal denken, der aus den heimischen Sorten Portugals vinifiziert worden ist. Hier hat es viel Grenache im Glas. Man kaut sich durch und geniesst dazu am besten ein Stück Fleisch vom Grill oder ein deftiges Gericht. Viel Wein für den Preis. Ein wilder, ungezähmter Südfranzose.

TRINKREIFE BIS 2023 GENIESSEN
PASST ZU STEAK, HAMBURGER, PIZZA, GEFLÜGEL, GRILLADEN
SERVICETIPP BEI 15–17 °C SERVIEREN
ALKOHOLWERT 13,5 %

Punkte

16.75*

FRANKREICH

ROTWEIN

PREIS FR. 14.95

CHÂTEAU GUIBEAU 2019 NATURAPLAN PUISSEGUIN SAINT-ÉMILION

Assemblage aus mehrheitlich Merlot mit etwas Cabernet Sauvignon und Cabernet Franc. Duftet einladend fruchtig nach Cassis, Brombeeren und etwas Schokolade. Im Gaumen viel Struktur und frische Fruchtaromatik. Etwas dichter als der Château Fonréaud, aber beide Weine sind Klassiker ihrer Herkunft. Dicht, muskulös und mit viel feinem, straffen Tannin. Hat ein mineralisches, kerniges Finale. Dekantieren ist ein Muss – oder man lagert ihn noch etwas im Keller. Puisseguin Saint-Émilion ist auf dem gleichnamigen Hochplateau gelegen und ist eine Nachbarappellation von Saint-Émilion und Castillon Côtes de Bordeaux. Das Gebiet erstreckt sich über 750 Hektaren auf überwiegend Kalk- und Lehmböden. Die Hauptrebsorte der Appellation ist Merlot sowie etwas Cabernet Franc, Cabernet Sauvignon und Malbec. Das Château Guibeau ist im Besitz von Brigitte und Eric Destouet und kann auf Voranmeldung besucht werden.

TRINKREIFE BIS 2028 GENIESSEN
PASST ZU BRATEN, EINTOPF, PFEFFERTERRINE, ENTE
SERVICETIPP BEI 15–17 °C SERVIEREN
ALKOHOLWERT 14 %

Punkte

16.5*

FRANKREICH

ROTWEIN

PREIS FR. 15.95

PINOT NOIR 2019
LOUIS JADOT
BOURGOGNE

Frisch, fruchtig und sehr einladend. Einfach in der Art, aber ein wirklich schöner Einstieg in die breitgefächerte Pinot-Noir-Welt des Burgunds – via eines der bekanntesten Häuser. Ich gebe ihm ein Sternchen, zumal im Burgund die Preise immer höher steigen und es mehr die Regel als die Ausnahme ist, dass die Basisweine nicht wirklich Freude bereiten. Hier wird man von einer reif-fruchtigen Erdbeer-Holunder-Himbeer-Aromatik begrüsst und vom ersten bis zum letzten Schluck begleitet. Die Tannine sind fein, delikat und präsent. Mittelschwer und beschwingend in der Art. Haus-Burgunder für alle Tage.

TRINKREIFE BIS 2025 GENIESSEN
PASST ZU ENTE, GEFLÜGEL, TERRINE, SCHLACHTPLATTE, KALBSBRATEN, BRATWURST, RÖSTI MIT SPECK, WILD
SERVICETIPP BEI 15–16 °C SERVIEREN
ALKOHOLWERT 13 %

Punkte

16.5

FRANKREICH

ROTWEIN

PREIS FR. 19.95

CHÂTEAU FONRÉAUD 2017
LISTRAC-MÉDOC AOC

Kaum im Glas, duftet es schon nach schwarzen Kirschen, Erdbeeren und Cassis. Viel dunkle Frucht auch im Gaumen sowie eine gute Struktur. Die Tannine sind präsent und fein und spannen sich wie ein straffes Netz um die saftige, reine Frucht. Kann jetzt schon entkorkt werden, wobei dazu unbedingt etwas gegessen werden sollte. Ein mittelschwerer Bordeaux mit dichter Komplexität, die man Schluck für Schluck entdeckt. Nicht der Easy-drinking-Fruchtwein, hier hat es Ecken und Kanten und viele Aromaschichten, aber dennoch ein sehr zugänglicher Klassiker, der sich stoffig, dicht und modern präsentiert. Ein Wein, den Sie ruhig dekantieren können, zumal 2017er bereits jetzt trinkreif sind. Trägt das Terra-Vitis-Logo – das Siegel französischer Winzer, die die Natur, die Menschen und die Weine respektieren.

TRINKREIFE BIS 2027 GENIESSEN
PASST ZU BRATEN, WILD, GRILLADEN, STEAK, ROASTBEEF
SERVICETIPP BEI 16–18 °C SERVIEREN
ALKOHOLWERT 13 %

Punkte

17.5

FRANKREICH

ROTWEIN

PREIS FR. 21.95

CHÂTEAU SAINT-ANDRÉ 2020
CHÂTEAUNEUF-DU-PAPE AOC

Wow… für den Genuss dieses Rhone-Klassikers sollte man Zeit, Musse, gute Gesellschaft und ein kräftiges Gericht planen. Denn was im Glas wartet, macht grosse Freude. Orchestral und komplex, blumig und fruchtig, kühl und heiss – alles in einem. Die Tannine sind wohl präsent, die stoffige Frucht aber auch. Unbedingt aus grösseren Gläsern geniessen. Auch muss ich erwähnen, dass es gerne vorkommt, dass Châteauneuf-du-Pape-Weine einen mit ihrer Fülle fast erschlagen. Nicht dieser, zumal er eine angenehme frische Komponente in sich hat. Generell finde ich auch die Weine von Château Saint-André immer sehr spannend zum Verkosten.

TRINKREIFE BIS 2027 GENIESSEN
PASST ZU BRATEN, EINTOPF, TERRINE, KRÄFTIGEN GERICHTEN, GEFLÜGEL, SCHLACHTPLATTE
SERVICETIPP BEI 15–17 °C SERVIEREN
ALKOHOLWERT 15 %

Punkte

17.5

FRANKREICH

ROTWEIN

PREIS FR. 34.95

CHÂTEAUNEUF-DU-PAPE 2017
CHÂTEAU MONT-REDON

Mitte des 18. Jahrhunderts wurde Mont-Redon von einem Adligen, Joseph Ignace d'Astier, Rechtsanwalt aus Avignon, erworben und ging dann in den Besitz der Familie Mathieu - Nachkommen der Astier – über. Anselme Mathieu, der sich «Marquis de Mont-Redon» nannte, betrieb das Anwesen bis zum Tod seiner Mutter. Heute umfasst das familiengeführte Château 186 Hektar, wovon 100 Rebberge sind. Wir haben die Weine von Château Mont-Redon letztes Jahr bereits entdeckt und sind absolute Fans geworden. Der neue Jahrgang ist eine sichere Empfehlung, wenn der Rote etwas gehaltvoller, eleganter und spezieller sein darf. Noten von Leder, Pfeffer, roten Kirschen, Stachelbeeren und Cassis verführen Nase und Gaumen. Sehr temperamentvoll, aber dennoch nicht zu opulent, wie das gerne im Châteauneuf vorkommen kann. Assemblage aus Grenache, Syrah, Mourvèdre, Cinsault, Counoise, Muscardin und Vaccarèse. Ein Coup de Cœur von mir.

TRINKREIFE BIS 2027 GENIESSEN
PASST ZU LAMM, WILD, GERICHTE MIT EINER WÜRZIGEN SAUCE, ENTE, COC AU VIN, WILD-TERRINE, OSSOBUCO
SERVICETIPP BEI 15–16 °C SERVIEREN
ALKOHOLWERT 14,5 %

Punkte

16.5

ITALIEN

ROTWEIN

PREIS FR. 9.95

GALANTE 2018, DOC SANGIOVESE DI ROMAGNA

Ein wirklich sehr galanter Wein mit viel Schmelz, reifer Frucht und einem marmeladigen Unterton. Man denkt an Cassiskompott, Schokolade, Datteln und etwas Karamell. Sangiovese, der nach dem Appassimento-Verfahren vinifiziert worden ist. Appassimento ist auch ein neues Modewort bei der Produktion von konzentrierten und üppigen italienischen Weinen. Wenn Sie gerne Rosinen, Himbeerkonzentrat und Schokoladearomen sowie viel reife Frucht spüren, dann ist dies Ihr neuer Italiener. Bei der Produktion werden Trauben verwendet, die angetrocknet sind, was dazu führt, dass der Wein in der Aromatik noch konzentrierter wird. Easy drinking aus Italien. Der Wein ist relativ günstig, da Weine der Emilia-Romagna generell günstig sind.

TRINKREIFE JETZT GENIESSEN
PASST ZU GRILLADEN, BRATEN, EINTOPF, GERICHTEN MIT SCHWARZEN OLIVEN, ITALIENISCHER KÜCHE
SERVICETIPP BEI 15–16 °C SERVIEREN
ALKOHOLWERT 14,5 %

Punkte

16.5

ITALIEN

ROTWEIN

PREIS FR. 12.95

ROSSO VENETO 2019
AMADEA
IGT, VENETO

Und noch ein Wein, der nach dem Appassimento-Verfahren (wie der Galante) vinifiziert worden ist. Modern, füllig und selbstsicher. Wenn Ihnen Ripasso in der Stilistik gefällt, kann ich diesen auch sehr empfehlen. Beide Weine haben eine etwas «geschminkte» Aromatik, das heisst, sie sind vielschichtiger als manch anderer Wein. Noten von Pflaumenkompott, Schokolade, Feigen und Erdbeerkonzentrat. Aus den Sorten Merlot und Corvina vinifiziert. Im Gaumen wunderbar schmelzig und süffig. Man fällt in Gedanken in ein gemütliches rotes Plüschsofa und freut sich auf die italienische Tavolata. Easy drinking pur. Toller Alltagswein mit viel Schmelz und Frucht.

TRINKREIFE JETZT GENIESSEN
PASST ZU PASTA MIT TOMATENSAUCE, EINTOPF, GEMÜSEGERICHTEN, KANINCHEN MIT POLENTA
SERVICETIPP BEI 15–17 °C SERVIEREN
ALKOHOLWERT 14,5 %

Punkte

17.5*

ITALIEN

ROTWEIN

PREIS FR. 14.95

ROMA 2018
TERRE DOMIZIANE
ROMA DOC

Früher hiessen die Weine aus dieser römischen Region «Latium DOC», jetzt «Roma DOC» – was ich persönlich für eine sehr positive Entwicklung halte. Es würde mich auch nicht erstaunen, wenn das eine neue Trend-Region Italiens wird. Die Rotweine aus dieser DOC müssen mindestens 50 % Montepulciano enthalten. Dieser neue Wein ist ein Blend aus Montepulciano und Syrah, der schon optisch ein Hit ist. Das Label lässt an die Unterwelt Roms denken – oder zumindest an alle Machenschaften, die man in der Serie «Suburra» miterleben kann. Der Wein ist barock und orchestral – und zwar vom ersten bis zum letzten Schluck. Rosinen, Schokolade, Zimt und getrocknete Feigen tauchen aromatisch auf. Man ist beschäftigt mit dieser fast schon orientalen Aromatik und denkt an das Steak vom Grill. Die Tannine sind präsent, aber nicht zu stark.
Eine tolle Entdeckung.

TRINKREIFE BIS 2025 GENIESSEN
PASST ZU GRILLADEN, BRATEN, STEAK
SERVICETIPP BEI 15–17 °C SERVIEREN
ALKOHOLWERT 13,5 %

Punkte

16.75

ITALIEN

ROTWEIN

PREIS FR. 14.95

VINO ROSSO 2020
TERRA ALPINA
LAGEDER CREATION

Gemeinsam mit Winzerpartnern aus dem Dolomiti-Gebiet kreiert Alois Lageder frische und spannungsgeladene Weine, die ihre einzigartige Herkunft widerspiegeln – die Dolomiten. Dieser neue Bio-Wein ist eine Assemblage aus Vernatsch, Carignan, Grenache, Lagrein und Merlot. Im Gaumen knackig und frisch, als ob man in eine schwarze Kirsche beissen würde. Die Tannine sind fein und delikat, aber präsent. Hat eine rustikale Seite, die eine karge alpine Landschaft in sich trägt. Wein mit Biss und Frische, der in Gedanken in die Berge reisen lässt – perfekt auch für das Picknick in den Bergen. Noch etwas zum Label der Weine (es hat auch einen Weisswein): Tiere kennen keine Grenzen. So bewegen sich zum Beispiel der Luchs oder die Eule frei zwischen Ländern im alpinen Raum und überschreiten dabei Grenzen. Der Schweizer Illustrator Daniel Müller hat diese Idee der unermüdlichen Wanderlust auf den beiden Etiketten festgehalten.

TRINKREIFE BIS 2024 GENIESSEN
PASST ZU RISOTTO, KALTER PLATTE, WURSTWAREN, EINTOPF, GRATIN, OSSOBUCO, HACKBRATEN
SERVICETIPP BEI 15–16 °C SERVIEREN
ALKOHOLWERT 12,5 %

Punkte

17*

ITALIEN

ROTWEIN

PREIS FR. 14.95

ROSSO 2020
RAPHAEL DAL BO, NATURAPLAN
IGT, TOSCANA

Raphael Dal Bo kennen wir ja seit Jahren wegen seiner Proseccos, jetzt vinifiziert er auch Weine in der Toskana. Dieser moderne, charmante Toskaner ist neu bei Coop und ein echter Gaumenschmeichler. Noten von reifen Früchten wie Cassis, Brombeeren und Pflaumen verwöhnen die Geschmacksknospen. Auch hat er Noten, die an einen Amarone erinnern. Hat eine gute Fülle und Länge. Viel Schmelz im Abgang – und erst noch bio. Wein für gesellige Momente, während denen man Pläne für die Ferien in Italien schmiedet oder von den letzten Ferien träumt. Ein herrlicher Begleiter für Italiens Küchenklassiker.

TRINKREIFE BIS 2026 GENIESSEN
PASST ZU PIZZA, PASTA, RISOTTO, POLENTA MIT RAGÙ, GEFLÜGEL
SERVICETIPP BEI 16–18 °C SERVIEREN
ALKOHOLWERT 13,5 %

Punkte

16.75

ITALIEN

ROTWEIN

PREIS FR. 16.50

PRIMITIVO NEGROAMARO 2019
ELETTRA
IGT, PUGLIA

Ein neuer Wein im Coop-Primitivo-Sortiment. Hier haben wir eine Assemblage aus Primitivo und Negroamaro. Das moderne Etikett enthält auch die Aufschrift «Shining Star» – wie auch immer. Fett, schrill und kitschig süss geht es hier zu und her. Dieser Süditaliener ist ein Sound, der aus dem grössten Ghettoblaster gespielt wird, und zwar so laut, dass die Gläser auf dem Tisch zu vibrieren beginnen. Das pure Konzentrat, das einem fast die Sprache verschlägt. Ein önologischer «Sirup», den man entweder mag – oder eben nicht. Kandierte Früchte mit Schokolade übergossen. Für Weinautor Luca Maroni der beste Wein Italiens.

TRINKREIFE BIS 2025 GENIESSEN
PASST ZU PIZZA, PASTA, HAMBURGER, EXOTISCHER KÜCHE
SERVICETIPP BEI 16–18 °C SERVIEREN
ALKOHOLWERT 14,5 %

Punkte

17.5

ITALIEN

ROTWEIN

PREIS FR. 17.50

BANSELLA 2018 PRUNOTTO, DOCG NIZZA

Dieser Nizza-Barbera ist neu im Sortiment von Coop. Als elegant und schmelzig kann man diesen Piemontklassiker kurz umschreiben. Ein temperamentvoller Roter, der selbstsicher zu verführen weiss. Noten von schwarzen Kirschen, Holunder und auch reifen Erdbeeren sind zentral. Macht richtig Lust, ein festliches italienisches Nachtessen zu kochen und eine Oper von Puccini zu hören. Samtig im Gaumen und Abgang. Die Tannine sind fein und ein delikates Gerüst um den Wein. Wein für spezielle Momente. Das Weingut Prunotto hat eine wechselvolle Geschichte hinter sich. Es wurde 1904 gegründet und hiess zunächst Cantina Sociale ai Vini delle Langhe. Nach wirtschaftlich problematischen Jahren in den 20ern wechselte es mehrfach den Besitzer und gehörte unter anderem auch Cavaliere Prunotto. Seit Mitte der 90er-Jahre zählt es zum Weinimperium der Adelsfamilie Marchesi Antinori, die in mehreren Weinregionen Italiens Güter besitzt.

TRINKREIFE BIS 2024 GENIESSEN
PASST ZU PASTA, PIZZA, GEFLÜGEL, OSSOBUCO, SPARERIBS, LASAGNE, HAMBURGER
SERVICETIPP BEI 15–16 °C SERVIEREN
ALKOHOLWERT 14,5 %

Punkte

16.75

ITALIEN

ROTWEIN

PREIS FR. 17.50

CHIANTI CLASSICO RISERVA 2018
ROCCA GUICCIARDA
BARONE RICASOLI

Der Klassiker aus der Toskana, dessen Weingut ein wahres Traumschloss ist, das man unbedingt einmal besuchen sollte. Kaum im Glas, duftet es intensiv nach Zedernholz, Erdbeeren und getrockneten Orangenschalen. Sehr einladend und komplex. Auch wird innert Sekunden klar, dass man einen klassischen Wein vor sich hat. Im Gaumen komplex und gut strukturiert. Noten von schwarzem Pfeffer, Lorbeer und Brombeeren tauchen auf. Klarer Esswein, da seine Tannine relativ staubig sind – was für die Traubensorte Sangiovese ja typisch ist. Kann jetzt genossen werden. Man reist in Gedanken innert Sekunden ins Castello in der Toskana. Das Preis-Leistungs-Verhältnis ist optimal. Ich bewerte ihn relativ hoch, da ich seine klassische Machart sehr schätze, die sich mehr auf die Finesse und Feinheiten konzentriert als auf die Wucht der Aromen.

TRINKREIFE BIS 2026 GENIESSEN
PASST ZU PASTA MIT TOMATENSAUCE, PIZZA, KANINCHEN, ANTIPASTI-PLATTE, BOLLITO MISTO, FILET, GRILLIERTEM FISCH
SERVICETIPP BEI 16–17 °C SERVIEREN
ALKOHOLWERT 13,5 %

Punkte

17

ITALIEN

ROTWEIN

PREIS FR. 17.50

PIANO DEL CERRO 2018, AGLIANICO DEL VULTURE DOC

Die rustikale Rotweinsorte Aglianico erlebt im Moment einen wahren Boom und geniesst bereits den Übernamen «Nebbiolo des Südens». Wie aus Nebbiolo vinifizierte Weine haben auch Aglianicos ein grosses Alterungspotenzial. Sie zeigen in jungen Jahren florale Aromen, die sich mit dem Alter in Gewürzaromen verwandeln. Beide Sorten haben eine gute Säure und kräftige Gerbstoffe, wobei ein Aglianico dunkler in der Farbe ist. Ein Aglianico hat auch Temperament und eine Komplexität, die den Gaumen fordern kann. Der Piano del Cerro ist moderner, zugänglicher und schmelziger Süditaliener mit Noten, die an schwarze Kirschen, Cassis und Holunder denken lassen. Hat trotz der aromatischen Fülle etwas Knackiges in sich. Gar nicht wie ein Appassimento-Wein, hier liegt das Fruchtkonzentrat wie auf einem Sorbet schön kühl. Wenn Sie gerne einen Primitivo geniessen, sollten Sie diesen auch entdecken. Toller Hauswein, der den Gästen sicher gut gefallen wird.

TRINKREIFE BIS 2024 GENIESSEN
PASST ZU PASTA, PIZZA, LASAGNE, RISOTTO MIT MUSCHELN, GRILLIERTEM FISCH, GEFLÜGEL, PAELLA
SERVICETIPP BEI 15–17 °C SERVIEREN
ALKOHOLWERT 13,5 %

Punkte

17.5

ITALIEN

ROTWEIN

PREIS FR. 19.95

ALIMO 2017
CUSUMANO, DOC
SICILIA

Der neue Jahrgang kommt ganz im Stil des 2015er daher, den wir letztes Mal vorgestellt haben. Neu ist das Etikett. Der Wein ist stoffig und dicht mit einer verführerischen Art. Schokoladig, fruchtbetont und auf Gaumenunterhaltung getrimmt. Man kaut sich durch und wird vom ersten bis zum letzten Tropfen verwöhnt. Ein kleiner Blockbuster aus dem Süden Italiens, ein 007-Film, den man immer wieder anschauen kann. Aus den Sorten Syrah und Nero d'Avola vinifiziert. Man kann ihn auch dekantieren und dazu ein grosses Steak auf dem Grill zubereiten. Muskulös, heftig und mit einer selbstsicheren Präsenz. Wenn der Rote im Gaumen so richtig Platz einnehmen soll, dann kann ich diesen Sizilianer wärmstens empfehlen.

TRINKREIFE BIS 2025 GENIESSEN
PASST ZU STEAK, PASTA, PIZZA, BRATEN, GEMÜSEEINTOPF MIT PILZEN, GEFLÜGEL
SERVICETIPP BEI 16–18 °C SERVIEREN
ALKOHOLWERT 15 %

Punkte

16

PORTUGAL

ROTWEIN

PREIS FR. 9.95

ALTANO 2018
DOURO
SYMINGTON

Neu in diesem Kapitel und ein perfekter Hauswein oder wenn man einen Konkurrenten für den Fabelhaft sucht. Viel Stoff, Frucht und Schmelz, wobei er auch eine ungezähmte Note in sich hat, was mit den autochthonen Sorten der Region zu tun hat – Tinta Roriz, Tinta Barroca und Touriga Franca. Die «Rewilding Edition» ist ein weiteres umweltbewusstes Projekt, das in der Weinwelt Einzug gefunden hat. Es handelt sich dabei um die Zusammenarbeit zwischen Symington Family Estates und «Rewilding Portugal». Auf einem 120 000 Hektaren grossen Wildtierkorridor im Greater Côa Valley sollen erneut Wildtiere angesiedelt werden. Komplexer Wein für das gute Gewissen und für Gesprächsstoff am Tisch. Guter Geschenkwein.

TRINKREIFE BIS 2024 GENIESSEN
PASST ZU GRILLADEN, HAMBURGER, GEFLÜGEL, EINTOPF, KALTER PLATTE
SERVICETIPP BEI 15–16 °C SERVIEREN
ALKOHOLWERT 14 %

Punkte

17.5*

PORTUGAL

ROTWEIN

PREIS FR. 9.95

MARQUÊS DE BORBA 2017 COLHEITA, NATURAPLAN DOC, ALENTEJO

Der bekannte Önologe João Portugal Ramos erzeugt in der Weinregion Alentejo im Süden Portugals ausgezeichnete Weine aus heimischen und internationalen Traubensorten. Die Trauben für diesen stoffig-fruchtigen Wein stammen aus nachhaltigem Weinbau; es sind dies Alicante Bouschet, Aragonez, Trincadeira, Touriga Nacional, Petit Verdot und Merlot. Das Resultat ist ein eleganter, dichter Wein mit frischem Abgang. Man kaut sich durch und geniesst die Präsenz der Aromen. Viel Temperament und Komplexität in jedem Schluck. Im Vergleich zum 2016er ganz im Stil des Hauses. Hier hat man wirklich recht viel im Glas für den Preis. Die Region ist nicht so bekannt, daher ist der Wein auch eher günstig. Ich kann dies wirklich nur empfehlen, zumal man selten für weniger als zehn Franken einen solch klassischen Biowein bekommt, der die Geschichte seines Terroirs erzählt.

TRINKREIFE BIS 2024 GENIESSEN
PASST ZU EINTOPF, GRILLADEN, GEFLÜGEL, TERRINE, RISOTTO, STEAK
SERVICETIPP BEI 15–17 °C SERVIEREN
ALKOHOLWERT 14 %

Punkte

18*

PORTUGAL

ROTWEIN

PREIS FR. 16.95

VALLADO 2019
QUINTA DO ORGAL, NATURAPLAN
DOC, DOURO

Top-Biowein aus dem bekannten Douro-Tal, der mit dem neuen Jahrgang ganz im Hausstil daherkommt, wenn nicht sogar eine Spur schöner. Verführt mit dichter Aromatik und einer eleganten und ausgewogenen Struktur. Die Tannine sind ganz seidig und halten die blumig-fruchtigen Aromen zusammen, die von Brombeer-, Kirschen-, Cassis- und Veilchenaromen dominiert werden. Ein Wein mit Biss und Druck. Ideal, wenn Ihnen ein Primitivo zu schmelzig und ein Pinot Noir zu leicht ist. Hier spürt man auch den Schiefer, auf dem die Touriga-Nacional- und Touriga-Franca-Trauben gewachsen sind. Stoffiger Wein, der zu den Topweinen der Region zählt. Die Quinta do Vallado ist Mitglied der Vereinigung «Douro Boys», zu der unter anderen auch Dirk Niepoort zählt. Wenn man einen festlichen, eleganten und handwerklich vinifizierten Wein von einem bekannten Familienbetrieb sucht, dann ist das ein nahezu perfekter Kandidat.

TRINKREIFE JETZT GENIESSEN
PASST ZU BRATEN, STEAK, SPARERIBS, EINTOPF, WILD, PFEFFERTERRINE
SERVICETIPP BEI 15–17 °C SERVIEREN
ALKOHOLWERT 14 %

Punkte

15.5

SPANIEN

ROTWEIN

PREIS FR. 6.50

PATA NEGRA ORO 2018
VALDEPEÑAS DO

Sie kommen aus den bekanntesten Weinbauregionen Spaniens, die Weine von Pata Negra. Die Palette ist spannend, geprägt von den regionalen Typizitäten und vor allem eins – sehr zugänglich, wie auch dieser reine Tempranillo. Es ist ein guter Basis- oder Hauswein zu einem wirklich günstigen Preis. Er ist trinkreif und absolut zugänglich mit Noten von reifen Walderdbeeren, Brombeeren und etwas Schokolade. Mittelschwer vom Gehalt und klar von der reifen Frucht gezeichnet.

TRINKREIFE JETZT GENIESSEN
PASST ZU KANINCHEN, GEFLÜGEL, ENTE, PIZZA, HAMBURGER, EINTOPF, SCHLACHTPLATTE, PILZTERRINE
SERVICETIPP BEI 15–17 °C SERVIEREN
ALKOHOLWERT 13 %

Punkte

17

SPANIEN

ROTWEIN

PREIS FR. 9.95

TEMPRANILLO 2019
TRES REYES
NATURAPLAN

In diesen reinen Bio-Tempranillo verliebt man sich schon allein durch die Nase. Begrüsst wird man von Rosinen, Schokolade, Backpflaumen und Feigenaromen – und zwar nicht zu knapp. Im Gaumen dann schmelzig und würzig mit Noten, die an Weihnachtsgebäck, rote Früchte und etwas Gewürznelken denken lassen. Easy in der Art und voller Geschichten. Ein zugänglicher, vollfruchtiger Alltagswein, bei dem man ebenfalls viel Wein für sein Geld bekommt. Eine Entdeckung wert. Hier wird Tradition mit Moderne perfekt assembliert – oder anders ausgedrückt: ein klassisches Lied neu interpretiert.

TRINKREIFE BIS 2024 GENIESSEN
PASST ZU KANINCHEN, GEFLÜGEL, ENTE, PIZZA, HAMBURGER, EINTOPF, SCHLACHTPLATTE, PILZTERRINE
SERVICETIPP BEI 15–17 °C SERVIEREN
ALKOHOLWERT 14,5 %

Punkte

17.25*

SPANIEN

ROTWEIN

PREIS FR. 16.95

PRUNO FINCA VILLACRECES 2018 RIBERA DEL DUERO DO

Eine Assemblage aus primär Tempranillo und etwas Cabernet Sauvignon. Die Finca Villacreces grenzt direkt an die Weinikone Vega Sicilia. Der Pruno ist der Basiswein, und wenn dieser schon so herrlich stoffig und präsent ist, kann man sich vorstellen, was weiter folgt. Dieser Wein hat Biss und Struktur und verlangt förmlich nach einem Stück Fleisch. Viel Tannin, viel dichte Frucht und viel Komplexität umgeben von einer blumigen Dichte und Aromen, die an reife Pflaumen, Brombeeren und Cassis denken lassen. Auch etwas Noten der amerikanischen Eichenfässer, in denen dieser moderne und selbstsichere Ribera ruhte.

TRINKREIFE JETZT GENIESSEN
PASST ZU GRILLADEN VOM FLEISCH UND VOM FISCH, LAMMKEULE, GERICHTEN MIT SCHWARZEN OLIVEN UND KAPERN, REISGERICHTEN
SERVICETIPP BEI 15–17 °C SERVIEREN
ALKOHOLWERT 14 %

Punkte

17

SPANIEN

ROTWEIN

PREIS FR. 16.95

LAS FLORES 2013 GRAN RESERVA RIOJA DOCA

Ein Coop-Klassiker pur. Dieser Gran Reserva ist jetzt perfekt trinkreif und zeigt wohl eine leicht rustikale Note (was für sein Alter absolut okay ist) und nach wie vor viel saftige Frucht und auch viel Temperament. Hat eine barocke Fülle und einen mediterranen Charme. Ideal, wenn der Rote eher auf der warmfruchtigen Seite sein soll und nicht so wie der Pruno auf der modernen. Ein Wein der alten Schule, den man mit viel Kerzenlicht und Vinylplatten geniessen kann.

TRINKREIFE JETZT GENIESSEN
PASST ZU GRILLADEN VOM FLEISCH UND VOM FISCH, LAMMKEULE, GERICHTEN MIT SCHWARZEN OLIVEN UND KAPERN, PAELLA
SERVICETIPP BEI 15–17 °C SERVIEREN
ALKOHOLWERT 14 %

Punkte

17.5*

SPANIEN

ROTWEIN

PREIS FR. 19.95

PORTIA PRIMA 2018
LA ENCINA
RIBERA DEL DUERO DO

Ein Jahr nach der letzten Verkostung noch voll im Saft. Er ist so richtig tintig und strotzt nur so vor saftiger Fruchtigkeit. Noten von Brombeerkonzentrat, Cassis und Graphit sind zu erkennen. Die Tannine sind fein und straff und die Frucht reif und verführerisch. Nichtsdestotrotz wirkt er nicht zu schwer und fliesst dynamisch den Hals hinunter. Dieser reine Tempranillo stammt von den Bodegas Portia, die rund 75 Kilometer südlich von Burgos liegen und von Sir Norman Foster gebaut worden sind. Die berühmte Einzellage La Encina in Gumiel del Mercado befindet sich auf einer Höhe von über 850 Metern. Die Familie Faustino begann das Projekt «Portia» in der Region Ribera del Duero in den 1990er-Jahren mit dem Erwerb von speziellen Lagen.

TRINKREIFE BIS 2024 GENIESSEN
PASST ZU LAMM, BRATEN, ENTE, GRILLADEN, TERRINE, GRILLIERTEM THUNFISCH, RISOTTO MIT PILZEN
SERVICETIPP BEI 16–18 °C SERVIEREN
ALKOHOLWERT 14 %

Punkte

17.25

SPANIEN

ROTWEIN

PREIS FR. 28.95

PÀRAMOS 2016
LEGARIS, DO
RIBERA DEL DUERO DO

Vorsicht vor den 15 Volumenprozent, die sich in diesem reinen Tempranillo verbergen. Auch hier wie generell in diesem Spanien-Kapitel sehr viel Stoff und Dichte. Die Tannine sind seidig straff und dicht um die saftige frische Frucht gespannt. Man beisst sich in den Wein hinein und geniesst dazu am besten ein Stück Fleisch. Dekantieren von Vorteil. Das Wort «Paramos» stammt aus dem Spanischen und bedeutet «Ödland». Die Trauben stammen aus extremen Lagen des Hochlandes der Ribera del Duero: Erstmals verarbeitete die Bodegas Legaris hier Trauben, die auf über 900 Metern wuchsen.

TRINKREIFE BIS 2024 GENIESSEN
PASST ZU BRATEN, WILDGEFLÜGEL, FILET IM TEIG, KALBSBRATEN, SPECK UND BOHNEN, GRILLADEN, ENTRECÔTE
SERVICETIPP BEI 15–17 °C SERVIEREN
ALKOHOLWERT 15 %

Punkte

16.5

USA

ROTWEIN

PREIS FR. 19.95

APOTHIC INFERNO RED BLEND 2018 CALIFORNIA

Eine absolute Neuheit – Wein, der zusätzlich im Whiskyfass gereift ist, und zwar ganze 60 Tage. Wer also auf der Suche nach einem neuen Weintrend ist, sollte diesen Blockbuster entdecken – er wird in Ihrem Gaumen in Erinnerung bleiben, ähnlich wie ein Gericht, bei dem der Koch etwa 20 verschiedene aromatische Zutaten vermischt – und zwar von süss bis salzig. Kaum riecht man an diesem Blend aus Cabernet Sauvignon, Merlot, Zinfandel, Syrah, Petite Sirah und Petit Verdot, erkennt man den Bourbon-Touch. Noten von Vanille, Karamell und Rosinen tauchen auf. Im Gaumen hat man das Gefühl, Früchte zu essen, die vorher im Rumtopf lagerten. Wow – hier geht es ebenfalls sehr heftig zu und her und ich kann nur sagen, dass dieser moderne Wein im Gaumen viel Platz einnimmt – eigentlich den ganzen. Vorsicht auch vor den 16 %, die sind spürbar – auf welche Art auch immer.

TRINKREIFE JETZT GENIESSEN
PASST ZU HAMBURGER, GRILLADEN, EINTOPF, EXOTISCHER KÜCHE, ENTE
SERVICETIPP BEI 15–17 °C SERVIEREN
ALKOHOLWERT 16 %

SCHWEIZ

Punkte

16.75

SCHAUMWEIN

PREIS FR. 14.95

BACCARAT ROSÉ PINOT NOIR, BRUT LA CAVE DE GENÈVE

Neu in diesem Kapitel und ein fröhlich strahlender Schaumwein, der bereits optisch richtig Lust auf den ersten Schluck macht. Die Nase ist delikat und lässt an Rosen, Stachelbeeren und Kirschen denken. Im Gaumen fröhlich fruchtig, wie der Auftakt. Die Mousse ist fein und kitzelt den Gaumen im Nu wach. Ein aromatisch frivoler Pinot Noir, der den Moment locker und unkompliziert werden lässt. Perfekter Apéroschaumwein aus der Schweiz.

TRINKREIFE JETZT GENIESSEN
PASST ZU APÉRO, GEBÄCK, GRILLIERTEM FISCH, TERRINE, VEGETARISCHEN GERICHTEN, LIBANESISCHEN MEZZE, GEFLÜGEL
SERVICETIPP BEI 8–10 °C SERVIEREN
ALKOHOLWERT 12,8 %

SCHWEIZ

Punkte

16.25

SCHAUMWEIN

PREIS FR. 15.50

MAULER, CORDON OR MÉTHODE TRADITIONNELLE BRUT

Der Klassiker von Mauler – und ein guter Einstieg in ihre Schaumweinpalette, die man aber am besten vor Ort bei einem Besuch in diesem faszinierenden Weingut entdeckt. Kaum schenkt man den Cordon Or Brut ins Glas, bildet sich eine kräftige Schaumkrone, die dann im Gaumen delikat prickelt. Noten von Limetten, Quitten und Honig sind zu erkennen, wie auch etwas weisser Pfirsich und Holunder. Ist knackig, frisch und hat einen guten Druck. Ideal für den Apéro oder kleine Häppchen. Der bekannteste Schweizer Schaumwein – der preislich immer sehr moderat geblieben ist (wenn man bedenkt, dass die zweite Gärung in der Flasche stattfindet).

TRINKREIFE JETZT GENIESSEN
PASST ZU ANTIPASTI, FILET DE PERCHE, GEMÜSEWÄHE, GEMÜSESUPPE, APÉRO
SERVICETIPP BEI 6–7 °C SERVIEREN
ALKOHOLWERT 12,5 %

Punkte

17*

FRANKREICH

SCHAUMWEIN

PREIS FR. 12.95

CRÉMANT D'ALSACE ROSÉ WOLFBERGER AOC

Der Elsässer Weinbaubetrieb Wolfberger wurde bereits 1902 gegründet. Als eine der ältesten Winzergenossenschaften Frankreichs begann sie 1972 mit der Produktion von Schaumweinen mittels Flaschengärungsverfahren. Im Jahr 1976 rief sie die Marke Wolfberger ins Leben. Dieser Elsässer Bio-Rosé duftet einladend frisch. Die Mousse begrüsst einen ebenfalls zart und man hat richtig Lust, gleich einen zweiten Schluck zu geniessen. Delikat, hat sowohl Frucht wie auch Aromen von Karamell und Brioche. Klassisch und französisch. Macht Lust, in alten französischen Kochbüchern zu stöbern und ein Menü für einen speziellen Gast zuzubereiten. Viel Finesse und Frische im Abgang. Ein nostalgischer, klassischer Schaumwein, der preislich top ist. Kleiner Coup de cœur von mir.

TRINKREIFE JETZT GENIESSEN
PASST ZU ANTIPASTI, TERRINE, FISCH VOM GRILL, TARTE FLAMBÉE, APÉRO
SERVICETIPP BEI 6–7 °C SERVIEREN
ALKOHOLWERT 12 %

Punkte

17.25

FRANKREICH

SCHAUMWEIN

PREIS FR. 29.95

CHAMPAGNE CHARLES BERTIN BRUT PREMIER CRU, AOC

Die Champagner-Hausmarke von Coop. Helles Goldgelb. Einladender Auftakt mit Quitten- und Briochearomen. Hat eine schöne Präsenz und ist wunderbar ausgewogen. Delikate Mousse und eine frische, fruchtige Aromatik. Finessenreich und delikat. Deutlich besser als der einfache Brut desselben Produzenten. Eine echte Entdeckung, wenn man für den Champagner etwas mehr ausgeben möchte.

TRINKREIFE JETZT GENIESSEN
PASST ZU APÉRO, ANTIPASTI, GRILLIERTEM FISCH, GEBÄCK
SERVICETIPP BEI 6–8 °C SERVIEREN
ALKOHOLWERT 12 %

Punkte

17.5

FRANKREICH

SCHAUMWEIN

PREIS FR. 49.95

CHAMPAGNE POMMERY
ROSÉ ROYAL
BRUT

Pommery ist eine äusserst dynamische Champagnermarke, die zur Gruppe Vranken Pommery gehört, die ihre Wein- und Schaumweinpalette in den letzten Jahren konstant ausgebaut hat. Bekanntester Wein bleibt aber der Pommery. Bei der Rosé-Abfüllung handelt es sich um einen Blend aus Pinot Noir, Pinot Meunier und Chardonnay. Seine Farbe leuchtet in hellem Bernstein und bereits in der Nase wird ein delikater, finessenreicher Champagner angekündigt. Man entdeckt Noten von Brioche, Walderdbeerkonfitüre und etwas Hefe. Im Gaumen dann viel Finesse und eine zarte Mousse. Auch hat er einen vinösen Charakter und fliesst elegant und anregend den Hals hinunter. Ein Rosé Champagner ist immer teurer als die weisse Variante, daher ist der Preis für diesen Klassiker mehr als perfekt. Festlich und eine Entdeckung wert.

TRINKREIFE JETZT GENIESSEN
PASST ZU APÉRO, ANTIPASTI, GRILLIERTEM FISCH, GEFLÜGEL, PASTA ALLE VONGOLE
SERVICETIPP BEI 6–8 °C SERVIEREN
ALKOHOLWERT 12 %

Punkte

17*

ITALIEN

SCHAUMWEIN

PREIS FR. 11.95

**PROSECCO
LA JARA, NATURAPLAN
DOC**

Optisch fällt bei diesem Schnäppchen natürlich die spezielle Flasche und auch die Banderole auf, auf der gross geschrieben steht «Organic Vegan». Also ein gesunder Genuss für das gute Gewissen. Ich habe diesen Prosecco schon mehrmals verkostet und war immer ganz happy, zumal er eine aromatische Leichtigkeit ausstrahlt, vom günstigen Preis ganz abgesehen. Im Gaumen eine delikate Mousse und eine ganz filigrane Aromatik. Charmant mit parfümierten Noten von Jasmin, Honig und weissem Pfirsich. Schaumwein gegen den Durst und für die lockeren Momente. Mixen Sie daraus einen Bellini, geniessen Sie ihn, wenn Sie am Kochen sind oder verwöhnen Sie die Gäste bei einem Apéro damit – vor allem die weiblichen Gäste. Stimmt entspannt und gelassen.

TRINKREIFE JETZT GENIESSEN
PASST ZU APÉRO, ANTIPASTI, HÄPPCHEN, RISOTTO MIT SCAMPI, GEBÄCK
SERVICETIPP BEI 6–8 °C SERVIEREN
ALKOHOLWERT 11,5 %

Punkte

17

ITALIEN

SCHAUMWEIN

PREIS FR. 17.95

FRANCIACORTA 2021 DOCG, MIRABELLA BRUT

Wenn Sie gerne Champagner trinken, aber etwas weniger ausgeben wollen, lohnt es sich, einmal einen Franciacorta zu verkosten. Diese Abfüllung ist kräftig und gut strukturiert. Noten von kandierter Mango, Mandarinen und Honig sind zu erkennen. Hat eine schöne Gaumenfülle und Frische, die Lust auf mehr macht. Perfekt zu Vorspeisen oder wenn man die Einkaufsliste für den Marktbesuch zusammenstellt. Für einen Franciacorta preislich top. Aus den Sorten Pinot Blanc und Chardonnay vinifiziert. Persönlich würde ich diesen charaktervollen Schaumwein aus Weissweingläsern servieren. Hat eine hefige Note und viel Struktur. Bleibt noch lange im Gaumen präsent.

TRINKREIFE JETZT GENIESSEN
PASST ZU APÉRO, MEDITERRANER KÜCHE, FISCHGERICHTEN, ANTIPASTI
SERVICETIPP BEI 6–8 °C SERVIEREN
ALKOHOLWERT 12,5 %

Punkte

17

SPANIEN

SCHAUMWEIN

PREIS FR. 14.95

CAVA CODORNÍU SELECCIÓN RAVENTOS BRUT

Der Schaumwein des spanischen Giganten, den man auch den Moët Spaniens nennen könnte. Verlässlich und sicher wie eh und je. Ein eleganter Cava, mit dem man immer auf Nummer sicher geht. Hat viel Schmelz, Noten von Honig, Quittenparfait, Melone und auch eine Spur Brioche. Schmelziger als der Franciacorta und komplexer als der Prosecco. Vegan ist er übrigens auch noch. Der Name Codorníu steht für eine Winzerfamilie, deren Wurzeln bis ins 16. Jahrhundert zurückreichen. Codorníu ist das älteste Familienunternehmen Spaniens. Schon seit einem Jahrhundert werden die Cavas von Codorníu für die zweite Gärung und Reifung bei konstanter Temperatur im Gewölbekeller gelagert. 1872 stellte Josep Raventós Fatjó aus den einheimischen Rebsorten der Weinregion Penedés (Macabeo, Xarel·lo und Parellada) den ersten spanischen Cava her, und zwar nach der «Méthode traditionnelle».

TRINKREIFE JETZT GENIESSEN
PASST ZU APÉRO, ANTIPASTI, FISCH, GEFLÜGELTERRINE, PAELLA, CROSTINI, SOMMERSALAT
SERVICETIPP BEI 6–8 °C SERVIEREN
ALKOHOLWERT 11,5 %

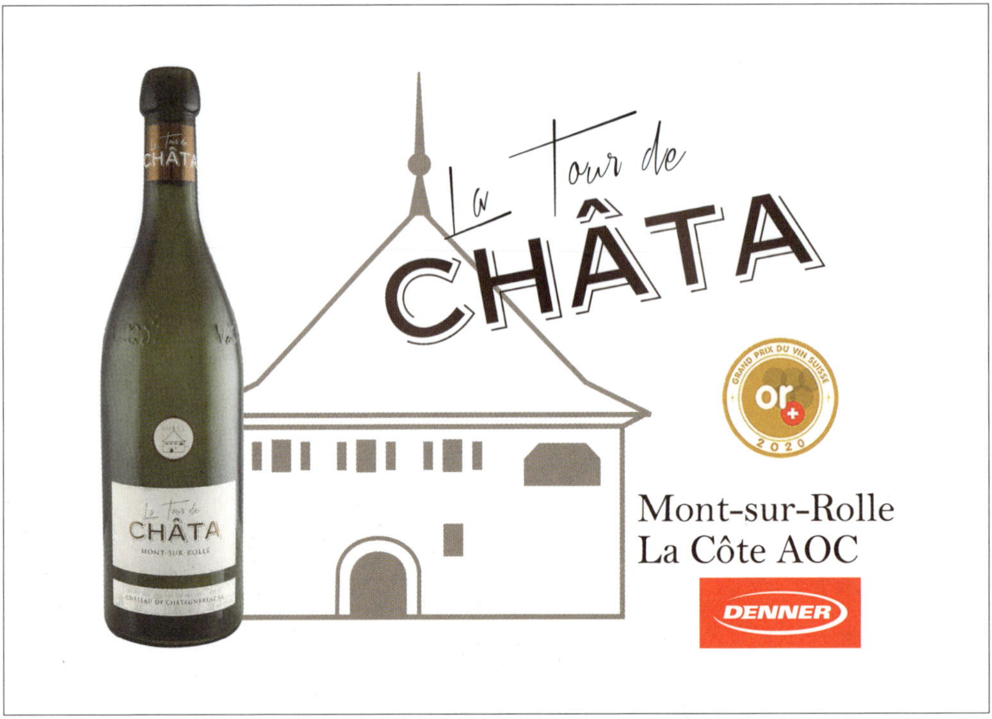
La Tour de
CHÂTA
GRAND PRIX DU VIN SUISSE
or
2020
Mont-sur-Rolle
La Côte AOC
DENNER

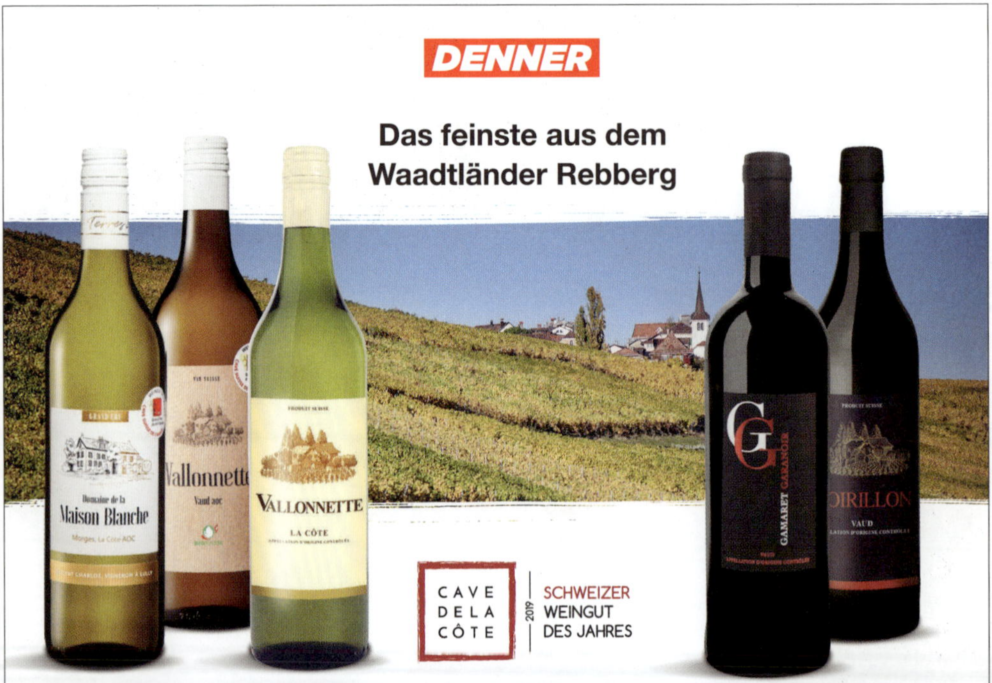
DENNER
Das feinste aus dem
Waadtländer Rebberg
Domaine de la
Maison Blanche
Vallonnette
VALLONNETTE
LA CÔTE
GAMARET GARANOIR
VAUD
CAVE
DE LA
CÔTE
2019
SCHWEIZER
WEINGUT
DES JAHRES

Henri Badoux
1908
Aigle les Murailles
Aigle les Murailles
Murailles Rosé
Aigle les Murailles
Aigle les Murailles
Murailles Rosé
H. Badoux
Aigle

LE MUZOT®
Valais, Schweiz
PETITE ARVINE
APPELLATION D'ORIGINE CONTRÔLÉE
VALAIS
2020
LE MUZOT®
HEIDA
APPELLATION D'ORIGINE CONTRÔLÉE
VALAIS
2020
LE MUZOT®
OEIL DE PERDRIX
APPELLATION D'ORIGINE CONTRÔLÉE
VALAIS
2020
LE MUZOT®
LE MUZOT®
RÉSERVE
CUVÉE ROUGE
APPELLATION D'ORIGINE CONTRÔLÉE VALAIS

DENNER
«EINER FÜR ALLE»

Der Schweizer Discounter Denner gehört zur Migros-Gruppe. Schweizweit hat es rund 800 Filialen und zur Auswahl stehen mehr als 250 Weine. Der Wein-Onlineshop wurde 2010 lanciert und ist neben dem Coop-Onlineshop der attraktivste der hier vorgestellten Anbieter, zumal die Weine auch nach Hause geliefert werden. Online findet man zudem vermehrt Raritäten oder Trouvaillen unter der Rubrik «Fine Wine». Sie sind nur in einzelnen Filialen und auch limitiert erhältlich. Noch exklusiver sind die «Raritäten» – Weine, die nur online während einer limitierten Zeit erhältlich sind.

Das Denner-Angebot ist überschaubar und enthält viele Klassiker aus europäischen Weinbauregionen. Nach wie vor kann man auch bekannte Bordeaux-Weine zu attraktiven Preisen erwerben, wobei dies generell schwierig geworden ist. Bei Denner bewerten die Kunden auch die Weine mit 1 bis 5 Sternen. Eine gute Möglichkeit, um Denner-Weine zu verkosten, sind übrigens die D-Vino-Weinbars (www.d-vino.ch/) deren Sortiment zu 80 % aus Denner-Weinen besteht.

DENNER.CH/DE/SHOP/WEIN

Verkostungs-Statistik Denner

41 verkostete Weine, davon 15 Rotweine

10 Anzahl Länder

von **3.90** bis **54.95**

18

Weine zwischen 5 und 10 Franken

11

Weine zwischen 10 und 15 Franken

Aufgefallen

Punkte
16.25*

FR. **5.90** SEITE **206**

VALLONNETTE 2020
LA CÔTE AOC

Punkte
18

FR. **20.–** SEITE **213**

HEIDA 2020, CHÂTEAU LA TOUR GOUBING
FLEUR DE CLOS, CHAI DU BARON
VALAIS AOC

Punkte
16.25*

FR. **10.95** SEITE **241**

CRÉMANT D'ALSACE BRUT
AOC, CAVE DE TURCKHEIM

Punkte
15.5

FR. **6.95** SEITE **235**

TOROS TINTO 2019
ORGANIC WINE, TEMPRANILLO
LA MANCHA

Punkte
16.5*

FR. **3.95** SEITE **233**

CARAVELA 2019
VINHO REGIONAL LISBOA

Punkte

16.25*

SCHWEIZ

WEISSWEIN

PREIS FR. 5.90 (7 dl)

VALLONNETTE 2020
LA CÔTE AOC

Ein Hit für seinen Preis. Auch wenn es sich um einen Basis-Chasselas handelt, so löscht er doch den Durst wunderbar. Der aktuelle Jahrgang ist wunderbar fruchtig mit Noten von Honig, Lindenblüten und saftigen Äpfeln. Im Gaumen schöner Fruchtschmelz und eine absolut bekömmliche Art. Stammt von einem önologisch guten Jahrgang, an dem Covid-bedingt manch guter Wein eine andere Absatzquelle suchen musste, sodass man auch im Basisweinbereich tolle Schnäppchen machen kann – wie in diesem Fall. Wurde von der Cave de La Côte vinifiziert, die 2019 zum Weingut des Jahres gewählt worden ist.

TRINKREIFE JETZT GENIESSEN
PASST ZU APÉRO, EGLIFILETS, FISCHSTÄBCHEN, GEMÜSEQUICHE, RACLETTE
SERVICETIPP BEI 8–10 °C SERVIEREN
ALKOHOLWERT 12,6 %

SCHWEIZ

Punkte

17*

WEISSWEIN

PREIS FR. 9.40 (7 dl)

DOMAINE DE VALMONT 2020
GRAND CRU, MORGES AOC LA CÔTE
CAVE DES LILAS

Der neue Jahrgang kommt etwas rassiger und frischer daher. Er strahlt vom ersten bis zum letzten Schluck und offenbart dabei Aromen von Limetten, Lindenblüten, weissem Pfirsich und Honig. Solide und traditionell – und zwar seit Jahren. Im Finale eine rassige Blumigkeit, die an weisse Blüten und etwas Ananas denken lässt. Der beste Jahrgang seit Langem. Ideal auch für den Spontanapéro oder den Jass-Abend.

TRINKREIFE JETZT GENIESSEN
PASST ZU APÉRO, KÄSEGERICHTEN, VORSPEISEN, SÜSSWASSERFISCH, FONDUE, GEFLÜGEL, KALTER PLATTE, RISOTTO
SERVICETIPP BEI 8–10 °C SERVIEREN
ALKOHOLWERT 12 %

Punkte

17*

SCHWEIZ

WEISSWEIN

PREIS FR. 9.65

CHÂTEAU DE LUINS 2020
GRAND CRU DE LA CÔTE AOC
RÉMI BAECHTOLD

Der neue Jahrgang ist erneut ein sicherer Wert, der einem nichts vormacht und perfekt zum Apéro serviert werden kann. Seit Jahren einer meiner Denner-Chasselas-Favoriten, wenn der Wein weniger als 10 Franken die Flasche kosten soll. Filigraner und sehr eleganter Auftakt mit Noten von saftigem Obst und weissen Blüten. Im Gaumen ebenfalls elegant und klassisch – mit einer schönen Struktur, einem angenehmen Trinkfluss und einer Aromatik, die nicht zu dominant ist. Kurz: Ein paar Flaschen davon im Kühlschrank sind für jeden Spontanapéro willkommen.

TRINKREIFE JETZT GENIESSEN
PASST ZU SÜSSWASSERFISCH, APÉRO, GEMÜSETELLER, SUSHI, HOCHZEITSAPÉRO
SERVICETIPP BEI 8–10 °C SERVIEREN
ALKOHOLWERT 12 %

SCHWEIZ

Punkte

16.5

WEISSWEIN

PREIS FR. 11.95 (7 dl)

LA TOUR DE CHÂTA 2020 MONT-SUR-ROLLE

Der sogenannte Zweitwein von Château de Châtagneréaz, oder zumindest der kleine Bruder, der speziell für Denner abgefüllt worden ist. Der neue Jahrgang ist rassig und saftig mit delikaten Honig- und Pfirsicharomen. Ist nicht zu komplex und offenbart einen schönen Trinkfluss. Bodenständig vom ersten bis zum letzten Schluck und perfekt gegen den Durst. Solider und traditioneller Chasselas, den man gut an einem Apéro oder als Hauswein ausschenken kann. Unbedingt auch einmal das Château selber am Genfersee besuchen gehen.

TRINKREIFE JETZT GENIESSEN
PASST ZU APÉRO, FISCH, KÄSE, GEMÜSEQUICHE, FISCHKNUSPERLI, TRUTHAHN, GEFLÜGEL
SERVICETIPP BEI 8–10 °C SERVIEREN
ALKOHOLWERT 12 %

SCHWEIZ

Punkte

16.25

WEISSWEIN

PREIS FR. 11.95

GOCCIA BIANCA 2020, BIANCO DI MERLOT
CANTINA SOCIALE DI MENDRISIO
TICINO DOC

Ein lieblicher und charmanter weisser Tessiner, der aus der Merlot-Traube vinifiziert worden ist. Noten von weissen Blüten, etwas Pfirsich und Limetten sind zu erkennen. Delikat und ausgewogen und perfekt gegen den Durst. Trinkt sich fast wie von selbst und ist eine tolle Entdeckung. Ideal für Kenner, wie aber auch das Familienessen. Frisch und fröhlich, vom ersten bis zum letzten Schluck. Auch nicht zu aromatisch, also ideal, wenn nach diesem Wein ein etwas schwererer folgt.

TRINKREIFE JETZT GENIESSEN
PASST ZU FISCHGERICHTEN, GEFLÜGEL, VORSPEISEN, RISOTTO AL LIMONE
SERVICETIPP BEI 8–10 °C SERVIEREN
ALKOHOLWERT 12,7 %

Punkte

16.5

SCHWEIZ

WEISSWEIN

PREIS FR. 13.50

FENDANT 2020, CONTHEY JEAN-RENÉ GERMANIER VINS VALAIS AOC

Neu in diesem Kapitel und ein Durstlöscher par excellence. Süffiger Fendant der Kellerei von Jean-René Germanier. Am besten geniesst man ihn jung, eiskalt und schnell. Es ist ein fruchtig-fröhlicher Wein, der den Durst löscht, auf das Nachtessen vorbereitet und die Kollegen geselliger werden lässt. Easy drinking pur. Aromatisch tauchen Noten von Limetten, Mandarinensorbet, Minze und Honig auf. Hat etwas CO_2, was ihn zusätzlich spritzig wirken lässt. Ein sicherer Wert und ein toller Haus-Apérowein, der bei Denner als In-Out-Produkt zu finden ist.

TRINKREIFE JETZT GENIESSEN
PASST ZU APÉRO, KÄSEGERICHTEN, EGLIFILET, FONDUE, KALTER PLATTE, ZWIEBELWÄHE
SERVICETIPP BEI 8–10 °C SERVIEREN
ALKOHOLWERT 12,5 %

SCHWEIZ

Punkte

17*

WEISSWEIN

PREIS FR. 14.95

JOHANNISBERG 2019
CHAMOSON, JEAN-RENÉ GERMANIER
VALAIS AOC

Der neue Jahrgang ist noch spannender und komplexer – und das zu einem absolut tollen Preis. Ein frivoler Johannisberg, der schon nach dem ersten Schluck seine Präsenz markiert. Man denkt an kandierte Mandarinen, Limette, Melone und reife Äpfel. Er hat auch einen Touch von Honig und Aprikosen. Mittelschwer und sehr, sehr charmant. Ideal, wenn der Weisse etwas fülliger und süssfruchtiger sein darf und man gerne expressive Weissweine hat. Persönlich würde ich den Johannisberg auch aus etwas grösseren Gläsern servieren, damit seine Aromatik auch genügend Platz hat. Eine Entdeckung aus dem Wallis von der Topkellerei Jean-René Germanier. Ideal auch, wenn Ihnen Chasselas generell zu aromaneutral ist.

TRINKREIFE BIS 2026 GENIESSEN
PASST ZU FONDUE, KALBSBRATEN, BRATWURST, KÄSEGERICHTEN, VEGETARISCHER KÜCHE, RISOTTO MIT MUSCHELN, GEFLÜGEL
SERVICETIPP BEI 10–12 °C SERVIEREN
ALKOHOLWERT 13,5 %

Punkte

18

SCHWEIZ

WEISSWEIN

PREIS FR. 20.–

HEIDA 2020, CHÂTEAU LA TOUR GOUBING
FLEUR DE CLOS, CHAI DU BARON
VALAIS AOC

Eine absolute Entdeckung und auch erst der zweite Jahrgang dieses Weins. Der Ort heisst Goubing (ein Teil von Sierre) und die Reben werden von Patrice Walpen bewirtschaftet, der 2015 das Weingut Chai du Baron übernommen und auf Vordermann gebracht hat. Dieser Top-Heida offenbart eine rassige Frische mit Noten von Limetten, weissen Blüten, Quitten und Passionsfrucht. Im Gaumen sehr finessenreich, trotz der schmelzigen Fülle. Er erfrischt und macht auch gleich Lust, einen zweiten Schluck zu geniessen. Rassig und präzise und eine echte Entdeckung. Ideal, wenn der Weisse wie ein Pfauenschwanz auffallen darf.

TRINKREIFE BIS 2025 GENIESSEN
PASST ZU FONDUE, FISCH, GEFLÜGEL, LIBANESISCHER KÜCHE, EXOTISCHEN GERICHTEN
SERVICETIPP BEI 8–10 °C SERVIEREN
ALKOHOLWERT 13,9 %

Punkte

17

SCHWEIZ

WEISSWEIN

PREIS FR. 21.90 (7 dl)

AIGLE LES MURAILLES 2020
HENRI BADOUX
AOC CHABLAIS

Unser bekanntester Markenwein mit dem Eidechsly auf dem Etikett. Inzwischen gibt es schon eine ganze Serie – vom Chasselas über den Rosé zum Roten und den Schaumweinen. Der 2020er ist ein moderner Waadtländer, der sehr gefällig und charmant im Gaumen verführt und sich anders als zum Beispiel der La Tour de Châta präsentiert. Hier ist es etwas fülliger, weniger kernig und aromatischer. Noten von Honig, Melone und Quittenparfait sind zu erkennen. Guter Passepartoutwein, wenn man einen Schweizer mit Wiedererkennungswert und schöner Frucht sucht.

TRINKREIFE JETZT GENIESSEN
PASST ZU APÉRO, GEBÄCK, SÜSSWASSERFISCH, KÄSE, VEGETARISCHER KÜCHE, GEFLÜGEL
SERVICETIPP BEI 8–10 °C SERVIEREN
ALKOHOLWERT 13,2 %

Punkte

15

AUSTRALIEN

WEISSWEIN

PREIS FR. 5.95

SÉMILLON CHARDONNAY 2020 BELLMOUNT

Fülliger, ja fast molliger Alltagswein, der preislich ein Hit ist. Wenn Sie einen modernen Wein für das Gartenfest suchen, könnte dies ein absoluter Kandidat sein. Sehr aromatisch, exotisch-fruchtig und gut gegen den Durst. Easy drinking pur. Kühlen, aufschrauben und geniessen. Kein Lagerwein und kein Wein der grossen Worte. Kommt von weit her und zelebriert den Charakter der modernen Weinwelt.

TRINKREIFE JETZT GENIESSEN
PASST ZU GRILLADEN VOM FISCH, EXOTISCHER KÜCHE, RISOTTO AL LIMONE, HAMBURGER, SCHLACHTPLATTE
SERVICETIPP BEI 8–10 °C SERVIEREN
ALKOHOLWERT 12,5 %

Punkte

15*

ITALIEN

WEISSWEIN

PREIS FR. 3.90

GIULIA 2020
PINOT GRIGIO DELLE VENEZIE
DOC

Leicht, süffig und gegen den Durst. Preislich natürlich ein mega Schnäppchen. Stellen Sie sich vor, Sie würden diesen einfachen Weissen in einem kleinen Restaurant am Meer geniessen – es würde sicher Ihr neuer Hauswein. Trotz seiner einfachen Art sehr bekömmlich. Noten von weissen Blüten, Limetten und Aprikosen sind zentral.

TRINKREIFE JETZT GENIESSEN
PASST ZU ANTIPASTI, PASTA MIT MUSCHELN, RISOTTO AL LIMONE, PIZZA, FISCH
SERVICETIPP BEI 8–10 °C SERVIEREN
ALKOHOLWERT 12,5 %

Punkte

15.5

ÖSTERREICH

WEISSWEIN

PREIS FR. 9.95

GRÜNER VELTLINER VOM LÖSS 2020 SCHLOSS BOCKFLIESS NIEDERÖSTERREICH

Ein kühler, moderner und saftiger Grüner Veltliner mit Aromen, die an Mandarinensorbet, Stachelbeeren und Holunderblüten denken lassen. Erfrischt den Gaumen und ist ideal, wenn Ihnen Chasselas zu lieblich und Chardonnay zu buttrig ist. Hat eine bunte Aura und eine verspielte Art. Easy drinking pur. Kühlen, aufschrauben und zu Häppchen geniessen.

TRINKREIFE JETZT GENIESSEN
PASST ZU APÉRO, KRUSTENTIEREN, VEGETARISCHEN TERRINEN, VEGETARISCHEN GERICHTEN, NASI GORENG
SERVICETIPP BEI 8–10 °C SERVIEREN
ALKOHOLWERT 12,5 %

Punkte

15.5

PORTUGAL

WEISSWEIN

PREIS FR. 6.55

CASAL GARCIA VINHO VERDE

Vinho Verde DOC ist eine der vielen Weinbezeichnungen, die für Verwirrung sorgen können. Vinho Verde heisst eigentlich junger Wein, der aus dem portugiesischen Anbaugebiet Vinho Verde DOC stammt. Es ist das grösste DOC-Gebiet und liegt zwischen den Flüssen Douro und Minho. Der Casal Garcia ist der weltweit meistverkaufte Vinho Verde. Er prickelt ganz dezent auf der Zunge und schmeckt nach Minze, Limettensorbet und Mango. Easy drinking für das fröhliche Beisammensein. Wein gegen den Durst. Erfrischung pur! Am besten eisgekühlt geniessen. Die neue Abfüllung kommt ganz im Hausstil daher und ich kann diesen leicht aromatischen Weissen absolut für ein Fest empfehlen.

TRINKREIFE JETZT GENIESSEN
PASST ZU APÉRO, ANTIPASTI, TAPAS, FISCH, KRUSTENTIEREN, GEFLÜGEL
SERVICETIPP BEI 8–10 °C SERVIEREN
ALKOHOLWERT 9,5 %

Punkte

16

PORTUGAL

WEISSWEIN

PREIS FR. 8.30

AVELEDA ALVARINHO 2020

Eine absolute Entdeckung und ein toller Hauswein. Delikat schon in der Nase mit Noten von Limetten, Honig und weissen Blüten. Im Gaumen dann süffig, frisch und so dynamisch, dass man gleich einen zweiten Schluck geniesst. Noten von Honig und exotischen Früchten sind zentral. Wie für einen Alvarinho typisch, entdeckt man auch eine anregende Sweet-Sour-Note. Wenn Sie gerne Fisch kochen oder generell mediterrane Küche, dann ist das ein perfekter Passepartoutwein.

TRINKREIFE JETZT GENIESSEN
PASST ZU KRUSTENTIEREN, FISCH, PAELLA, VEGETARISCHEN GERICHTEN, SALATKREATIONEN, SCALOPPINE AL LIMONE
SERVICETIPP BEI 8–10 °C SERVIEREN
ALKOHOLWERT 12 %

Punkte

15

UNGARN

WEISSWEIN

PREIS FR. 4.50

PINOT GRIGIO 2020
MONTE DEL CASTELLO
TAFELWEIN

Lassen Sie sich nicht vom Etikett täuschen, denn wenn man es schnell überfliegt, hat man das Gefühl, einen Wein aus Italien vor sich zu haben. Als ich diesen Wein vor ein paar Jahren entdeckt habe, war er einer der günstigsten des Weinsellers. Inzwischen sind auf dem Schweizer Markt neue Anbieter aufgetaucht, die die Konkurrenz verschärft und die Preise nach unten gedrückt haben. Ein Wein zu diesem Preis ist daher nicht mehr der günstigste im Buch. Persönlich finde ich nach wie vor, dass man für einen Wein etwas bezahlen kann, und rund 5 Franken pro Flasche sollte als Basis möglich sein. Wie dem auch sei – der neue Jahrgang duftet exotisch parfümiert und lässt an Rosen, Jasmin und blühende Lilien denken. Im Gaumen frisch, trocken und leichtfüssig. Ich muss an einen eisgekühlten Lindenblütentee denken, der mit Zitronenscheiben und Minzblättern angereichert worden ist. Kurz: die Gaumenerfrischung pur – und ein sicherer Wert, wenn es günstig und aromatisch sein darf.

TRINKREIFE JETZT GENIESSEN
PASST ZU APÉRO, KRUSTENTIEREN, TAPAS, ANTIPASTI, TEIGWAREN MIT MUSCHELN, GEMÜSEGERICHTEN, GEFLÜGEL, KALTEN SUPPEN, SALATVARIATIONEN, GERICHTEN MIT ZITRONE, STUDENTENPARTY
SERVICETIPP BEI 8–10 °C SERVIEREN
ALKOHOLWERT 11,9 %

SCHWEIZ

Punkte

16.5

ROSÉ

PREIS FR. 9.75

DÔLE BLANCHE 2020, LES CLARELLES LES GRANDS DIGNITAIRES, PROVINS VALAIS AOC

Rosé gegen den Durst. Filigran, dezent aromatisch und sehr süffig. Ein leichtfüssiger Klassiker, der die Walliser Bergfrische in sich hat. Aus den Sorten Pinot Noir und Gamay vinifiziert. Aromatisch deutlich kräftiger als der Œil-de-Perdrix und auch tiefgründiger. Man erkennt Aromen von Mandarinensorbet, Quitten und Aprikosenmarmelade. Kühlen, aufschrauben und geniessen. Dabei kann man das Nachtessen zubereiten oder eine Serie auf Netflix schauen. Dieser delikate Rosé hält den Gaumen und Geist wunderbar wach und macht im Nu Lust auf einen zweiten Schluck.

TRINKREIFE JETZT GENIESSEN
PASST ZU APÉRO, BOWLEN, VEGETARISCHEN GERICHTEN, GEMÜSEWÄHE, AUFSCHNITT, SALAT MIT GEFLÜGEL, REISGERICHTEN, EXOTISCHER KÜCHE, PIZZA, FISCH
SERVICETIPP BEI 12–14 °C SERVIEREN
ALKOHOLWERT 12,9 %

SCHWEIZ

Punkte

16

ROSÉ

PREIS FR. 12.95

ŒIL-DE-PERDRIX 2020
NEUCHÂTEL AOC

Rassig, delikat und perfekt für den Apéro oder Vorspeisenteller. Klassiker aus Neuenburg, der aus der Pinot-Noir-Traube vinifiziert worden ist. Solider Rosé, den man das ganze Jahr über servieren kann. Noten von Walderdbeeren, Holunder und Cassis sind zentral. Easy drinking pur. Leicht und bekömmlich.

TRINKREIFE JETZT GENIESSEN
PASST ZU APÉRO, ANTIPASTI, FRITTIERTEM FISCH, PIZZA, KALTER PLATTE, EXOTISCHEN GERICHTEN
SERVICETIPP BEI 10–12 °C SERVIEREN
ALKOHOLWERT 13 %

Punkte

15.5*

USA

ROSÉ

PREIS FR. 6.65

WHITE ZINFANDEL ROSÉ 2020
STONE BARN
CALIFORNIA

Falls Sie Red Bull zum Frühstück trinken, wird Ihnen dieser Kalifornier gefallen. Er leuchtet in kitschigem Pink. Die Nase ist ebenfalls frivol aromatisch und bunt. Im Gaumen geht die aromatische Post ab – süss, süsser, am süssesten lautet die Devise. Man taucht ein in die bunte Welt eines Regenbogens und vergisst die Sorgen des Alltags im Nu. Kann auch on the rocks genossen werden.

TRINKREIFE JETZT GENIESSEN
PASST ZU APÉRO, TAPAS, PARTY, EXOTISCHEN VORSPEISEN, KALTER PLATTE, CREVETTENCOCKTAIL
SERVICETIPP BEI 10–12 °C SERVIEREN
ALKOHOLWERT 10 %

Punkte

16.5*

SCHWEIZ

ROTWEIN

PREIS FR. 7.95

WILCHINGER 2019, BLAUBURGUNDER GVS SCHACHENMANN SCHAFFHAUSEN AOC

Wow – als ob er aus dem Dornröschenschlaf erwacht wäre, präsentiert sich dieser Pinot Noir besser denn je. Noten von schwarzen Beeren, Schokolade und etwas kandierten Kirschen sind zentral. Hat mehr Fülle und nimmt den Gaumen ganz selbstsicher in Beschlag. Preislich natürlich ein super Schnäppchen. Ideal, wenn der Rote eine schöne Trinkreife offenbaren darf und man einen nicht zu schweren Wein offerieren will. Solide und perfekt für Hausmannskost. Persönlich würde ich ihn leicht gekühlt servieren.

TRINKREIFE JETZT GENIESSEN
PASST ZU APÉRO, RINDSPLÄTZLI, ENTENBRUST, GEFLÜGEL, KALTER PLATTE, TOFU, FISCHGERICHTEN, SCHLACHTPLATTE
SERVICETIPP BEI 15–16 °C SERVIEREN
ALKOHOLWERT 13,3 %

Punkte

16.25

SCHWEIZ

ROTWEIN

PREIS FR. 9.25

GLOIRE DU RHÔNE DÔLE 2019
LES GRANDS DIGNITAIRES
PROVINS, VALAIS AOC

Traditioneller Alltagswein. Assemblage aus Pinot Noir und Gamay, die eng mit der Walliser Kultur verbunden ist. Ein Dôle ist meist ein solider Alltagswein, der ganz unaufgeregt den Hals hinunterfliesst. Man entdeckt Noten von schwarzen Beeren, Leder und etwas Pfeffer. Perfekt also, wenn man einen Wein sucht, der nicht zu schwer ist und der auch in der Stilistik immer ähnlich daherkommt. Süffiger Schweizer Klassiker.

TRINKREIFE JETZT GENIESSEN
PASST ZU KALTER PLATTE, APÉRO, HÄPPCHEN, FISCH, TERRINE, GEFLÜGEL
SERVICETIPP BEI 14–15 °C SERVIEREN
ALKOHOLWERT 13,2 %

SCHWEIZ

Punkte

16.75

ROTWEIN

PREIS FR. 9.95

OSTERFINGER 2019, BLAUBURGUNDER
GVS SCHACHENMANN
SCHAFFHAUSEN AOC

Im Vergleich zum Wilchinger eine Spur eleganter und mit dezent spürbareren Gerbstoffen, die ihm eine schöne Struktur verleihen. Mittelschwer von der Art, aber elegant und sehr sortentypisch. Schöner Alltagsschweizer aus dem Schaffhausischen, den man zu allerhand Gerichten servieren kann, wobei er auch perfekt einfach als Apérowein passt. Aromatisch tauchen primär Noten von Walderdbeeren, roten Kirschen und etwas Schokolade auf.

TRINKREIFE JETZT GENIESSEN
PASST ZU APÉRO, RINDSPLÄTZLI, ENTENBRUST, GEFLÜGEL, KALTER PLATTE, TOFU, FISCHGERICHTEN, SCHLACHTPLATTE
SERVICETIPP BEI 15–16 °C SERVIEREN
ALKOHOLWERT 13,5 %

Punkte

16.5

SCHWEIZ

ROTWEIN

PREIS FR. 9.95 (70cl)

DOMAINE DE VALMONT 2019 GRAND CRU, MORGES AOC LA CÔTE

Assemblage aus Gamaret, Gamay und Garanoir – also aus zwei eher schweren und einer leichten Traubensorte. Dichtbeeriger Auftakt mit einer dezenten Pfeffrigkeit. Im Gaumen kernig und fruchtig zugleich. Ein Wein mit Biss und elegantem Finale. Ein bodenständiger Schweizer mit fruchtiger Fülle. Kann gut leicht gekühlt serviert werden – sowohl zum Aperitif wie aber auch zu leichten Vorspeisen. Solide und verlässlich vom ersten bis zum letzten Schluck. Ideal, wenn Ihnen ein reiner Pinot Noir wie auch ein Dôle zu leicht ist. Der Valmont (von dem es übrigens auch einen Weisswein hat) ist im Charakter kräftiger und auch dunkelbeeriger.

TRINKREIFE JETZT GENIESSEN
PASST ZU GEFLÜGEL, WURSTWAREN, BRATEN, FILET, WILD, PILZWÄHE, STEAK
SERVICETIPP BEI 15–16 °C SERVIEREN
ALKOHOLWERT 13 %

Punkte

16.75*

SCHWEIZ

ROTWEIN

PREIS FR. 9.95

GAMARET GARANOIR 2020
ASSEMBLAGE VAUD AOC
CAVE DE LA CÔTE

Hat qualitativ einen Sprung nach vorne gemacht und präsentiert sich mit einer schönen Dichte und saftigen Fruchtigkeit. Wenn Ihnen Pinot Noir als Traube zu leicht ist, sollten Sie diesen Wein aus den kräftigen Sorten Gamaret und Garanoir probieren. Noten von schwarzen Kirschen, Leder, Cassis und Schokolade sind zentral. Auch hat es feine Tannine, die ihm eine schöne Struktur verleihen. Modern und muskulös vom ersten bis zum letzten Schluck.

TRINKREIFE JETZT GENIESSEN
PASST ZU GEFLÜGEL, WURSTWAREN, BRATEN, FILET, WILD, PILZWÄHE, STEAK, EXOTISCHEN GERICHTEN
SERVICETIPP BEI 15–16 °C SERVIEREN
ALKOHOLWERT 13,9 %

SCHWEIZ

Punkte

16.75

ROTWEIN

PREIS FR. 14.95

LE MUZOT 2018
RÉSERVE, CUVÉE ROUGE
VALAIS AOC

2018 ist der beste Jahrgang, den wir vom Le Muzot je verkostet haben. Er bleibt ein klassischer Walliser, der aber eine spannende Struktur und Tiefe offenbart. Auf der einen Seite verführt die reife Frucht im Gaumen und dann machen die delikaten Gerbstoffe Lust, mehr von diesem Denner-Hauswein zu entdecken. Noten von Backpflaumen, schwarzen Kirschen und etwas Lorbeer sind zentral. Wenn Sie auf der Suche nach einem soliden und mittelschweren Hauswein sind, dann ist der Le Muzot ein sicherer Wert. Hat die Aura eines klassischen Burgunders, der auch Ecken und Kanten zu zeigen weiss. Ideal, wenn Sie das Gegenteil eines modernen, schokoladigen Primitivos suchen.

TRINKREIFE BIS 2025 GENIESSEN
PASST ZU KALTER PLATTE, GEFLÜGEL, TERRINE, KALBFLEISCH, GEMÜSEQUICHE MIT PILZEN, SCHWEIZER KÜCHENKLASSIKERN
SERVICETIPP BEI 15–16 °C SERVIEREN
ALKOHOLWERT 13 %

Punkte

17

SCHWEIZ

ROTWEIN

PREIS FR. 16.95

GALLY 2019
JEAN-RENÉ GERMANIER
AOC VALAIS

Im Vergleich zu früheren Gally-Jahrgängen ist diese Abfüllung weniger verspielt und bodenständiger. Als ob der Wein erwachsen geworden wäre. Noten von dunklen Früchten, feinen Gerbstoffen und eine knackige Frische im Finale sind zentral. Bei der Assemblage kamen die drei Traubensorten Diolinoir, Gamaret und Gamay zusammen. Kurz: ein solider Hauswein, der die Handschrift des Top-Önologen Gilles Besse trägt. Aromatisch dominieren Aromen von schwarzen Kirschen, Backpflaumen und Holunder, die von den feinen Gerbstoffen straff umspannt werden.

TRINKREIFE JETZT GENIESSEN
PASST ZU KALTER PLATTE, PASTA, GRILLADEN, FISCH, FONDUE, HAMBURGER, TERRINE
SERVICETIPP BEI 15–16 °C SERVIEREN
ALKOHOLWERT 13,5 %

SCHWEIZ

Punkte

17.25

ROTWEIN

PREIS FR. 20.–

ASSEMBLAGE ROUGE 2019 CHÂTEAU LA TOUR GOUBING, FLEUR DE CLOS, CUVÉE PRESTIGE, CHAI DU BARON

Die Domaine Château La Tour Goubing gehört der Waadtländer Familie de Rahm, aber der Walliser Winzer Patrice Walpen hat die 3,5 Hektaren Reben gepachtet und vinifiziert daraus zwei Spitzenweine – einen reinen Heida und einen Blend aus Pinot Noir, Merlot und Cabernet Sauvignon (die wir beide im Denner-Kapitel vorstellen). Dieser temperamentvolle Rote hat sowohl eine moderne Aura wie auch einen klassischen, frischen Touch. Noten von dunkler Schokolade, Gewürznelken und Leder sind zu erkennen, wie auch Brombeermousse. Im Finale dann frisch. Er ist komplex, ohne zu schwer zu wirken. Absolut eine Entdeckung wert, auch wenn der Wein etwas teurer ist.

TRINKREIFE BIS 2025 GENIESSEN
PASST ZU STEAK, HAMBURGER, BRATEN, EINTOPF, PEPERONATA, RISOTTO MIT PILZEN
SERVICETIPP BEI 16–17 °C SERVIEREN
ALKOHOLWERT 14,2 %

Punkte

17

SCHWEIZ

ROTWEIN

PREIS FR. 21.90

AIGLE LES MURAILLES ROUGE 2020
HENRI BADOUX
CHABLAIS AOC

Nicht nur der rote Bruder des bekannten Eidechslyweins, sondern auch klar eine Hommage an den modernen Weingenuss. Noten von kandierten Kirschen, Schokolade und Brombeeren sind zentral. Sehr gefällig in der Art und ideal, wenn der Rote nicht zu schwer und voller saftiger Frucht sein darf. Easy drinking pur. Assemblage aus Pinot Noir, Diolinoir und Gamay, die einen fröhlichen Passepartoutwein ergeben hat.

TRINKREIFE BIS 2024 GENIESSEN
PASST ZU HAMBURGER, PIZZA, PASTA, STEAK, EXOTISCHEN GERICHTEN
SERVICETIPP BEI 15–16 °C SERVIEREN
ALKOHOLWERT 14,2 %

Punkte

16.5*

PORTUGAL

ROTWEIN

PREIS FR. 3.95

CARAVELA 2019
VINHO REGIONAL LISBOA

Ich wage fast zu behaupten, dass dies der ultimative Schnäppchenwein des ganzen Weinseller 2022 ist. Schon im Glas wird man optisch von einem dunklen, dichten Wein begrüsst. Dann geht es unglaublich erfreulich weiter, und zwar mit dichten Fruchtaromen, die an schwarze Kirschen, Cassis und Brombeerkompott denken lassen. Die Tannine sind dicht und elegant und dieser lokale Rote stoffig und erdig zugleich. Wenn Sie also auf der Suche nach einem Hauswein sind, den man auch an einem Fest ausschenken kann, dann würde ich den Keller mit diesem vollbunkern. Absolut kein Industriewein, sondern ein bodenständiger und fröhlicher Portugiese der alten Schule.

TRINKREIFE JETZT GENIESSEN
PASST ZU FLEISCHGERICHTEN, ANTIPASTI, HAUSMANNSKOST, GRILLADEN
SERVICETIPP BEI 15–16 °C SERVIEREN
ALKOHOLWERT 13,3 %

Punkte

15.5

SPANIEN

ROTWEIN

PREIS FR. 6.85

CRIN ROJA 2020
TEMPRANILLO
VIÑO DE LA TIERRA DE CASTILLA

Ein klassisches Denner-Schnäppchen. Die Nase duftet einladend nach Brombeeren und Cassis. Im Gaumen geht das Fruchtaroma weiter. Noten von Cassis und Heidelbeeren sind dominant. Verspielt und süffig in der Art. Ein moderner Alltagsspanier mit viel schmelziger Frucht, der nicht mit einem Rioja verwechselt werden darf (auch wenn sein Name ähnlich klingt!). Hier lautet die Devise: easy drinking für unkomplizierte Momente. Viel Frucht in jedem Tropfen. Und natürlich der Wein für Budget-Trinker.

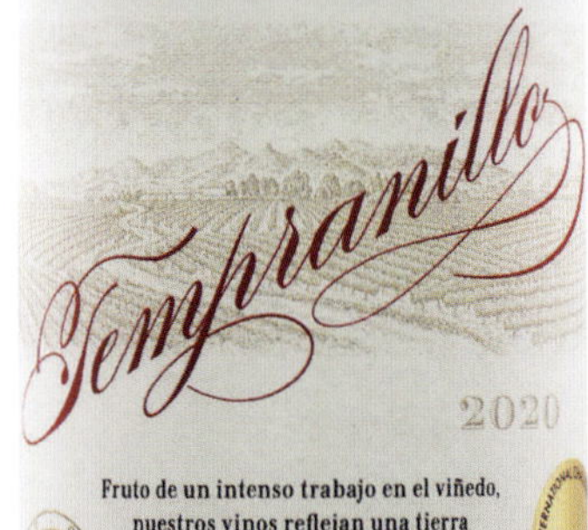

TRINKREIFE JETZT GENIESSEN
PASST ZU EINTOPF, KANINCHENRAGOUT, PILZTERRINE, SPARERIBS, SCHWEINEBRATEN
SERVICETIPP BEI 16–17 °C SERVIEREN
ALKOHOLWERT 13 %

Punkte

15.5

SPANIEN

ROTWEIN

PREIS FR. 6.95

TOROS TINTO 2019
ORGANIC WINE, TEMPRANILLO
LA MANCHA

Neu in diesem Kapitel und wahrscheinlich einer der günstigsten Bioweine des ganzen Weinsellers. Der Stier auf dem Label lässt an «Ferdinand», den Stier aus der Erzählung von Munro Leaf, denken, der sich lieber mit Blumen auseinandersetzte als mit Toreros. In Nase und Gaumen wird man von einem stoffigen, erdigen und in sich ruhenden Spanier begrüsst, der auch viel reife Fruchtaromen enthält, die an Walderdbeeren, Cassis und auch etwas Schokolade denken lassen. Nicht zu opulent, aber mit einer schönen Präsenz. Preislich natürlich ein Hit. Guter Hauswein, wenn man einen Roten für das gute Gewissen und den Sparplan sucht. Ist übrigens auch noch vegan. Kleiner Coup de cœur von mir.

TRINKREIFE JETZT GENIESSEN
PASST ZU EINTOPF, RISOTTO, KALTER PLATTE, WURSTWAREN, GEFLÜGEL
SERVICETIPP BEI 15–16 °C SERVIEREN
ALKOHOLWERT 13,5 %

Punkte

16.5*

SPANIEN

ROTWEIN

PREIS FR. 11.90

RIOJA FAUSTINO 2018 CRIANZA

Der neue Jahrgang ist verlässlich wie eh und je und kommt ganz im Hausstil daher. Persönlich schätze ich solche Weine, da sie einem eine gewisse Sicherheit verleihen – wie etwa auch ein Villa Antinori, ein Marqués de Riscal oder ein Aigle Les Murailles. Der Crianza ist ein guter Einstieg in die Palette der Faustino-Weine. Er ist mittelschwer, erdig und ein guter Partner für traditionelle Gerichte, aber auch einfach zu Tapas oder einer Kalten Platte. Noten von schwarzen Kirschen, Leder, Cassis und Lorbeer sind zu erkennen. Die Tannine sind präsent und verleihen ihm eine gute Struktur. Perfekter Hauswein, den man auch etwas lagern kann. Wurde aus der Sorte Tempranillo vinifiziert.

TRINKREIFE JETZT GENIESSEN
PASST ZU KALTER PLATTE, TAPAS, SCHLACHTPLATTE, BRATEN, RISOTTO, FISCH
SERVICETIPP BEI 16–17 °C SERVIEREN
ALKOHOLWERT 13,5 %

Punkte

17

SPANIEN

ROTWEIN

PREIS FR. 20.95

FAUSTINO I 2010
RIOJA DOCA
GRAN RESERVA

Die Familie Martinez produzierte schon vor 1860 gute Weine in Oyón nördlich von Haro und begann 1931 mit der eigenen Abfüllung. Die Bodegas Faustino ist heute noch ein Familienbetrieb, der über 650 Hektaren Weinberge in den besten Lagen von Rioja Alavesa besitzt und bewirtschaftet. Der Gran Reserva ist ein Wein für Kenner und Weinaficionados, der nur in den besten Jahren vinifiziert wird. Verwendet werden die Trauben aus den besten Lagen, wobei der Wein jeweils zwei Jahre im Holz und drei Jahre auf der Flasche reift, bevor er überhaupt in den Verkauf kommt. Das Resultat ist ein eleganter und finessenreicher Rioja mit Noten von schwarzen Kirschen, Leder, Tabak, Zedernholz und Rosenduft, der jetzt schon trinkreif ist. Da dieser Wein eine tolle Struktur hat, kann man ihn aber auch ruhig noch etwas im Keller lagern. Assemblage aus Tempranillo und Graciano.

TRINKREIFE BIS 2024 GENIESSEN
PASST ZU FLEISCHGERICHTEN, RISOTTO MIT PILZEN, KALBSLEBER, KALTER PLATTE, ENTE, TAPAS, FILET
SERVICETIPP BEI 16–17 °C SERVIEREN
ALKOHOLWERT 13,5 %

Punkte

15.5

USA

ROTWEIN

PREIS FR. 9.95

BUFFALO 2019
CABERNET SAUVIGNON

Moderner Trinkspass für die Red-Bull-Generation. Noten von Erdbeeren, Cassis und Heidelbeeren sind zu erkennen. Dieser fruchtbetonte Kalifornier ist mittelschwer vom Gehalt und fast schon frisch im Abgang. Er zelebriert eine frühlingshafte Leichtigkeit. Süss angehauchter Weingenuss, wenn es locker und unkompliziert zu und her gehen darf. Ein aromatischer Regenbogen.

TRINKREIFE JETZT GENIESSEN
PASST ZU GRILLADEN, HOTDOG, HAMBURGER, SCHLACHTPLATTE, EXOTISCHER KÜCHE
SERVICETIPP BEI 16–17 °C SERVIEREN
ALKOHOLWERT 13,1 %

SCHWEIZ

Punkte

16

SCHAUMWEIN

PREIS FR. 14.95

CHARME SPUMANTE BRUT DELEA

Auch dieses Jahr ein sicherer Wert, um etwas Ticino-Ambiente in den Raum zu zaubern. Assemblage aus Chardonnay und Pinot Noir, die eine gute Abwechslung zu einem Prosecco sein könnte, stammt sie doch vom sympathischen Tessiner Familienbetrieb Delea. Die Farbe ist blass und die Schaumkrone zartfiligran. Es duftet nach weissen Blüten, Honig und weissen Pfirsichen. Im Gaumen präsentiert sich die Mousse filigran und ausgewogen. Es kitzelt leicht auf der Zunge und man erkennt erneut dezent fruchtige Aromen sowie einen kernigen Unterton. Ein Schaumwein mit Biss, der sowohl zum Apéro wie aber auch zu Häppchen genossen werden kann.

TRINKREIFE JETZT GENIESSEN
PASST ZU APÉRO, ANTIPASTI, TERRINE, GEMÜSEGERICHTEN, FISCH
SERVICETIPP BEI 6–8 °C SERVIEREN
ALKOHOLWERT 12 %

Punkte

15.5

DEUTSCHLAND

SCHAUMWEIN

PREIS FR. 6.90

SÖHNLEIN BRILLANT TROCKEN

Klassischer Markenwein aus Deutschland, der sehr aromatisch und modern markiert und von der Stilistik ganz wie der letztjährige daherkommt. Auch wenn auf der Flasche trocken steht, so präsentiert er sich im Gaumen doch von einer auffallend fruchtigen Seite. Noten von Litschis, Ingwer und Honig sind dominant. Die Mousse ist präsent und kitzelt den Gaumen mit jedem Schluck mehr wach. Ein spassiger Schaumwein, der locker und unterhaltsam den Hals hinunterfliesst. Ein gutes Pendant zu einem Prosecco, wobei es hier schon aromatischer zu und her geht. Preislich absolut ein Hit. Kann auch on the rocks serviert werden.

TRINKREIFE JETZT GENIESSEN
PASST ZU APÉRO, BOWLE, HÄPPCHEN, HAMBURGER, EXOTISCHEN GERICHTEN
SERVICETIPP BEI 6–8 °C SERVIEREN
ALKOHOLWERT 11 %

Punkte

16.25*

FRANKREICH

SCHAUMWEIN

PREIS FR. 10.95

CRÉMANT D'ALSACE BRUT AOC, CAVE DE TURCKHEIM

Ein Crémant d'Alsace ist immer wieder eine Entdeckung wert. Erstens liegt das Weingebiet unweit von Basel und könnte sogar zu einer kleinen Weinreise motivieren und zweitens kosten diese klassisch vinifizierten Schaumweine in der Regel nicht so viel. Diese Abfüllung der Genossenschaftskellerei Cave de Turckheim ist herrlich süffig, schlank und frisch. Noten von Aprikosen und Limetten sind zu erkennen. Im Gaumen knackig-frisch mit einer dezent mineralischen Note. Ein eleganter, frischer und sehr saftiger Crémant, der Lust darauf macht, eine Tarte flambée zuzubereiten oder Freunde zum Apéro einzuladen. Wenn Ihnen Prosecco zu lieblich und Champagner zu teuer ist, ist das die perfekte Wahl. Ein kleiner Coup de cœur von mir. Ideal auch für die Studentenparty, den Notvorrat und für die Zubereitung einer Bowle.

TRINKREIFE JETZT GENIESSEN
PASST ZU APÉRO, ANTIPASTI, TARTE FLAMBÉE, TERRINE, GEMÜSEGERICHTEN
SERVICETIPP BEI 6–8 °C SERVIEREN
ALKOHOLWERT 12,5 %

Punkte

16.5

FRANKREICH

SCHAUMWEIN

PREIS FR. 38.95

CHAMPAGNE POMMERY BRUT ROYAL

Der Pommery Brut Royal ist der Basis-Champagner des Hauses, das eine interessante Palette an verschiedenen, auch saisonalen Champagnern vinifiziert. Er erfrischt den Gaumen mit einer frischen Zitrusnote, feinen blumigen Nuancen sowie Noten von Brioche. Im Gaumen dynamisch mit einer feinen Mousse und auch hier delikat blumig frisch. Im Abgang elegant und gemütlich stimmend. Klassiker für einen erfolgreichen Apéro und einer der bekanntesten Markenchampagner. Sehr zu empfehlen ist auch der Besuch der Kellerei in Reims. Den Spaziergang durch die kilometerlangen Keller wird man nicht so schnell wieder vergessen.

TRINKREIFE JETZT GENIESSEN
PASST ZU APÉRO, TAPAS, HÄPPCHEN, FISCH VOM GRILL
SERVICETIPP BEI 6–8 °C SERVIEREN
ALKOHOLWERT 12,5 %

Punkte

16.5

FRANKREICH

SCHAUMWEIN

PREIS FR. 54.95

MOËT & CHANDON ICE IMPERIAL

Die Champagne produziert nicht nur die teuersten Weine der Welt, sie hat auch in Sachen Trinkinnovationen die Nase weit vorne. Mit jeder Saison werden neue Produkte lanciert und mit ihnen gleich neue Trinkkonzepte. Ein vor ein paar Jahren lancierter Coup war Champagner on the rocks. Das Konzept ist dasselbe wie beim gespritzten Weissen – ein Glas voller Eis mit Champagner auffüllen. Inzwischen haben alle grossen Markenchampagner einen solchen Schaumwein, auch Moët & Chandon. Die Mousse ist nur noch ganz fein spürbar, dafür gibts eine geballte Ladung an exotischen Früchten, Pfirsich und Guava. Sehr zugänglich und perfekt gegen den Durst. Wichtig: ein bauchiges Weinglas mit Eiswürfeln auffüllen und dann den Ice Imperial darübergiessen. Die weisse Champagnerflasche wird inzwischen von zahlreichen anderen Schaumweinproduzenten verwendet. Vorsicht: Champagner on the rocks trinkt sich fast wie von selbst.

TRINKREIFE JETZT GENIESSEN
PASST ZU APÉRO, TAPAS, HÄPPCHEN, GRILLADEN, ANTIPASTI
SERVICETIPP BEI 6–8 °C SERVIEREN
ALKOHOLWERT 12,5 %

Punkte

16.25

ITALIEN

SCHAUMWEIN

PREIS FR. 11.95

PROSECCO MIONETTO BRUT DOC TREVISO

Ein spassiger und süffiger Prosecco in der gestylten Flasche. Schon der Duft mach Lust, einen Schluck davon zu nehmen, zumal er einladend mit Noten von weissen Blüten, etwas Honig und weissem Pfirsich verführt. Sehr süffig und dynamisch in der Art. Die Mousse ist mittelkräftig und kitzelt den Gaumen richtig wach. Perfekt on the rocks, für den Cocktail oder auch den Sonntags-Brunch. Wichtig: eiskalt und bei guter Laune geniessen. Ideal auch, wenn man gerade die Antipasti zubereitet und sich etwas in Stimmung bringen will. Easy drinking aus Norditalien. In der Stilistik eine Kopie der letztjährigen Abfüllung.

TRINKREIFE JETZT GENIESSEN
PASST ZU APÉRO, ANTIPASTI, HÄPPCHEN, VEGI-SPIESSCHEN, TAPAS, GRILLIERTEM FISCH
SERVICETIPP BEI 6–8 °C SERVIEREN
ALKOHOLWERT 11 %

Punkte

16.25

SPANIEN

SCHAUMWEIN

PREIS FR. 11.95

FREIXENET CAVA GRAN SELECCIÓN, SECO CORDON NEGRO

Ist nicht nur günstiger geworden, sondern auch qualitativ besser. Der Klassiker unter den Cava-Schaumweinen und eine der bekanntesten Marken. Assemblage aus Parellada, Macabeo und Xarello, die ganz frisch und rassig den Gaumen hinunterfliesst. Die Mousse ist mittelkräftig und kitzelt auffallend den Gaumen wach. Noten von exotischen Früchten, Honig und weissen Blüten sind zentral. Ein saftiger Cava gegen den Durst. Cava wird, wie Champagner, nach der Méthode traditionnelle produziert – das heisst, dass die zweite Gärung, die dem Wein die Mousse verleiht, in der Flasche stattfindet. Bekannt ist auch die Semi-seco-Abfüllung von Freixenet, die wesentlich süsser ist. Auch on the rocks zu servieren.

TRINKREIFE JETZT GENIESSEN
PASST ZU APÉRO, TAPAS, ANTIPASTI, HÄPPCHEN
SERVICETIPP BEI 6–8 °C SERVIEREN
ALKOHOLWERT 11,5 %

EIN
AUSSERGEWÖHNLICHER ORT
im Herzen des Lavaux
Fonjallaz
93 POINTS
92 POINTS
2018
DÉZALEY
GRAND CRU
Patrick Fonjallaz
EPESSES - LAVAUX
SANS VARIER
GRAND CRU
20 19
Viognier
du Château du Châtelard
PATRICK FONJALLAZ
EPESSES - LAVAUX
WINE ADVOCATE
Dézaley Grand Cru
Récolte Choisie
"The fruit is brilliantly clear and fresh, and the wine is just gorgeous in its rare opulence and elegance. A fabulous wine... beautifully clear and stimulating."
Viognier du Château
du Châtelard
"Juicy and elegant on the palate, this is a full-bodied, aromatic, refined and finessed Viognier... Remarkable precision. Excellent."
AU CLOS DE
LA RÉPUBLIQUE
Ruelle du Petit Crêt 1 | 1098 Bourg-en-Lavaux | Schweiz, T +41 (0)21 799 14 44 | info@patrick-fonjalla

ESTD 1790

SANDEMAN

GEO. G. SANDEMAN *and* SONS CO. LTD.

PORTO PORTUGAL

GLOBUS *** DELICATESSA «SAVOIR VIVRE»

Die erste Globus-Filiale wurde 1907 in Zürich eröffnet. Die exklusive Warenhauskette gehört dem Joint Venture von Signa und Central Group, Eigentümer der KaDeWe-Gruppe, Rinascente und Illum. Sie erwarben vom Migros-Genossenschafts-Bund 2019 die Magazine zum Globus AG und acht dazu gehörende Immobilien.

Bei Globus findet man die rarsten Exklusivitäten, manchmal auch nur flaschenweise. Weine unter zehn Franken findet man praktisch kaum – ausser bei Promotionen. Wie bei Denner und Coop kann man die Weine online bestellen und direkt nach Hause liefern lassen. Globus besitzt klar die elegantesten Weinabteilungen des Schweizer Detailhandels. Je nach Standort variiert das Sortiment der Raritäten. Vorzeigeadressen sind die Bahnhofstrasse Zürich und Genf Rue du Rhône.

Das Weinsortiment ist solide und geprägt von bekannten Winzern und Marken. Der Durchschnittspreis liegt etwas höher, wobei die Beratung auch sehr solide ist. Kein anderer Anbieter liefert so viel Fachkompetenz vor Ort.

GLOBUS.CH

Verkostungs-Statistik Globus

45 verkostete Weine, davon 21 Rotweine

9 Anzahl Länder

WICHTIGSTE LÄNDER

Italien	15
Frankreich	9
Schweiz	8
Spanien	3

SCHWEIZER REGIONEN

Deutschschweiz	5
Waadt	3

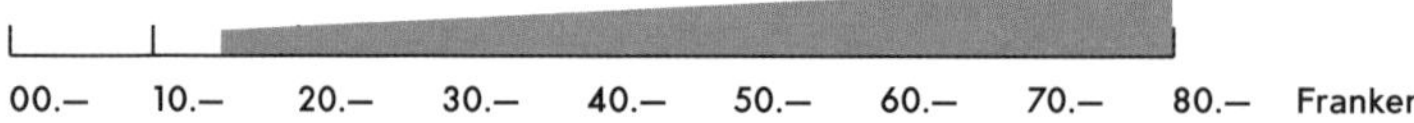

von **14.–** bis **80.–**

15

Weine zwischen 20 und 30 Franken

11

Weine zwischen 15 und 20 Franken

Aufgefallen

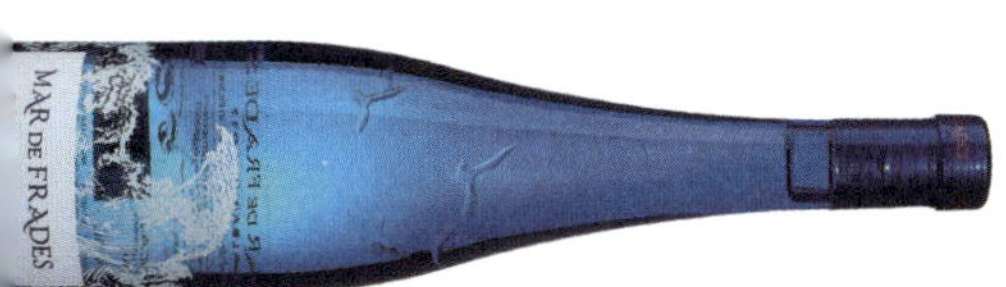

Punkte
17.25

FR. **20.–** SEITE **262**

MAR DE FRADES 2020
ALBARIÑO
RÍAS BAIXAS

Punkte
17*

FR. **17.50** SEITE **275**

HEBO SUVERETO DOCG 2019
PETRA
TOSCANA

Punkte
17.5*

FR. **18.–** SEITE **285**

FINCA RESALSO 2019
RIBERA DEL DUERO
EMILIO MORO

Punkte
18.5

FR. **27.–** SEITE **255**

RIESLING X SYLVANER 2020
SCHIEFER, OBRECHT

Punkte
17.25

FR. **48.–** SEITE **292**

RIDGEVIEW BLOOMSBURY, BRUT

SCHWEIZ

Punkte

16.5

WEISSWEIN

PREIS FR. 19.– (7 dl)

SAINT-SAPHORIN 2019
LES FRÈRES DUBOIS

Die Weinberge von Lavaux erstrecken sich von Lausanne bis zum Schloss Chillon und beinhalten die Gemeinden Lutry, Villette, Epesses, Calamin (Grand Cru AOC), Dézaley (Grand Cru AOC), Saint-Saphorin, Chardonne und Vevey-Montreux. Die Erde ist kostbar, jeder Quadratmeter wird für den Weinanbau genutzt. Manche der Weinbauernfamilien bewirtschaften seit über 20 Generationen dieselben Güter. Und das Gebiet gehört zum Unesco-Weltkulturerbe. Diese Abfüllung ist trocken, kernig, elegant und mineralisch. Hat einen schönen Druck und auch eine Finesse, die sehr positiv markiert. Kein aufregender Wein – wie so mancher Chasselas – aber ein in sich ruhender und stattlicher. Kühlt den Gaumen und erfrischt, wie der Sprung in den Genfersee am frühen Morgen. Solider Haus-Chasselas, der sich auch gut trinkt, während man das Essen zubereitet.

TRINKREIFE JETZT GENIESSEN
PASST ZU APÉRO, FISCH, KÄSEGERICHTEN, GEFLÜGEL
SERVICETIPP BEI 8–10 °C SERVIEREN
ALKOHOLWERT 12,5 %

Punkte

18.5

SCHWEIZ

WEISSWEIN

PREIS FR. 27.–

RIESLING X SYLVANER 2020 SCHIEFER, OBRECHT

Biodynamisch und selbstsicher. Ein Riesling x Sylvaner der anderen Art. Vergessen Sie alles, was Sie aus der Ostschweiz kennen – hier wird der Gaumen gefordert und verwöhnt. Es wird gerne gesagt, dass grosse Weine mehr Fragen stellen als Antworten geben – wenn das so ist, dann ist das ein grosser Wein. Kurz: Christian und Francisca Obrecht haben hier einen Orange Riesling x Sylvaner vinifiziert, der viel Struktur, Tiefe und Spannung in sich hat. Noten von kandierten Aprikosen, Mandarinenschalen und Melonen sind zu erkennen. Hat eine delikate Tanninstruktur und viel Frische im Abgang. Wow – oder: endlich, könnte ich sagen. Top-Bündner, der seine intellektuelle Seite wie Alain de Botton allen zugänglich macht. Der Wein wurde in einem Holzfass aus dem Jahr 1862 spontan vergoren und reifte anschliessend in der Tonkugel. Ein Highlight der Schweizer Weinkultur.

TRINKREIFE BIS 2026 GENIESSEN
PASST ZU TERRINE, FORELLENFILET, RISOTTO MIT GEMÜSE, SCHWEINEBRATEN, GEFLÜGEL, GRÜNEN SPARGELN, ZWIEBELWÄHE
SERVICETIPP BEI 8–10 °C SERVIEREN
ALKOHOLWERT 10,8 %

SCHWEIZ

Punkte

17.5

WEISSWEIN

PREIS FR. 35.– (70 cl)

DÉZALEY 2019
CHEMIN DE FER
LUC MASSY

2019 war das Jahr der Fête des Vignerons (eines Schweizer Grossevents, der nur alle 27 Jahre stattfindet) und Massy-Winzer Jean-Daniel Berthet wurde zum König dieses Events gekürt. Der Dézaley des Hauses ist einer der wichtigsten seiner Gattung. Es ist jetzt noch ein junger Wein, der seinen Charakter noch nicht gefunden hat. Generell sollte man die grossen Dézaley-Weine erst nach 10 Jahren Lagerung entkorken. Dieser reine Chasselas präsentiert sich jetzt cremig, dicht, mit Aromen von Wachs, Harz, Honig und Bergkräutern. Er ist mollig und fett. Nicht der süffige Genferseewein, sondern der gemütlich stimmende. Wenn jetzt schon genossen, dann unbedingt dekantieren. Ein Chasselas-Monument.

TRINKREIFE BIS 2032 GENIESSEN
PASST ZU GEFLÜGEL, TERRINE, GERICHTEN MIT PILZEN, FISCH MIT RAHMSAUCE, REIFEM BERGKÄSE, KÄSEWÄHE, FONDUE, ÜBERBACKENEM BLUMENKOHL
SERVICETIPP BEI 10–12 °C SERVIEREN
ALKOHOLWERT 13 %

SCHWEIZ

Punkte

17.5

WEISSWEIN

PREIS FR. 45.–

CHARDONNAY 2020
OBRECHT

Wie der Riesling x Sylvaner desselben Produzenten geht auch der Chardonnay klar in eine eigenständige Richtung. Er hat eine knackige Struktur und Biss, man beisst sich sozusagen von Schluck zu Schluck und geniesst neben saftigen Fruchtnoten auch eine Salzigkeit im Abgang, die den Gaumen mehr als nur frisch hält. Hat nichts mit einem buttrigen Chardonnay aus Kalifornien zu tun. Hier spürt man die Alpen im Gaumen. Spontanvergoren in einem Holzbottich von 1862. Anschliessend verbringt er 12 Monate im gebrauchten Barrique. Ein Wein für Kenner – und wenn man Burgunder-Fans etwas aus der Reserve holen will.

TRINKREIFE BIS 2030 GENIESSEN
PASST ZU KALBSHOHRÜCKEN, GERICHTEN MIT CHAMPIGNONS, FORELLE, GEFLÜGEL MIT ZITRONENSAUCE, JAKOBSMUSCHELN, LOUP DE MER MIT ESTRAGON
SERVICETIPP BEI 10–12 °C SERVIEREN
ALKOHOLWERT 13 %

Punkte

17

ITALIEN

WEISSWEIN

PREIS FR. 25.–

VIGNA DI GABRI 2019
DONNAFUGATA
SICILIA DOC

Assemblage aus Inzolia, Catarratto, Chardonnay, Sauvignon Blanc und Viognier, also aus autochthonen Sorten Siziliens und internationalen Sorten. Das Resultat ist ein eleganter, frischer Weisser mit einem schönen Druck. Aromatisch muss man an weissen Pfirsich, Honig und etwas Quitte denken, wobei er auch eine kühle mineralische Note aufweist. Es ist der ideale Weisse, den man sowohl zum Apéro, wie aber auch zu den Primi Piatti servieren kann. Ich bin inzwischen ein Fan der breiten Palette der Weine von Donnafugata. Erstens sind schon die Label des Familienfreunds und Künstlers Stefano Vitale eine Augenweide und dann überzeugen die Weine generell durch eine fröhliche Fruchtigkeit und eine Art, die nicht zu kompliziert ist. Es sind auch schöne Mitbringsel, die das Auge wie ein Blumenstrauss erfreuen.

TRINKREIFE JETZT GENIESSEN
PASST ZU RISOTTO AL LIMONE, MIESMUSCHELN, SCAMPI, POLENTA MIT GEMÜSE, GEFLÜGEL, PASTA ALLE VONGOLE, PIZZA BIANCA, FISCH
SERVICETIPP BEI 8–10 °C SERVIEREN
ALKOHOLWERT 13,5 %

Punkte

17.5

ITALIEN

WEISSWEIN

PREIS FR. 30.–

GAGLIOLE IL BIANCO IGT 2019
GAGLIOLE
TOSCANA

Ein herrlich eleganter und fast schon zurückhaltender Weisser, den man mit jedem Schluck lieber bekommt. Assemblage aus Procanico, Chardonnay und Malvasia, die in Barriques ausgebaut worden ist – aber so delikat, dass man das gar nicht spürt. Im Gaumen erkennt man vielmehr eine strahlende Frucht und einen delikaten Schmelz mit Noten von Quitte, Aprikosenkompott und etwas Honig. Der Abgang ist trocken und präzise. Ideal, wenn man einen eleganten Weissen sucht, der aromatisch nicht zu expressiv ist.

TRINKREIFE BIS 2022 GENIESSEN
PASST ZU ANTIPASTI, SCAMPI, RISOTTO AL LIMONE, GRILLIERTEM FISCH, GEMÜSEPLATTEN
SERVICETIPP BEI 8–10 °C SERVIEREN
ALKOHOLWERT 13,5 %

Punkte

17

ÖSTERREICH

WEISSWEIN

PREIS FR. 20.–

GRÜNER VELTLINER 2020
LOIMER
KAMPTAL

Ein herrlich trockener und fast schon spröder Biowein vom Topwinzer Fred Loimer. Der neue Jahrgang ist noch eine Spur präziser und ideal, wenn man einen wirklich süffigen und strahlenden Weisswein sucht. Noten von Limetten, Ingwer, Quittengelee und Fleur de Sel sind zentral. Hat eine schöne Struktur und markiert im Abgang leicht würzig pfeffrig. Fröhlicher Weingenuss pur. Seit 2006 bewirtschaftet Fred Loimer seine Rebberge streng biologisch und setzt dabei in verschiedenen Bereichen auf die Methoden des Anthroposophen Rudolf Steiner.

TRINKREIFE JETZT GENIESSEN
PASST ZU APÉRO, GEFLÜGEL, FISCH, SPARGELN, PASTA MIT MEERESFRÜCHTEN, SPINATWÄHE
SERVICETIPP BEI 8–10 °C SERVIEREN
ALKOHOLWERT 12 %

Punkte

17.5

ÖSTERREICH

WEISSWEIN

PREIS FR. 30.–

GRÜNER VELTLINER 2020 FEDERSPIEL, RIED KREUTELS WEINGUT KNOLL, WACHAU

Der Grüne Veltliner ist die wichtigste autochthone Sorte Österreichs. Diese Abfüllung ist ein Klassiker. Schon die Nase ist betörend und verführt mit Noten von kandierten Aprikosen, Ingwer und weissen Rosen sowie Alpenhonig. Im Gaumen dann frisch, intensiv und aromatisch spannend mit einer angenehmen Fülle. Er zischt nur so durch den Gaumen und das Glas leert sich im Nu. Trocken und mineralisch im Finale. Ein sicherer Wert für Kenner und Newcomer. Der 2020er ist herrlich ausgewogen und nicht zu schwer. Seine Aromatik ist pur und die Frische animiert, gleich noch einen zweiten Schluck zu geniessen. Schon das Label der Knoll-Weine ist eine Augenweide. Das Gut ist übrigens eines der Vorzeigeweingüter der Wachau.

TRINKREIFE BIS 2023 GENIESSEN
PASST ZU GEFLÜGEL, FISCH, EXOTISCHEN GERICHTEN, APÉRO
SERVICETIPP BEI 8–10 °C SERVIEREN
ALKOHOLWERT 12,5 %

Punkte

17.25

SPANIEN

WEISSWEIN

PREIS FR. 20.–

MAR DE FRADES 2020
ALBARIÑO
RÍAS BAIXAS

Den besten Jahrgang, den wir von diesem Albariño in der blauen Flasche verkostet haben. In der Aromatik herrlich frisch, saftig und so richtig knackig. Kühlen, Krustentiere servieren und zusammen geniessen. Perfekt auch, wenn es richtig heiss ist und man einen grossen Durst verspürt. Die salzige Note auf den Lippen erinnert an einen Cocktail. Im Gaumen dann Limetten, Stachelbeeren, Mango und Mandarinen. Spanischer Durstlöscher pur, den ich im Kühlschrank bereit habe. Geniessen Sie diesen frischen, kristallinen Weissen, wenn Sie das Abendessen zubereiten – und Sie werden sehen, es kocht sich wie von selbst. Die Flasche des Mar de Frades hat übrigens ein wärmeempfindliches Etikett, auf dem ein kleines Boot erscheint, wenn der Wein die ideale Serviertemperatur erreicht hat.

TRINKREIFE JETZT GENIESSEN
PASST ZU APÉRO, CARPACCIO VOM FISCH, ANTIPASTI, GRILLIERTEM FISCH, KRUSTENTIEREN, GEFLÜGEL, TAPAS
SERVICETIPP BEI 8–10 °C SERVIEREN
ALKOHOLWERT 12,5 %

Punkte

16.5

USA

WEISSWEIN

PREIS FR. 19.–

CHARDONNAY 2019
HESS SELECT
MONTEREY COUNTY

Mit diesem Chardonnay steigt man perfekt in die Angebotspalette dieser bekannten Kellerei ein. Easy drinking pur, zumal man bereits in der Nase von verführerischen Honig-Ananas-Papaya-Noten begrüsst wird, die auch im Gaumen nicht lange auf sich warten lassen. Ein molliger, leicht barocker und schön fülliger New World Chardonnay, der Ihren Gaumen im Nu ausfüllen und erfreuen wird. Sehr charismatisch und charmant, sodass man schnell Freundschaft mit diesem Klassiker aus Kalifornien schliesst. Dynamischer Chardonnay für geselliges Zusammensein. Ideal, wenn der Chardonnay eine cremige Note aufweisen darf. Unterhaltsam und unkompliziert.

TRINKREIFE JETZT GENIESSEN
PASST ZU GEFLÜGEL, HUMMER, JAKOBSMUSCHELN, KALBFLEISCH
SERVICETIPP BEI 10–12 °C SERVIEREN
ALKOHOLWERT 13,5 %

Punkte

16

FRANKREICH

ROSÉ

PREIS FR. 15.–

STUDIO BY MIRAVAL 2020
CHÂTEAU MIRAVAL, CÔTES DE PROVENCE MEDITERRANÉE IGP

Assemblage aus Cinsault, Grenache, Vermentino und Tibouren. Der Wein bezieht sich insbesondere auf das Tonstudio, das in den Räumen der Domaine untergebracht ist. Das Studio wurde 1977 vom Jazzmusiker und damaligen Besitzer der Domaine, Jacques Loussier, gebaut und Musiker wie Pink Floyd, AC/DC oder Sade nahmen hier Songs auf. Seit Angelina Jolie und Brad Pitt das Weingut übernommen haben, ist nicht mehr das Atelier die Hauptattraktion, sondern der Rosé Miraval. Diese Abfüllung ist sozusagen der kleine Bruder des Gutsweins. Seine Farbe ist von nobler pinker Blässe. Der Duft ist delikat und beerig. Im Gaumen sehr süffig und rassig. Auch hier eine süss-beerige Note und ein absolut lockerer Charakter. Easy drinking pur für das lockere Zusammensein. Kühlen und aufschrauben – und sogar on the rocks servieren.

TRINKREIFE JETZT GENIESSEN
PASST ZU TAPAS, ANTIPASTI, HÄPPCHEN, HAMBURGER, SPARERIBS, MEDITERRANER KÜCHE, FISCH
SERVICETIPP BEI 8–10 °C SERVIEREN
ALKOHOLWERT 12,5 %

Punkte

16.25

FRANKREICH

ROSÉ

PREIS FR. 25.–

BY.OTT 2020
CÔTES DE PROVENCE
DOMAINES OTT

Dieser moderne, fruchtig-süffige Rosé hat einen spassigen Charakter. Noten von Himbeersorbet, Cassis und weissen Rosen sind zu erkennen. Perfekt für lockere Momente und heisse Sommertage. Assemblage aus Grenache, Cinsault und Syrah und ideal, wenn der Rosé aromatisch bunt den Hals hinunterfliessen darf. Ist ein noch junges Rosé-Projekt der bekannten Domaines Ott, die zu den führenden Rosé-Produzenten der Provence gehören. Wenn Ihnen Whispering Angel und Miraval schmecken, dann ist dieser Rosé sicher auch eine Entdeckung wert.

TRINKREIFE JETZT GENIESSEN
PASST ZU APÉRO, GRILLADEN VOM FISCH, RISOTTO MIT MUSCHELN, ANTIPASTI
SERVICETIPP BEI 8–10 °C SERVIEREN
ALKOHOLWERT 13 %

Punkte

17

FRANKREICH

ROSÉ

PREIS FR. 25.–

ROSÉ PRESTIGE 2020
MINUTY
CÔTES DE PROVENCE AOC

Minuty ist neben Miraval, Domaines Ott und Whispering Angel einer der bekanntesten Rosébrands aus der Provence. Die Cuvée Prestige ist eine Assemblage aus Grenache, Cinsault, Tibouren und Syrah und leuchtet in einem blassen Pink. Der Duft ist Verführung pur. Auch wenn er ganz zart und delikat wahrnehmbar ist, so ist er voller delikater Walderdbeeressenz, Himbeerkonzentrat und etwas Rosenwasser. Im Gaumen aromatischer als auch schon und easy drinking pur. Ein fruchtiger Regenbogen, der sich wie von selbst trinkt. Kurz – ein sicherer Wert für zahlreiche Gelegenheiten und, aufgepasst, die Flaschen werden sich im Eiltempo leeren.

TRINKREIFE JETZT GENIESSEN
PASST ZU APÉRO, GRILLADEN VOM FISCH, TAPAS, ANTIPASTI, GEFLÜGEL, EXOTISCHER KÜCHE, MEDITERRANER KÜCHE, KALBSSTEAK, HAMBURGER, LIBANESISCHER KÜCHE
SERVICETIPP BEI 8–10 °C SERVIEREN
ALKOHOLWERT 12,5 %

Punkte

17

FRANKREICH

ROSÉ

PREIS FR. 30.–

WHISPERING ANGEL 2020, CHÂTEAU D'ESCLANS CÔTES DE PROVENCE

Der Star unter den neuen Fashion-Rosés leuchtet in blassem Pink und duftet wie ein Himbeersorbet. Im Gaumen delikat, zartbeerig und frisch. Hat auch eine Zitrusnote, die ihn kühl und saftig wirken lässt. Der schlanke Durstlöscher für heisse Tage und coole Momente aus der Rosé-Hochburg Côtes de Provence. Hier wird im Moment von allen Seiten investiert und es ist damit zu rechnen, dass wir mit jedem Jahrgang Neulancierungen entdecken können. So besteht die Rosé-Palette von Château d'Esclans inzwischen auch schon aus sechs verschiedenen Weinen – vom «The Palm» bis zum «Garrus». Der Whispering Angel ist der bekannteste unter ihnen und ist eine Assemblage aus Grenache, Cinsault und Vermentino. Sein Motto: Drink and enjoy.

TRINKREIFE JETZT GENIESSEN
PASST ZU APÉRO, GEFLÜGEL, TAPAS, FISCHGRILLADEN, ANTIPASTI, PIZZA, RISOTTO MIT MUSCHELN, GRILLADEN VOM FISCH
SERVICETIPP BEI 10–12 °C SERVIEREN
ALKOHOLWERT 13 %

Punkte

17.5

FRANKREICH

ROSÉ

PREIS FR. 40.–

CHÂTEAU DE SELLE 2020
DOMAINES OTT
CÔTE DE PROVENCE

Domaines Ott wurde 1912 vom elsässischen Ingenieur Marcel Ott gegründet. Heute sind die Weingüter im Besitz und unter der Leitung von Champagne Louis Roederer. Für viele Jahre galten die Ott-Rosés als die feinsten unter den hochwertigen Rosés. Der Château de Selle ist eine Cuvée aus Grenache, Cinsault, Syrah und Mourvèdre, die mit diesem typischen Blassrosa der Provence glänzt. Im Gaumen viel Finesse und auch eine beachtliche Struktur. Man darf sich auf keinen Fall von der lieblichen Farbe täuschen lassen. Ein Château de Selle lässt sich gut auch zu Geflügel, Schalentieren oder gar einem Vitello tonnato geniessen. Aromatisch dominieren Aromen von Himbeeren, Cassis und Melone. Um seinen eleganten und frischen Weinen mit einer unverwechselbaren Flaschenform gerecht zu werden, entwickelte René Ott übrigens um 1930 die von den Zypressen der Provence und griechischen Amphoren inspirierte Flaschenform.

TRINKREIFE BIS 2026 GENIESSEN
PASST ZU KRUSTENTIEREN, ANTIPASTI, GEFLÜGEL, VEGETARISCHEN GERICHTEN, GRILLADEN VOM FISCH, EXOTISCHER KÜCHE
SERVICETIPP BEI 10–12 °C SERVIEREN
ALKOHOLWERT 13,5 %

SCHWEIZ

Punkte

16.5

ROTWEIN

PREIS FR. 15.– (7 dl)

TRÜLLIKER BLAUBURGUNDER 2018
FAMILIE ZAHNER

Diesen Zürcher Wein habe ich ins Herz geschlossen, zumal er seit Jahren ein sicherer Wert ist, wenn man einen süffigen, mittelschweren, zugänglichen und bekömmlichen Rotwein für alle Tage sucht. Für mich ist das klar das gute Glas Wein zum Entspannen, gegen den Durst oder als Begleiter von Schweizer Küchenklassikern. Noten von Walderdbeeren, etwas Pfeffer und Himbeeren sind dominant. Die Familie Zahner ist seit Jahren eine gute Adresse für typische Weine aus der Ostschweiz. Die Zahner-Weine sind perfekt für einen gemütlichen Abend unter Freunden oder wenn man ein dickes Buch liest und dazu gerne an einem Glas Wein nippt. Ein Wein, den man auch immer austrinken wird, da er schlicht bekömmlich ist. Auch ein Jahr nach der letzten Verkostung noch wunderbar.

TRINKREIFE JETZT GENIESSEN
PASST ZU APÉRO, KALTER PLATTE, FISCH, WURSTSALAT, GEFLÜGEL, TERRINE
SERVICETIPP BEI 15–16 °C SERVIEREN
ALKOHOLWERT 13 %

Punkte

17.75

SCHWEIZ

ROTWEIN

PREIS FR. 42.–

ZWAA 2018 BLAUBURGUNDER OSTERFINGEN-OBERHALLAU

Der Zwaa ist das Resultat einer Zusammenarbeit – und zwar vom Weingut Bad Osterfingen und dem Weingut Beatrice und Ruedi Baumann. Seit 1994 vinifizieren sie zusammen diesen kräftigen, gut strukturierten Blauburgunder. Die Hälfte der Trauben ist aus Oberhallau, die andere Hälfte stammt aus Osterfingen, wo der Boden mehr Kalk und Kies enthält und die Trauben entsprechend mehr Finesse und Beerigkeit aufweisen. Beide Winzer selektionieren ihre besten Trauben und vergären sie zusammen. Etwas vom Besten, das im Schaffhausischen abgefüllt wird. Der 2018er präsentiert sich im Gaumen unheimlich würzig und voll. Scheint im Abgang nicht mehr aufhören zu wollen. Ein schmelziger Pinot mit viel Fleisch am Knochen. Eingemachte Pflaumen und Feigen dominieren die Aromatik sowie im Abgang schwarze Schokolade. Persönlich dekantiere ich den Zwaa immer. Auch kann er ruhig noch etwas auf die Seite gelegt werden.

TRINKREIFE BIS 2028 GENIESSEN
PASST ZU ROTEM FLEISCH, TERRINE, PILZEN, KANINCHEN
SERVICETIPP BEI 16–17 °C SERVIEREN
ALKOHOLWERT 14 %

Punkte

17.5

SCHWEIZ

ROTWEIN

PREIS FR. 48.–

DÉZALEY 2018 GRAND CRU, LUC MASSY CHEMIN DE TERRE

Assemblage aus Merlot, Pinot Noir und Gamay. Modern, selbstsicher und voller Schmelz. Ein Gaumenpleaser, der wie ein Samttuch den Hals hinunterrutscht. Viel reife dunkle Frucht, delikate Tannine und barocke Struktur. Hat auch eine schokoladige Note und Aromen von Cassis und Brombeeren. Unbedingt aus grösseren Gläsern servieren. Festlicher Waadtländer für das elegante Nachtessen. Im Finale tauchen zudem Noten von Lorbeer und Gewürznelken auf.

TRINKREIFE BIS 2028 GENIESSEN
PASST ZU GEFLÜGEL, TERRINE, WILD, ENTE, STEAK, HAMBURGER, RISO NERO, KANINCHEN
SERVICETIPP BEI 15–16 °C SERVIEREN
ALKOHOLWERT 13 %

Punkte

17.5

ARGENTINIEN

ROTWEIN

PREIS FR. 25.–

COLOMÉ MALBEC ESTATE 2018
BODEGA COLOMÉ

Aus dem Glas leuchtet ein wirklich dunkler und stoffiger Wein, der auch im Duft in die gleiche konzentrierte Richtung geht. Noten von Brombeerkonzentrat, schwarzen Kirschen, Leder und etwas dunkler Schokolade sind zu erkennen. Im Gaumen dann eine elegante Wucht. Viel, viel dunkle Früchte und feine, seidige Tannine. Trotz seiner Fülle, die den Gaumen im Nu in Beschlag nimmt, fliesst dieser Malbec mit angenehmer Frische den Hals hinunter, was ich persönlich sehr schätze, da der Wein dann nicht sättigend wirkt. 2001 übernahm der Schweizer Wein- und Kunstaficionado Donald Hess die Bodega Colomé in Argentinien. Hier in der Provinz Salta nahe der Grenze zu Bolivien wachsen die Trauben auf Höhenlagen zwischen 2200 und 3111 Meter über Meer, was das Gut zum zweithöchsten der Welt macht. Geführt wird es heute von Donalds Schwiegersohn Christoph Ehrbar. Die Bodega Colomé, dessen Weinpalette schlicht Freude bereitet, ist heute das älteste noch aktive Weingut Argentiniens.

TRINKREIFE BIS 2026 GENIESSEN
PASST ZU STEAK, LAMM, ENTE, EXOTISCHER KÜCHE, WILD, GRILLADEN
SERVICETIPP BEI 16–17 °C SERVIEREN
ALKOHOLWERT 14,5 %

Punkte

16.75

FRANKREICH

ROTWEIN

PREIS FR. 19.–

CHÂTEAU PIERRAIL 2016 BORDEAUX SUPÉRIEUR ROUGE

Der 2016er ist etwas kühler als noch der 2015er, der einer der letzten Top-Jahrgänge war, die wir verkostet haben. Nichtsdestotrotz ein toller Hauswein für Bordeaux-Freunde und ideal, wenn man zwischendurch einen nicht zu komplizierten, aber klassischen Bordeaux entkorken will. Die Tannine sind fein und präsent und wirken dezent trocken im Gaumen, was jedoch perfekt ist, wenn man dazu etwas isst. Mit diesem Wein liegen Sie sowohl an einem festlichen, einem familiären als auch an einem romantisch-spontanen Dinner richtig. Viel, viel Volumen zu einem absolut fairen Preis. Moderner Bordeaux, der auch den Einstieg in dieses grosse Weingebiet einfach macht. Globus arbeitet seit Jahrzehnten mit diesem Produzenten zusammen. Assemblage aus Merlot und Cabernet Sauvignon.

TRINKREIFE BIS 2024 GENIESSEN
PASST ZU BRATEN, LAMM, EINTOPF, WILD, ENTE, TERRINE
SERVICETIPP BEI 16–17 °C SERVIEREN
ALKOHOLWERT 14,5 %

Punkte

16.25*

ITALIEN

ROTWEIN

PREIS FR. 14.–

CHIANTI SUPERIORE 2019
CASTELLO DEL TREBBIO
DOCG, TOSCANA

Der Haus-Chianti von Globus ist preislich ein Schnäppchen und perfekt, wenn der Rote etwas süffiger und nicht zu schwer sein soll. Schön auch, dass der neue Jahrgang ganz im Hausstil daherkommt. Sein Auftakt ist rustikal mit Aromen, die an Zedernholz, Rosinen und reife Feigen denken lassen. Im Gaumen gefällig und charmant. Die Frucht ist geschmeidig und lässt an Backpflaumen, Mandarinenschalen und Erdbeeren denken. Ein kleiner, solider Chianti, der aus Sangiovese, Ciliegiolo und Canaiolo vinifiziert worden ist. Perfekt in Kombination mit italienischen Küchenklassikern oder zur Lektüre eines Krimis von Donna Leon.

TRINKREIFE JETZT GENIESSEN
PASST ZU SPAGHETTI ALLA BOLOGNESE, PASTA, RISOTTO, SALAMI, ANTIPASTI, POLENTA, GEFLÜGEL
SERVICETIPP BEI 15–16 °C SERVIEREN
ALKOHOLWERT 13 %

Punkte

17*

ITALIEN

ROTWEIN

PREIS FR. 17.50

HEBO SUVERETO DOCG 2019
PETRA
TOSCANA

Dunkles Granatrot. Einladender Duft, der an reife Früchte, viel Sonne und Dolcefarniente denken lässt. Im Gaumen geht es im gleichen Stil weiter. Die Frucht ist dicht, reif und schön frisch. Noten von Backpflaumen, Kirschen und schwarzer Schokolade sind dominant. Guter Einstieg in die Weinpalette des hochgelobten Petra-Weingutes, das übrigens von Mario Botta gebaut worden ist (wie man auf dem Etikett erkennen kann). Der Hebo ist eine Assemblage aus Cabernet Sauvignon, Merlot und Sangiovese und für seinen Preis fast schon ein Schnäppchen. Fröhliches Fuchtkonzentrat aus der Toskana.

TRINKREIFE JETZT GENIESSEN
PASST ZU ENTE, TRUTHAHN, PASTA, OSSOBUCO, BRASATO, BISTECCA ALLA FIORENTINA
SERVICETIPP BEI 16–18 °C SERVIEREN
ALKOHOLWERT 14 %

Punkte

17

ITALIEN

ROTWEIN

PREIS FR. 17.90

RUBIOLO CHIANTI CLASSICO DOCG 2018
ANTICO PODERE GAGLIOLE
TOSCANA

Vom Schweizer Paar Thomas und Monika Bär in der Toskana vinifiziert. Idealer Haus- oder Tischwein für alle Tage, dessen neuer Jahrgang der Beste ist, den wir je verkostet haben. Nicht zu schwer in der Art und ideal für den Teller Pasta oder den Braten. Noten von Zedernholz, Rosen und Backpflaumen auf der einen Seite, wie auch etwas Gewürznelken und Brombeeren auf der anderen Seite. Dieser reine Sangiovese vereint in sich zwei Lagerungsmethoden – 50 % der Trauben reiften während 12 Monaten im Zementtank und die restlichen 50 % im Stahltank. Daher ideal, wenn man einen eleganten Roten sucht, der nicht zu schwer und komplex ist. Elegantes Italien – Schluck für Schluck. Guter Passepartoutwein.

TRINKREIFE BIS 2025 GENIESSEN
PASST ZU PASTA, PIZZA, BRATEN, GRILLADEN, SALAMI, GEFLÜGEL, ANTIPASTI
SERVICETIPP BEI 16–18 °C SERVIEREN
ALKOHOLWERT 13,5 %

Punkte

16.75

ITALIEN

ROTWEIN

PREIS FR. 20.–

TRE IGT ROSSO 2019
BRANCAIA
TOSCANA

Im «Tre» sind die drei Traubensorten Sangiovese, Merlot und Cabernet Sauvignon vereint, die 12 Monate im Holzfass ausgebaut worden sind. Seit Jahren ein sicherer Wert, wenn man auf der Suche nach einem süffigen, unkomplizierten Toskaner für alle Tage ist, der auch preislich nicht übertreibt. Der neue Jahrgang verführt mit Noten von kandierten Kirschen, Zedernholz, Leder und etwas Schokolade. Im Gaumen eine schöne Struktur und leicht trockene, aber reife Tannine. Ein bodenständiger, klassischer Italiener für alle Tage, der die Balance zwischen Tradition, Terroir und unkompliziertem Genuss zelebriert. Mit diesem Wein liegen Sie immer richtig. Ebenfalls in diesem Kapitel finden Sie die Steigerung zum Tre – den Il Blu (S. 283). Auf dem Weingut, das in Schweizer Besitz ist, kann man übrigens auch Ferien verbringen.

TRINKREIFE JETZT GENIESSEN
PASST ZU PASTA, GRILLADEN, PIZZA, OSSOBUCO, SALAMI, HAMBURGER, LASAGNE
SERVICETIPP BEI 16–17 °C SERVIEREN
ALKOHOLWERT 13,5 %

Punkte

17

ITALIEN

ROTWEIN

PREIS FR. 25.–

RIPASSO IL BUGIARDO 2017 VALPOLICELLA CLASSICO SUPERIORE DOC, BUGLIONI

Wunderbar stoffig, dicht und samtig geht es bei diesem Klassiker zu und her. Noten von schwarzen Kirschen, Cassis, Leder und Schokolade sind zentral. Er hat eine herrliche Gaumenfülle, ohne zu schwer zu wirken. Diese Assemblage aus Corvina, Corvinone, Rondinella, Croatina und Oseleta kann auch als der kleine Bruder des Amarone bezeichnet werden, zumal bei der Vinifikation dem einfachen Valpolicella-Wein ein Teil des Amarone-Tresters beigefügt wird. Ein gemütlich stimmender Roter, der gut ankommt.

TRINKREIFE BIS 2025 GENIESSEN
PASST ZU STROGANOFF, RINDSFILET, ENTRECÔTE, ENTE, COQ AU VIN, GERICHTEN MIT PILZEN, KALBSBRATEN, PASTA
SERVICETIPP BEI 16–18 °C SERVIEREN
ALKOHOLWERT 14,5 %

Punkte

17.75

ITALIEN

ROTWEIN

PREIS FR. 30.–

LE MACCHIOLE DOC 2019
BOLGHERI ROSSO
TOSCANA

Ein Wein zum Verlieben und für Verliebte. Er wurde 2004 erstmals produziert: eine Cuvée aus Merlot, Cabernet Franc, Cabernet Sauvignon und Syrah. Weiblich in der Art und wunderbar charmant. Er hat zwar Gerbstoffe, die aber nicht zu heftig und gar nicht vordergründig sind. Dennoch ein Esswein, der Freude macht. Viel dunkle Frucht und schokoladige Noten, aber auch rote Kirschen, Zimt und Stachelbeeren. Dicht, frisch und wunderbar lang. Ein Blockbuster mit Finesse, der von der Fachpresse immer wieder sehr gelobt wird. Reifte während sechs Monaten in ein- und zweijährigen Barriques.

TRINKREIFE BIS 2026 GENIESSEN
PASST ZU RIND, GRILLADEN, PASTA, LASAGNE
SERVICETIPP BEI 16–18 °C SERVIEREN
ALKOHOLWERT 14,5 %

Punkte

17.5

ITALIEN

ROTWEIN

PREIS FR. 32.–

PRIMITIVO CENTO SU CENTO IGT 2018
CASTEL DI SALVE
SALENTO

Hier schenkt man sich förmlich önologische Tinte ins Glas ein. Und auch eine aromatische Intensität, zumal es gleich herrlich kräftig nach gepressten Beeren, Kirschen und Gewürznelken duftet. Im Gaumen von einmaliger Intensität und wahrscheinlich einer der dichtesten Primitivos des ganzen Buches. So nach dem Motto: wenn schon, denn schon. Spannend ist seine Frische im Finale, die die 15 Volumenprozent etwas vergessen lässt. Ein aromatisch reich bestückter Primitivo, der im Gaumen förmlich explodiert. Nur für Liebhaber von wirklich opulenten und super barocken Weinen.

TRINKREIFE BIS 2023 GENIESSEN
PASST ZU GRILLADEN, WILD, LAMM, PASTAGERICHTEN, EXOTISCHER KÜCHE, SCHOKOLADE
SERVICETIPP BEI 16–18 °C SERVIEREN
ALKOHOLWERT 15 %

Punkte

17.5

ITALIEN

ROTWEIN

PREIS FR. 40.–

QUERCEGOBBE MERLOT ROSSO IGT 2018 TOSCANA

Quercegobbe ist der Name einer speziellen Rebparzelle, die mit Merlot bepflanzt ist. Dieser eher moderne Merlot ist wuchtig und elegant zugleich. Der Wein reift teils in 600-Liter-Fässern und teils in neuen Barriques, was ihm seinen modernen Schmelz verleiht. Im Duft und Geschmack muss ich an Backpflaumen, Walderdbeeren, Schokolade und Zedernholz denken. Die Tannine sind ganz fein und delikat. Kurz: die toskanische Verführung, die Ihren Gaumen und den Ihrer Gäste schnell verzaubern wird. Kostet etwas mehr, ist aber auch ein Vollblutwein. Dekantieren von Vorteil.

TRINKREIFE BIS 2025 GENIESSEN
PASST ZU RISOTTO MIT PILZEN, PASTAGERICHTEN, LASAGNE, FLEISCH VOM GRILL, GEFLÜGEL MIT TRÜFFEL, ENTE
SERVICETIPP BEI 16–18 °C SERVIEREN
ALKOHOLWERT 14 %

Punkte

18

ITALIEN

ROTWEIN

PREIS FR. 50.–

GAGLIOLE IGT 2016
COLLI DELLA TOSCANA CENTRALE

Die Toprotweine der Toskana werden immer gesuchter und es ist eine Frage der Zeit, bis die Preise noch weiter nach oben gehen. Der Gagliole ist nicht der Topwein des gleichnamigen Weingutes, aber der Flagship-Wein. Fast ein purer Sangiovese, der gerade 2 % Cabernet Sauvignon enthält, die ihm einen zusätzlichen Biss, delikate Tannine und Frische verleihen. Der Wein reifte nach der Pressung während 18 Monaten in Barriques aus französischer Eiche (20 % neue, 80 % gebrauchte), um danach in Flaschen abgefüllt zu werden und anschliessend während sechs Monaten im Keller zu ruhen. Gagliole ist ein selbstsicherer Toskaner, der Eleganz, Fülle und aromatische Präsenz offenbart. Seine Aromatik ist dicht und stoffig und lässt an Cassis, Rosinen, Leder, aber auch an Tabak und Schokolade denken. Die Röstaromen sind im neuen Jahrgang weniger zu spüren als noch im 2015er. Es ist ein Esswein, zumal seine Struktur beachtlich ist. Persönlich würde ich ihn auch dekantieren oder gar noch ein paar Jahre im Keller weiterreifen lassen. Seine aromatische Balance und Eleganz sind perfekt.

TRINKREIFE BIS 2028 GENIESSEN
PASST ZU BISTECCA ALLA FIORENTINA, FILET, BRATEN, LAMM, PASTA, PIZZA, RISOTTO
SERVICETIPP BEI 16–18 °C SERVIEREN
ALKOHOLWERT 14,5 %

Punkte

19

ITALIEN

ROTWEIN

PREIS FR. 70.–

IL BLU IGT 2018
BRANCAIA, TOSKANA

Der Blu ist ein selbstbewusster Botschafter für die moderne Toskana. Die 2018er-Abfüllung ist auch der 30. Jahrgang und eine spezielle Edition mit speziellem Etikett. Der Blu ist der Flagship-Wein des Gutes und ein echter Gaumengenuss, für den man sich Zeit nehmen sollte. Die Assemblage aus primär Merlot mit etwas Sangiovese und Cabernet Sauvignon reifte während 20 Monaten in Barriques und offenbart ein dichtes und opulentes Aromaspiel. Man kaut sich förmlich durch diesen muskulösen Wein, wobei sein Finale angenehm frisch und saftig ist. Noten von schwarzen Kirschen, Cassis, reifen Walderdbeeren und Holunder sind zentral, wobei auch eine schokoladige, ledrige Note auftritt. Fliesst ganz samtig zart den Hals hinunter. Die Tannine sind fein und straff. Der neue Jahrgang ist wohl der beste, den ich je verkostet habe, und während ich den Wein genoss, musste ich denken: «Was willst du noch mehr?» Er scheint in sich zu ruhen und zeigt selbstsicher wie Roger Federer sein Talent und sein Können. Ein grosser Toskaner, den man gut auch noch etwas auf die Seite legen kann.

TRINKREIFE BIS 2030 GENIESSEN
PASST ZU BISTECCA ALLA FIORENTINA, FILET, BRATEN, LAMM, PASTA MIT PILZEN, GRILLADEN
SERVICETIPP BEI 15–17 °C SERVIEREN
ALKOHOLWERT 14,5 %

Punkte

17.5

ÖSTERREICH

ROTWEIN

PREIS FR. 39.90

PANNOBILE 2017 WEINGUT HEINRICH BURGENLAND

Dieser Burgenländer ist so saftig dicht, wie es sich anfühlt, wenn man in eine Handvoll schwarzer, frisch gepflückter Kirschen beisst. Es handelt sich um eine Assemblage aus Zweigelt und Blaufränkisch, die während 21 Monaten in gebrauchten 500-Liter-Eichenfässern reifte. Natürlich sind die Trauben organisch-biologisch bewirtschaftet, gehört das Gut doch zu den biologischen Vorzeigeweingütern Österreichs. Kaum im Glas, duftet es intensiv fruchtig nach dunklen Beeren und etwas Kaffee. Im Gaumen dann seidig, temperamentvoll und barock frivol. Die Aromatik ist wohl sehr intensiv, fliesst aber weich und delikat den Hals hinunter. Viel Charme und frische Frucht in jedem Tropfen.

TRINKREIFE BIS 2025 GENIESSEN
PASST ZU ENTE, WILD, SCHLACHTPLATTE, EXOTISCHEN GERICHTEN, WURSTWAREN, EINTOPF
SERVICETIPP BEI 15–16°C SERVIEREN
ALKOHOLWERT 12,5 %

Punkte

17.5*

SPANIEN

ROTWEIN

PREIS FR. 18.–

FINCA RESALSO 2019
RIBERA DEL DUERO
EMILIO MORO

Der neue Jahrgang ist der beste, den wir je verkostet haben. Reiner Tempranillo, der ganz elegant und unaufdringlich zu verführen weiss. Herrlich stoffig, mit seidigen Tanninen und einer schmelzigen, saftigen Frucht, die an Backpflaumen, Brombeeren und Cassis denken lässt. Finesse und Frische im Finale, das ebenfalls von viel dichter Frucht dominiert wird. Die Tannine sind reif, fein und sehr eng um die Frucht gespannt. Kein Modewein, sondern ein solider Spanier, der es einem einfach macht, ihn zu mögen. Preislich optimal, zumal man für Weine aus dieser Region meist etwas mehr bezahlen muss. Die Bodegas Emilio Moro sind ein spanisches Traditionshaus aus dem Gebiet Ribera del Duero, wobei das Haus für seinen hohen Qualitätsstandard bekannt ist. Guter Passepartoutwein.

TRINKREIFE BIS 2027 GENIESSEN
PASST ZU FILET, STEAK, KALBSBRATEN, GERICHTEN MIT MORCHELN, TRUTHAHN
SERVICETIPP BEI 16–18 °C SERVIEREN
ALKOHOLWERT 14 %

Punkte

17.5

SPANIEN

ROTWEIN

PREIS FR. 23.–

RIOJA RAMÓN BILBAO 2017
EDICIÓN LIMITADA
CRIANZA

Dieser Rioja stammt von den dynamischen und modernen Bodegas Ramón Bilbao, die 1924 von Ramón Bilbao Murga in Haro gegründet wurden. Heute zählen sie zu den besten des Rioja und tragen auch den Titel «Bestes Spanisches Weingut des Jahres». Seit 1999 ist das Gut im Besitz des Familienunternehmens von Diego Zamora. Das Weingut setzt sich stark für nachhaltigen Weinbau ein mit Fokus auf Reduzierung der Treibhausgase, Energieeffizienz, Wassermanagement und Abfallreduzierung. Die Edicion Limitada ist eine Selektion der besten Barriques und offenbart die typischen Rioja-Aromen von Zedernholz, Mandarinenschalen, etwas Kokosnuss und Rosinen. Auch Leder- und Erdbeernoten sind zu erkennen. Im Gaumen elegant, mit einer samtigen Fruchtigkeit, die zart und reif-fruchtig den Hals hinunter fliesst. Absolut eleganter Rioja für festliche oder zumindest genussvolle Momente. Und erst noch vegan vinifiziert.

TRINKREIFE JETZT GENIESSEN
PASST ZU BRATEN, EINTOPF, COQ AU VIN, OSSOBUCO, GRILLIERTEM FISCH
SERVICETIPP BEI 15–16 °C SERVIEREN
ALKOHOLWERT 14 %

Punkte

17.5

SÜDAFRIKA

ROTWEIN

PREIS FR. 35.–

THE CHOCOLATE BLOCK 2019
BOEKENHOUTSKLOOF

Das Etikett ist modern gestaltet – so auch der Geschmack des Weins. Ein lauter Wein mit einer heftigen Aromatik, die aus der Assemblage von Syrah, Grenache, Cinsault, Cabernet Sauvignon und Viognier entstanden ist. Im Gaumen ein Konzentrat an dunklen Früchten, Schokolade, Backpflaumen und Kaffee. Auch eine angenehm blumige Seite ist zu erkennen. Ein unvergesslicher Wein, wenn es etwas komplexer und voluminöser sein darf und wenn man gerne Weine entdeckt, die den Gaumen ziemlich schnell in Beschlag nehmen. Seit Jahren ein sicherer Wert für die Güte südafrikanischer Weine. Das Weingut Boekenhoutskloof befindet sich in der Region Franschhoek. Gutes önologisches Mitbringsel.

TRINKREIFE BIS 2029 GENIESSEN
PASST ZU STEAK, SCHMORBRATEN, PIZZA, HAMBURGER, LAMM, WILD
SERVICETIPP BEI 16–18 °C SERVIEREN
ALKOHOLWERT 14 %

Punkte

16.5

USA

ROTWEIN

PREIS FR. 23.–

CABERNET SAUVIGNON 2018
HESS SELECT
CALIFORNIA

Duftet interessant und lässt an Fichtennadeln, Cassis und Brombeeren denken. Im Gaumen elegant und fruchtbetont, wobei der Wein auch eine dezente Leder- und Schokoladennote aufweist. Gute Struktur und Fülle, die ihn zu einem guten Begleiter zu einem Steak macht – am besten zu einem Steak, das frisch vom Grill kommt. Guter Einstieg in die Palette des Schweizer Weinpioniers Donald Hess, zumal hier mehr die Frucht als die Struktur im Vordergrund steht. Er ist bereits jetzt ein schön reifer Cabernet, der seine schmelzige Art zelebriert. Easy drinking, das uns in Gedanken nach Kalifornien reisen lässt – was im Moment speziell wohltuend ist.

TRINKREIFE BIS 2023 GENIESSEN
PASST ZU STEAK, LAMM, WILD, GEGRILLTEM THUNFISCH, ENTENBRUST
SERVICETIPP BEI 16–17 °C SERVIEREN
ALKOHOLWERT 13,5 %

Punkte

17.25*

USA

ROTWEIN

PREIS FR. 32.–

CABERNET SAUVIGNON 2019
ALLOMI, NAPA VALLEY
THE HESS COLLECTION

Die Steigerung des Hess Select Cabernet. Hier zahlt man etwas mehr, entdeckt im Gaumen aber auch einen komplexeren, schwereren Kalifornier, den ich sogar dekantieren würde. Er offenbart Noten von Cassis, Brombeeren und schwarzen Kirschen, wie auch Schokolade, Kaffee und etwas Gewürznelken. Trotz seiner aromatischen Fülle hat er einen barocken Charakter – das bedeutet, dass er den Gaumen charmant und samtig verführt. Ideal, wenn der Rote gemütlich und zufrieden stimmen darf. Der Name Allomi bezieht sich auf einen speziellen Rebberg. Er liegt in den sanften Hügeln des nordöstlichen Napa Valley, wo die Kombination aus langen, warmen Vegetationsperioden mit gut durchlässigen Böden die optimalen Reifebedingungen für Cabernet Sauvignon schafft.

TRINKREIFE BIS 2028 GENIESSEN
PASST ZU STEAK, GRILLADEN, WILDGEFLÜGEL, DEFTIGEN GERICHTEN, EXOTISCHER KÜCHE, LIBANESISCHEN GERICHTEN
SERVICETIPP BEI 16–18 °C SERVIEREN
ALKOHOLWERT 14,4 %

Punkte

18

SCHWEIZ

SCHAUMWEIN

PREIS FR. 55.–

OBRECHT BRUT NATURE BLANC
WEINGUT OBRECHT

Ein reiner Chardonnay und ein Wein der anderen Art – wie generell die Palette der Obrecht-Weine, die mit diesem Jahrgang eine neue Dimension erreicht hat. Es sind alles andere als einfache Alltagsweine, zumal jeder für sich alleine ein grosser Geschichtenerzähler ist. Entsprechend sollte man sich für ihren Genuss auch etwas Zeit nehmen. Dieser Schaumwein ist eine Mischung aus Tiefgründigkeit und Finesse. Er hat gleichzeitig etwas Zurückhaltendes wie aber auch etwas Forderndes. Kurz: Nehmen Sie sich Zeit dafür. Noten von reifen Äpfeln, Ingwersorbet und Aprikosenkompott sind zentral. Hat auch eine leicht phenolische Note und fliesst trocken mineralisch den Hals hinunter. Eine absolute biodynamische Entdeckung.

TRINKREIFE BIS 2026 GENIESSEN
PASST ZU FISCHGERICHTEN, GEFLÜGEL, TARTE FLAMBÉE, SCAMPI, RISOTTOGERICHTEN
SERVICETIPP BEI 6–8 °C SERVIEREN
ALKOHOLWERT 12,5 %

Punkte

17

ARGENTINIEN

SCHAUMWEIN

PREIS FR. 25.–

CHANDON GARDEN SPRITZ

Beim Genuss dieser Assemblage aus Chardonnay, Pinot Noir und Sémillon begibt man sich auf aromatisches Neuland, zumal dieser moderne Schaumwein aus dem Hause Chandon zusätzlich mit etwas Orangenlikör angereichert worden ist. Auf dem Rückenetikett wird auch gleich darauf hingewiesen, dass man den Chandon Garden Spritz on the rocks geniessen sollte – wie einen Spritz eben. Das Resultat ist von frivoler pinker Farbe und einer Aromatik, die bunter nicht sein könnte. Getrocknete Orangenschalen, Ingwer, Limettensorbet und Himbeeressenz sind ein paar der ersten Aromen, die mir aufgefallen sind. Die Mousse ist delikat und man bekommt tatsächlich Lust, gleich einen zweiten Schluck zu trinken. Modern, schrill und spassig. Absolut eine Entdeckung wert, wenn man geschmacklich die Aromen der Zeit kennenlernen will. Natürlich eine Assemblage aus Wein und Drink, aber warum auch nicht im Zeitalter von Hard Seltzer?

TRINKREIFE JETZT GENIESSEN
PASST ZU TAPAS, HÄPPCHEN, GRILLADEN, GEBÄCK, COCKTAILS
SERVICETIPP BEI 6–8 °C SERVIEREN, AM BESTEN ON THE ROCKS
ALKOHOLWERT 11,5 %

Punkte

17.25

ENGLAND

SCHAUMWEIN

PREIS FR. 48.–

RIDGEVIEW BLOOMSBURY BRUT

Charismatische Assemblage von Chardonnay, Pinot Meunier und Pinot Noir. Das Resultat ist ein kräftiger Schaumwein mit Noten von Brioche, Honig, Birnenkompott und etwas Zitrusfrische. Die Mousse hat eine schöne Präsenz und kitzelt den Gaumen im Nu wach. Ideal, wenn man einen kräftigen und komplexen Schaumwein bevorzugt, der Fülle und kandierte Fruchtaromen in sich hat. Daher eignet sich dieser Fizz perfekt zu Fisch, Geflügel, aber auch zu einer Terrine. Das Weingut wurde erst 1995 gegründet und zählt zu den besten des Landes. Der Bloomsbury wurde anlässlich des Queen's Diamond Jubilee ausgeschenkt.

TRINKREIFE JETZT GENIESSEN
PASST ZU GEBÄCK, GRILLIERTEM FISCH, APÉRO, DIGESTIF
SERVICETIPP BEI 6–8 °C SERVIEREN
ALKOHOLWERT 12 %

Punkte

17.5

FRANKREICH

SCHAUMWEIN

PREIS FR. 55.–

CHAMPAGNE BILLECART-SALMON BRUT RÉSERVE

Billecart-Salmon gehört sowohl zu den kleinen Familienbetrieben wie auch zu den Grande-Marque-Häusern und ist für seine exquisiten Champagner bekannt. Das Mutterhaus befindet sich in Mareuil-sur-Aÿ, wo Nicolas-François Billecart das Unternehmen 1818 gründete. Schon damals integrierte er den Mädchennamen (Salmon) seiner Frau in den Firmennamen und kreierte somit eine Marke, die auch heute noch aktuell ist. Der Brut Réserve ist ein trockener, dynamischer und kühler Champagner mit Noten von weissen Blüten, Fleur de Sel und etwas Honig. Ein Klassiker seiner Art. Solide und kernig vom ersten bis zum letzten Schluck. Assemblage aus Pinot Noir, Chardonnay und Pinot Meunier.

TRINKREIFE JETZT GENIESSEN
PASST ZU APÉRO, ANTIPASTI, HÄPPCHEN
SERVICETIPP BEI 6–8 °C SERVIEREN
ALKOHOLWERT 12 %

Punkte

16.75

FRANKREICH

SCHAUMWEIN

PREIS FR. 60.–

MOËT & CHANDON ROSÉ IMPÉRIAL BRUT

Moët & Chandon ist eine der weltweit bekanntesten Champagnermarken. Von den «einfachen» Brut-Abfüllungen gefällt mir der Rosé in der Regel sehr gut. Seine Farbe ist herbstlich blass und sein Duft charmant blumig. Im Gaumen ist er wunderbar charmant und bezaubernd unkompliziert. Aromatisch dominieren Noten von roten Kirschen, Rosen, Himbeersorbet und Cassis. Die Mousse ist fein und dynamisch. Ein sicherer Wert, wenn der Champagner auch leicht vinös sein darf und vor allem, wenn Sie ein Markentrinker sind.

TRINKREIFE JETZT GENIESSEN
PASST ZU APÉRO, EXOTISCHEN VORSPEISEN, FISCH, TERRINE
SERVICETIPP BEI 6–8 °C SERVIEREN
ALKOHOLWERT 12 %

Punkte

18.5*

FRANKREICH

SCHAUMWEIN

PREIS FR. 80.–

CHAMPAGNE BLANC DE BLANCS
BILLECART-SALMON
GRAND CRU

Ein Highlight. Noten von weissen Blüten, Apfel und Honig verführen in der Nase. Trocken und knackig mit einer angenehmen Zitrusfrische und gleichzeitig einem Hauch von warmer Brioche. Ein toller Blanc de Blancs, den man unbedingt entdecken sollte, falls man gerne Chardonnay geniesst. Diese Cuvée wurde aus den vier Grand-Cru-Weinbergen der Côte des Blancs vinifiziert– Avize, Chouilly, Cramant und Mesnil-sur-Oger. Das Finale ist mineralisch, finessenreich und von einem erstaunlichen Tiefgang. Superfein vom ersten bis zum letzten Tropfen.

TRINKREIFE BIS 2024 GENIESSEN
PASST ZU GEBÄCK, GRILLIERTEM FISCH, APÉRO, DIGESTIF
SERVICETIPP BEI 6–8 °C SERVIEREN
ALKOHOLWERT 12 %

Punkte

16.5

ITALIEN

SCHAUMWEIN

PREIS FR. 30.–

BOTTEGA GOLD 2020
PROSECCO DOC
IL VINO DEI POETI

Bottega Gold wurde vom Weingutsbesitzer Sandro Bottega 2001 kreiert und ist seit seiner Lancierung ein Hit. Die goldene Flasche sieht einfach festlich und äusserst dekorativ aus. Der darin abgefüllte Prosecco hat eine schöne Präsenz und Aromen von weissem Pfirsich, Quitten und Aprikosen. Die Mousse ist kernig und kitzelt den Gaumen im Nu wach. Im Finale dann frisch und unkompliziert mit zusätzlichen Aromen von Mandarinensorbet und Limetten. Ein moderner Prosecco, der in den urbanen Kühlschrank gehört und sich auch als Geschenk sehr gut macht. Auch on the rocks herrlich erfrischend.

TRINKREIFE JETZT GENIESSEN
PASST ZU APÉRO, ANTIPASTI, VORSPEISEN, ZUR FERIENPLANUNG, ZUM GEBURTSTAGSFEST
SERVICETIPP BEI 6–8 °C SERVIEREN
ALKOHOLWERT 11 %

Punkte

16.75

ITALIEN

SCHAUMWEIN

PREIS FR. 30.–

BOTTEGA PINK GOLD 2019 PROSECCO ROSÉ DOC IL VINO DEI POETI

Eine Neulancierung, die jetzt auch Prosecco heissen darf, zumal es neu erlaubt ist, auch einen pinken Prosecco zu vinifizieren. Dafür wird die weisse Prosecco-Traube Glera mit Pinot Noir vermählt. Diese Abfüllung aus dem Hause Bottega erstrahlt in blass pinker Farbe und verführt mit delikat fruchtigen Aromen von schwarzen Kirschen, Walderdbeeren und Rosen. Die Mousse ist dynamisch und kitzelt den Gaumen im Nu wach. Mittelschwer und sehr charmant. Easy drinking – auch on the rocks. Ein guter Apéro-Schaumwein oder die Basis für einen Cocktail. Auch schön als Mitbringsel.

TRINKREIFE JETZT GENIESSEN
PASST ZU ANTIPASTI, TERRINE, GEFLÜGEL, VEGETARISCHEN GERICHTEN, PAELLA, RISOTTO ALLE VONGOLE
SERVICETIPP BEI 6–8 °C SERVIEREN
ALKOHOLWERT 11,5 %

Punkte

18*

ITALIEN

SÜSSWEIN

PREIS FR. 16.–

MOSCATO D'ASTI 2020
LA BAUDRIA

Achtung – dieser Wein macht süchtig. Mich zumindest. Er ist aromatisch, wie die Erzählungen von 1001er Nacht exotisch sind. Der erste Schluck ist noch nicht im Hals und man möchte am liebsten schon einen zweiten nehmen. Die Mousse ist fein und gut in der süss-aromatischen Orgie integriert. Noten von kandierten Früchten, Karamell, Honig und Schokolade sind zu erkennen. Erfrischung pur – sei es vor oder nach dem Essen. Burt Bacharach für den Gaumen. Ideal auch für das Schaumbad zu zweit oder wenn man sich langsam in einen romantischen Roman hineintrinken will. Dank des tiefen Alkoholgehalts geniesst sich eine solche Flasche auch alleine – wichtig ist einfach, dass dieser leicht prickelnde Genuss schön kalt serviert wird.

TRINKREIFE JETZT GENIESSEN
PASST ZU APÉRO, DIGESTIF, GEBÄCK, FRÜHSTÜCK
SERVICETIPP BEI 6–8 °C SERVIEREN
ALKOHOLWERT 5 %

MÉTHODE TRADITIONNELLE
Mauler
MAISON FONDÉE EN 1829
Mauler
BRUT
MÉTHODE TRADITIONNELLE
Mauler
MAISON FONDÉE EN 1829
CORDON OR BRUT
750 ml
12,5% vol
25. BERLINER WEIN TROPHY
2021
BERLINER GOLD
25th BERLIN WINE TROPHY
unter der Schirmherrschaft der OIV
OIV

LANDI «ANGENEHM ANDERS ALS ALLE ANDERN»

Ein kleiner Ausschnitt aus dem Landi-Weinangebot ist dieses Jahr zum vierten Mal im Weinseller vertreten. Landi gehört wie Volg zur fenaco-Landi Gruppe und ist einer der grössten Weinverkäufer der Schweiz, wobei der Durchschnittspreis pro Weinflasche sehr tief ist. Primäres Ziel der Landi-Filialen ist es, die Schweizer Landwirte bei der wirtschaftlichen Entwicklung ihrer Unternehmen zu unterstützen.

Oftmals kostet ein bestimmter Weintyp wie etwa ein Amarone oder ein Chianti nicht nur bei Aldi oder Lidl sehr wenig, sondern auch bei Landi. Da Volg auch zur Gruppe gehört, findet man in den Landi-Geschäften zahlreiche Weine, die von der Rutishauser-DiVino AG gekeltert worden sind. Generell lautet das Motto: gute Alltagsqualität zu sehr tiefen Preisen. Italien und die Schweiz sind die wichtigsten Weinregionen.

LANDI.CH

Verkostungs-Statistik Landi

39 verkostete Weine, davon 21 Rotweine

6 Anzahl Länder

WICHTIGSTE LÄNDER	
Schweiz	15
Italien	15
Frankreich	3
Südafrika	3

SCHWEIZER REGIONEN	
Wallis	6
Waadt	5
Deutschschweiz	2
Tessin	1
Drei-Seen-Land	1

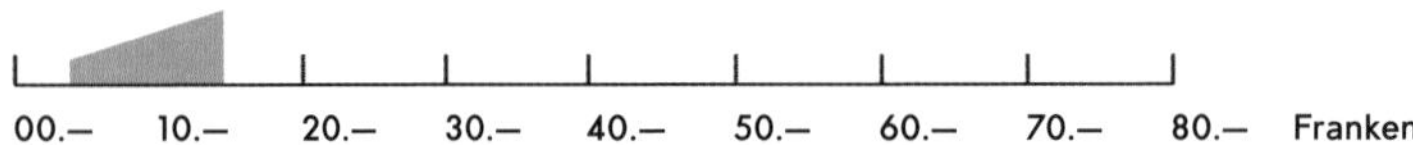

von **3.95** bis **14.95**

24

Weine zwischen 5 und 10 Franken

12

Weine unter 5 Franken

Aufgefallen

Punkte
16.5*

FR. **9.95** SEITE **309**

GOLDBEERE CUVÉE D'OR 2019
OSTSCHWEIZ

Punkte
15.25*

FR. **3.95** SEITE **314**

GRÜNER VELTLINER 2019

Punkte
17*

FR. **11.95** SEITE **338**

MAULER CORDON OR DRY

Punkte
17*

FR. **8.95** SEITE **341**

CLAIRETTE DE DIE
TRADITION
EXCELLENCE

Punkte
16.5*

FR. **7.95** SEITE **333**

BORGO DEL MANDORLO 2020
APPASSIMENTO, VINO PASSITO
PUGLIA IGT

SCHWEIZ

Punkte

14.75

WEISSWEIN

PREIS FR. 3.80

CHASSELAS LEMANIC 2020
CAVE DE LA CÔTE

Ich musste gleich zwei Mal hinschauen, als ich den Verkaufspreis dieses Schweizer Chasselas sah – tiefer geht es wohl kaum. Und ich will gar nicht an den Aktionspreis denken. Im Gaumen absolut korrekt – für den Preis. Noten von weissen Blüten, Limetten und Birnen sind zu erkennen. Einfach in der Art, aber perfekt gegen den Durst. Frisch, saftig und gradlinig.

TRINKREIFE JETZT GENIESSEN
PASST ZU APÉRO, EGLIFILETS, FISCHSTÄBCHEN, KÄSESCHNITTE, FONDUE
SERVICETIPP BEI 8–10 °C SERVIEREN
ALKOHOLWERT 11,5 %

Punkte

15*

SCHWEIZ

WEISSWEIN

PREIS FR. 5.70

FENDANT 2018
AOC VALAIS

Der Basis-Fendant für den unkomplizierten Genuss, der mit dem neuen Jahrgang einen qualitativen Sprung nach vorne gemacht hat. Hat einen schönen Schmelz und lässt aromatisch an Honig, frische Birnen, Hagebutte und etwas Kamille denken. Süffig und gegen den Durst. Kühlen und geniessen – auch on the rocks. Walliser Chasselas für Budgetgeniesser.

TRINKREIFE JETZT GENIESSEN
PASST ZU APÉRO, FONDUE, VEGETARISCHEN GERICHTEN, FORELLE
SERVICETIPP BEI 8–10 °C SERVIEREN
ALKOHOLWERT 12,8 %

Punkte

15

SCHWEIZ

WEISSWEIN

PREIS FR. 7.95

VILLETTE 2018
DIVINO, LAVAUX AOC

Ein einfacher, aber korrekter Chasselas gegen den Durst, der auch ein Jahr nach der letzten Verkostung noch topfit ist. Für seinen Preis ist er sogar sehr optimal, da Weine aus dem Unesco-geschützten Lavaux meist etwas mehr kosten. Noten von Honig, blühender Sommerwiese und frischen Apfelschnitzen sind zu erkennen. Im Gaumen trocken und gradlinig. Ideal für den traditionellen Apéro mit Häppchen oder während man die Tagesschau sieht.

TRINKREIFE JETZT GENIESSEN
PASST ZU SÜSSWASSERFISCH, KÄSEGERICHTEN, QUICHE, GEFLÜGEL, TRUTHAHN, APÉRO
SERVICETIPP BEI 8–10 °C SERVIEREN
ALKOHOLWERT 12,7 %

SCHWEIZ

Punkte

15,75

WEISSWEIN

PREIS FR. 9.95

JOHANNISBERG 2019
RÉSERVE DU VIGNERON
VALAIS AOC

Der neue Jahrgang kommt praktisch im Hausstil daher, wobei er eine Spur leichter geworden ist. Im Vergleich zu den restlichen Schweizer Weinen natürlich fülliger und runder in der Art. Noten von in Honig eingelegten Quitten und Birnen sind dominant, wie auch reifer Pfirsich. Hat eine gemütliche Art und fliesst leicht träge und langsam den Hals hinunter. Ideal, wenn man einen Weisswein sucht, der ein aromatisches Gericht begleiten soll – eine Kreation mit exotischen Gewürzen wie etwa ein Curry oder dann einen Fisch mit Dillsauce. Sehr gut harmoniert dieser Walliser aber auch zu einem Raclette mit würzigem Bergkäse. Ist jetzt schön trinkreif. Johannisberg ist ein Synonym für Sylvaner.

TRINKREIFE JETZT GENIESSEN
PASST ZU RACLETTE, EXOTISCHEN GERICHTEN, CURRY, KALBSBRATEN, FISCH
SERVICETIPP BEI 10–12 °C SERVIEREN
ALKOHOLWERT 13 %

Punkte

16

SCHWEIZ

WEISSWEIN

PREIS FR. 9.95

CLOS DES VERCHÈRES 2019 GRAND CRU, BLANC NYON, LA CÔTE AOC

Ein süffiger Chasselas gegen den Durst. Noten von weissen Blüten, Limetten und etwas Honig sind zu erkennen. Saftig in der Art mit einem dynamischen Charakter. Hat eine klassische Aura und ein trockenes Finale. Frischer Waadtländer, der sowohl zum Aperitif wie aber auch zu Fischgerichten oder vegetarischer Küche serviert werden kann. Solider Hauswein, der förmlich durch den Gaumen zischt, so frisch ist er. Perfekt, um den Gaumen zu avinieren.

TRINKREIFE JETZT GENIESSEN
PASST ZU APÉRO, FONDUE, VEGETARISCHEN GERICHTEN, FORELLE
SERVICETIPP BEI 8–10 °C SERVIEREN
ALKOHOLWERT 12,2 %

Punkte

16.5*

SCHWEIZ

WEISSWEIN

PREIS FR. 9.95

GOLDBEERE CUVÉE D'OR 2019 OSTSCHWEIZ

Easy drinking pur. Der Markenwein der VOLG Weinkellereien, der es einem einfach macht, ihn zu mögen, zumal er nach kandierten Früchten, Mandarinen und Honig schmeckt. Im Gaumen geschmeidig und fruchtig mit einem leicht exotisch-schmelzigen Touch. Bunt, frivol und ein klarer Gute-Laune-Wein. Auch on the rocks einen Versuch wert.

TRINKREIFE JETZT GENIESSEN
PASST ZU APÉRO, EXOTISCHEN VORSPEISEN, EGLIFILET, GEMÜSEGERICHTEN, KALBFLEISCH, GEFLÜGEL, VEGETARISCHEN GERICHTEN
SERVICETIPP BEI 8–10 °C SERVIEREN
ALKOHOLWERT 12,5 %

Punkte

15*

ITALIEN

WEISSWEIN

PREIS FR. 3.95

PINOT GRIGIO DI SICILIA 2020 CESARIO

Der neue Jahrgang ist trotz seines tiefen Preises aromatisch eine Spur besser geworden. Natürlich bleibt es easy drinking pur, aber ein gut gemachtes. Noten von Wassermelone, Mandarinen und Quitten verführen Nase und Gaumen. Süffig und aromatisch und deutlich expressiver als alle Chasselas-Weine dieses Kapitels. Bunter Basiswein für wenig Geld, der zu Antipasti und frittiertem Fisch serviert werden kann. Auch on the rocks okay. Der Studentenparty-Wein schlechthin.

TRINKREIFE JETZT GENIESSEN
PASST ZU EXOTISCHER KÜCHE, SUSHI, FISCHCARPACCIO, ANTIPASTI, GEMÜSETELLER, HELLEM FISCH, MUSCHELN, GEFLÜGEL MIT ZITRONENSAUCE
SERVICETIPP BEI 8–10 °C SERVIEREN
ALKOHOLWERT 12,1 %

Punkte

14.75

ITALIEN

WEISSWEIN

PREIS FR. 4.95

PINOT BIANCO RUBICONE 2020

Neu in diesem Kapitel und ein süffiger, saftiger und leicht frivoler Weisser, dessen Aromatik an Quitten, Limetten, Rosen und Feuersteinbonbons denken lässt. Im Gaumen leicht und sehr aromatisch. Easy drinking pur, das man auch on the rocks servieren kann. Einfacher Weisser aus der Emilia-Romagna, der ideal ist, falls Ihnen ein Chasselas aromatisch zu neutral ist.

TRINKREIFE JETZT GENIESSEN
PASST ZU APÉRO, GRILLIERTEM FISCH, EGLIFILETS, FISCH-KNUSPERLI, GEMÜSEPLATTE, RISOTTO AL LIMONE, FENCHELSALAT
SERVICETIPP BEI 8–10 °C SERVIEREN
ALKOHOLWERT 12 %

Punkte

15.5

ITALIEN

WEISSWEIN

PREIS FR. 6.30

DIMENSIONE AMABILE 2020 BIANCO

Der beste Jahrgang, den wir von diesem Markenwein je hatten. Seine Aromatik ist nach wie vor sehr extrovertiert und man entdeckt viel Honig, Passionsfrucht, Melone und Quitte, aber alles in allem ist er schön ausbalanciert und sehr unterhaltsam. Easy drinking für moderne Weingeniesser, die auch Hard Seltzer nicht abgeneigt sind und ihre Lasagne aus dem Gefrierfach zubereiten. Modern und aromatisch.

TRINKREIFE JETZT GENIESSEN
PASST ZU PASTAGERICHTEN, APÉRO, ANTIPASTI, PIZZA, GRILLADEN, HAMBURGER
SERVICETIPP BEI 8–10 °C SERVIEREN
ALKOHOLWERT 11,5 %

Punkte

15

ITALIEN

WEISSWEIN

PREIS FR. 6.50

SAUVIGNON BLANC 2019
SACCHETTO
TREVENEZIE IGT

Neu in diesem Kapitel und ein knackiger, aromatischer und frischer Sauvignon Blanc. Einfach in der Art, aber sehr gefällig gemacht. Noten von Limetten, Mandarinen und Feuersteinbonbons sind zu erkennen. Sehr fruchtig und expressiv. Ein bunter, frischer Norditaliener, der perfekt als Apérowein eingesetzt werden kann. Leicht und aromatisch.

TRINKREIFE JETZT GENIESSEN
PASST ZU ANTIPASTI, GRILLIERTEM FISCH, APERO, RISOTTO AL LIMONE, HÄPPCHEN
SERVICETIPP BEI 8–10 °C SERVIEREN
ALKOHOLWERT 11,5 %

Punkte

15.25*

ÖSTERREICH

WEISSWEIN

PREIS FR. 3.95

GRÜNER VELTLINER 2019

Der neue Jahrgang hat einen qualitativen Sprung nach vorne gemacht. Klar ist es ein supergünstiger Österreicher und ich kann es kaum fassen, dass er weniger als 5 Franken kostet. Easy drinking aus unserem Nachbarland mit Noten von Honig, Rhabarber, Melone und etwas Pink Grapefruit. Spassig vom ersten bis zum letzten Schluck. Unterhaltungswein pur, den man jung geniessen sollte. Denn besser wird er mit dem Lagern nicht.

TRINKREIFE JETZT GENIESSEN
PASST ZU PIZZA, TARTE FLAMBÉE, WURSTWAREN, GERÄUCHERTEM FISCH, FRITIERTEM POULET, FISCH, HÄPPCHEN
SERVICETIPP BEI 8–10 °C SERVIEREN
ALKOHOLWERT 11,9 %

Punkte

14.5

SÜDAFRIKA

WEISSWEIN

PREIS FR. 3.95

BALANCE 2020
SEMI SWEET

Zum Glück steht auf dem Label auch «Semi Sweet», denn kaum im Gaumen, geht es schon recht sweet zu und her. Man denkt an in Honig gebadete Mandarinen und Ingwerstücke. Auch Noten von Rosen und weisser Schokolade sind zu erkennen. Klar ein Easy-drinking-Wein, der mit seiner Aromatik nicht spart. Viel Schmelz, Fülle und schrille Aromen. Wurde aus der aromatischen Sorte Muscat d'Alexandrie vinifiziert und ist so günstig, dass man eigentlich gar nicht viel dazu sagen kann. Ideal, wenn es aromatisch etwas heftiger zu und her gehen darf – sonst einfach on the rocks servieren.

TRINKREIFE JETZT GENIESSEN
PASST ZU PIZZA, SPARERIBS, APÉRO, CHICKEN NUGGETS
SERVICETIPP BEI 8–10 °C SERVIEREN
ALKOHOLWERT 12,1 %

SCHWEIZ

Punkte

15

ROSÉ

PREIS FR. 4.95

ROSÉ DE GAMAY 2019
LEMANIC

Wird von der Cave de la Côte vinifiziert und ist ein süffiger, trockener Rosé, der im Finale einen leicht fruchtigen Touch hinterlässt. Easy drinking pur und ein Rosé, den man am besten in jungen Jahren geniesst. Hat auch etwas CO_2, was ihm eine rassig frische Note verleiht. Kühlen und aufschrauben, lautet die Devise. Guter Alltags-Rosé zu einem wirklich günstigen Preis.

TRINKREIFE JETZT GENIESSEN
PASST ZU KALTER PLATTE, GEMÜSESUPPE, TERRINE, FISCHTELLER, PASTA MIT MUSCHELN, APÉRO, GEFLÜGEL
SERVICETIPP BEI 10–12 °C SERVIEREN
ALKOHOLWERT 13 %

SCHWEIZ

Punkte

15.25

ROSÉ

PREIS FR. 6.50

DÔLE BLANCHE 2019 AOC VALAIS

Blass in der Farbe und delikat im Duft. Man erkennt Aromen von Mandarinenschalen, Melone und Walderdbeeren. Im Gaumen leicht mit einem zarten Fruchtschmelz. Süffig und unkompliziert. Der einfache Schweizer Rosé-Klassiker für alle Tage.

TRINKREIFE JETZT GENIESSEN
PASST ZU APÉRO, HÄPPCHEN, GEFLÜGEL, FRÜHLINGSROLLE
SERVICETIPP BEI 10–12 °C SERVIEREN
ALKOHOLWERT 13,1 %

SCHWEIZ

Punkte

15.5

ROSÉ

PREIS FR. 7.50

ŒIL DE PERDRIX 2019
AOC VALAIS

Delikat, süffig und zart blumig. Schlanker als der Dôle Blanche und auch eine Spur frischer. Hier erkennt man einen blumigen Charmeur, der im Gaumen auch eine angenehme Beerigkeit offenbart. Süffig, zartgliedrig und gut gegen den Durst. Schweizer Klassiker für alle Tage. Easy drinking in pinker Farbe. Reiner Pinot Noir.

TRINKREIFE JETZT GENIESSEN
PASST ZU APÉRO, GEBÄCK, GEFLÜGEL, RISOTTO MIT MUSCHELN, TERRINE, KALTER PLATTE, EXOTISCHEN GERICHTEN
SERVICETIPP BEI 10–12 °C SERVIEREN
ALKOHOLWERT 12,7 %

Punkte

14.75

SÜDAFRIKA

ROSÉ

PREIS FR. 3.95

SHIRAZ ROSÉ 2020
BALANCE

Easy drinking von Fern. Ein spassiger Rosé aus der kräftigen Shiraz-Traube. Er leuchtet in einem rassigen Pastellpink und duftet nach reifen Walderdbeeren und etwas Cassis. Im Gaumen dann fruchtig, einfach und perfekt gegen den Durst. Im Vergleich zu den Schweizer Rosé-Weinen mehr Schmelz und Süsse. Spassig vom ersten bis zum letzten Tropfen. Preislich natürlich sehr, sehr günstig.

TRINKREIFE JETZT GENIESSEN
PASST ZU HAMBURGER, PIZZA, HOTDOG, KEBAB, PASTA ALLE VONGOLE, EXOTISCHEN VORSPEISEN
SERVICETIPP BEI 8–12 °C SERVIEREN
ALKOHOLWERT 12,4 %

SCHWEIZ

Punkte

14.5

ROTWEIN

PREIS FR. 4.95

SCHWEIZER BLAUBURGUNDER 2018 DIVINO

Leicht, beerig und sehr, sehr günstig. Ein einfacher Alltags-Pinot-Noir, der nach reifen Walderdbeeren, Holunder und etwas Schokolade duftet und schmeckt. Hat dezente Tannine und eine temperamentvolle Wärme in Abgang. Rustikaler Schweizer Weingenuss, wenn es wirklich günstig sein soll.

TRINKREIFE JETZT GENIESSEN
PASST ZU GRILLADEN, KALTER PLATTE, SCHLACHTPLATTE, TERRINE, GEFLÜGEL, FISCH VOM GRILL
SERVICETIPP BEI 15–16 °C SERVIEREN
ALKOHOLWERT 13,1 %

SCHWEIZ

Punkte

15

ROTWEIN

PREIS FR. 5.70

SALVAGNIN 2018
SÉLECTION LEMANIC
CAVE DE LA CÔTE, AOC

Mittelschwerer, rustikaler Rotwein, der perfekt zu Schweizer Küchenklassikern serviert werden kann. Noten von Stachelbeeren, roten Kirschen und Holunder sind zentral. Hat eine bodenständige Art und ist jetzt schön trinkreif. Traditioneller Schweizer für Budgetbewusste. Preislich sicher optimal.

TRINKREIFE JETZT GENIESSEN
PASST ZU KALTER PLATTE, GEFLÜGEL, REISGERICHTEN, FISCH, SPECK UND BOHNEN, BRATWURST
SERVICETIPP BEI 15–16 °C SERVIEREN
ALKOHOLWERT 13,5 %

Punkte

15.25*

SCHWEIZ

ROTWEIN

PREIS FR. 6.20

DÔLE 2019
DIVINO
CAVES GARNIER

Wurde etwas günstiger und auch etwas besser. Einfach, aber okay. Ein mittelschwerer, dezent fruchtiger Alltagswein, der perfekt zu einer Vesperplatte oder zu Hausmannskost serviert werden kann. Sehr süffig und aromatisch an Walderdbeeren, Cassis und Schokolade erinnernd. Die Tannine sind fein und zart spürbar. Basis-Walliser, den ich leicht gekühlt servieren würde. Preislich für einen Dôle top.

TRINKREIFE JETZT GENIESSEN
PASST ZU KALTER PLATTE, TERRINE, ZWIEBELSUPPE, KÄSESCHNITTE, EINTOPF, WURSTWAREN
SERVICETIPP BEI 15–16 °C SERVIEREN
ALKOHOLWERT 12,6 %

SCHWEIZ

Punkte

15.75

ROTWEIN

PREIS FR. 8.50

PINOT NOIR DE SALQUENEN 2019 HIRONDELLE CAVES GARNIER

Der neue Jahrgang ist wunderbar fruchtig und gefälliger als noch der 2018er. Noten von kandierten Erdbeeren, Cassis und etwas Holunder sind zu erkennen. Typisch für einen Salgescher ist, dass er von der Struktur her mehr markiert – was im Vergleich zum Dôle deutlich spürbar ist. Die spürbaren Gerbstoffe verleihen ihm einen eigenständigen Charakter. Guter Hauswein für Wallis-Nostalgiker, der preislich absolut okay ist, zumal Salgescher Weine in der Regel etwas mehr kosten.

TRINKREIFE BIS 2024 GENIESSEN
PASST ZU KALTER PLATTE, GEFLÜGEL, KALBSPLÄTZLI, BRATWURST, KÄSEFONDUE, HAMBURGER
SERVICETIPP BEI 15–16 °C SERVIEREN
ALKOHOLWERT 13,5 %

SCHWEIZ

Punkte

15.5

ROTWEIN

PREIS FR. 11.95

MERLOT TICINO 2019
IGT
CAVES GARNIER

Für das Landi-Sortiment bereits ein etwas teurerer Wein, zumal die meisten Weine dieses Kapitels weniger als 10 Franken kosten. Klassischer Tessiner Merlot mit Noten, die an Backpflaumen, Brombeeren und etwas Balsamico denken lassen. Hat einen schönen Schmelz und ist mittelschwer im Gehalt. Sehr zugänglich und bereits jetzt schön zu trinken. Easy drinking aus dem Tessin, das sehr gut zu italienischen Küchenklassikern serviert werden kann – oder einfach zu einer Kalten Platte.

TRINKREIFE JETZT GENIESSEN
PASST ZU PASTA, PIZZA, RISOTTO, KANINCHEN, TERRINE, BRESAOLA, SALAMI
SERVICETIPP BEI 15–16 °C SERVIEREN
ALKOHOLWERT 12,9 %

Punkte

15.5*

FRANKREICH

ROTWEIN

PREIS FR 4.95

LA MAISON DU SUD 2018 PAYS D'OC IGP

Ein Jahr nach der letzten Verkostung noch tipptopp und erst noch günstiger. Diese Assemblage aus Cabernet Sauvignon und Syrah duftet wie ein Korb reifer Früchte. Im Gaumen dann schmelzig, temperamentvoll und dicht. Verständlich, sind doch beide Traubensorten sehr expressiv und kräftig. Hat jetzt einen schönen Schmelz und lässt an kandierte Kirschen und etwas Schokolade denken. Guter Alltagswein aus dem Süden Frankreichs, der perfekt zu Grilladen passt. Easy drinking mit barockem Charme.

TRINKREIFE JETZT GENIESSEN
PASST ZU GRILLADEN, LAMM, WILD, GERICHTEN MIT SCHWARZEN OLIVEN
SERVICETIPP BEI 15–16 °C SERVIEREN
ALKOHOLWERT 13,5 %

Punkte

16.5*

FRANKREICH

ROTWEIN

PREIS FR. 14.95

CHÂTEAU DE BARRE 2018
BORDEAUX SUPÉRIEUR
PIERRE JEAN LARRAQUÉ

Neu in diesem Kapitel und eine Entdeckung. Man zahlt etwas mehr, aber für einen Bordeaux ist der Preis absolut okay. Ideal, wenn man gerne erdige, traditionelle Weine entkorkt, die nach Leder, Tabak und Backpflaumen duften und im Gaumen entsprechend schmecken. Die Tannine sind fein und gut eingebunden. Ein bodenständiger Bordeaux mit guter Länge und dennoch unkomplizierter Art. Guter Hauswein, der perfekt zu Fleischgerichten passt und auch beim Familienbesuch serviert werden kann. Warum nicht auch dekantiert?

TRINKREIFE BIS 2025 GENIESSEN
PASST ZU BRATEN, EINTOPF, LAMM, STEAK, RISOTTO MIT PILZEN
SERVICETIPP BEI 16–18 °C SERVIEREN
ALKOHOLWERT 14 %

Punkte

14.25

ITALIEN

ROTWEIN

PREIS FR. 3.95

PRIMITIVO DI PUGLIA 2019
CESARIO
IGP

Preislich natürlich sehr, sehr günstig und wenn man glaubt, dass es nur bei Aldi und Lidl zahlreiche Weine unter fünf Franken pro Flasche hat, sollte man einmal das Landi-Sortiment entdecken. Bei diesem Primitivo handelt es sich um einen klassischen bunten Pasta- und Pizzawein. Noten von reifen Kirschen, Pflaumen und Cassis sind zu erkennen. Die Frucht ist dominant und auch das wärmende Temperament im Abgang. Einfacher Alltagsitaliener aus dem Süden Italiens.

TRINKREIFE JETZT GENIESSEN
PASST ZU PASTA, PIZZA, LASAGNE, HAMBURGER
SERVICETIPP BEI 15–16 °C SERVIEREN
ALKOHOLWERT 12,8 %

Punkte

16

ITALIEN

ROTWEIN

PREIS FR. 6.30

DIMENSIONE AMABILE 2020

Nichts gegen den Weinkritiker Luca Maroni, dessen Weinbücher ich sehr schätze. Was aber auch klar ist: Wenn er sehr hohe Bewertungen abgibt – wie bei diesem Wein mit 96/100 Punkten –, weiss ich, dass es sich wahrscheinlich um einen eher süssen Rotwein handelt. Das ist auch hier der Fall – zum Glück steht auf dem Etikett auch gleich «amabile». Diese Assemblage aus Negroamaro und Primitivo di Puglia ist ein schriller Wein für eine Generation, die gerne im Gaumen viel Süsse und Schmelz spürt. Er gefällt im Nu, ist pure Gaumenunterhaltung und ein typischer Unterhaltungswein, der verlässlich wie eine Pizza aus dem Gefrierfach oder die Fischstäbchen von Findus schmeckt. Kurz: ein Wein für jeden Haushalt, wenn man gerne kitschigsüsse Süditaliener geniesst, die mehr über den Weinkeller als über den Weinberg erzählen. Wird mit Lagern nicht besser, sondern ist jetzt trinkbereit. Easy drinking vom ersten bis zum letzten Schluck. Preislich natürlich ein Superschnäppchen.

TRINKREIFE JETZT GENIESSEN
PASST ZU APÉRO, EXOTISCHEN VORSPEISEN, GRILLADEN, PASTA, PIZZA, POLENTA, RISOTTO, HAMBURGER
SERVICETIPP BEI 15–16 °C SERVIEREN
ALKOHOLWERT 13,5 %

Punkte

15.5

ITALIEN

ROTWEIN

PREIS FR. 6.50

ROSSO DI TOSCANA 2019
TERRA GRANDE

Neu in diesem Kapitel und der kleine Bruder des Chianti. Modern in der Art mit viel Schmelz und süss-fruchtigen Aromen. Lässt an eine Schwarzwäldertorte, kandierte Kirschen und Kaffee denken. Lieblich und zugänglich. Preislich natürlich top, sofern man gerne moderne Toskaner mit marmeladiger Fruchtkomponente hat.

TRINKREIFE JETZT GENIESSEN
PASST ZU PASTA, PIZZA, STEAK, HAMBURGER, HOTDOG, SPARERIBS
SERVICETIPP BEI 15–16 °C SERVIEREN
ALKOHOLWERT 13,5 %

Punkte

15.5

ITALIEN

ROTWEIN

PREIS FR. 6.50

PRIMITIVO DI MANDURIA 2019

Der neue Jahrgang kommt ähnlich expressiv und intensiv daher wie der 2018er, wobei er ausgewogener und in sich ruhender ist. Im Gaumen viel Stoff, süsse Frucht und kitschige Nuancen. Hat eine bunt konzentrierte Note mit Cassis- und Holundersirup-Dominanz. Easy drinking mit temperamentvollem Schmelz und Resultat des aktuellen Primitivobooms. Deal, wenn Ihnen der Bordeaux zu erdig und der Dôle zu leicht ist.

TRINKREIFE JETZT GENIESSEN
PASST ZU LASAGNE, PIZZA, GRILLADEN, GEFLÜGEL, HAMBURGER, MEXIKANISCHER KÜCHE
SERVICETIPP BEI 15–16 °C SERVIEREN
ALKOHOLWERT 14,4 %

Punkte

15.75*

ITALIEN

ROTWEIN

PREIS FR. 6.95

BARBERA 150 + 1 2019 PIEMONTE DOC

Preislich natürlich ein absolutes Schnäppchen. Ein stoffiger, fleischiger und reifer Piemonteser, der perfekt zur lokalen Küche passt wie generell auch zu Pastagerichten. Noten von Backpflaumen, roten Kirschen, Holunder und etwas Schokolade sind zentral. Mittelschwer vom Gehalt und mit schöner Struktur. Nicht zu opulent und mit schöner Frische im Finale. Guter Haus- oder Alltags-Wein, der im Finale rustikal und bodenständig markiert.

TRINKREIFE JETZT GENIESSEN
PASST ZU PASTA, PIZZA, RISOTTO, GRILLADEN, EINTOPF
SERVICETIPP BEI 15–17 °C SERVIEREN
ALKOHOLWERT 13,5 %

Punkte

15.75

ITALIEN

ROTWEIN

PREIS FR. 7.50

CHIANTI 2019
TERRE GRANDE

Hat etwas mehr Gehalt als der Toscana Rosso vom selben Produzenten, zumal man hier auch Tannine spürt. Trägt allerdings dieselbe Handschrift, die viel süss-fruchtige Aromen bedeutet. Man erkennt Noten von Himbeersorbet, Cassis und weisser Schokolade, wie auch etwas Lorbeer. Sehr zugänglich und ausgewogen. Hat eine modern bunte Seite, die die süssfruchtigen Aromen in den Vordergrund drückt.

CHIANTI
denominazione
di origine controllata
e garantita
TERRA GRANDE

TRINKREIFE JETZT GENIESSEN
PASST ZU PASTA, PIZZA, ANTIPASTI MISTI, SALAMI, GEFLÜGEL
SERVICETIPP BEI 15–17 °C SERVIEREN
ALKOHOLWERT 13 %

Punkte

16.5*

ITALIEN

ROTWEIN

PREIS FR. 7.95

BORGO DEL MANDORLO 2020 APPASSIMENTO, VINO PASSITO PUGLIA IGT

Achtung – hier geht es gewollt barock, heftig und intensiv zu und her. Das Label gleicht schon einem filmischen Vorspann, gefolgt vom Gewicht der Flasche und dann gleich dem Duft, der eine aromatische Wunschkiste ist, die in ein Konditoreigeschäft entführt. Noten von kandierten Früchten, Schokolade, Rosen, Rosinen und Jasmin sind die ersten, die mir in den Sinn kommen – wobei man bei längerem Verweilen noch weitere verführerische Düfte erkennt. Im Gaumen geht es entsprechend modern und intensiv zu und her. Preislich natürlich sehr günstig, zumal man einen wirklich perfekt gemachten Modewein entkorkt. Wenn Ihnen der Primitivo zu leicht ist, dann schlage ich vor, dass Sie diesen Wein zur Pasta servieren. Wird mit längerem Lagern nicht besser. Appassimento ist eine Art der Vinifikation, bei der die Trauben nach der Ernte ausgelegt werden, damit sie einen Teil des in ihnen enthaltenen Wassers verlieren und die Frucht konzentrierter wird. Wir kennen das zum Beispiel bei der Produktion des Amarone.

TRINKREIFE BIS 2023 GENIESSEN
PASST ZU SCHLACHTPLATTE, DEFTIGEN GERICHTEN, BRATEN, AUBERGINEN-GERICHTEN, STEAK, LASAGNE, LAMM
SERVICETIPP BEI 16–18 °C SERVIEREN
ALKOHOLWERT 14,5 %

Punkte

15.5

ITALIEN

ROTWEIN

PREIS FR. 9.95

SALICE SALENTINO 2016 DOP CLANDESTINO

Auch im Landi-Italien-Kapitel hat es zunehmend mehr dieser charmanten Rotweine aus dem Süden Italiens. Hier dominieren reife rote Kirschen, Pflaumen und auch etwas Feigenkompott. Viel Schmelz und reife Frucht. Die Tannine sind kaum spürbar, dafür eine schokoladige Note, die alles etwas dominiert. Easy drinking und pure Gaumenunterhaltung. Modern und sehr aromatisch.

TRINKREIFE JETZT GENIESSEN
PASST ZU PIZZA, PASTA, LASAGNE, HAMBURGER, GEFLÜGEL, GRILLIERTEM FISCH
SERVICETIPP BEI 15–16 °C SERVIEREN
ALKOHOLWERT 14,3 %

Punkte

15.5

ITALIEN

ROTWEIN

PREIS FR. 9.95

VIAGGIO 2019
TOSCANA ROSSO
SENSI

Reif, schmelzig und charmant. In diesem einfachen Alltagswein vereint sich eine Fülle an reifen Beerenaromen sowie etwas Cassis. Hat einen süssen Schmelz und will im Gaumen nur gefallen. Tannine sind kaum zu spüren, da die moderne Fruchtstilistik alles überdeckt. Easy drinking pur. Idealer Wein für den geselligen Pizza-Pasta-Netflix-Abend mit Freunden.

TRINKREIFE JETZT GENIESSEN
PASST ZU PIZZA, PASTA, GEFLÜGEL, POLENTA
SERVICETIPP BEI 15–16 °C SERVIEREN
ALKOHOLWERT 13 %

Punkte

15.25*

ÖSTERREICH

ROTWEIN

PREIS FR. 3.95

ZWEIGELT 2019
DIVINO

Wir haben erneut den 2019er verkostet und diesmal erstaunte mich nicht nur sein Preis, sondern auch die Tatsache, dass er nach wie vor aromatisch tipptopp ist. Er ist gezeichnet von reifen roten Früchten und einem schönen Schmelz. Die Frucht ist auf der gefälligen Seite und sein Temperament vollfruchtig mit Noten von Cassis, Brombeeren und Pflaumenkompott. Perfekt, wenn man einen wirklich günstigen Alltagswein sucht, mit dem man auch die Gäste verblüffen kann. Aus der roten Nationaltraube Österreichs vinifiziert.

TRINKREIFE JETZT GENIESSEN
PASST ZU GEFLÜGEL, WURSTWAREN, KALTER PLATTE, SCHLACHTPLATTE, TERRINE
SERVICETIPP BEI 15–17 °C SERVIEREN
ALKOHOLWERT 12,4 %

Punkte

14.75

SÜDAFRIKA

ROTWEIN

PREIS FR. 3.95

BALANCE 2020 SHIRAZ MERLOT

Easy drinking von Fern. Ein mittelschwerer, delikat fruchtiger Roter, der an Cassis, Brombeeren und etwas Leder erinnert. Hat dezente Tannine, die ihm eine angenehme Struktur verleihen. Ist mit Drehverschluss verschlossen, was ein Indiz für lockeren Genuss ist, wie natürlich auch sein Preis, der wahrlich tief ist. Kurz: kein Wein der grossen Worte, aber einer mit feiner Fruchtigkeit. Perfekt, wenn es günstig und einfach sein darf.

TRINKREIFE JETZT GENIESSEN
PASST ZU PIZZA, STEAK, HAMBURGER, FLEISCHGERICHTEN
SERVICETIPP BEI 15–17 °C SERVIEREN
ALKOHOLWERT 13 %

SCHWEIZ

Punkte

17*

SCHAUMWEIN

PREIS FR. 11.95

MAULER CORDON OR DRY

Die Familie Mauler ist weit über die Landesgrenze hinaus für ihre Schaumweinproduktion bekannt. Das Familienunternehmen geht auf das Jahr 1829 zurück. Tradition und Qualität werden grossgeschrieben. Das erkennt man schnell bei einem Besuch des historischen Betriebs in Môtiers, was ich sehr empfehlen kann. Die Palette der Mauler-Schaumweine ist umfangreich und man kann unter rund 30 verschiedenen Produkten auswählen. Diese Cuvée reifte während 20 Monaten im Keller – ich erwähne das, weil angesichts dieser Dauer der Preis sehr günstig ist. Auch wenn Dry auf dem Etikett steht, so offenbart dieser Klassiker doch einen schönen Fruchtschmelz. Noten von Melonen, Honig und Pfirsich sind zu erkennen. Die Mousse ist dicht und fein. Ein dynamischer Neuenburger, der jeden Apéro in Schwung bringt und preislich top ist. Denn er kostet etwa so viel wie ein Durchschnittsprosecco und ist in der Art viel komplexer.

TRINKREIFE JETZT GENIESSEN
PASST ZU APÉRO, GEBÄCK, GRILLADEN VOM FISCH, TAPAS, GEFLÜGEL, BELLINI
SERVICETIPP BEI 6–8 °C SERVIEREN
ALKOHOLWERT 12 %

Punkte

15.5*

ITALIEN

SCHAUMWEIN

PREIS FR. 7.50

PROSECCO CORNARO TREVISO DOC EXTRA DRY

Die Mousse ist blass und ergibt eine delikate weisse Schaumkrone. Es duftet nach weissen Blüten und etwas Honig. Auch im Gaumen angenehm delikat und blumig. Die Mousse ist zart und fein. Ein einfacher, aber gefälliger Prosecco, den man unbekümmert kaltstellen kann. Auch on the rocks oder im Bellini perfekt. Preislich natürlich absolut ein Hit. Ideal für die Party mit lauter Musik und schrillen Cocktails.

TRINKREIFE JETZT GENIESSEN
PASST ZU ANTIPASTI, BELLINI, APÉRO, FISCHKNUSPERLI, TOMATENBROT, ANTIPASTI, GRILLIERTEM GEMÜSE, PIZZA
SERVICETIPP BEI 6–8 °C SERVIEREN
ALKOHOLWERT 11 %

Punkte

15.75*

SPANIEN

SCHAUMWEIN

PREIS FR. 5.50

CAVA JAUME SERRA BRUT

Hier zeigt sich der Unterschied von Boden- und Produktionspreisen. Dieser Wein kostet halb so viel wie der Schweizer Schaumwein und ist qualitativ absolut okay. Hat eine schöne Frische und eine dynamische Art. Noten von Limetten, Birnen und Fenchelsamen sind zu erkennen. Klar auf der frischen Seite. Perfekt gegen den Durst. Warum nicht auch on the rocks geniessen? Ein Cava, der Rhythmus in sich trägt und Lust auf einen ruhigen Siesta-Nachmittag macht. Easy drinking mit frischem Flair. Die Mousse ist mittelkräftig und gut eingebunden. Preislich ein Hit.

TRINKREIFE JETZT GENIESSEN
PASST ZU APÉRO, ANTIPASTI, FISCH, RISOTTO, SCALOPPINE AL LIMONE, FISCHCARPACCIO
SERVICETIPP BEI 6–8 °C SERVIEREN
ALKOHOLWERT 11,5 %

Punkte

17*

FRANKREICH

SÜSSWEIN

PREIS FR. 8.95

CLAIRETTE DE DIE TRADITION EXCELLENCE

Ein Wein zum Verlieben. Assemblage aus Muscat und Clairette. Die Nase verrät bereits, dass es sich um einen lieblichen Schaumwein handelt. Noten von Litschi, Jasmin und Honig sind präsent. Im Gaumen geht es gleich lustvoll weiter. Dieser Schaumwein macht schlicht Spass, vorausgesetzt, man hat gerne eine geballte Ladung an fruchtig-süssen Aromen. Die Mousse ist fein und sehr gut eingebaut. Ideal zur Sommerlektüre, als Apérogetränk in den Ferien oder wenn man nach dem Theaterbesuch noch Lust auf eine prickelnde Erfrischung hat. Perfekt ist, dass er nur gerade 7 % Alkohol hat. Musikalisch passen Easy-Listening-Klänge aus den 60er-Jahren dazu. On the rocks serviert, wird das zum neuen Hausdrink. Clairette de Die ist eine spezielle Appellation für Schaumweine in Frankreich.

TRINKREIFE JETZT GENIESSEN
PASST ZU GEBÄCK, APÉRO, ZIEGENKÄSE, LEICHTEN ZIGARREN
SERVICETIPP BEI 6–8 °C SERVIEREN
ALKOHOLWERT 7 %

Punkte

16.5*

ITALIEN

SÜSSWEIN

PREIS FR. 5.95

MOSCATO SPRINTOSO
TOSO

Neu in diesem Kapitel und eine echte Entdeckung und ein kleiner Coup de cœur von mir. Zugegeben, ich mag Moscato-Spumanti sehr. Sie strahlen eine lockere Art aus, die ich nach langen Degustationstagen besonders schätze. Noten von Rosinen, Rosen, Honig und Muskat sind zentral. Die Mousse hat eine gute Präsenz und weckt den Gaumen im Nu. Spassig, frivol und in sich ruhend. Ein süss-aromatischer Norditaliener, den man auch aus Sektschalen servieren kann. Prickelt den Gaumen fröhlich.

TRINKREIFE JETZT GENIESSEN
PASST ZU GEBÄCK, APÉRO, PANETTONE, SONNTAGSFRÜHSTÜCK, COCKTAILS, ON THE ROCKS
SERVICETIPP BEI 6–8 °C SERVIEREN
ALKOHOLWERT 6 %

SBRINZ AOP MÖCKLI

Sbrinz AOP Möckli und ein gutes Glas Wein kommt bei den Gästen garantiert gut an. Brechen (nicht schneiden) Sie die Möckli mit einem Sbrinz Stecher aus einem Stück reifen Sbrinz.

SBRINZ AOP REIBKÄSE

Ob zu Teigwaren, Risotto oder Gratin: Die kulinarische Bandbreite von Sbrinz AOP Reibkäse ist beinahe unbeschränkt. Sein würziges Bouquet gibt feinen Gerichten genau den richtigen Pfiff.

SBRINZ AOP HOBELROLLEN

Der Zentralschweizer mit Ecken und Kanten kann auch ganz zart … als hauchdünne Hobelrolle. Sbrinz AOP Hobelrollen sind abgepackt erhältlich oder können mit einem Hobel oder einem Sparschäler einfach selber hergestellt werden.

MAULER, CORDON OR
MÉTHODE TRADITIONELLE BRUT

Der Klassiker von Mauler. Kaum schenkt man den Cordon Or Brut ins Glas ein, bildet sich eine kräftige Schaumkrone, die dann im Gaumen delikat prickelt. Noten von Limetten, Quitten und Honig sind zu erkennen, wie auch etwas weisser Pfirsich und Holunder. Ist knackig, frisch und hat einen guten Druck. Ideal für den Apéro oder kleine Häppchen.

Punkte
16,25

PREIS FR. 15.50

TRINKREIFE JETZT GENIESSEN
PASST ZU SBRINZ AOP MÖCKLI, RISOTTO MIT GERIEBENEM SBRINZ AOP
SERVICETIPP BEI 6–7 °C SERVIEREN

LA TOUR DE CHÂTA 2020
MONT-SUR-ROLLE

Frisch, süffig und mit schönem Trinkfluss. Bodenständig vom ersten bis zum letzten Schluck und perfekt gegen den Durst. Solider und traditioneller Chasselas, den man gut an einem Apéro oder als Hauswein ausschenken kann. Unbedingt auch einmal das Château selber am Genfersee besuchen gehen.

Punkte
16,5

PREIS FR. 11.95
(70 CL)

TRINKREIFE JETZT GENIESSEN
PASST ZU SBRINZ AOP HOBELROLLEN, KÄSEKÜCHLEIN MIT SBRINZ AOP, SPARGEL MIT GERIEBENEM SBRINZ AOP
SERVICETIPP BEI 8–10 °C SERVIEREN

DÔLE 2019 DIVINO
CAVES GARNIER

Einfach, aber okay. Ein mittelschwerer, dezent fruchtiger Alltagswein, der perfekt zu einer Vesperplatte oder Hausmannskost serviert werden kann. Sehr süffig und aromatisch an Walderdbeeren, Cassis und Schokolade erinnernd. Die Tannine sind fein und zart spürbar.

Punkte
15,25*

PREIS FR. 6.20

TRINKREIFE JETZT GENIESSEN
PASST ZU KÄSESCHNITTE, SBRINZ AOP MÖCKLI
SERVICETIPP BEI 15–16 °C SERVIEREN

ŒIL-DE-PERDRIX 2020
CAVE DU CHÂTEAU D'AUVERNIER

Kaum im Glas leuchtet es in strahlendem fluoreszierendem Pink. Im Gaumen dann frisch, knackig und perfekt gegen den Durst. Hat eine schöne Struktur und auch eine angenehme Fruchtigkeit. Aromatisch erkennt man Noten von saftigen Beeren, Kirschen und etwas Pfeffer. Rosé gegen den Durst und für das gesellige Zusammensein. Ideal auch, wenn man einen nicht zu schweren Wein für traditionelle Gerichte sucht.

Punkte
17,5

PREIS FR. 19.95

TRINKREIFE JETZT GENIESSEN
PASST ZU RÖSTI- ODER SPÄTZLIPFANNE MIT SBRINZ AOP ÜBERBACKEN
SERVICETIPP BEI 12–13 °C SERVIEREN

FLÄSCH GEMSWÄNDLER PINOT NOIR 2020
AOC GRAUBÜNDEN – VOLG WEINKELLEREIEN

Hier erkennt man einen klassischen Pinot Noir mit Aromen von reifen Walderdbeeren, Holunder und Pflaumen. Die Tannine sind seidig und präsent. Schön auch die frische Seite im Finale, die ihm eine schöne Dynamik verleiht. Seit Jahren ein sicherer Wert aus einer der bekanntesten Weinbauzonen der Bündner Herrschaft.

Punkte
17,25

PREIS FR. 17.90

TRINKREIFE BIS 2026 GENIESSEN
PASST ZU RISOTTO MIT SBRINZ AOP VERFEINERT, GEMÜSEGRATIN MIT SBRINZ AOP, KÄSESCHNITTE MIT SBRINZ AOP UND CHAMPIGNONS
SERVICETIPP BEI 15–16 °C SERVIEREN

Sbrinz AOP ist ein Schweizer Käseklassiker, der es kreativen Köchen leicht macht, die Gäste mit seiner Vielfalt zu überraschen. Je nachdem, wie er serviert wird, können andere Weine als Kombination dazu genossen werden.

Gerade bei der Kombination mit Sbrinz AOP kann man sowohl kräftige Rotweine, wie aber auch gereifte Weissweine geniessen. Sehr interessant ist auch der Genuss von Süssweinen, die genügend Säure enthalten. Gut gereifte Weissweine mit Substanz bringen durch ihre feingliedrige Säure die Aromen dieses kräftigen Käsetyps sehr schön zutage. Bei reiferen Käsen bereichern deren salzige Noten den Geschmackseindruck um eine weitere Nuance.

Im Falle von Rotwein bringen Käse und Wein die gleichen Vorzüge mit: Geschmeidigkeit, Finesse, Schmelz und Würze. Das Tannin – das der hier gefragte Rotweintyp durchaus haben darf – sollte unbedingt reif und gut integriert sein. Befindet sich der Käse in einem Gericht und wird er primär in warmer Form serviert, wird es mit der Weinkombination deutlich einfacher. Ein Käsekuchen oder eine Quiche sind wunderbare Partner von frischen, süffigen Weissweinen, wie etwa ein Féchy, St-Saphorin, Epesses oder Aigle. Rezeptideen auf www.sbrinz.ch

LIDL
«Lidl lohnt sich»

Das Unternehmen Lidl wurde in den 1930er-Jahren im Schwäbischen als Lebensmittel-Sortimentsgrosshandel gegründet. Heute gehört das Familienunternehmen zu den führenden Discountern Europas. Lidl Schweiz eröffnete die ersten Filialen am 19. März 2009. Heute verfügt Lidl Schweiz über ein national flächendeckendes Filialnetz, das sich aus über 150 Filialen zusammensetzt. Ziel für die Zukunft ist, vermehrt an Bahnhöfen und in Stadtzentren präsent zu sein (ein schönes Beispiel ist die ehemalige Fraumünsterpost in Zürich oder die Filiale im Loeb Bern). Der Discounter wird regelmässig für seine Innovationen und sein Engagement für die Umwelt ausgezeichnet.

Bei Lidl ist generell ein starker Schweiz-Fokus festzustellen, der auch vor dem Weingestell keinen Halt macht. Entsprechend spannend ist das Weinangebot, das, obschon preislich eher günstig, sehr entdeckungswürdig ist. Persönlich habe ich zwei Weine für Lidl kreiert – einen Schweizer Rosé-Schaumwein namens «Velvet Pink» und einen Chasselas namens «GlouGlou». Die Wein-Website von Lidl ist trendig und jugendlich und sehr anregend gestaltet. Weine können aber nur im Geschäft direkt erworben werden.

Verkostungs-Statistik Lidl

82 verkostete Weine, davon 41 Rotweine

11 Anzahl Länder

WICHTIGSTE LÄNDER

Land	Anzahl
Schweiz	27
Italien	25
Frankreich	11
Spanien	8

SCHWEIZER REGIONEN

Region	Anzahl
Waadt	10
Wallis	10
Deutschschweiz	5
Tessin	2

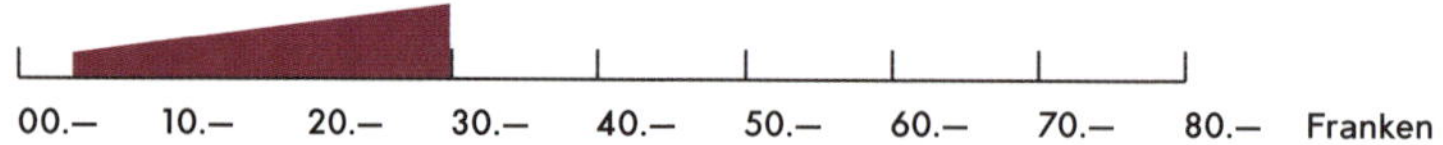

von **2.79** bis **29.99**

38

Weine zwischen 5 und 10 Franken

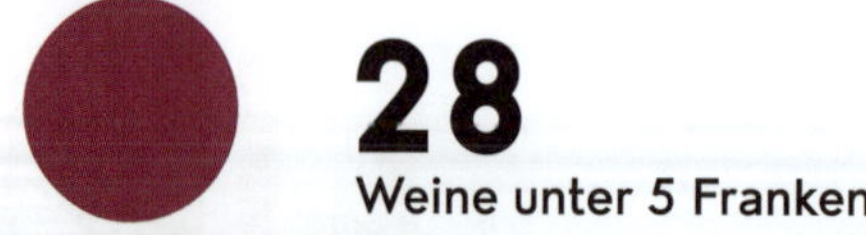

28

Weine unter 5 Franken

Aufgefallen

Punkte
17*

FR. **19.89** SEITE **423**

CHAMPAGNE C. DE SENNEVAL
ROSÉ
AOP, BRUT

Punkte
15.5*

FR. **3.49** SEITE **352**

CHASSELAS ROMAND VDP 2020
CAVE ST. SÉVERIN

Punkte
16.25*

FR. **9.79** SEITE **360**

BIANCO DI MERLOT DOC TICINO 2020
ANGELO DELEA

Punkte
16*

FR. **9.99** SEITE **419**

GAMELLÓN 2018
CRIANZA
JUMILLA DOP

Punkte
15.5*

FR. **4.49** SEITE **411**

DÃO 2018
RESERVA, DOC
TORRE DE FERRO

SCHWEIZ

Punkte

15.5*

WEISSWEIN

PREIS FR. 3.49

CHASSELAS ROMAND VDP 2020
CAVE ST. SÉVERIN

Auf diesen Wein freue ich mich immer, zumal er absolut entdeckungswürdig ist. Das gute Glas Chasselas für weniger als fünf Franken die Flasche – die jetzt noch günstiger geworden ist. Fast zu günstig. Ich konnte es im ersten Moment kaum glauben. Ein perfekter Alltags-Vin-de-soif. Schlank, mineralisch und frisch. Nicht der Lagerwein, aber einer, der auch an einer Gartenparty ausgeschenkt werden kann. Der neue Jahrgang ist verlässlich wie der 2018er und sogar eine Spur frischer. Offenbart Noten von weissen Blüten, Honig und etwas Pfirsich. Easy drinking mit einer bunt-fröhlichen Seele. Kann gut auch on the rocks und zu rhythmischen Klängen serviert werden. Es lohnt sich, genügend Flaschen gekühlt zu haben, da man Weine wie diesen im Eiltempo leert – und die Qualität des 20er-Jahrgangs sehr schön ist.

TRINKREIFE JETZT GENIESSEN
PASST ZU APÉRO, FONDUE, VEGETARISCHEN GERICHTEN, FORELLE
SERVICETIPP BEI 8–10 °C SERVIEREN
ALKOHOLWERT 12,5 %

Punkte

15.5

SCHWEIZ

WEISSWEIN

PREIS FR. 5.69

FENDANT DU VALAIS AOC 2020
CAVE DES MURGÈRES

Vin de soif aus dem Wallis, den man immer gekühlt bereit haben sollte. Günstiger geht es kaum. Aus der Sorte Chasselas vinifiziert. In der Aromatik erkennt man Noten von eiskalten Melonen, Quitten und Pfirsich. Hat eine schöne Frische und saftige Fruchtigkeit in sich. Unkompliziert, erfrischend und nicht zu schwer. Verlässlicher Hauswein.

TRINKREIFE JETZT GENIESSEN
PASST ZU SÜSSWASSERFISCH, KÄSEGERICHTEN, QUICHE, GEFLÜGEL, TRUTHAHN, APÉRO
SERVICETIPP BEI 8–10 °C SERVIEREN
ALKOHOLWERT 11.7 %

SCHWEIZ

Punkte

15.5*

WEISSWEIN

PREIS FR. 5.89

LA CÔTE AOC 2020
CAVE ST. SÉVERIN

Chasselas mit Easy-drinking-Charakter. Er macht einfach Spass und erfreut den Gaumen schon beim ersten Schluck. Kühlen, aufschrauben und geniessen. Klassischer Schweizer gegen den Durst, der mit dem neuen Jahrgang ganz im Hausstil daherkommt. Er zischt förmlich durch den Gaumen. Perfekt für die Gartenparty oder die Studentendebatte. Kühlen, Musik abspielen, Grill einfeuern und los gehts. Mit diesem Schweizer Klassiker halten Sie den Gaumen frisch und die Stimmung angeregt. La Côte ist eine gemütlich stimmende Ausdehnung von sanften Hügeln, die von Morges bis zur Genfer Grenze vom See her Richtung Wald sanft ansteigen – eine Region, die dicht mit Reben bepflanzt ist.

TRINKREIFE JETZT GENIESSEN
PASST ZU APÉRO, KÄSEGERICHTEN, FLEISCHKÄSE, SCHLACHTPLATTE, EGLIFILET
SERVICETIPP BEI 8–10 °C SERVIEREN
ALKOHOLWERT 12,5 %

SCHWEIZ

Punkte

15.5

WEISSWEIN

PREIS FR. 6.49

RIESLING-SILVANER 2020
VDP OSTSCHWEIZ
BARISI DINKEL

Frivol, aromatisch und mit Pfiff. Ein rassiger Ostschweizer gegen den Durst, der auch etwas CO_2 enthält. Noten von Rosen, Muscat, Honig und etwas Minze sind im Vordergrund zu erkennen. Auch ein Wein, den man on the rocks geniessen kann. Aromatisch das Gegenteil eines Chasselas, da es hier sehr expressiv zu und her geht. Ein Hit gegen den Durst. Hat Dynamik und Druck. Sehr parfümiert und floral in der Art.

TRINKREIFE JETZT GENIESSEN
PASST ZU APÉRO, EGLIFILET, FORELLE, VEGETARISCHEN GERICHTEN
SERVICETIPP BEI 8–10 °C SERVIEREN
ALKOHOLWERT 12,5 %

Punkte

15.25

SCHWEIZ

WEISSWEIN

PREIS FR. 6.49

MONT-SUR-ROLLE AOC 2020
CAVE ST. SÉVERIN

Mont-sur-Rolle ist eines der zahlreichen Winzerdörfer am Genfersee, deren Besuch zur Folge hat, dass man immer ein paar dieser Chasselas-Weine im Kühlschrank bereit haben wird. Denn direkt am Genfersee genossen, wird man förmlich von ihrer Güte verzaubert. Der neue Jahrgang hat einen traditionellen Charakter mit Noten von Lindenblüten, Hefe und etwas Honig. Bodenständig, süffig und gegen den Durst. Kurz: ein klassischer Vin de soif

TRINKREIFE JETZT GENIESSEN
PASST ZU APÉRO, FONDUE, VEGETARISCHEN GERICHTEN, FORELLE
SERVICETIPP BEI 8–10 °C SERVIEREN
ALKOHOLWERT 12,7 %

SCHWEIZ

Punkte

15.5

WEISSWEIN

PREIS FR. 8.39

FÉCHY AOC 2020
CAVE DE NOÉ

Der neue Jahrgang hat seine Stilistik etwas verändert und ist mehr auf der schmelzigen Seite mit Noten von Quittenparfait und Holunder. Er ist in sich ruhend und süffig, wobei im Finale eine charmante Aromatik von Honig zu erkennen ist. Gemütlicher Wein für gemütliche Apéros. Ein traditioneller Schweizer, den man auch auf eine Wanderung mitnehmen kann. Féchy-Weine zählen übrigens zu den beliebtesten Chasselas-Weinen der Schweiz.

TRINKREIFE JETZT GENIESSEN
PASST ZU APÉRO, FONDUE, VEGETARISCHEN GERICHTEN, FORELLE, KALTER PLATTE
SERVICETIPP BEI 8–10 °C SERVIEREN
ALKOHOLWERT 12,5 %

SCHWEIZ

Punkte

15.5

WEISSWEIN

PREIS FR. 8.99

LAVAUX AOC 2020
LÉDERREY SA

Ein Lidl-Klassiker, den ich seit Jahren verkoste und auf den man sich generell verlassen kann, wenn man gerne einen schmelzigen, traditionellen und bodenständigen Chasselas trinkt. Hier ist weniger die fruchtig-frische Seite dominant als vielmehr die charmant-cremige. Ein gemütlich stimmender Chasselas, der zu Schweizer Küchenklassikern oder Fisch passt und der mit dem neuen Jahrgang ganz dem Hausstil treu geblieben ist. Vin de soif mit Unesco-Verbindung, zumal das Lavaux ein Unesco-geschütztes Weingebiet ist.

TRINKREIFE JETZT GENIESSEN
PASST ZU APÉRO, FONDUE, VEGETARISCHEN GERICHTEN, FORELLE, KALTER PLATTE, GEFLÜGEL
SERVICETIPP BEI 8–10 °C SERVIEREN
ALKOHOLWERT 12,7 %

SCHWEIZ

Punkte

16.25*

WEISSWEIN

PREIS FR. 8.99

EPESSES LYS D'OR 2020
AOC
LÉDERREY SA

Auch der neue Jahrgang ist verlässlich und perfekt, wenn man einen schlanken, rassigen, aromatisch eher neutralen Weissen gegen den Durst sucht. Trocken, gradlinig und erfrischend wie der Sprung in den Genfersee am frühen Morgen. Noten von Aprikose und Melonen sind zu erkennen. Wichtig ist, dass er eiskalt genossen wird. Die Weissweine, die als Epesses bezeichnet werden, sind immer aus Chasselas vinifiziert. Schweizer Klassiker.

TRINKREIFE JETZT GENIESSEN
PASST ZU APÉRO, FISCH, KÄSE, EXOTISCHEN VORSPEISEN, FITNESSTELLER MIT GEFLÜGEL, WURST-KÄSE-SALAT
SERVICETIPP BEI 8–10 °C SERVIEREN
ALKOHOLWERT 12,7 %

SCHWEIZ

Punkte

16.25*

WEISSWEIN

PREIS FR. 9.79

BIANCO DI MERLOT 2020
ANGELO DELEA
DOC TICINO

Es freut mich sehr zu verfolgen, wie konstant die Qualität der Delea-Lidl-Abfüllungen sind. Die Familie Delea gehört zu den wichtigen Tessiner Weinfamilien, die besonders durch den Schaumwein Charme und den Topwein Carato bekannt geworden sind. Wie so viele andere Winzer im Tessin vinifizieren sie auch diverse weisse Merlot-Weine, die eine absolute Schweizer Spezialität sind. Dieser Bianco di Merlot hat angenehm fruchtige Aromen, die an weissen Pfirsich, Honig und Lindenblüten denken lassen. Es ist kein komplizierter Wein, sondern ein saftig-süffiger, der auch aromatisch keine grossen Kapriolen macht, aber den Durst im Nu löscht und auch Lust macht, wieder einmal ins Tessin zu fahren und unsere südliche Kultur zu entdecken. Warum nicht auch die Familie Delea besuchen?

TRINKREIFE JETZT GENIESSEN
PASST ZU APÉRO AUF DER TERRASSE, HÄPPCHEN, RISOTTO AL LIMONE, KALBFLEISCH, GEFLÜGEL, CAESAR SALAD
SERVICETIPP BEI 8–10 °C SERVIEREN
ALKOHOLWERT 13 %

Punkte

15.25

SCHWEIZ

WEISSWEIN

PREIS FR. 9.99

CHARDONNAY DU VALAIS 2020
AOC
CAVES ST-LÉONARD

Optisch etwas aufgefrischt und auch preislich etwas nach oben gerückt. Ein moderner, schmelziger Unterhaltungswein. Exotik pur – blind verkostet würde ich sogar an einen leichteren Chardonnay aus Übersee denken. Noten von Ananas, Melone und Honig sind dominant. Moderne Walliser Spezialität, die aromatisch das Gegenteil eines eher neutralen Chasselas ist. Easy drinking aus der grössten Weinregion der Schweiz mit molligem Charme – zelebriert seine Kurven wie die Komikerin Melissa McCarthy. Lockere Gaumenunterhaltung in jedem Schluck.

TRINKREIFE JETZT GENIESSEN
PASST ZU APÉRO, EXOTISCHEN VORSPEISEN, FISCH, GEFLÜGEL, GEMÜSEAUFLAUF
SERVICETIPP BEI 8–10 °C SERVIEREN
ALKOHOLWERT 13,3 %

Punkte

16*

SCHWEIZ

WEISSWEIN

PREIS FR. 9.99

VILLETTE TREIZE-VENTS 2020
AOC
LÉDERREY SA

Seit Jahren ein sicherer Wert, den ich immer gerne im Kühlschrank bereit habe. Im Vergleich zum 2019er ist der 2020er cremiger und etwas fülliger, aber dennoch sehr süffig. Man erkennt Noten von kandierten Quitten, Honig und etwas Lindenblüten. Dennoch sehr frisch und perfekt gegen den Durst. Das gute Glas Schweizer Chasselas, das den Gaumen weckt und sehr gut zu Fischgerichten oder kulinarischen Kreationen, die Käse enthalten, passt. Er kostet etwas mehr, da die Chasselas aus dem speziellen Terroir Lavaux generell etwas teurer sind.

TRINKREIFE JETZT GENIESSEN
PASST ZU APÉRO, SÜSSWASSERFISCH, GEMÜSETELLER, KÄSEPLATTE, FISCHTERRINE
SERVICETIPP BEI 8–10 °C SERVIEREN
ALKOHOLWERT 12,8 %

Punkte

16.5*

SCHWEIZ

WEISSWEIN

PREIS FR. 10.49

ST-SAPHORIN LYS D'OR 2020 AOC, LÉDERREY SA

Wurde einen Franken günstiger und hat auch aromatisch einen Sprung in eine positive Richtung unternommen. Hat eine schöne Aromatik und ist der expressivste Wein dieser Chasselas-Selektion. Man erkennt Aromen von exotischen Früchten, Honig und Ananas. Perfekt für den Apéro oder um eine müde Runde in Schwung zu bringen. Auch ein perfekter Wein, den man trinkt, während man das Nachtessen zubereitet. Besuchen Sie wieder einmal das Dorf St-Saphorin und die Auberge de l'Onde im Dorfzentrum. Danach wird dieser Wein noch besser schmecken, zumal man gesehen hat, aus welcher Region er stammt.

TRINKREIFE JETZT GENIESSEN
PASST ZU SÜSSWASSERFISCH, KÄSEGERICHTEN, GEFLÜGEL, QUICHE
SERVICETIPP BEI 8–10 °C SERVIEREN
ALKOHOLWERT 12,7 %

SCHWEIZ

Punkte

16

WEISSWEIN

PREIS FR. 10.49

AIGLE 2020
AOC CHABLAIS
CAVE ST. SÉVERIN

Nach wie vor ein Schnäppchen, da Aigle-Weine generell mehr kosten. Im Gaumen trocken, gradlinig und mit einer speziellen Frische ausgestattet. Der neue Jahrgang ist auf der frischen Seite, wobei auch Honig und Pfirsichnoten dazugekommen sind. Kein Wein der grossen Worte. Warum nicht immer ein paar gekühlte Flaschen von diesem Schweizer Klassiker an Lager haben? Es gibt nicht viele Weintypen, die den Gaumen so erfrischen wie ein Chasselas. Die Weinbaugemeinde Aigle befindet sich wie Yvorne, Ollon, Villeneuve und Bex in der Waadtländer Weinregion Chablais. Die Weinberge liegen am Ende des Genfersees am rechten Rhoneufer und profitieren von einem einzigartigen Klima; einerseits die ganz nach Süden ausgerichtete Lage, andererseits die vielen Streicheleinheiten durch den lauwarmen Föhn.

TRINKREIFE JETZT GENIESSEN
PASST ZU APÉRO, FONDUE, VEGETARISCHEN GERICHTEN, FORELLE, KALTER PLATTE, GEFLÜGEL
SERVICETIPP BEI 8–10 °C SERVIEREN
ALKOHOLWERT 12 %

SWISS WINE

Punkte

15.75

SCHWEIZ

WEISSWEIN

PREIS FR. 11.45

**PETITE ARVINE 2020
CAVE ST. SÉVERIN
VALAIS AOC**

Der neue Jahrgang ist etwas rustikaler und weniger expressiv als noch der 2019er. Rassig und frisch mit Noten von Steinobst und weissem Pfirsich. Kühl in der Art und ideal, wenn der Wein eher erfrischen soll. Im Finale dann trocken und mit einem Sweet-Sour-Touch. Kostet etwas mehr, ist aber für eine Petite Arvine dennoch sehr günstig. Die Sorte zählt zu den autochthonen, also einheimischen Sorten des Wallis und ist nach wie vor eine Rarität. Wenn Sie Ihren Gästen einen speziellen Schweizer servieren wollen, dann wäre dies ein Kandidat.

TRINKREIFE JETZT GENIESSEN
PASST ZU APÉRO, KÄSEGERICHTEN, SCHLACHTPLATTE, CHINESISCHER KÜCHE, CURRY
SERVICETIPP BEI 8–10 °C SERVIEREN
ALKOHOLWERT 12,9 %

Punkte

15.5

SCHWEIZ

WEISSWEIN

PREIS FR. 11.95

MALVOISIE DU VALAIS 2019
AOC
CAVE D'UVRIER

Ein Jahr nach der letzten Verkostung etwas reifer und in sich ruhender. Hat eine mollige Fülle und präsentiert sich eher reiffruchtig und opulent. Ist Ihnen der Chasselas zu leicht und der Petite Arvine zu speziell, dann wäre der Malvoisie (Pinot Gris) eine gute Alternative. Diese Abfüllung würde ich kurz als gemütlich stimmenden Walliser bezeichnen, der nach einem guten Stück Käse oder einem Geflügelgericht ruft. Noten von füssigem Honig, kandierten Mandarinen und Rhabarber sind zu erkennen. Im Gaumen schöner Schmelz und eine präsente Fülle. Komplex und intensiv. Klassische Walliser Spezialität, die man zu speziellen Gerichten geniesst.

TRINKREIFE JETZT GENIESSEN
PASST ZU SCHLUMMERTRUNK, REIFEM KÄSE, TERRINE, GEBÄCK, GEFLÜGEL, SPARERIBS, INDISCHEM CURRY
SERVICETIPP BEI 10–12 °C SERVIEREN
ALKOHOLWERT 12,5 %

Punkte

15.5

SCHWEIZ

WEISSWEIN

PREIS FR. 12.95

HEIDA 2020
MAISON ESCHER SA
VALAIS AOC

Es gibt keine bessere Zeit, in unsere Weinkultur einzutauchen, deren Wurzeln tief in unserer Geschichte verankert sind. Wir sind ein ganz spezielles, kleines Weinland im Herzen Europas, dessen Weine oftmals önologische Raritäten sind. So etwa der Heida. Heida zu trinken ist en vogue. Er leuchtet in hellem Goldgelb und duftet einladend nach Papaya, Honig und Ingwer. Im Gaumen zeigt er eine delikate Traminernote sowie Aromen, die an Rosen, Aprikosen und etwas Minze denken lassen. Mittelschwer, lieblich und gut gegen den Durst.

TRINKREIFE JETZT GENIESSEN
PASST ZU REIFEM KÄSE, TERRINE, GEBÄCK, KALBSSTEAK MIT ZITRONENSAUCE, SPARERIBS, INDISCHEM CURRY, SCHLUMMERTRUNK
SERVICETIPP BEI 10–12 °C SERVIEREN
ALKOHOLWERT 13,2 %

Punkte

15*

FRANKREICH

WEISSWEIN

PREIS FR. 2.95

CHARDONNAY 2020
CHEVALIER DE FAUVERT
PAYS D'OC

Easy drinking mit Noten von Ananas, Papaya und Melone. Absolut unkompliziert und solide. Ist im Vergleich zum Chardonnay aus dem Wallis süffiger und frischer. Einfach, korrekt und gegen den Durst. Kühl geniessen oder auch on the rocks. Guter Hauswein für alle Tage. Kein Lagerwein. Am besten kauft man ihn immer wieder frisch ein.

TRINKREIFE JETZT GENIESSEN
PASST ZU HAMBURGER, VEGETARISCHEN GERICHTEN, FISCH, GEFLÜGEL, EXOTISCHEN GERICHTEN, RISOTTO MIT GEMÜSE
SERVICETIPP BEI 8–10 °C SERVIEREN
ALKOHOLWERT 13 %

Punkte

14.5

FRANKREICH

WEISSWEIN

PREIS FR. 3.49

SAUVIGNON BLANC 2020 CHEVALIER DE FAUVERT PAYS D'OC

Frischer Sauvignon Blanc, der den Gaumen im Nu weckt. Noten von Limetten, Stachelbeeren und Pink Grapefruit sind zentral. Zischt wie ein kühler Bergbach durch den Gaumen und macht Lust, Antipasti zuzubereiten. Einfach, aber preislich ein Schnäppchen. Auch on the rocks eine gute Erfrischung. Falls Ihnen der Chardonnay vom gleichen Produzenten zu wenig aromatisch ist, dann schrauben Sie einfach diesen Wein auf. Der eine ist rund, der andere schlank.

TRINKREIFE JETZT GENIESSEN
PASST ZU APÉRO, SCALOPPINE AL LIMONE, CARPACCIO VOM FISCH, JAKOBSMUSCHELN, PASTA ALLE VONGOLE
SERVICETIPP BEI 8–10 °C SERVIEREN
ALKOHOLWERT 12 %

Punkte

15

FRANKREICH

WEISSWEIN

PREIS FR. 7.89

GEWÜRZTRAMINER 2020
VIN D'ALSACE

Eng mit dem Weinbau des Elsass ist die aromatische Traubensorte Gewürztraminer verbunden. Von hier stammen die weltweit bekanntesten Weine. Typisch für sie ist ihre überaus aromatische blumig-exotische Expression sowie ihr eher öliger, üppiger Gehalt. Diese Abfüllung ist herrlich geschmeidig mit Noten von kandierten Früchten, Rosenessenz und Muskat. Sehr zugänglich und charmant im Abgang. Einfach, aber absolut okay. Guter Einstieg in die sehr, sehr bunte Welt des Gewürztraminers.

TRINKREIFE JETZT GENIESSEN
PASST ZU CURRY, INDISCHEN GERICHTEN, TARTE FLAMBÉE, FISCH VOM GRILL, GEMÜSEAUFLAUF
SERVICETIPP BEI 8–10 °C SERVIEREN
ALKOHOLWERT 13,5 %

Punkte

15*

ITALIEN

WEISSWEIN

PREIS FR. 3.89

PINOT GRIGIO DELLE VENEZIE 2019 IGP

Auch wenn wir wieder den 2019er verkostet haben, handelte es sich um eine andere Abfüllung, die etwas weniger Alkohol enthält. Auch ist der Wein deutlich süffiger und fruchtiger. Natürlich ist es ein Basiswein zu einem Basispreis, aber in der Art ist er absolut okay. Noten von Limetten, weissem Pfirsich und Mandarinenschalen sind zu erkennen. Easy drinking pur, das spassig den Hals hinunterfliesst. Kühlen und geniessen – auch on the rocks. Grilladen- und Antipastiwein.

TRINKREIFE JETZT GENIESSEN
PASST ZU APÉRO, ANTIPASTI, GEGRILLTEM FISCH, VEGETARISCHEN GERICHTEN, PAELLA
SERVICETIPP BEI 8–10 °C SERVIEREN
ALKOHOLWERT 11,5 %

Punkte

14.5

ITALIEN

WEISSWEIN

PREIS FR. 4.99

BIANCO TERRE SICILIANE 2020 IGP, CALADELVERDE VINO BIOLOGICO

Einfach, trocken und gegen den Durst – und erst noch für das gute Gewissen, da es ein Biowein ist. Der neue Jahrgang ist rassig und frisch. Noten von weissen Blüten und Limetten, aber auch von Pink Grapefruit und weissem Pfeffer. Dieser Wein ist ideal, um den Gaumen frisch zu behalten, während man mediterrane Gerichte geniesst oder auch einfach einen Teller Antipasti. Kein Lagerwein.

TRINKREIFE JETZT GENIESSEN
PASST ZU APÉRO, ANTIPASTI, KRUSTENTIEREN, GEFLÜGEL, VEGETARISCHEN GERICHTEN, SÜSSWASSERFISCH
SERVICETIPP BEI 8–10 °C SERVIEREN
ALKOHOLWERT 11,5 %

Punkte

14.25

ITALIEN

WEISSWEIN

PREIS FR. 4.99

VERDICCHIO CASTELLI DI JESI 2020 DOC

Dieser süffige, rassige Weisswein ist ein Italien-Klassiker, genauer gesagt aus den Marken. Es ist ein leichtfüssiger, saftiger Weisser mit Aromen von Limetten, Birnen, Fleur de Sel und etwas Harz. Frisch und unkompliziert und ideal, wenn man einen Weissen für die Antipasti oder die Krustentiere sucht. Einfach, aber okay. «Verdicchio Castelli di Jesi» ist seit dem 11. August 1969 eine kontrollierte Herkunftsbezeichnung Italiens. Wichtig ist unter anderem, dass es im Wein mindestens 85 % Verdicchio hat.

TRINKREIFE JETZT GENIESSEN
PASST ZU APÉRO, ANTIPASTI, KRUSTENTIEREN, GEFLÜGEL, VEGETARISCHEN GERICHTEN, SÜSSWASSERFISCH
SERVICETIPP BEI 8–10 °C SERVIEREN
ALKOHOLWERT 13 %

Punkte

15*

SÜDAFRIKA

WEISSWEIN

PREIS FR. 2.95

CHENIN BLANC 2020
WESTERN CAPE

Ein Blick auf das Label und man weiss, was dieser Discount-Kracher will: «Crisp and Refreshing» verführen. Die Nase ist exotisch fruchtig und lässt an Honig und reifen Mango denken. Im Gaumen viel Frucht mit erneut exotischen Aromen. Einfach und günstig. Zum Preis sage ich gar nichts, denn viel tiefer geht es wohl nicht mehr. Einfacher Überseewein mit expressiver Aromatik.

TRINKREIFE JETZT GENIESSEN
PASST ZU GRILLADEN VON HELLEM FLEISCH, FISCH, EXOTISCHEN GERICHTEN, ON THE ROCKS, BOWLE
SERVICETIPP BEI 8–10 °C SERVIEREN
ALKOHOLWERT 13 %

SCHWEIZ

Punkte

15.5

ROSÉ

PREIS FR. 6.49

DÔLE BLANCHE DU VALAIS AOC 2018 CAVE D'UVRIER

Ein moderner, fruchtiger und fast schon komplexer Rosé, der ein guter Passepartoutwein für zahlreiche Gerichte ist – von einfacher Hausmannskost bis zu exotischen Kreationen. Easy drinking – zumal seine Aromatik sehr zugänglich ist und auch eine schöne Frische aufweist. Ist gehaltvoller als der Œil-de-Perdrix und daher eine gute Ergänzung auf dem Esstisch. Noten von Cassis, Walderdbeeren und etwas Melonen sind zu erkennen. Wichtig ist, dass dieser Rosé aus Pinot Noir schön kühl serviert wird. Das erfrischende Glas Schweizer Rosé.

TRINKREIFE JETZT GENIESSEN
PASST ZU KALTER PLATTE, GEMÜSESUPPE, TERRINE, FISCHTELLER, PASTA MIT MUSCHELN, APÉRO, GEFLÜGEL, NASI GORENG, THAI CURRY
SERVICETIPP BEI 12–13 °C SERVIEREN
ALKOHOLWERT 13,5 %

SCHWEIZ

Punkte

15.25

ROSÉ

PREIS FR. 7.49

ŒIL-DE-PERDRIX DU VALAIS
AOC 2020
CAVES DES MURGÈRES

Kühlen und geniessen – und warum nicht auch einmal als Abwechslung on the rocks? Ein lieblicher Rosé, der aus Pinot Noir vinifiziert worden ist. Eher auf der leichten Seite. Gut gegen den Durst und wenn der Rosé nicht zu schwer sein sollte. Noten von Quitten, Aprikosen und Sommerblumen sind zu erkennen. Ursprünglich stammt der Œil-de-Perdrix aus Neuenburg, wird aber inzwischen in der ganzen Schweiz vinifiziert und ist neben dem Dôle Blanche eine der bekannten Rosé-Arten.

TRINKREIFE JETZT GENIESSEN
PASST ZU GRILLADEN VOM FISCH, APÉRO, DIM SUM, FRÜHLINGSROLLEN, GLASNUDELSALAT, SPARERIBS, KALTER PLATTE, VEGETARISCHEN GERICHTEN
SERVICETIPP BEI 12–13 °C SERVIEREN
ALKOHOLWERT 12,9 %

Punkte

14.25

DEUTSCHLAND

ROSÉ

PREIS FR. 4.99

DORNFELDER ROSÉ 2020
DEUTSCHER QUALITÄTSWEIN

Schrill, extrovertiert und eine Sache für sich. Die Farbe ist Rosa-Pink und entsprechend süss-fruchtig ist die Aromatik. Erinnert etwas an den Mateus Rosé. Süss-fruchtig, beerig und mit einem Sweet-Sour-Touch. Das spezielle Gaumenerlebnis aus unserem Nachbarland. Persönlich würde ich ihn on the rocks servieren – oder zu exotischen Gerichten. Ideal, wenn Ihnen der Œil-de-Perdrix zu leicht ist.

TRINKREIFE JETZT GENIESSEN
PASST ZU KALTER PLATTE, VEGETARISCHEN GERICHTEN, GEFLÜGEL, SPARERIBS, EXOTISCHER KÜCHE
SERVICETIPP BEI 12–13 °C SERVIEREN
ALKOHOLWERT 12 %

Punkte

14.5

FRANKREICH

ROSÉ

PREIS FR. 3.49

GRIS ROSÉ 2020
VIN DE PAYS D'OC

Die Flasche ist schon eine Form für sich und herrlich geschwungen. Seine Farbe ist blass und sein Gehalt mittelschwer. Der perfekte Rosé für die Sommersaison, wenn man gerne einen trockenen, mineralischen Südfranzosen hat, der rassig und frisch den Hals hinunterfliesst, ohne dabei zu stark auf sich aufmerksam zu machen. Kein Lagerwein. Wird ideal eiskalt oder on the rocks genossen. Preislich unschlagbar. Einfach, aber okay.

TRINKREIFE JETZT GENIESSEN
PASST ZU APÉRO, GEFLÜGEL, ANTIPASTI, MEDITERRANER KÜCHE
SERVICETIPP BEI 12–13 °C SERVIEREN
ALKOHOLWERT 12 %

Punkte

15.5*

USA

ROSÉ

PREIS FR. 3.89

ZINFANDEL ROSÉ 2020

Interessant an diesem Rosé-Kapitel ist, dass wir fünf Roséweine vorstellen, die aromatisch jeder in eine ganz eigene Richtung geht – wobei dieser der schrillste und lauteste ist. Spassig vom ersten bis zum letzten Schluck und ein Klassiker seiner Art – denn ein Rosé-Zinfandel muss aromatisch eine Sache für sich sein. Die Farbe ist auch etwas dunkler. Extrovertiert und süss-fruchtig. Das könnte man auch als «kitschigen Trinkgenuss» bezeichnen, was natürlich nicht negativ gemeint ist, sondern eine Stilistik definiert. Neue Welt pur. Ich muss an ein Wassermelonenkonzentrat, Cassisgelee und Stachelbeerensorbet denken. Fun-Wein für Liebhaber von aromatischen Getränken. Das aromatische Gegenteil des französischen Gris Rosé. Interessant zu wissen, dass Zinfandel nichts anderes ist als Primitivo – in den USA heisst die Traube nur anders.

TRINKREIFE JETZT GENIESSEN
PASST ZU GRILLADEN, HAMBURGER, PIZZA, VEGETARISCHEN GERICHTEN, GEFLÜGEL, SPARERIBS
SERVICETIPP BEI 12–13 °C SERVIEREN
ALKOHOLWERT 10 %

SCHWEIZ

Punkte

15.25

ROTWEIN

PREIS FR. 5.49

GAMAY ROMAND 2020
VDP
CAVE ST. SÉVERIN

Der günstigste Rote der Lidl-Schweizer in diesem Kapitel, der auch mit dem neuen Jahrgang fruchtig-reif den Hals hinunterfliesst. Dieser Wein ist stoffig und voller Charme und sehr zugänglich. Noten von schwarzen Kirschen, etwas Cassis und Schokolade sind zu erkennen. Das Schöne am Gamay ist seine saftige Fruchtigkeit. Easy drinking pur, wenn der Rote nicht zu schwer sein soll. Perfekt für den unkomplizierten Genuss. 2020 strahlt er zudem noch eine Spur Dynamik und expressive Fruchtigkeit aus.

TRINKREIFE JETZT GENIESSEN
PASST ZU APÉRO, KALTER PLATTE, SUPPEN, AUFSCHNITT, KÄSESCHNITTE, FONDUE, FORELLENFILET, GEFLÜGEL
SERVICETIPP BEI 15–16 °C SERVIEREN
ALKOHOLWERT 13 %

Punkte

15.5*

SCHWEIZ

ROTWEIN

PREIS FR. 6.49

DÔLE DU VALAIS
AOC 2020
CAVE DES MURGÈRES

Rustikaler, aber sehr süffiger Dôle. Klar auf der leichten Seite, aber herrlich zugänglich und schwarzbeerig. Deutlich schöner als noch der 2019er, der etwas mehr Struktur hatte. Mittelschwer und fruchtig. Und natürlich zu einem super Preis. Kein Lagerwein, sondern einer, den man zu einem Salsiz, einem Stück Käse oder zu Schweizer Küchenklassikern geniesst. Warum nicht auch gleich die nächste Wanderung ins Wallis planen? Kann auch leicht gekühlt genossen werden.

TRINKREIFE JETZT GENIESSEN
PASST ZU KALTER PLATTE, WURSTSALAT, FONDUE, GEFLÜGEL, GEGRILLTEM FISCH, PILZGERICHTEN
SERVICETIPP BEI 15–16 °C SERVIEREN
ALKOHOLWERT 12,9 %

Punkte

15.5

SCHWEIZ

ROTWEIN

PREIS FR. 6.99

PINOT NOIR 2019
OSTSCHWEIZ VDP
BARISI DINKEL

Ein leichter, fröhlicher und gefälliger Pinot, der eher auf der süss-fruchtigen Seite markiert. Easy drinking für unbekümmerte Momente. Der neue Jahrgang offenbart etwas mehr Struktur und Tannine. Kalte Platte anrichten oder eine Wurst auf den Grill legen und geniessen. Sehr ausgewogen und mittelschwer in der Art. Das Etikett könnte noch etwas fröhlicher sein, da sein Preis perfekt ist, wenn man einen Wein für die Gartenparty oder den Studentenabend sucht. Lokale Weine waren noch nie so populär wie heute, denn wer sich um die Umwelt Sorgen macht, sollte einen Lokalen entkorken. Das gute Glas Schweizer Alltagswein.

TRINKREIFE JETZT GENIESSEN
PASST ZU APÉRO, KALTER PLATTE, FISCH, FLEISCHVOGEL, GRILLADEN VON DER WURST, AUFSCHNITT, KÄSESCHNITTE, FONDUE, FORELLENFILET
SERVICETIPP BEI 15–16 °C SERVIEREN
ALKOHOLWERT 13 %

Punkte

15.25

SCHWEIZ

ROTWEIN

PREIS FR. 7.89

CHAT NOIR 2018
VALAIS AOC
CAVE D'UVRIER

Auch ein Jahr nach der letzten Verkostung noch fruchtig frivol und sehr gefällig. Önologischer Ohrwurm, den man easy geniessen kann und der den Gaumen zu unterhalten weiss. Stimmt zufrieden und lässt aromatisch an kandierte Himbeeren, Erdbeeren und Melone denken. Eine Assemblage aus Merlot, Pinot Noir und Cabernet Sauvignon. Spassiger Walliser, bei dem schon das Etikett einen unkomplizierten Weingenuss einläutet. Eine schwarze Katze, die im Gaumen aber schmusig-fruchtig markiert. Hat eine bunte Seele und will einfach nur gefallen. Walliser Hauswein für das lockere Zusammensein und den geselligen Kochabend. Etwas teurer als noch vor einem Jahr.

TRINKREIFE JETZT GENIESSEN
PASST ZU KALTER PLATTE, VORSPEISEN, GEFLÜGEL, HÄPPCHEN
SERVICETIPP BEI 15–16 °C SERVIEREN
ALKOHOLWERT 12,3 %

SCHWEIZ

Punkte

15

ROTWEIN

PREIS FR. 7.99

ZÜRCHER CLEVNER
AOC 2019
BARISI DINKEL

Easy drinking aus der Deutschschweiz. Ein mittelschwerer, fruchtiger und sympathisch süffiger Roter, der nach Cassis, Walderdbeeren und etwas Schokolade duftet und schmeckt. Ist ein reiner Pinot Noir, der delikat den Hals hinunterfliesst und leicht gekühlt serviert werden sollte. Einfach, aber okay und ideal, wenn man einen Schweizer Wein für gemütliche Momente sucht – sei es für ein Picknick, eine Jass-Runde oder als Partner von Hausmannskost.

TRINKREIFE JETZT GENIESSEN
PASST ZU SÜSSWASSERFISCH, KALTER PLATTE, KÄSETELLER, MOSTBRÖCKLI, QUICHE, KÄSEKUCHEN, LAUCHSUPPE, RÖSTI
SERVICETIPP BEI 15–16 °C SERVIEREN
ALKOHOLWERT 13 %

Punkte

16

SCHWEIZ

ROTWEIN

PREIS FR. 8.49

PINOT NOIR SALGESCH 2019
VALAIS AOC
CAVE D'UVRIER

Ein kerniger und süffiger Pinot Noir, der zugleich einen urchigen Charakter aufweist und an die alpine Welt des Wallis denken lässt. Noten von schwarzen Kirschen, Cassis und etwas Erdbeeren sind zu erkennen. Mittelschwer und sortentypisch, zumal die Pinots aus Salgesch im Vergleich zum restlichen Wallis immer gerne etwas mehr Struktur und eine speziell bodenständige Aromatik aufweisen. Preislich für seine Herkunft sehr attraktiv. Zu diesem Klassiker kann man sowohl etwas Kleines, wie aber auch ein edles Filet geniessen. Im Vergleich zum Dôle etwas kerniger, komplexer und mit dezent markanteren Tanninen. Guter Hauswein aus dem Wallis, wenn der Schweizer Rote weniger als zehn Franken kosten sollte.

TRINKREIFE JETZT GENIESSEN
PASST ZU KALTER PLATTE, SCHWEIZER KÜCHE, SÜSSWASSERFISCH, ZWIEBELWÄHE, GEFLÜGEL, FILET
SERVICETIPP BEI 15–16 °C SERVIEREN
ALKOHOLWERT 13 %

Punkte

15

SCHWEIZ

ROTWEIN

PREIS FR. 8.89

HALLAUER BLAUBURGUNDER 2019
AOC SCHAFFHAUSEN
BARISI DINKEL

Der 2019er ist etwas verhaltener als noch der 2018er, aber in der Stilistik sehr ähnlich. Mittelschwer und süffig mit Noten von kandierten Kirschen, Erdbeermousse und Holunder. Kurz: ein Ostschweizer, den man am besten leicht gekühlt zu Häppchen serviert. Pinot Noir ist die Hauptsorte der Region und entsprechend populär. In Hallau, dem Hauptort des Schaffhauser Blauburgunderlandes, befindet sich die Weinkrone, das Weinmuseum der Region. Neben der Geschichte wird im historischen Gebäude auch die grosse Vielfalt an regionalen Weinen gezeigt.

TRINKREIFE JETZT GENIESSEN
PASST ZU SÜSSWASSERFISCH, KALTER PLATTE, KÄSETELLER, MOSTBRÖCKLI, QUICHE, KÄSEKUCHEN, LAUCHSUPPE, RÖSTI, FRÜHLINGSROLLEN, NASI GORENG
SERVICETIPP BEI 15–16 °C SERVIEREN
ALKOHOLWERT 13,5 %

Punkte

16.25*

SCHWEIZ

ROTWEIN

PREIS FR. 9.79

ROSSO DI MERLOT 2020
TICINO DOC
ANGELO DELEA

Der wohl beste Jahrgang, den wir von diesem Merlot je verkostet haben, und ein gutes Beispiel dafür, dass man vor allem bei den günstigeren Weinen des 2020er-Jahrgangs Topqualitäten findet. Natürlich kann es auch sein, dass das Covid-bedingt ist, da zahlreiche Vertriebskanäle weggefallen sind und mehr Schweizer Wein über den Detailhandel verteilt wurde. Wie dem auch sei – von diesem Merlot lohnt es sich, etwas auf die Seite zu tun, zumal er auch genügend Struktur zum Reifen hat. Aromatisch tauchen Noten von reifen Erdbeeren, Schokolade und Holunder auf, wie auch etwas Schokolade und Cassis. Mittelschwer vom Gehalt und ein guter Passepartoutwein – sowohl zu einfachen Gerichten wie auch zu komplizierteren Kreationen. Die Familie Delea gehört zu den Topproduzenten des Tessins und es ist erfreulich, dass sie unter ihrem Namen für Lidl Weine abfüllen.

TRINKREIFE JETZT GENIESSEN
PASST ZU KANINCHEN, GEFLÜGEL, PILZGERICHTEN, TERRINE, GRILLIERTEM FISCH, POLENTA, PASTA, PIZZA
SERVICETIPP BEI 15–16 °C SERVIEREN
ALKOHOLWERT 13 %

Punkte

15.5

SCHWEIZ

ROTWEIN

PREIS FR. 12.49

ZIZERSER BLAUBURGUNDER 2020
AOC GRAUBÜNDEN
BARISI DINKEL

Der neue Jahrgang ist herrlich fruchtig und sehr gefällig. Er duftet nach Heidelbeeren, Cassis und reifen Walderdbeeren. Im Gaumen lieblich und stoffig mit Noten von reifen Walderdbeeren, Holunder und auch etwas Brombeeren. Easy drinking, das in Gedanken in die Welt der Bündner Weine einführt. Warum nicht wieder einmal einen Besuch in die Herrschaft planen und die zahlreichen historischen Winzerdörfer besuchen? Dass dieser Pinot etwas teurer ist, hat damit zu tun, dass die Weine der Region sehr rar und limitiert sind.

TRINKREIFE JETZT GENIESSEN
PASST ZU GERSTENSUPPE MIT WURST, GEFLÜGEL, QUICHE, KARTOFFELGERICHTEN, KALTER PLATTE, ROASTBEEF
SERVICETIPP BEI 15–16 °C SERVIEREN
ALKOHOLWERT 13 %

Punkte

14.5

ARGENTINIEN

ROTWEIN

PREIS FR. 4.99

MALBEC 2020
MENDOZA

Der günstigste Malbec dieser Ausgabe. Klar handelt es sich bei diesem Verkaufspreis um einen Basis-Malbec, aber seine fruchtig dichte Art und sein fröhlicher Charakter sind eine Entdeckung wert. Noten von saftigen Stachelbeeren, Schokolade und Alpenkräutern sind vordergründig. Kein Lagerwein und auch kein Wein, den man vor dem Genuss dekantieren oder gar früher öffnen müsste. Hier lautet die Devise: aufschrauben und geniessen. Modern, vollaromatisch und fett. Ein Wein, der im Keller entstanden ist.

TRINKREIFE JETZT GENIESSEN
PASST ZU HAMBURGER, STEAK, BRATWURST, PIZZA, GRILLADEN, VEGETARISCHEN GERICHTEN
SERVICETIPP BEI 15–16 °C SERVIEREN
ALKOHOLWERT 13,5 %

Punkte

14.75

AUSTRALIEN

ROTWEIN

PREIS FR. 3.49

SHIRAZ 2020
SOUTH EASTERN AUSTRALIA

«Bold and Spicy» steht auf dem gelben Etikett. Was er auf jeden Fall ist: sehr aromatisch und extrovertiert. Hat saftige Fruchtaromen und ein Konzentrat an Cassis, Himbeeren und Schokolade. Würzig dann im Abgang. Gefällt Ihnen der Malbec aus Argentinien dieses Kapitels, dann sind Sie auch ein Kandidat für diesen Wein. Denn auch hier hat der Wein seinen Charakter mehr im Keller als im Rebberg bekommen. Seine Aromen sind exotisch fruchtig und seine Art unkompliziert einfach. Guter Partywein für Jung und Alt.

TRINKREIFE JETZT GENIESSEN
PASST ZU GRILLADEN, HAMBURGER, SPARERIBS, EXOTISCHEN GERICHTEN
SERVICETIPP BEI 15–16 °C SERVIEREN
ALKOHOLWERT 13 %

Punkte

15.5*

FRANKREICH

ROTWEIN

PREIS FR. 3.29

CÔTES DU RHÔNE 2019 AOP

Ein weiteres Franzosen-Schnäppchen, das auch ein Jahr nach der letzten Verkostung noch stimmt. Klar einfach in der Art, aber okay – und dann erst noch zu diesem Preis. Trinkt sich äusserst gefällig mit Noten von Stachelbeeren, Cassis, etwas Leder und einem Hauch Schokolade. Stimmt entspannt und macht Lust, französische Alltagsküche zu kochen. Solider Hauswein, den man gut als Notvorrat einlagern kann – vor allem vom 2019er-Jahrgang. Hat eine rustikale, bodenständige Note.

TRINKREIFE JETZT GENIESSEN
PASST ZU SCHWEINEBRATEN, SPARERIBS, TERRINE, RISOTTO, SPECK UND BOHNEN
SERVICETIPP BEI 15–16 °C SERVIEREN
ALKOHOLWERT 13 %

Punkte

15

FRANKREICH

ROTWEIN

PREIS FR. 3.79

BORDEAUX AOP 2019

Der Basiswein aus Bordeaux zu einem schier unglaublich günstigen Preis. Hat im Vergleich zum 2018er an Schmelz und Fruchtigkeit etwas zugelegt. Klar ein einfacher Wein, aber absolut okay, wenn man an den Preis denkt. Die Tannine sind präsent und wirken dezent herb im Gaumen neben den beerigen Aromen, die an Cassis und Brombeeren denken lassen. Einfacher Hauswein für den Eintopf oder Grilladen vom Pfeffersteak.

TRINKREIFE JETZT GENIESSEN
PASST ZU STEAK, GRILLADEN, BRATEN, PIZZA, HAMBURGER
SERVICETIPP BEI 16–17 °C SERVIEREN
ALKOHOLWERT 13,5 %

Punkte

15.5

FRANKREICH

ROTWEIN

PREIS FR. 11.95

SAINT-ÉMILION GRAND CRU 2018 AOP

Der neue Jahrgang ist qualitativ einen Sprung nach vorne gerutscht. Assemblage von Merlot und Cabernet Franc. Ideal, wenn der Wein Ecken und Kanten haben darf und wenn man beispielsweise das pure Gegenteil des Amarone aus diesem Kapitel trinken will. Nicht ganz einfach, da er auch eine leicht kernige Note aufweist. Ein Saint-Émilion Grand Cru zu diesem Preis ist selten, zumal das Terroir hier sehr teuer und limitiert ist. Man sollte unbedingt ein Stück Fleisch oder ein kräftiges Gericht damit kombinieren. Aromatisch tauchen Noten von Cassis, Leder, Backpflaumen und Heidelbeerkonzentrat auf. Hat auch eine angenehm schokoladige Seite. Dekantieren und aus grösseren Gläsern servieren.

TRINKREIFE BIS 2025 GENIESSEN
PASST ZU STEAK, BRATEN, WILD, KALBSSTEAK MIT PILZEN, BOHNENSUPPE MIT SPECK
SERVICETIPP BEI 16–17 °C SERVIEREN
ALKOHOLWERT 13,5 %

Punkte

14.5

ITALIEN

ROTWEIN

PREIS FR. 2.79

MONTEPULCIANO D'ABRUZZO 2019 DOC

Aus der Sorte Montepulciano vinifiziert und der günstigste Rotwein von Lidl. Der neue Jahrgang ist fruchtig, gefällig und absolut okay – wenn auch sehr einfach. Natürlich schmeckt er nicht wie ein Wein, der zehn Franken oder mehr kostet. Aber man erkennt Noten von Rhabarber, Aprikosen und etwas Schokolade. Sein Preis-Leistungs-Verhältnis ist nahezu einzigartig. Rein geschmacklich käme ich nie darauf, dass er so günstig ist. Guter Schnäppchenwein für Hausmannskost, der auf dem Etikett eine Wildsau zeigt, während der Bio-Montepulciano einen Bären abbildet.

TRINKREIFE JETZT GENIESSEN
PASST ZU PASTA, PIZZA, LASAGNE, GRILLADEN, HAMBURGER, FLEISCH MIT SAUCE, WURSTWAREN
SERVICETIPP BEI 15–16 °C SERVIEREN
ALKOHOLWERT 12,5 %

Punkte

14.25

ITALIEN

ROTWEIN

PREIS FR. 3.79

BARDOLINO CLASSICO 2019

Bardolino ist sowohl ein Ferienort am Gardasee wie auch ein leichter Rotwein, den man gerne etwas kühler geniesst. Er wird primär aus den Sorten Corvina und Rondinella vinifiziert, wobei es sich meist um einen eher leichten, süffigen und jung zu geniessenden Roten handelt – wie das auch bei diesem Wein der Fall ist. Aromatisch tauchen Aromen von Stachelbeeren, Cassis und Erdbeeren auf, wie auch etwas Limetten im Finale. Die Tannine sind leicht und der Abgang erfrischend. Leichter, frischer Roter für den unkomplizierten Genuss, der die Erinnerung an die letzten Ferien in Norditalien weckt.

TRINKREIFE JETZT GENIESSEN
PASST ZU PIZZA, PASTA, HAMBURGER, GRILLADEN
SERVICETIPP BEI 16–17 °C SERVIEREN
ALKOHOLWERT 12 %

Punkte

14.75

ITALIEN

ROTWEIN

PREIS FR. 3.79

CHIANTI 2020
DOCG
CORTE ALLA MURA

Gute Basisqualität, die auch mit dem neuen Jahrgang verlässlich ist und die frische Frucht in den Vordergrund stellt. Er bleibt ein Einsteigerwein, aber zu diesem Preis ist das auch in Ordnung. Man entdeckt Noten von Erdbeeren, Zedernholz und Pflaumen, wobei auch die Gerbstoffe fein und zart markieren. Servieren Sie zum Wein einen Teller Pasta oder etwas Salami. Kein Wein der grossen Worte. Man sollte ihn auch nicht lange lagern.

TRINKREIFE JETZT GENIESSEN
PASST ZU PASTA MIT TOMATENSAUCE, SPAGHETTI ALLA BOLOGNESE, LASAGNE, EINTOPF, SALAMI, FLEISCHGERICHTEN
SERVICETIPP BEI 16–17 °C SERVIEREN
ALKOHOLWERT 12,5 %

Punkte

14.5

ITALIEN

ROTWEIN

PREIS FR. 3.99

NERO D'AVOLA 2020 CORTE AURELIO DOP SICILIA

Bei solchen Weinpreisen muss ich immer zwei Mal hinschauen – zumal man für diesen Sizilianer wirklich wenig bezahlt. Neu in diesem Kapitel und klar der Super-Budget-Wein. Duftet nach Backpflaumen, reifen Brombeeren und etwas Papaya. Im Gaumen viel reife und marmeladige Frucht. Sehr einfach in der Art, aber okay, wenn man an seinen Preis denkt. Fruchtig und unkompliziert mit schokoladig-marmeladigem Abgang. Der Pizza-Pasta-Wein aus dem Süden Italiens. Kein Lagerwein.

TRINKREIFE JETZT GENIESSEN
PASST ZU PIZZA, PASTA, HAMBURGER, GRILLADEN
SERVICETIPP BEI 16–17 °C SERVIEREN
ALKOHOLWERT 13 %

Punkte

15.25*

ITALIEN

ROTWEIN

PREIS FR. 4.89

NEGROAMARO SALENTO 2019 IGP

Einfach, aber sympathisch. Süditaliener, der aromatisch an Brombeeren, schwarze Kirschen und Rosen denken lässt. Die Tannine sind delikat und im Gaumen tauchen auch Noten von Gewürznelken und Melonen auf. Kurz – viel Frucht und eine angenehme Frische. Kein komplizierter Wein, aber einer, der perfekt zu einem Teller Pasta, einer Pizza oder Antipasti passt. Preislich natürlich ein Hit.

TRINKREIFE JETZT GENIESSEN
PASST ZU GRILLADEN, EINTOPF, ENTE, FLEISCHVOGEL, WILD, PASTA MIT TOMATENSAUCE, PIZZA, LASAGNE, HAMBURGER
SERVICETIPP BEI 16–17 °C SERVIEREN
ALKOHOLWERT 12,5 %

Punkte

15.25*

ITALIEN

ROTWEIN

PREIS FR. 4.95

SALICE SALENTINO 2020 DOC PORTA ADOENO

Dieser Klassiker aus Puglia ist kräftig und stoffig mit Noten von reifen Brombeeren, Lakritze und Stachelbeeren. Easy drinking mit temperamentvollem Schmelz. Bossa Nova und südliche Dynamik in jedem Schluck. Kein Lagerwein, aber einer für die gesellige Runde und das Fest unter Kollegen – bei dem auch schön laut Ibiza-Party-Sound in der Luft liegt. Preislich jetzt unter 5 Franken, was wirklich sehr wenig ist.

TRINKREIFE JETZT GENIESSEN
PASST ZU PASTA, PIZZA, BRATEN, LAMM, ENTE, WILD, CHINESISCHER KÜCHE
SERVICETIPP BEI 15–16 °C SERVIEREN
ALKOHOLWERT 13 %

Punkte

15

ITALIEN

ROTWEIN

PREIS FR. 4.99

PASSO DELL'ORSO 2018 MONTEPULCIANO D'ABRUZZO VINO BIOLOGICO

Der Bio-Montepulciano mit Drehverschluss. Noten von schwarzen Kirschen, Leder, wilden Kräutern und Wiesen, auf denen glückliche Kühe den Sommer verbringen. Kurz – das ist ein Wein für das gute Gewissen, der aromatisch nicht auf der schmusigen Kitschseite markiert, sondern naturnahe Aromen propagiert. Rustikal und bodenständig. Hat einen markanten Charakter, der neben der Frucht auch Noten von Leder, Tabak und Zedernholz aufweist.

TRINKREIFE JETZT GENIESSEN
PASST ZU SALAMI, EINTOPF, PASTA, REISGERICHTEN, WILD
SERVICETIPP BEI 16–17 °C SERVIEREN
ALKOHOLWERT 13 %

Punkte

15*

ITALIEN

ROTWEIN

PREIS FR. 4.99

NERO D'AVOLA SICILIA 2019 DOP VINO BIOLOGICO

Easy drinking für das gute Gewissen. Und erst noch aus der Trend-Traube Nero d'Avola. Offenbart Aromen von Cassis, Brombeeren und Himbeeren. Viel Stoff und Biss mit charmantem Unterton sowie einer süffigen Saftigkeit. Easy drinking für alle Tage. Korrekt, gradlinig und fruchtbetont. Der Süden Italiens ist Terroir für zahlreiche günstige Alltagsweine, die bei uns immer populärer werden. Viel Temperament und Druck in jedem Schluck.

TRINKREIFE JETZT GENIESSEN
PASST ZU SPARERIBS, SCHLACHTPLATTE, SPECK UND BOHNEN, GEFLÜGEL
SERVICETIPP BEI 16–17 °C SERVIEREN
ALKOHOLWERT 13 %

Punkte

16*

ITALIEN

ROTWEIN

PREIS FR. 5.99

PRIMITIVO DI MANDURIA 2020
PORTA ADOENO
MANDURIA DOC

Der neue Jahrgang ist nicht nur günstiger, sondern auch besser. Eventuell hängt es auch damit zusammen, dass er aus dem Covid-Jahr 2020 stammt. Ein Jahr, in dem zahlreiche Weine von besserer Qualität nach neuen Verkaufskanälen gesucht haben, da die Gastronomie und Events nicht operativ waren. Verführt im Gaumen schon ab dem ersten Schluck mit einer heftigen Fruchtigkeit. Noten von kandierten Kirschen, Schokolade, Himbeergelee und Rosenduft sind zu erkennen. Ideal, wenn es kitschig bunt zu und her gehen darf. Kein Lagerwein, aber einer für unkomplizierte Italianità zusammen mit Freunden. Warum nicht wieder einmal selber eine Pizza backen oder eine kräftige Bolognese kochen und sich von der Unbekümmertheit dieses Süditalieners inspirieren lassen? Üppig, stoffig und voller süssfruchtiger Aromatik.

TRINKREIFE JETZT GENIESSEN
PASST ZU PASTA, PIZZA, LASAGNE, GEFLÜGEL, GRILLADEN
SERVICETIPP BEI 15–17 °C SERVIEREN
ALKOHOLWERT 14 %

Punkte

15

ITALIEN

ROTWEIN

PREIS FR. 6.95

VALPOLICELLA RIPASSO CLASSICO SUPERIORE 2019 DOC

Kommt ganz im Hausstil daher. Leuchtet in einem kernigen Rot und duftet nach schwarzen Kirschen, Tabak und etwas Schokolade. Im Gaumen stoffig. Ripasso ist keine Traubensorte. Steht auf dem Etikett Ripasso, kann man sicher sein, einen gehaltvollen und kräftigen Valpolicella vor sich zu haben. Ripasso bedeutet nämlich, dass dem Wein nach Beendigung der Gärung Traubenschalen (die von der Amarone-Produktion stammen) beigemischt werden. Dadurch erhält der Wein eine ganz typische Note, die an Rosinen, Lakritze, Pflaumenkompott und Gewürznelken denken lässt. Kommt hinzu, dass der Alkoholgehalt markant ist und die Tannine präsent sind. Stoffig vom ersten bis zum letzten Schluck und ideal, wenn der Rote etwas gehaltvoller sein darf und man gerne delikate Gerbstoffe spürt. Nicht der marmeladige Wein.

TRINKREIFE JETZT GENIESSEN
PASST ZU PASTA, GRILLADEN, POLENTA, KANINCHEN, EINTOPF, SALAMI, GEFLÜGEL
SERVICETIPP BEI 16–17 °C SERVIEREN
ALKOHOLWERT 13,5 %

Punkte

15.25

ITALIEN

ROTWEIN

PREIS FR. 8.99

CHIANTI CLASSICO 2019
DOCG
CASATO DEI MEDICI RICCARDI

Für seinen Preis schlicht ein Schnäppchen. Dies ist ein klassischer Chianti Classico, der die herbe Seite der Sangiovese-Traube wunderbar zelebriert. Erdig, ledrig, traditionell und aromatisch das pure Gegenteil eines fruchtigen Primitivo. Der Wein für die Bistecca oder das Wildgericht. Noten von Leder, Zedernholz und Erdbeeren sind dominant. Ideal, wenn der Wein etwas komplexer sein darf und die Gerbstoffe ihren Platz einnehmen dürfen. Dekantieren Sie diesen Wein und servieren Sie ihn aus einer schönen antiken Karaffe zu einem Teller Pasta – die Gäste werden begeistert sein.

TRINKREIFE JETZT GENIESSEN
PASST ZU SALAMI, PASTA, LASAGNE, RISOTTO, PIZZA, SCALOPPINE, GEFLÜGEL, BISTECCA, WILD
SERVICETIPP BEI 16–17 °C SERVIEREN
ALKOHOLWERT 13,5 %

Punkte

15.75*

ITALIEN

ROTWEIN

PREIS FR. 9.99

ROSSO MAREMMA TOSCANA 2019
DOC
SASSI DEL MARE

Der neue Jahrgang ist konzentrierter und komplexer als noch der 2016er, den wir letztes Jahr vorgestellt haben. Im Vergleich zu den zwei Chianti-Weinen aus der Toskana hat dieser deutlich mehr Schmelz und aromatische Konzentration. Noten von schwarzen Kirschen, Erdbeeren und Backpflaumen sind zu erkennen, wie auch etwas Schokolade und Zedernholz. Er hat schöne Gerbstoffe und ein gutes Gerüst. Klarer Esswein, der Lust auf einen Teller Pasta oder grillierten Fisch macht. Preislich nach wie vor ein Hit.

TRINKREIFE JETZT GENIESSEN
PASST ZU PASTA, LASAGNE, RISOTTO, PIZZA, SCALOPPINE, GEFLÜGEL, BISTECCA, WILD, HAMBURGER
SERVICETIPP BEI 16–17 °C SERVIEREN
ALKOHOLWERT 13,5 %

Punkte

14.5

ITALIEN

ROTWEIN

PREIS FR. 13.99

BAROLO 2017 DOCG

Ein einfacher Barolo, und diese sind im Gaumen eine echte Herausforderung, zumal die Nebbiolo-Traube keine einfache Traube ist. Damit meine ich, dass sie nicht wie eine Primitivo-Traube schmelzig und fruchtig ist, sondern trockene Tannine hat – und zwar nicht zu knapp. Daher ist es viel schwieriger, einen einfachen Barolo zu vinifizieren als einen einfachen Primitivo. Diese Abfüllung hat Ecken und Kanten und Noten von Stachelbeeren, Leder und kaltem Rauch. Der neue Jahrgang kommt ganz im Hausstil daher und ist ein klarer Essensbegleiter.

TRINKREIFE JETZT GENIESSEN
PASST ZU BRATEN, STEAK, PASTA MIT SAUCE, SALAMI
SERVICETIPP BEI 15–16 °C SERVIEREN
ALKOHOLWERT 14 %

Punkte

14.75

ITALIEN

ROTWEIN

PREIS FR. 14.49

AMARONE DELLA VALPOLICELLA CLASSICO 2018 DOCG

Ein preisliches Amarone-Schnäppchen, das im Gaumen wie eine aromatische Tischbombe losgeht. Kitschig, fruchtig und sehr süss-konzentriert. Ist wahrscheinlich der süss-schmelzigste Rotwein dieses Kapitels. Ein Amarone ist ja bekanntlich ein charmanter, warm-fruchtiger Wein, da die Trauben vor dem Pressen an der Luft getrocknet werden und so noch konzentrierter sind. Diese Abfüllung ist von schwarzen Kirschen, Backpflaumen und Schokolade markiert. Noten von kandierten Früchten tauchen auch auf und klammern sich förmlich im Gaumen fest. Wer es gerne kitschig und schokoladig hat, ist bei diesem Wein zu Hause. Ein Basis-Amarone, den man am besten zu kräftigen Gerichten mit einer rassigen Sauce geniesst – oder zum Steak vom Grill.

TRINKREIFE BIS 2023 GENIESSEN
PASST ZU REIFEM KÄSE, DESSERTS MIT SCHOKOLADE, SCHWEINEBRATEN, PASTA MIT KRÄFTIGER TOMATENSAUCE, ZIGARREN
SERVICETIPP BEI 17–18 °C SERVIEREN
ALKOHOLWERT 15,5 %

Punkte

15.75

ITALIEN

ROTWEIN

PREIS FR. 19.89

BRUNELLO DI MONTALCINO 2016 DOCG

Ein Brunello ist immer ein sehr teurer Wein – einige Brunellos kosten sogar mehrere Hundert Franken die Flasche. Der Grund ist die Rarität dieses Weins und auch seine historische Wichtigkeit. Farblich sind sie auch eher auf der lieblich-hellroten Seite, zumal die Sangiovese-Traube keine wirklich tiefdunklen Weine ergibt und auch die lange Lagerung im grossen Holzfass einen Einfluss darauf hat. Der 2016 ist in der Aromatik rustikal, aber dennoch in sich ruhend und ausgewogen. Noten von Zedernholz, Rosinen, Rosmarin und getrockneten Mandarinenschalen sind zu erkennen. Seine Tannine sind spürbar und wirken im Gaumen leicht herb. Basis-Brunello, der absolut okay ist. Der komplexeste Wein des Lidl-Italien-Kapitels.

TRINKREIFE BIS 2020 GENIESSEN
PASST ZU PASTA, PIZZA, GEFLÜGEL, RISOTTO, POLENTA, BRASATO, KANINCHEN
SERVICETIPP BEI 16–18 °C SERVIEREN
ALKOHOLWERT 14 %

Punkte

15.5*

ÖSTERREICH

ROTWEIN

PREIS FR. 5.99

ZWEIGELT NO. 1 2020
NIEDERÖSTERREICH
PANNONIA

Ein einfacher Alltags-Österreicher mit fröhlichem Charakter. Ein Hit bei Lidl, den ich leicht gekühlt servieren würde. Wein zum Relaxen und zum Geniessen mit Freunden. Der moderne Österreicher, der den Gaumen ohne grosses Weinwissen erfreuen wird. Süsser und moderner als alle Schweizer Rotweine dieses Kapitels. Aber das Wort «Halbtrocken» auf dem Etikett macht das auch klar. Im Gaumen die Fruchtbombe, wobei der neue Jahrgang auch eine angenehme Frische und Süffigkeit in sich hat. Noten von schwarzen Kirschen, Holunder und wiederum Himbeeren. Sehr gefällig bunt und spassig im Abgang.

TRINKREIFE JETZT GENIESSEN
PASST ZU FLEISCHGERICHTEN, HAMBURGER, WIENER SCHNITZEL, GEFLÜGEL, PIZZA
SERVICETIPP BEI 16–17 °C SERVIEREN
ALKOHOLWERT 12,5 %

Punkte

15.5

ÖSTERREICH

ROTWEIN

PREIS FR. 6.49

ZWEIGELT CUVÉE 2020
BURGENLAND
TOIFL

Moderner Weingenuss aus unserem Nachbarland. Noten von kandierten Kirschen, Schokolade und Brombeeren sind gleich im ersten Moment spürbar – und zwar nicht zu knapp. Im Gaumen wird man von einer süss-fruchtigen Konzentration verführt. Schrill und extrovertiert vom ersten bis zum letzten Schluck. Es steht zwar trocken auf dem Etikett, aber im Gaumen ist er eher auf der superschmelzigen Seite. Ein Gute-Laune-Wein, den ich persönlich leicht gekühlt servieren würde. Ideal auch zu exotischer Küche, in der zahlreiche verschiedene Aromen zu einem Wein passen müssen. Von der Stilistik her ganz im Charakter des 2019er.

TRINKREIFE JETZT GENIESSEN
PASST ZU EXOTISCHEN GERICHTEN, GEMÜSEWÄHE, GEMÜSEEINTOPF, SPECK UND BOHNEN, GEFLÜGEL, GRILLADEN VOM SCHWEIN, HAMBURGER, NASI GORENG, SPARERIBS
SERVICETIPP BEI 15–16 °C SERVIEREN
ALKOHOLWERT 13 %

Punkte

15.5*

PORTUGAL

ROTWEIN

PREIS FR. 4.49

DÃO RESERVA 2018
DOC
TORRE DE FERRO

Easy drinking Portugal. Der Wein ist aromatisch expressiv wie das Kostüm eines Eurovision-Song-Contest-Kandidaten. Suchen Sie einen Hauswein mit Passepartout-Charakter, dann ist das eine Möglichkeit. Die Farbe entspricht genau dem, was das Auge gerne sieht – denn der Wein leuchtet dunkel wie Ebenholz. Wurde etwas bunter und fruchtiger und fliesst wie ein Fruchtkonzentrat den Hals hinunter. Preislich natürlich ein Schnäppchen. Noten von Brombeeren, Schokolade und Karamell sind zu entdecken.

TRINKREIFE JETZT GENIESSEN
PASST ZU KARTOFFELGERICHTEN, PAELLA, GEGRILLTEM FISCH, KALBFLEISCH, JAMÓN, TAPAS, BOHNENSUPPE, GITZI, ENTE MIT ORANGENSAUCE
SERVICETIPP BEI 16–17 °C SERVIEREN
ALKOHOLWERT 13,5 %

Punkte

14.75

PORTUGAL

ROTWEIN

PREIS FR. 5.99

DOURO RESERVA 2018
DOC
AZINHAGA DE OURO

Der andere Portugiese dieses Kapitels, wobei Dão und Douro die bekanntesten Weingebiete Portugals sind. Er hat Fülle, süsse Frucht- und Schokoladenaromen und macht in seiner unkomplizierten Art schlicht Spass. Unterhaltungswein pur. Im aktuellen Jahrgang sind die Tannine feiner und besser in das fruchtige, intensive Beerenkonzentrat integriert. Easy drinking, das aromatisch Noten einer Schwarzwäldertorte enthält. Modern, schrill und expressiv. Kein Wein, der Fragen stellt, sondern einer, der nur gefallen will.

TRINKREIFE JETZT GENIESSEN
PASST ZU GRILLADEN, HAMBURGER, BRATEN, HOTDOG, EINTOPF, EXOTISCHER KÜCHE
SERVICETIPP BEI 16–17 °C SERVIEREN
ALKOHOLWERT 14 %

Punkte

16

PORTUGAL

ROTWEIN

PREIS FR. 15.69

FABELHAFT 2019
DOURO DOC
NIEPOORT

Der Kultwein mit dem Kultetikett. Der Name «Fabelhaft» bezieht sich auf das ungewöhnliche Etikett, das Wilhelm Buschs Fabel vom bösen Raben Hans Huckebein zeigt. Busch hatte diese Bildergeschichte im Alter von 35 Jahren gezeichnet. Beim Wein handelt es sich um einen portugiesischen Tischwein aus dem Hause Niepoort aus den Trauben Tinta Cão, Tinta Barroca, Tinta Roriz und Touriga Franca, also alles typischen Sorten des Landes. Ein kulinarischer Passepartout-Wein, der zu Fleisch, Pasta, Risotto oder Geflügel serviert werden kann. Dirk Niepoort hat diesen weltbekannten Markenwein 2002 lanciert, motiviert von seinem Vater, der ihm folgendes Bonmot mit auf den Weg gab: «Ein Wein ist gut, desto mehr man davon trinkt. Und desto mehr man trinkt, umso besser schmeckt er.» Der 2019 offenbart eine schöne Struktur mit straffen, dichten Tanninen und Aromen, die an Brombeeren, Leder und Zedernholz denken lassen. Hat Biss, Fülle und Schmelz zugleich.

TRINKREIFE BIS 2025 GENIESSEN
PASST ZU FLEISCH, PASTA, RISOTTO ODER GEFLÜGEL, KALTER PLATTE, GRILLADEN
SERVICETIPP BEI 15–18 °C SERVIEREN
ALKOHOLWERT 13 %

Punkte

14,75

SPANIEN

ROTWEIN

PREIS FR. 4.89

CARIÑENA GRAN RESERVA 2015 DOP MONTE PLOGAR

Ein Gran Reserva für weniger als 5 Franken – Spanien machts möglich. Rustikaler Wein mit Noten von kandierten Früchten, Mandarinen und etwas Lakritze. Bodenständig und strukturiert. Leder- und Tabakaromen. Die Tannine sind trocken und wirken leicht pelzig auf dem Gaumen. Daher sollte man dazu unbedingt ein kräftiges Gericht essen oder einen Braten. Dekantieren ist sicher auch eine gute Idee. Noten von kandierten Pflaumen, Schokolade und Rosinen sind dominant. Klar auch ein Schnäppchenwein.

TRINKREIFE JETZT GENIESSEN
PASST ZU HAMBURGER, PIZZA, GEFLÜGEL, WURSTWAREN, SCHLACHTPLATTE, PAELLA
SERVICETIPP BEI 15–16 °C SERVIEREN
ALKOHOLWERT 13,5 %

Punkte

15

SPANIEN

ROTWEIN

PREIS FR. 5.99

NAVARRA DO CRIANZA 2017

Guter Einstieg ins grösste Weinland der Welt. Noten von Mandarinen, Himbeeren und etwas Melone sind zu erkennen. Einfach in der Art und nicht zu schwer. Würde man diesen Wein in den Ferien am Strand zu einem gegrillten Fisch geniessen, wäre man ganz glücklich. Modernes Spanien für alle Tage, das man am besten leicht gekühlt geniesst. Mittelschwer und unkompliziert. Kein Lagerwein und auch kein Wein, der durch Dekantieren besser würde. Das muss er auch nicht, denn er ist preislich schon sehr günstig.

TRINKREIFE JETZT GENIESSEN
PASST ZU GEFLÜGEL, RISOTTO MIT MEERESFRÜCHTEN, SCHWEINEBRATEN, QUICHE, TERRINE, KANINCHEN
SERVICETIPP BEI 15–16 °C SERVIEREN
ALKOHOLWERT 13,5 %

Punkte

15

SPANIEN

ROTWEIN

PREIS FR. 7.89

RIOJA RESERVA 2016
DOC
CEPA LEBREL

Optisch fällt dieser Rioja schnell auf, zumal sein Etikett einen selbstsicheren Markenwein zeigt. Der neue Jahrgang ist etwas moderner und fruchtbetonter mit Aromen, die an kandierte Früchte, Mandarinenschalen und Quitten denken lassen. Ist auch etwas leichter und weniger konzentriert. Easy drinking, das wie Lounge-Musik entspannt und beflügelt. Bunt, direkt und auf der aromatisch frischen Seite. Ein solider Alltagswein, wenn es etwas süss-fruchtiger, aber dennoch bodenständig zu und her gehen darf.

TRINKREIFE JETZT GENIESSEN
PASST ZU PAELLA, GEGRILLTEM FISCH, KALBFLEISCH, JAMÓN, TAPAS, BOHNENSUPPE, GITZI, ENTE MIT ORANGENSAUCE
SERVICETIPP BEI 16–17 °C SERVIEREN
ALKOHOLWERT 13,5 %

Punkte

15.75

SPANIEN

ROTWEIN

PREIS FR. 7.95

HACHÓN CRIANZA 2018
RIBERA DEL DUERO DO

Neu in diesem Kapitel und eine Entdeckung wert. Ribera del Duero liegt im Gebiet Castilla-Léon und gilt als härtester Konkurrent der bekannten Region Rioja. Die Hauptsorte ist Tinto Fino (Tempranillo). Dieser Tempranillo wird von Erdbeer- und Pflaumenaromen dominiert sowie von Tee-, Vanille- und Tabakaromen. Der Wein ist nicht komplex und kantig, sondern zugänglich, ansprechend und samtig. Auch erkennt man eine schokoladige Note. Preislich natürlich top.

TRINKREIFE JETZT GENIESSEN
PASST ZU FLEISCHGERICHTEN, GRILLADEN, RISOTTO MIT PILZEN, PIZZA, POLENTA AL RAGÙ, GITZI
SERVICETIPP BEI 15–17 °C SERVIEREN
ALKOHOLWERT 14 %

Punkte

15

SPANIEN

ROTWEIN

PREIS FR. 8.49

TARRAGONA GRAN RESERVA 2015 BATURRICA DO

Assemblage aus Merlot und Cabernet Sauvignon, die modern fruchtig im Gaumen auffällt. Der Wein lässt an eine süss-fruchtige Mischung aus schwarzen Kirschen, Schwarzwäldertorte und Cassis denken. Ideal für Convenience-Food-Gerichte oder wenn man etwas Jamón und Tomatenbrot serviert. Easy drinking und erst noch ein Gran Reserva.

TRINKREIFE JETZT GENIESSEN
PASST ZU PAELLA, GEGRILLTEM FISCH, KALBFLEISCH, JAMÓN, TAPAS, BOHNENSUPPE, GITZI, ENTE MIT ORANGENSAUCE
SERVICETIPP BEI 16–17 °C SERVIEREN
ALKOHOLWERT 13 %

Punkte

16*

SPANIEN

ROTWEIN

PREIS FR. 9.99

GAMELLÓN CRIANZA 2018 JUMILLA DOP

Neu in diesem Kapitel und schon seines Etiketts wegen ein Wein, der sofort auffällt. Assemblage aus Monastrell und Cabernet Sauvignon, die modern und selbstsicher im Gaumen markiert. Noten von Backpflaumen, Cassis und Brombeerkompott sind zentral. Ein dichter, stoffiger Spanier, der für gute Stimmung sorgt und erst noch weniger als zehn Franken kostet. Dicht, fest und ein guter Haus-Esswein.

TRINKREIFE JETZT GENIESSEN
PASST ZU HAMBURGER, PIZZA, GRILLADEN, PAELLA, SPARERIBS, GEFLÜGEL, PFEFFERSTEAK
SERVICETIPP BEI 16–17 °C SERVIEREN
ALKOHOLWERT 14,5 %

Punkte

16.5

SPANIEN

ROTWEIN

PREIS FR. 9.99

HACHÓN SELECCIÓN ESPECIAL 2018 RIBERA DEL DUERO DO

Der grosse Bruder des Crianza vom selben Produzenten, den wir auch neu vorstellen. Hat deutlich mehr Struktur und Tiefe. Im Gaumen schmelzig, unkompliziert und süffig. Hat Charme und spielt diesen auch aus. Moderner Spanier für alle Tage. Nicht zu schwer und nicht zu leicht. Passepartoutwein, wenn man es allen recht machen will. Im Finale sind Aromen von Pflaumen, Cassis und Brombeeren dominant. Eine Entdeckung wert und erst noch günstiger als zehn Franken. Man bekommt, was man bezahlt.

TRINKREIFE BIS 2025 GENIESSEN
PASST ZU GRILLADEN, BRATEN, GEFLÜGEL, RISOTTO MIT MORCHELN, SPARERIBS, SCHWEINEBRATEN
SERVICETIPP BEI 16–17 °C SERVIEREN
ALKOHOLWERT 14 %

Punkte

15.5*

DEUTSCHLAND

SCHAUMWEIN

PREIS FR. 3.89

SEKT BURG SCHÖNECK TROCKEN

Pure Gaumenerfrischung mit Noten von Limetten, weissem Pfirsich, etwas Honig und Mandarinen. Er ist dynamisch, saftig und perfekt gegen den Durst. Blind verkostet könnte man sogar an einen Prosecco denken, so blumig verführt er Nase und Gaumen. Easy drinking vom ersten bis zum letzten Schluck. Kann auch on the rocks serviert oder als Grundlage für eine Bowle verwendet werden. Partykracher. Wenn es günstig sein darf und im Gaumen richtig schäumen soll, dann ist dieser deutsche Schaumwein ein guter Kandidat.

TRINKREIFE JETZT GENIESSEN
PASST ZU APÉRO, PARTY, HÄPPCHEN, EXOTISCHEN VORSPEISEN
SERVICETIPP BEI 6–8 °C SERVIEREN
ALKOHOLWERT 11 %

Punkte

16.5

FRANKREICH

SCHAUMWEIN

PREIS FR. 19.89

CHAMPAGNE COMTE DE SENNEVAL AOP BRUT

Der neue Jahrgang ist verlässlich wie eh und je. Die Mousse ist mittelkräftig und die Aromatik etwas frischer als auch schon. Noten von Brioche, Mandarinensorbet, Ananas und Papaya erfreuen die Nase. Im Gaumen dann knackig und frisch mit Noten von Limetten, Pink Grapefruit und Granny Smith. Perfekt für den speziellen Apéro oder wenn man seine Gäste auf das Nachtessen einstimmen will. Blind verkostet, schlägt dieser Champagner bestimmt eine ganze Batterie von bekannten Markenchampagnern.

TRINKREIFE JETZT GENIESSEN
PASST ZU APÉRO, ANTIPASTI, HÄPPCHEN, GEFLÜGEL, GEBÄCK, TERRINE, GEMÜSESUPPE
SERVICETIPP BEI 6–8 °C SERVIEREN
ALKOHOLWERT 12 %

Punkte

17*

FRANKREICH

SCHAUMWEIN

PREIS FR. 19.89

CHAMPAGNE C. DE SENNEVAL ROSÉ AOP, BRUT

Neu in diesem Kapitel. Leuchtet in kräftigem Pink und duftet nach Holunder und Rosen. Im Gaumen schöne Mousse und kräftig in der Aromatik. Man spürt die Pinot-Noir-Traube und geniesst die dichte, aber delikate Mousse, die im ganzen Gaumen leicht prickelt. Aromen von Waldbeeren und Cassis sind zentral. Solider Rosé-Champagner, der sich perfekt in das solide Champagner-Angebot von Lidl einreiht. Ideal, wenn man einen Schaumwein sucht, den man auch zum Essen servieren kann. Festlich und romantisch vom ersten bis zum letzten Schluck.

TRINKREIFE BIS 2024 GENIESSEN
PASST ZU FILET VOM RIND, GEFLÜGEL, TARTE FLAMBÉE, CROSTINI, GRILLIERTEM FISCH, RISOTTO MIT GEMÜSE
SERVICETIPP BEI 6–8 °C SERVIEREN
ALKOHOLWERT 12,5 %

Punkte

17*

FRANKREICH

SCHAUMWEIN

PREIS FR. 24.90

CHAMPAGNE C. DE SENNEVAL PREMIER CRU, AOP, BRUT

Die Champagner sind bei Lidl generell eine Entdeckung wert, wenn nicht sogar ein Geheimtipp. Von den Hausmarken aller Detailhändler erlaube ich mir sogar zu behaupten, dass die Selektion von Lidl die beste ist. Dieser leicht teurere Champagner ist im Vergleich zum Champagne Comte de Senneval etwas feiner in der Art, zumal die Mousse delikater und dichter ist. Er hat weniger Brioche-Aromen, dafür mehr Struktur und Noten von Mandarinenschalen, Limetten und Ananas. Beide Schaumweine machen Freude, aber dieser ist einfach eine Spur finessenreicher und frischer. Ideal für Fischhäppchen oder um den Gaumen nach einem schweren Essen wieder zu wecken. Kühlen und einen kräftigen Schluck geniessen, kann ich nur sagen. Oder Krustentiere einkaufen und zu diesem Champagner servieren. Kommt in meinen Weinkeller.

TRINKREIFE JETZT GENIESSEN
PASST ZU APÉRO, ANTIPASTI, HÄPPCHEN, VORSPEISEN, PASTA MIT MUSCHELN, KRUSTENTIEREN
SERVICETIPP BEI 6–8 °C SERVIEREN
ALKOHOLWERT 12,5 %

Punkte

17

FRANKREICH

SCHAUMWEIN

PREIS FR. 29.90

CHAMPAGNE BISSINGER & CO. PREMIUM CUVÉE AOP, BRUT

Der Topchampagner von Lidl ist etwas eleganter als noch letztes Jahr, zumal seine Aromatik delikat blumig-fruchtig verführt. Im Gaumen trocken und von Frische gezeichnet. Verkosten Sie diesen Wein blind neben bekannten Markenchampagnern. Dieser hat gute Chancen, als bester abzuschneiden, auch wenn er nur etwa die Hälfte kostet. Sicherer Wert für den unangemeldeten Besuch. Die Mousse ist dicht und fliesst mit viel Frische den Hals hinunter. Zudem entdeckt man Noten von Limetten, weissen Blüten, etwas Minze und Rhabarber. Hat im Finale zudem eine leicht kernige, trockene Note.

TRINKREIFE JETZT GENIESSEN
PASST ZU APÉRO, TERRINE, HÄPPCHEN MIT PILZEN, TAPAS, FISCHGERICHTEN, ANTIPASTI
SERVICETIPP BEI 6–8 °C SERVIEREN
ALKOHOLWERT 12,5 %

Punkte

15.5*

ITALIEN

SCHAUMWEIN

PREIS FR. 2.95

PIÙ SECCO
BIANCO ITALIANO 2020
IGT

Ein kleiner Coup de cœur von mir – auch wenn mir bewusst ist, dass er sehr günstig und sehr einfach ist. Eiskalt genossen, werden sich hier die Flaschen im Nu leeren. Die Badewanne mit Eis und Wasser füllen, 24 Flaschen Più rein und los geht das Fest. Die Mousse ist mittelkräftig und die Aromatik delikat blumig. Kein Schaumwein der grossen Worte, aber einer für den grossen Durst.

Guter Party-Kandidat, auch zum Mixen von Drinks oder on the rocks. Kein Prosecco, sondern ein «Secco Bianco Italiano».

TRINKREIFE JETZT GENIESSEN
PASST ZU APÉRO, ANTIPASTI
SERVICETIPP BEI 6–8 °C SERVIEREN
ALKOHOLWERT 10 %

Punkte

15.75*

ITALIEN

SCHAUMWEIN

PREIS FR. 4.49

PROSECCO ALLINI 2020 TREVISO DOC VINO FRIZZANTE

Der günstigste Prosecco bei Lidl ist mit Drehverschluss verschlossen und kommt mit dem neuen Jahrgang aromatisch herrlich frivol daher. Noten von Rosen, Muskat und Ingwer sind zu erkennen. Als ob etwas Moscato im Wein wäre. Hier lautet die Devise: kühlen, aufschrauben und in geselliger Runde geniessen. Hat den Gute-Stimmung-Virus in sich, wobei der neue Jahrgang bunt und unbekümmert ist wie die Musik von Robbie Williams. Easy bubbles für Jung und Alt. Im Vergleich zum Più Secco etwas feinere Mousse und blumigere Aromatik.

TRINKREIFE JETZT GENIESSEN
PASST ZU APÉRO, ANTIPASTI
SERVICETIPP BEI 6–8 °C SERVIEREN
ALKOHOLWERT 10,5 %

Punkte

15.25

ITALIEN

SCHAUMWEIN

PREIS FR. 4.79 (3,75dl)

PROSECCO SPUMANTE ALLINI 2020 DOP, EXTRA DRY

Auch hier ist der neue Jahrgang aromatischer und gefälliger geworden. Es lohnt sich daher, ein paar Flaschen zu kühlen und in einem geselligen Moment anzustossen – und einen solchen haben wir alle mehr denn je nötig. Bei den kleinen Flaschen muss man aufpassen, dass man sie nicht zu lange lagert, da der Wein darin schneller reift. Daher lieber immer wieder frisch einkaufen gehen. Ein süffiger, expressiver Prosecco mit blumigem Charme, den man auch on the rocks geniessen kann. Zum Preis noch etwas – in der Regel kostet eine 3,75-dl-Flasche immer etwas mehr als der halbe Preis einer 7,5-dl-Flasche. Guter Notvorratswein.

TRINKREIFE JETZT GENIESSEN
PASST ZU APÉRO, ANTIPASTI
SERVICETIPP BEI 6–8 °C SERVIEREN
ALKOHOLWERT 10,5 %

Punkte

15.75*

ITALIEN

SCHAUMWEIN

PREIS FR. 7.49

PROSECCO SUPERIORE 2020 CONEGLIANO VALDOBBIADENE DOCG EXTRA DRY

Optisch wie verwandelt, zumal sich die Flaschenform geändert hat und mehr an Brad Pitts Miraval-Flasche denken lässt. Blumige Aromen verwöhnen Nase und Gaumen und die Mousse ist perfekt delikat. Er ist unverschämt locker in der Art, sodass die Flasche im Nu leer sein wird. Verführt mit bunter Selbstsicherheit und lässt an einen gemütlichen Nachmittag unter einem schattigen Baum denken. Noten von Honig sind neben weissen Blüten dominant. Basis-Prosecco gegen den Durst. Soft-Jazz-Bossa-Nova-Sound laufen lassen und die Verwandlung des Moments geniessen. Schön, dass man auch bei der Basis-Prosecco-Qualität auf solche Weine stösst.

TRINKREIFE JETZT GENIESSEN
PASST ZU APÉRO, ANTIPASTI
SERVICETIPP BEI 6–8 °C SERVIEREN
ALKOHOLWERT 11 %

Punkte

16*

ITALIEN

SCHAUMWEIN

PREIS FR. 9.49

PROSECCO BIO DOC 2020
ALLINI
EXTRA DRY

Qualitativ kommt hier der neue Jahrgang deutlich besser daher. Ist präziser, feiner und delikater. Die Mousse ist zart und ausbalanciert. Viel Frische und eine dynamische Mousse zeichnen diesen Bio-Prosecco aus. Noten von Pfirsich, Litschis und weissen Blüten sind zu erkennen. Gut gegen den Durst und für das gute Gewissen. Bio-Weine werden generell immer populärer – vom Weisswein bis zum Prosecco. Kühlen, Antipasti servieren und mit Freunden geniessen – auch on the rocks.

TRINKREIFE JETZT GENIESSEN
PASST ZU APÉRO, ANTIPASTI, FISCH, GEFLÜGELTERRINE
SERVICETIPP BEI 6–8 °C SERVIEREN
ALKOHOLWERT 11 %

Punkte

15*

ITALIEN

SÜSSWEIN

PREIS FR. 3.89

MOSCATO SPUMANTE ALLINI DOLCE

Ein aromatisches Schaumbad für den Gaumen – schrill wie Lady Gaga und unterhaltend wie die neuen Folgen von «Friends». Spassig, fruchtig und parfümiert. Moscatos sind die Trendweine der Rap-Fans. Noten von Honig, kandiertem Ingwer und weisser Schokolade sind zu erkennen. Easy drinking für die Sektschale, das im Gaumen delikat prickelt. Blumiger Gaumengruss für unkomplizierte Momente. Kühlen und den Korken knallen lassen. Perfekt auch als Grundlage für eine Bowle oder zu später Stunde, wenn man den Gaumen etwas entspannen möchte. Chill-out-Bollicine.

TRINKREIFE JETZT GENIESSEN
PASST ZU APÉRO, PANETTONE, GEBÄCK, BOWLE
SERVICETIPP BEI 6–8 °C SERVIEREN
ALKOHOLWERT 7 %

Punkte

15.5*

ITALIEN

SÜSSWEIN

PREIS FR. 3.99

LAMBRUSCO DI MODENA DOC, AMABILE VILLA BONAGA

Dieser Wein ist natürlich nicht jedermanns Sache, denn er ist amabile und das heisst, er ist leicht süss. Dennoch gefällt er mir, denn er ist absolut traditionell. Kein moderner Wein, sondern ein wirkliches traditionelles Bauernprodukt aus der Emilia-Romagna. Nach dem Einschenken bildet er eine dichte und satte Schaumkrone und leuchtet im Glas dunkelviolett. Er duftet nach Veilchen und Waldbeeren. Auch wenn ich persönlich lieber trockene Lambrusco-Weine geniesse, ist dieser gut. Obschon es sich beim Lambrusco um einen Rotwein handelt, muss er relativ kühl, also bei etwa 10 bis 12 °C serviert werden. Dann trinkt er sich so locker und unkompliziert wie frischer Sauser. Ein Leichtgewicht mit erfrischender Wirkung. Passt übrigens sehr gut zu üppigen Speisen.

TRINKREIFE JETZT GENIESSEN
PASST ZU APÉRO, ANTIPASTI, SCHLACHTPLATTE, EINTOPF, SCHWEINEBRATEN
SERVICETIPP BEI 10–12 °C SERVIEREN
ALKOHOLWERT 8 %

Punkte

15.75

SPANIEN

SÜSSWEIN

PREIS FR. 8.49

PATA NEGRA CAVA DO SEMI SECO

Die Weine der Pata-Negra-Linie sind generell eine Entdeckung wert, nicht zuletzt, weil sie preislich optimal positioniert sind. Dieser süsse Schaumwein ist optisch eine Augenweide – sieht aus wie ein Wein im goldenen Barbarella-Gewand. Diesen Cava können Sie literweise mit Ihren Freundinnen trinken, denn die Nase ist delikat blumig und duftet zudem nach reifen exotischen Früchten, vor allem nach Mangos. Im Gaumen geht es exotisch-fruchtig weiter. Noten von kandierten Mandarinen, Marzipan und Jasmin sind zu erkennen. Die Mousse ist mittelkräftig und prickelt leicht auf der Zunge. Sehr süffig und frisch im Abgang, sodass man gleich auf einen zweiten Schluck Lust bekommt. Unbedingt eiskalt servieren und auch am selben Tag austrinken. Steht bei einem Cava auf dem Etikett «Semi Seco», dann ist der Wein nicht trocken, sondern eher süss. Wie der Brut Cava (trockener Cava) aus den Sorten Macabeo, Parellada und Xarel-lo vinifiziert. Semi-Seco-Schaumweine geniessen eine grosse Popularität, zumal sie unkompliziert zu geniessen sind und eine festliche Leichtigkeit ausstrahlen. Guter Partywein, der gut ankommen wird. Verlässlich wie eh und je.

TRINKREIFE JETZT GENIESSEN
PASST ZU APÉRO, TAPAS, CHINESISCHER KÜCHE, FRÜHLINGSROLLEN ODER SPARERIBS. IDEAL AUCH ZUM MIXEN VON COCKTAILS
SERVICETIPP BEI 8–10 °C SERVIEREN
ALKOHOLWERT 11,5 %

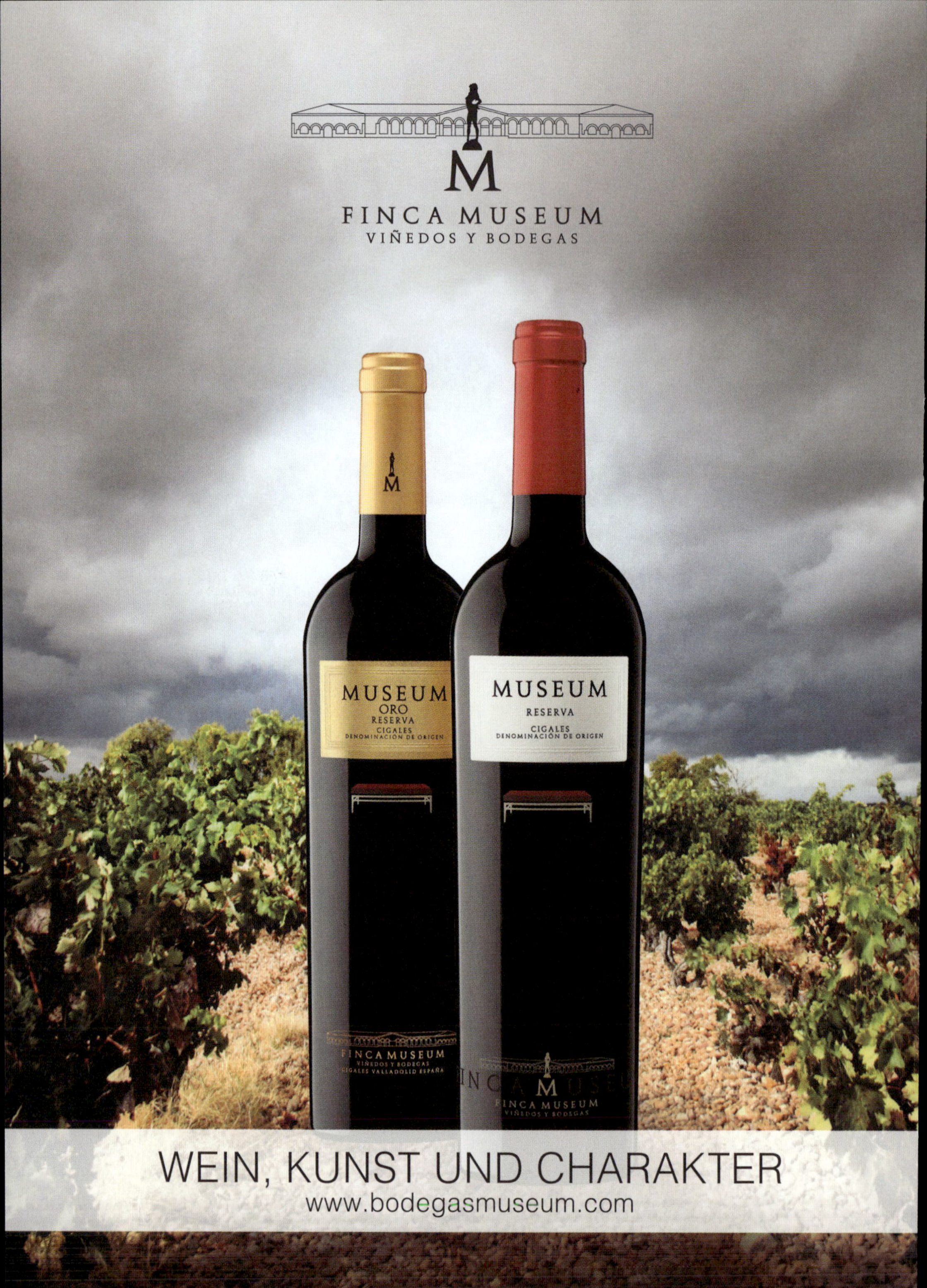
M
FINCA MUSEUM
VIÑEDOS Y BODEGAS
MUSEUM
ORO
RESERVA
CIGALES
DENOMINACIÓN DE ORIGEN
MUSEUM
RESERVA
CIGALES
DENOMINACIÓN DE ORIGEN
WEIN, KUNST UND CHARAKTER
www.bodegasmuseum.com

MANOR «DONNONS DU STYLE À LA VIE»

Die Familien Maus und Nordmann gehörten in der Schweiz zu den ersten, die zu Beginn des 20. Jahrhunderts das Konzept des Warenhauses einführten. Durch eine Heirat verschmolzen die beiden Familiennamen zum Markennamen Manor. Heute zählen unter anderem 59 Warenhäuser zum Unternehmen mit 28 Manor-Food-Märkten mit einer Weinabteilung.

Nach Globus bietet Manor ein ganz spezielles Food-Einkaufserlebnis. Brot wird im Haus gebacken, lokale Produkte sowie Delikatessen aus der ganzen Welt stehen zur Auswahl und auch im Wein ist das Angebot sehr breit. Besonders gefallen hat mir immer das Schweizer Weinangebot, das regional unterschiedlich ist, sowie Abfüllungen aus Frankreich und Italien. Preislich findet man in den Weinabteilungen zahlreiche Alltagsweine unter 20 Franken, aber auch Topweine, die ein Vielfaches kosten. Weine können auch über den Onlineshop erworben werden.

WWW.MANOR.CH/DE/SHOP/WEIN/C/WINE

Verkostungs-Statistik Manor

72 verkostete Weine, davon 35 Rotweine

5 Anzahl Länder

WICHTIGSTE LÄNDER

Frankreich	21	
Italien	20	
Schweiz	18	

SCHWEIZER REGIONEN

Waadt	9	
Wallis	5	
Tessin	3	
Genf	1	

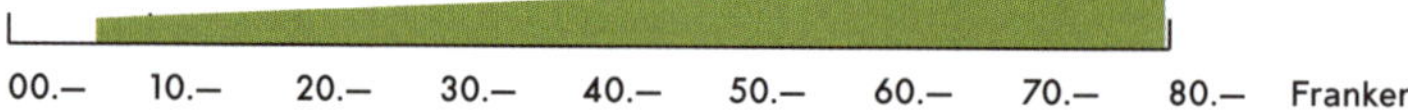

von **5.95** bis **79.90**

26

Weine zwischen 15 und 20 Franken

13

Weine zwischen 20 und 30 Franken

Aufgefallen

Punkte
17.5

FR. **41.90** SEITE **504**

CHAMPAGNE DRAPPIER
BRUT NATURE

Punkte
16.5*

FR. **9.95** SEITE **440**

CONFIDENCES 2020
LA CAVE DE GENÈVE

Punkte
18*

FR. **17.95** SEITE **446**

FENDANT 2019
DOMAINE DES MUSES
VALAIS AOC

Punkte
16.5*

FR. **14.90** SEITE **456**

PINOT GRIGIO 2019, RISERVA
CASTEL FIRMIAN, MEZZACORONA
TRENTINO DOC

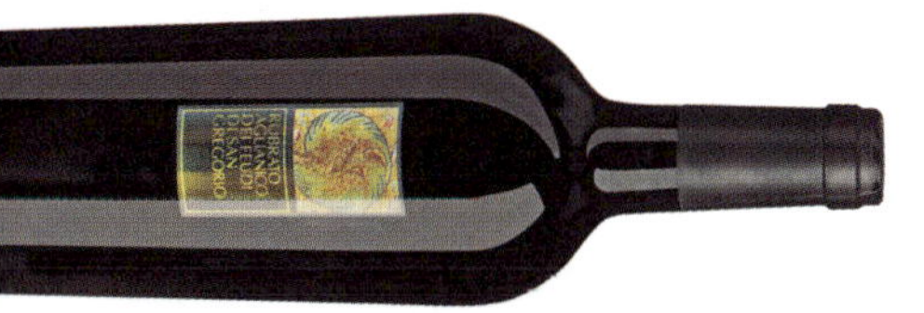

Punkte
17.25*

FR. **15.95** SEITE **480**

RUBRATO IRPINIA 2016
AGLIANICO
FEUDI DI SAN GREGORIO

SCHWEIZ

Punkte

16.5*

WEISSWEIN

PREIS FR. 9.95

CONFIDENCES 2020
LA CAVE DE GENÈVE

Assemblage aus Chasselas und Sauvignon Gris, die aromatisch duftet und einen expressiven Weissen ankündigt. Noten von Passionsfrucht, Limettensorbet, Mandarinenschalen und Rosen sind zentral. Easy drinking pur. Fröhlicher Weisser für den unbekümmerten Genuss. Hat eine rassige Dynamik und macht Lust, Freunde einzuladen und zusammen etwas zu kochen – oder zumindest einen Apéro zusammen zu geniessen.

TRINKREIFE JETZT GENIESSEN
PASST ZU APÉRO, EXOTISCHEN GERICHTEN, SPARGELN, SCALOPPINE AL LIMONE, GEFLÜGEL, FISCHKNUSPERLI
SERVICETIPP BEI 8–10 °C SERVIEREN
ALKOHOLWERT 13,2 %

SCHWEIZ

Punkte

18*

WEISSWEIN

PREIS FR. 12.90

DOMAINE LE PETIT COTTENS 2020 RÉSERVE, GRAND CRU DE LUINS LA CÔTE

Der beste Jahrgang, den wir je von diesem Grand-Cru-Chasselas verkostet haben. Ein trockener und kerniger Chasselas mit Noten von Lindenblüten, Honig und weissen Pfirsichen. Perfekter Vin de soif – kühlen und seine schöne Balance und aromatische Präzision geniessen. Ideal, während man am Kochen ist oder wenn man sich zum gemütlichen Spielabend zusammensetzt. Wie für einen Chasselas typisch, ist er eher leicht und sehr bekömmlich in der Art – eine Eigenschaft, die man nicht in vielen Weissweinen findet. Der Betrieb ist Mitglied der Vereinigung «Clos, Domaines et Châteaux» (www.c-d-c.ch) und seit 1920 im Besitz der Familie Walther. Die Rebberge erstrecken sich auf 450 bis 500 Meter über Meer auf kieshaltigen Böden.

TRINKREIFE JETZT GENIESSEN
PASST ZU APÉRO, KÄSEGERICHTEN, VEGETARISCHEN GERICHTEN, SUSHI, SASHIMI, FISCH
SERVICETIPP BEI 8–10 °C SERVIEREN
ALKOHOLWERT 12 %

Punkte

17*

SCHWEIZ

WEISSWEIN

PREIS FR. 13.95

LA GRAND'RUE MORGES 2019
DOMAINE DE LA VILLE
TERRAVIN

Ein rassiger Chasselas mit einer delikaten Fruchtigkeit. Noten von Honig, Quitten und etwas Golden-Delicious-Apfel sind zu erkennen. Typischer Vin de soif, den man immer frisch an Lager haben sollte. Trägt übrigens das Gütesiegel von Terravin, was für seine Qualität spricht. Ein Klassiker aus Morges, dessen neuer Jahrgang eine zusätzliche Saftigkeit an den Tag legt. Generell sind die Chasselas-Weine der Jahrgänge 2019 und 2020 besonders elegant und entdeckungswürdig.

TRINKREIFE JETZT GENIESSEN
PASST ZU APÉRO, KALTER PLATTE, FISCH, KÄSEGERICHTEN
SERVICETIPP BEI 8–10 °C SERVIEREN
ALKOHOLWERT 13 %

SCHWEIZ

Punkte

16.5

WEISSWEIN

PREIS FR. 14.95

EPESSES 2020
DIZERENS
LAVAUX AOC

Kühlen und aufschrauben. Neu in diesem Kapitel und ein klassischer, süffiger Chasselas gegen den Durst. Leicht in der Art mit Noten von weissen Blüten und etwas Honig. Hat eine knackige Noten im Finale und macht gleich Lust auf einen zweiten Schluck. Kernig trocken.

TRINKREIFE JETZT GENIESSEN
PASST ZU APÉRO, FISCHKNUSPERLI, KALTER PLATTE
SERVICETIPP BEI 8–10 °C SERVIEREN
ALKOHOLWERT 12,7 %

SCHWEIZ

Punkte

17

WEISSWEIN

PREIS FR. 16.95

YVORNE 2020
TERRE DES ROIS
LES CELLIERS DU CHABLAIS

Strahlt mit hellem Goldgelb aus dem Glas und duftet nach im Honig gebadeten Pfirsichschnitzen. Im Gaumen dann intensiv mit einer cremigen Fülle und Noten von Lindenblüten, Honig und Apfel. Ein aromatisch grosszügiger Chasselas aus Yvorne, einer Gegend, die vom warmen Föhnwind verwöhnt wird – was man auch in der Aromatik dieses Waadtländer Weissen spürt. Barock und opulent vom ersten bis zum letzten Schluck.

TRINKREIFE JETZT GENIESSEN
PASST ZU APÉRO, EGLIFILET, KABELJAU, GEFLÜGEL, KÄSESCHNITTE
SERVICETIPP BEI 8–10 °C SERVIEREN
ALKOHOLWERT 12,8 %

Punkte

17

SCHWEIZ

WEISSWEIN

PREIS FR. 17.90

CHÂTEAU LA BÂTIE 2019, VINZEL 1ER GRAND CRU, CAVE DE LA CÔTE LA CÔTE AOC

Helles Goldgelb. Noten von Birnen, Äpfeln und etwas Honig empfangen die Nase und kündigen einen klassischen Waadtländer Chasselas an. Im Gaumen delikat, süffig und reich an Aromen. Elegant und fruchtig fliesst er den Hals hinunter. Ein traditioneller Chasselas mit fast schon schmelzigem Charakter. Er ist wunderbar trinkreif und mineralisch trocken. Ein sicherer Wert und ein Schweizer Klassiker – wie Dürrenmatts «Besuch der alten Dame». Solche Weine trinke ich sehr gerne, um meinen Gaumen zu avinieren – oder während ich am Kochen bin. Um den Wein noch lieber zu bekommen, lohnt es sich, das Château in der Côte zu besuchen. 2019 wurde die Cave de la Côte übrigens zum Weingut des Jahres gekürt.

TRINKREIFE JETZT GENIESSEN
PASST ZU GEFLÜGEL, SÜSSWASSERFISCH, KÄSEGERICHTEN, APÉRO MIT HÄPPCHEN, LAUCHSUPPE
SERVICETIPP BEI 8–10 °C SERVIEREN
ALKOHOLWERT 12,5 %

SCHWEIZ

Punkte

18*

WEISSWEIN

PREIS FR. 17.95

FENDANT 2019
DOMAINE DES MUSES
VALAIS AOC

Er kostet etwas mehr – ist aber eine Wucht von Fendant. Schon in der Nase wird klar, dass man hier auf einen komplexen, kernigen Weissen stösst, der in seiner Aromatik etwas Wildes, Ungezähmtes offenbart. Noten von Rosmarin, Harz, Honig und Quitten sind zu erkennen. Die Struktur ist beachtlich, wie auch die Länge im Finale. Ist fast schon ein Vin de gastronomie, da so viel Aromatik in ihm steckt. Eine Entdeckung und für mich der beste Jahrgang, den ich je von diesem von Robert Taramarcaz vinifizierten Wein verkostet habe.

TRINKREIFE JETZT GENIESSEN
PASST ZU APÉRO, FONDUE, RACLETTE, FISCH, RISOTTO MIT PILZEN, KALTER PLATTE, NASI GORENG
SERVICETIPP BEI 8–10 °C SERVIEREN
ALKOHOLWERT 12 %

Punkte

18

SCHWEIZ

WEISSWEIN

PREIS FR. 18.90

CHÂTEAU DE MALESSERT 2019
1[ER] GRAND CRU, FÉCHY
CAVE DE LA CÔTE, LA CÔTE AOC

Ich kannte den Wein noch, bevor er sich in einen 1er Grand Cru verwandelt hat. Das Resultat ist beachtlich, zumal man jetzt einen sehr präsenten, schmelzigen Chasselas vor sich hat, der eine interessante Tiefe offenbart. Ich würde ihn sogar dekantieren oder zumindest aus grösseren Gläsern geniessen. Noten von Wachs, Honig, Alpenkräutern und weissen Blüten sind zentral. In der Art sehr schmelzig und dennoch mit genügend Frische. Elegant und selbstsicher. Hat im Finale eine festliche Aura und ist fast schon ein Vin de gastronomie. Eine Entdeckung wert.

TRINKREIFE JETZT GENIESSEN
PASST ZU APÉRO, KÄSEGERICHTEN, FISCH, VEGETARISCHEN GERICHTEN, SUSHI, SASHIMI
SERVICETIPP BEI 8–10 °C SERVIEREN
ALKOHOLWERT 12,5 %

SCHWEIZ

Punkte

17.25

WEISSWEIN

PREIS FR. 19.90

SAINT-SAPHORIN FORTUNA 2019
DOMAINE LOUIS BOVARD
LAVAUX AOC

Die Weine von Louis-Philippe Bovard sind immer wieder eine Entdeckung wert. Im Vergleich zu anderen Chasselas des Genfersees sind sie meist etwas komplexer und komplizierter, das heisst, dass man sie entweder dekantiert oder sich etwas Zeit mit ihnen lässt, zumal sich ihre Vielschichtigkeit ganz langsam zeigt. Hier erkennt man im ersten Moment Noten von Honig, Lindenblüten und Wachs und mit der Zeit auch etwas Mandarine und Quitte. Elegant vom ersten bis zum letzten Schluck. Ein Esswein.

TRINKREIFE BIS 2024 GENIESSEN
PASST ZU EGLIFILETS, GEFLÜGEL VOM GRILL, GEMÜSEWÄHE, SUSHI, TERRINE MIT CHAMPIGNONS
SERVICETIPP BEI 10–12 °C SERVIEREN
ALKOHOLWERT 12,8 %

SCHWEIZ

Punkte

16.5

WEISSWEIN

PREIS FR. 19.90

NEZ NOIR 2020
BLANC
DOMAINES ROUVINEZ

Dieser Markenwein des Familienbetriebs Rouvinez ist ein aromatischer Regenbogen, der bei Rosen- und Muskatnoten beginnt und bis zu Limetten- und Honigaromen reicht. Leicht in der Art mit einer aromatischen Präsenz. Modern und dynamisch vom ersten bis zum letzten Schluck. Unter demselben Label hat es auch einen Rotwein und einen Rosé.

TRINKREIFE JETZT GENIESSEN
PASST ZU APÉRO, GLASNUDELSALAT, GEFLÜGEL, FISCHGRILLADEN
SERVICETIPP BEI 8–10 °C SERVIEREN
ALKOHOLWERT 13,5 %

SCHWEIZ

Punkte

16.75

WEISSWEIN

PREIS FR. 24.90

RONCAIA 2019
BIANCO DI MERLOT
VINATTIERI, TICINO DOC

Vinattieri wurde 1985 durch Luigi Zanini in der Gemeinde Ligornetto gegründet und der Roncaia (benannt nach einer Gemeinde) war einer der ersten Weine, die das Unternehmen vinifizierte. Inzwischen gilt der Roncaia als verlässlicher Tessiner Vorzeigewein. Dieser weisse Merlot wurde während acht Monaten in französischen Barriques ausgebaut und offenbart dies leicht im Auftakt. Man erkennt dezente Röstaromen, etwas Honig und weissen Pfirsich. Im Gaumen eine schöne Fülle und eine angenehme Frische zugleich. Noten von weissem Pfirsich und Quitte sind zentral. Wie für einen weissen Merlot typisch, eher aromatisch zurückhaltend. Klassiker aus dem Tessin. Elegant und ausgewogen.

TRINKREIFE BIS 2024 GENIESSEN
PASST ZU PASTA MIT GEMÜSE, GEFLÜGEL, GRILLIERTEM FISCH, JAKOBSMUSCHELN, POLENTA MIT PARMESAN
SERVICETIPP BEI 8–10 °C SERVIEREN
ALKOHOLWERT 13 %

Punkte

16.5*

FRANKREICH

WEISSWEIN

PREIS FR. 12.90

CHÂTEAU TOUR DE MIRAMBEAU 2019 ENTRE-DEUX-MERS BLANC, DESPAGNE

Saftig, kühl und bunt aromatisch lautet hier die Devise. Ein nicht nur preislich attraktiver Alltags-Bordeaux, sondern auch einer, den man für zahlreiche Gelegenheiten einsetzen kann: vom Büro-Apéro über das Gartenfest bis zum Familienlunch. Aromatisch tauchen Noten von Limetten, Rosen, Muskat und weissem Pfirsich auf. Im Finale saftig frisch und perfekt gegen den Durst.

TRINKREIFE JETZT GENIESSEN
PASST ZU HÄPPCHEN, APÉRO, KRUSTENTIEREN, PASTA MIT MUSCHELN, MIESMUSCHELN, SCALOPPINE AL LIMONE
SERVICETIPP BEI 8–10 °C SERVIEREN
ALKOHOLWERT 12,5 %

Punkte

16.5*

FRANKREICH

WEISSWEIN

PREIS FR. 12.95

VIOGNIER 2019
DELAS
VIN DE PAYS D'OC

Die Viognier-Traube und das Rhonegebiet haben sich schon immer gut vertragen – auch stammen meine liebsten Viognier-Weine von hier. Aromatisch verführt die Sorte mit Noten von Rosenknospen, weissem Pfirsichfleisch und Aprikosen. Auch kann eine dezent exotische Note dazukommen, wie auch bei dieser Abfüllung. Sie ist schmelzig, barock und absolut verführerisch. Der richtige Wein, wenn man gerne den Gehalt eines Chardonnay hat, aber noch etwas mehr Aromen sucht. Das Weingut Delas ist ein Rhone-Klassiker. Es wurde 1835 gegründet und ist inzwischen Teil der Louis-Roederer-Gruppe. Preislich ein Schnäppchen.

TRINKREIFE BIS 2023 GENIESSEN
PASST ZU FISCH, GEFLÜGEL, SAUERKRAUT UND SPECK, SCHLACHTPLATTE, PAELLA, GERICHTEN MIT RAHMSAUCE, TARTE FLAMBÉE, SCHWEINEBRATEN
SERVICETIPP BEI 8–10 °C SERVIEREN
ALKOHOLWERT 13,5 %

Punkte

17.25

FRANKREICH

WEISSWEIN

PREIS FR. 18.90

MONTAGNY 2017
DOMAINE FAIVELEY

Chardonnays aus Montagny sind ein guter Tipp, zumal sie immer etwas weniger kosten als Weine aus anderen Appellationen der Côte d'Or. Montagny-Weine sind in der Regel auch sehr frisch und würzig im Gaumen – so auch diese Abfüllung der Domaine Faiveley. In der Nase Noten von weissen Blüten, Honig, Zitronengras und kandiertem Ingwer. Ähnlich frisch und trocken geht es im Gaumen weiter. Elegant und mit schöner Präsenz. Ein klassischer Burgunder, der dem Moment eine festliche Note verleiht. Unbedingt aus etwas grösseren Gläsern geniessen. Trotz seines Alters keine Spur von Reife – im Gegenteil.

TRINKREIFE BIS 2024 GENIESSEN
PASST ZU KALBSBRATEN, MORCHELSUPPE, KANINCHEN, TERRINE MIT GEFLÜGEL, FISCH, RISOTTO MIT JAKOBSMUSCHELN, KALBSBRUST
SERVICETIPP BEI 10–12 °C SERVIEREN
ALKOHOLWERT 13 %

Punkte

17

FRANKREICH

WEISSWEIN

PREIS FR. 19.95

CHABLIS SAINT MARTIN 2019 DOMAINE LAROCHE

Der Name dieses Chablis bezieht sich auf den heiligen Martin, einen römischen Legionär, dessen Barmherzigkeit in die Geschichte eingegangen ist und dessen Relikte sich heute immer noch in der Abtei Saint-Martin in Tours befinden. Ein historisches Gebäude mit Symbolkraft für die Weinregion Chablis. Der Wein duftet elegant und kündigt einen schmelzigen, charmanten und klassischen Chardonnay an. Noten von Ananas, weissem Pfirsich und etwas Honig verführen die Nase. Kaum im Gaumen, wird man von einem saftigen Fruchtschmelz begrüsst, der sich mit einer trockenen Mineralität und Frische vereint. Noten von saftiger Birne und etwas Mango tauchen auf. Das Finale ist charmant, mittelschwer und sehr erfrischend. Perfekt für ein elegantes Dinner, das Familienfest oder als Geschenk. Ist erst noch vegan.

TRINKREIFE BIS 2024 GENIESSEN
PASST ZU GEFLÜGEL, FISCH, RISOTTO MIT PILZEN, TERRINE, KALBSBRATEN, KALBSBRUST, GEMÜSEWÄHE
SERVICETIPP BEI 8–10 °C SERVIEREN
ALKOHOLWERT 12,5 %

Punkte

17.75*

ITALIEN

WEISSWEIN

PREIS FR. 12.90

MELACCE 2020
CASTELLO COLLEMASSARI
MONTECUCCO DOC

Nicht nur ein absolutes Schnäppchen – erst noch ein Biowein. Der reine Vermentino von ColleMassari ist ein Coup de cœur von mir. Der neue Jahrgang ist einer der besten, die wir je verkostet haben – erst recht, wenn man bedenkt, dass er im ersten Corona-Jahr vinifiziert worden ist. Duftet nach weissen Blüten, etwas Limetten und Birnen. Im Gaumen sehr delikat, frisch und präzise. Wurde im Stahltank ausgebaut und ist der ideale Apérowein, den man auch gerne geniesst, während man das Nachtessen zubereitet. Was mir auch besonders gefällt, ist seine im Grunde genommen schlichte Art. Sie sorgt allerdings dafür, dass sich das Glas im Nu leert und dass man immer Lust auf einen weiteren Schluck hat. Delikat vom ersten bis zum letzten Schluck und ein sicherer Hauswein, mit dem man für jeden Apéro gewappnet ist. Das Weingut gehört übrigens der Familie Bertarelli und es bietet einen entdeckungswürdigen Agritourismus an.

TRINKREIFE BIS 2023 GENIESSEN
PASST ZU APÉRO, ANTIPASTI, KRUSTENTIEREN, GEFLÜGEL, FISCH, RISOTTO AL LIMONE
SERVICETIPP BEI 8–10 °C SERVIEREN
ALKOHOLWERT 13,5 %

Punkte

16.5*

ITALIEN

WEISSWEIN

PREIS FR. 14.90

PINOT GRIGIO 2019, RISERVA
CASTEL FIRMIAN, MEZZACORONA
TRENTINO DOC

Diese Abfüllung wird nur in wirklich guten Jahren abgefüllt. Sie duftet nach Rosmarin, Harz und Honig und macht Lust zu erkennen, was im Glas steckt. Im Gaumen dann herrlich süffig und fruchtig zugleich. Sie ist trocken, saftig und weist doch einen leicht schmelzigen Gehalt auf. Noten von Limetten, weissen Blüten und Quitten sind zu erkennen, wie auch etwas Honig. Preislich optimal, zumal man hier einen soliden Apéro- oder Vorspeisenwein einschenkt, der erfrischend und leicht aromatisch den Hals hinunterfliesst.

TRINKREIFE JETZT GENIESSEN
PASST ZU ANTIPASTI, KRUSTENTIEREN, APÉRO, HÄPPCHEN, FISCH VOM GRILL, GEMÜSELASAGNE
SERVICETIPP BEI 8–10 °C SERVIEREN
ALKOHOLWERT 13 %

Punkte

16.5

ITALIEN

WEISSWEIN

PREIS FR. 15.95

ANTHILIA 2020
DONNAFUGATA
SICILIA DOC

Donnafugata ist ein familiengeführtes Weingut mit Sitz in Sizilien, das 1983 von Giacomo und Gabriella Rallo gegründet und heute von ihren Kindern Josè und Antonio geführt wird. Markenzeichen der Weine von Donnafugata sind die bunten Etiketten des italienischen Künstlers Stefano Vitale. Anthilia ist der erste Wein von Donnafugata und trägt den römischen Namen der Stadt Entella, die im 13. Jahrhundert zerstört wurde. Heute werden in dieser Region, die nun den Namen Contessa Entellina trägt, Trauben kultiviert. Der Anthilia wird primär aus der Sorte Catarratto produziert und im Stahltank ausgebaut. Das Resultat ist ein knackig trockener, leicht aromatischer und süffiger Wein, der perfekt für den Apéro ausgeschenkt werden kann. Noten von Limetten, Mandarinenschalen und etwas Honig sind zu erkennen. Perfekt gegen den Durst und um von Ferien im Süden Italiens zu träumen. Und erst noch nachhaltig vinifiziert. Ein paar kühle Flaschen an Lager – und man ist für jeden Spontanbesuch gewappnet.

TRINKREIFE JETZT GENIESSEN
PASST ZU APÉRO, ANTIPASTI, GRILLIERTEM FISCH, RISOTTO MIT MUSCHELN, PASTA AL LIMONE
SERVICETIPP BEI 8–10 °C SERVIEREN
ALKOHOLWERT 12,5 %

Punkte

17

ITALIEN

WEISSWEIN

PREIS FR. 18.95

GRECO DI TUFO 2020
FEUDI DI SAN GREGORIO

Feudi di San Gregorio wurde Mitte der 80er-Jahre in Sorbo Serpico in der Irpinia im Hinterland Neapels gegründet. Von Anfang an machte sich das Gut zum Interpreten der «önologischen Renaissance Süditaliens», indem für das eigene Sortiment die typischen Rebsorten der Gegend wie Aglianico, Fiano di Avellino und Greco di Tufo ausgewählt wurden. Dieser Greco di Tufo ist einer der Klassiker des Gutes – und für mich ein absolut verlässlicher Weisswein, der elegant, nicht zu aufdringlich, aber mit herrlicher Frische gefällt. Noten von Limetten, weissen Blüten und Aprikosen sind zu erkennen. Hat Rasse und Klasse. Guter Hauswein, wenn es etwas mehr kosten darf – und auch der perfekte Begleiter für Krustentiere aller Art.

TRINKREIFE JETZT GENIESSEN
PASST ZU APÉRO, KRUSTENTIEREN, FISCH, ANTIPASTI, PASTA ALLE VONGOLE
SERVICETIPP BEI 8–10 °C SERVIEREN
ALKOHOLWERT 12,5 %

Punkte

16.25

SPANIEN

WEISSWEIN

PREIS FR. 10.95

ALBARIÑO VIÑA CARTÍN 2020
VAL DO SALMÉS
RÍAS BAIXAS DO

Der neue Jahrgang kommt ganz im Hausstil daher und verführt mit Noten von Fleur de Sel, Limetten, Quitte und Melone. Im Gaumen süffig, sehr aromatisch und mit einer saftigen Frische. Rassig und perfekt gegen den Durst. Dynamischer Spanier für das lockere Zusammensein. Terras de Lantaño ist ein Familienweingut, das nur Weine aus Albariño vinifiziert. Guter Haus-Apéro-Wein, wenn es unterhaltsam zu und her gehen soll. Ideal auch als Weisswein bei einem grösseren Fest.

TRINKREIFE JETZT GENIESSEN
PASST ZU APÉRO, HÄPPCHEN, FISCH, PAELLA, GRILLADEN VOM GEMÜSE, FISCHKNUSPERLI
SERVICETIPP BEI 8–10 °C SERVIEREN
ALKOHOLWERT 13 %

Punkte

16

SPANIEN

WEISSWEIN

PREIS FR. 11.95

PROTOS 2020
VERDEJO
RUEDA DO

Optisch und geschmacklich wie aus der Frischzellenkur. Hat eine dynamische Aura und trinkt sich fast von selbst, so knackig frisch präsentiert sich der neue Jahrgang. Noten von Ingwersorbet, Granny-Smith-Äpfeln und auch etwas Aprikosensorbet sind zu spüren. Ein Wein, der absolut Spass macht und sowohl ein mediterranes Essen wie einen Tapas-Apéro in Schwung bringt. Aromatisches Finale mit Limetten und Granatapfelaromen. Wenn Ihnen Sauvignon Blanc gefällt, dann könnte dieser auch ein Kandidat für Ihren Weinkeller sein. Kühlen, Sound auflegen und Tapas anrichten. Preislich sehr attraktiv. Protos heisst auf Griechisch so viel wie «der Erste». Die Kellerei vinifiziert Reben aus Rueda (177 ha) und dem Ribera del Duero (1400 ha).

TRINKREIFE JETZT GENIESSEN
PASST ZU APÉRO, KALTEN VORSPEISEN, TAPAS, GRILLIERTEM FISCH, RISOTTO MIT MUSCHELN, KRUSTENTIEREN
SERVICETIPP BEI 8–10 °C SERVIEREN
ALKOHOLWERT 13 %

Punkte

17*

SCHWEIZ

ROSÉ

PREIS FR. 14.90

ROSE DES VENTS 2020
JEAN-RENÉ GERMANIER
VALAIS AOC

Assemblage aus primär Syrah, Pinot Noir und Gamay, die lachsfarben strahlt und herrlich einladend duftet. Man erkennt Noten von kleinen, reifen Walderdbeeren, Himbeermousse und weissen Blüten. Im Gaumen frivol fruchtig und sehr gefällig. Hat eine spassig unterhaltende Ader und fliesst wie von selbst den Hals hinunter. Ein moderner, fruchtbetonter Rosé mit Dolce-Far-Niente-Vibes. Kühlen, Antipasti anrichten und mit Freunden geniessen. Easy drinking pur. Die Walliser Antwort auf Whispering Angel.

TRINKREIFE JETZT GENIESSEN
PASST ZU ANTIPASTI, GRILLIERTEM FISCH, HAMBURGER, GEMÜSEQUICHE, APÉRO
SERVICETIPP BEI 8–10 °C SERVIEREN
ALKOHOLWERT 13,6 %

Punkte

16.5*

FRANKREICH

ROSÉ

PREIS FR. 12.95

CHÂTEAU SAINT-JEAN 2020
LEZ DURANCE, PIMAYON
ALPES DE HAUTE-PROVENCE

Duftet in blassem Pink und verführt mit einer äusserst aromatischen Nase, die an Himbeeren, Walderdbeeren und Minze denken lässt. Im Gaumen delikat, aromatisch und sehr verführerisch. Er fliesst mit schönem Druck durch den Gaumen und macht Lust, gleich noch einen Schluck zu nehmen. Klar ein leichter Wein, aber einer voller Charisma. Kleiner Coup de cœur von mir, da er erst noch biologisch vinifiziert worden ist. Sicherer Rosé für den Event.

TRINKREIFE JETZT GENIESSEN
PASST ZU APÉRO, PARTY, HÄPPCHEN, ANTIPASTI, FISCH VOM GRILL
SERVICETIPP BEI 8–10 °C SERVIEREN
ALKOHOLWERT 12,5 %

Punkte

16

FRANKREICH

ROSÉ

PREIS FR. 13.50

CHÂTEAU DE FONT VIVE 2020
BANDOL

Assemblage aus Mourvèdre, Grenache und Cinsault, die in delikatem Pink leuchtet. In Nase und Gaumen delikat, frisch und beerig. Man erkennt Himbeeren, Cassis und weisse Rosen. Leicht in der Art und ideal, wenn der Rosé den lockeren Moment noch unkomplizierter werden lassen soll. Easy drinking aus dem Süden Frankreichs.

TRINKREIFE JETZT GENIESSEN
PASST ZU APÉRO, PARTY, HÄPPCHEN, ANTIPASTI, FISCH VOM GRILL
SERVICETIPP BEI 8–10 °C SERVIEREN
ALKOHOLWERT 13 %

Punkte

17

FRANKREICH

ROSÉ

PREIS FR. 14.95

CHÂTEAU GAIROIRD 2020
BIO
CÔTES DE PROVENCE AOC

Ein biologischer Rosé aus der Côtes de Provence, der ganz im Stil des 2019er daherkommt und den ich sehr empfehlen kann, zumal er den Gaumen im Nu erfrischt und die Gedanken in die Provence reisen lässt. Seine Farbe ist lieblich, genauso wie sein Geschmack. Schön auch seine trockene Art, die ihn sehr süffig macht. Noten von Walderdbeeren, Cassis und Rosen sind zu erkennen. Frisch, delikat und perfekt gegen den Durst. Warum nicht auch on the rocks servieren? Aus den Sorten Carignan, Grenache, Syrah und Cinsault vinifiziert.

TRINKREIFE JETZT GENIESSEN
PASST ZU APÉRO, ANTIPASTI, FISCH, PASTA, EXOTISCHEN GERICHTEN, PAELLA
SERVICETIPP BEI 8–10 °C SERVIEREN
ALKOHOLWERT 13 %

Punkte

16.25

FRANKREICH

ROSÉ

PREIS FR. 15.95

MINUTY M 2020
MOMENTS
CÔTES DE PROVENCE AOP

Im Moment herrscht im Süden Frankreichs gerade etwas Goldgräberstimmung, zumal sich dort mehr und mehr bekannte Weinhäuser niederlassen. Sie kaufen Land und existierende Kellereien auf, investieren nicht zu knapp und tüfteln auch an neuen Vinifikationsmethoden (Amphoren, Betoneier, Holzfässer) – zumindest für Roséwein. Seit Jahren ein sicherer Wert in Sachen Rosé ist das Château Minuty – ein historisch bekanntes Haus der Provence. Die Weinpalette ist weltweit erhältlich und die Weine ein Garant für unkomplizierten Weingenuss, der in Gedanken in den Süden Frankreichs entführt und vielleicht auch an den einen oder anderen Film von Louis de Funès denken lässt. Diese Abfüllung ist ein Provence-Klassiker. Süffig, fruchtig und absolut unkompliziert mit Noten von Walderdbeeren, Cassis und Holunder. Trocken im Finale und nicht so extrovertiert wie die Prestige-Abfüllung desselben Produzenten.

TRINKREIFE JETZT GENIESSEN
PASST ZU KALTER PLATTE, TERRINE, APÉRO, ANTIPASTI, GRILLIERTEM FISCH
SERVICETIPP BEI 10–12 °C SERVIEREN
ALKOHOLWERT 13 %

Punkte

15.75*

PORTUGAL

ROSÉ

PREIS FR. 5.95

MATEUS ROSÉ THE ORIGINAL SOGRAPE

Einer der bekanntesten Markenweine der Welt. Seinen Siegeszug begann Mateus bereits im Jahr 1942, als Fernando Van Zeller Guedes eine geniale Idee hatte: Er kreierte einen Wein mit einer starken Persönlichkeit und einem einzigartigen Geschmack, abgefüllt in einer originellen und neuartigen Flasche. Diese Flasche, inspiriert durch die Feldflaschen der Soldaten des 1. Weltkriegs, stellt heute eine lebende Legende dar. Auch der Inhalt der berühmten Flasche war anders – ein roséfarbener, leicht fruchtiger, erfrischender und prickelnder Wein. Inzwischen wurde das Label etwas modernisiert und der Geschmack lässt an Himbeer- und Cassissaft denken, der mit etwas CO_2 aufgelockert wird. Süffig, unkompliziert und klar gegen den Durst. Easy drinking, das ohne Jahrgang auskommt und locker auch on the rocks serviert werden kann. Als ich den Wein dieses Jahr verkostete, hatte ich das Gefühl, einen Klon des letztjährigen zu entdecken. Spassiger Wein zu einem sagenhaft tiefen Preis.

TRINKREIFE JETZT GENIESSEN
PASST ZU APÉRO, ANTIPASTI, GRILLIERTEM FISCH, KRUSTENTIEREN, EXOTISCHEN VORSPEISEN, HAMBURGER
SERVICETIPP BEI 10–13 °C SERVIEREN
ALKOHOLWERT 11 %

SCHWEIZ

Punkte

17*

ROTWEIN

PREIS FR. 14.90

LE PROTAGONISTE 2019
DOMAINE DE LA VILLE DE MORGES
LA CÔTE AOC, TERRAVIN

Assemblage aus Gamay, Gamaret und Garanoir, die kräftig aus dem Glas leuchtet. Der Duft ist sehr einladend und lässt an schwarze Kirschen, Brombeersorbet und Walderdbeeren denken. Im Gaumen delikat und feinfruchtig. Hat eine schöne fruchtige Präsenz, ohne zu intensiv zu wirken. Viel Charme und Finesse im Finale, das einen dezent modernen Touch aufweist, was nicht zuletzt mit der Traubenkomposition zu tun hat. Guter Hauswein aus dem Waadtland, wenn es etwas fruchtiger, aber nicht zu schwer sein darf.

TRINKREIFE BIS 2023 GENIESSEN
PASST ZU APÉRO, FISCH, GEFLÜGEL, VEGETARISCHEN GERICHTEN, SCHWARZEM REIS MIT SCAMPI, KALTER PLATTE
SERVICETIPP BEI 15–17 °C SERVIEREN
ALKOHOLWERT 13 %

Punkte

16.75

SCHWEIZ

ROTWEIN

PREIS FR. 18.90

LÉON 2019, ASSEMBLAGE MALICIEUX CHAI DU BARON VALAIS AOC

Assemblage aus Merlot und Diolinoir, die kräftig aus dem Glas leuchtet. Der Duft ist einladend fruchtig und im Gaumen entdeckt man viel verführerische Fruchtaromen, die an Cassis, schwarze Kirschen, Schokolade und Leder denken lassen. Trotz seiner Konzentration wunderbar zugänglich und charmant. Ein barocker Walliser aus der noch relativ jungen Kellerei Chais du Baron, die 2015 von Patrice Walpen übernommen worden ist. Er kreiert hier mit dem Önologen Stéphane Gauye eine spannende Palette an Weinen, die es sich zu entdecken lohnt.

TRINKREIFE JETZT GENIESSEN
PASST ZU KALTER PLATTE, MEDITERRANEN GERICHTEN, GEFLÜGEL, HAMBURGER, STEAK, LAMM
SERVICETIPP BEI 15–17 °C SERVIEREN
ALKOHOLWERT 13,7 %

Punkte

16.5

SCHWEIZ

ROTWEIN

PREIS FR. 18.95

MERLOT VECCHIA MASSERIA 2017
TICINO DOC

Das Weinhaus Vecchia Masseria wurde 1890 von Fedele Luisoni gegründet. Zum Gut gehören sieben Hektaren Reben, die in einer Hügelzone in Riva San Vitale gelegen sind und sich primär aus Merlot-Stöcken zusammensetzen. Dieser reine Merlot leuchtet granatrot und duftet nach reifen Kirschen, Himbeeren und Pfeffer. Im Gaumen ist er rustikal und würzig. Man erkennt Noten von Melonen und Pfirsich. Sein Charakter birgt auch ungezähmte Züge in sich, zumal die Gerbstoffe spürbar und spannend sind, aber dennoch von der dichten Fruchtigkeit getragen werden. Für mich geht dieser Wein klar in die Kategorie der authentischen und traditionellen Tessiner Merlots, die, auch wenn sie sehr zugänglich sind, eine tolle Struktur haben. Zeigt jetzt eine schöne Reife und passt ideal zu klassischen Tessiner Gerichten.

TRINKREIFE JETZT GENIESSEN
PASST ZU POLENTA MIT PILZEN, ENTRECÔTE, KANINCHEN, GERICHTEN MIT SCHWARZEN OLIVEN, BRATEN, RISOTTO AI FUNGHI
SERVICETIPP BEI 15–17 °C SERVIEREN
ALKOHOLWERT 13,5 %

SCHWEIZ

Punkte

16.75

ROTWEIN

PREIS FR. 19.90

NEZ NOIR 2019
DOMAINES ROUVINEZ
BIO EN RECONVERSION

Für den Namen «Nez Noir» haben sich die Rouvinez von der Herde Walliser Schwarznasenschafen, die jedes Jahr zwischen Mitte März und Mitte April für ein paar Wochen in den Weinbergen weiden, inspirieren lassen. Im Wein hat es übrigens Merlot, Syrah und Gamaret. Der neue Jahrgang ist sympathisch vom ersten bis zum letzten Schluck und duftet nach dunklen Früchten, wie etwa Kirschen, Cassis und Holunder. Fröhlicher Hauswein. Im Gaumen schön stoffig mit einer dicht gedrängten Fruchtigkeit. Ist auf dem Weg, ein Biowein zu werden.

TRINKREIFE BIS 2025 GENIESSEN
PASST ZU FLEISCHGERICHTEN, RISOTTO, PASTA, PIZZA, KALTER PLATTE
SERVICETIPP BEI 15–17 °C SERVIEREN
ALKOHOLWERT 13,5 %

Punkte

17

SCHWEIZ

ROTWEIN

PREIS FR. 22.–

LES ROMAINES 2018
LES FRÈRES DUTRUY
ASSEMBLAGE ROUGE

Neu in diesem Kapitel und eine Waadtländer Assemblage aus Gamaret, Garanoir, Gamay und Pinot Noir, die in der Barrique ausgebaut worden ist. Leuchtet in kräftigem Rot aus dem Glas und duftet dabei nach dunklen Beeren und etwas Leder. Im Gaumen schönes Konzentrat und eine samtige Fülle. Noten von Cassiskompott und schwarzen Kirschen sind zentral. Die Tannine sind fein und delikat. Ideal, wenn der Schweizer Rote etwas barock und selbstsicher schmecken darf.

TRINKREIFE JETZT GENIESSEN
PASST ZU FLEISCHGERICHTEN, SCHWARZEM REIS MIT SCAMPI, HAMBURGER, WILDGEFLÜGEL, RASSIGEM BERGKÄSE, SPARERIBS
SERVICETIPP BEI 15–16 °C SERVIEREN
ALKOHOLWERT 13,5 %

Punkte

17

SCHWEIZ

ROTWEIN

PREIS FR. 30.90

ARZO 2018
MERLOT, GIALDI
TICINO DOC

Leuchtet in kräftigem Dunkelrot und duftet nach Cassis, Walderdbeeren und etwas Schokolade. Im Gaumen dicht, fruchtig und elegant mit Noten von Cassis, Schokolade und schwarzen Kirschen. Die Tannine sind seidig und gut in der Frucht eingebunden. Ist kräftig in der Art, aber sehr zugänglich. Ein Klassiker aus dem Tessin, den man gut dekantieren kann. Saftig und selbstsicher. Reifte während 14 Monaten in Barriques. Ein eleganter Tessiner Merlot für spezielle Momente. Produziert vom Familienunternehmen Gialdi, das zu den bekanntesten Häusern des Tessins zählt.

TRINKREIFE BIS 2024 GENIESSEN
PASST ZU POLENTA MIT PILZEN, KANINCHEN, GEFLÜGEL, BRATEN, ENTE, PASTA MIT TOMATENSAUCE, ZÜRCHER GESCHNETZELTEM
SERVICETIPP BEI 15–16 °C SERVIEREN
ALKOHOLWERT 13 %

Punkte

16.25*

FRANKREICH

ROTWEIN

PREIS FR. *7.95*

LA RÉSISTANCE 2018
LES VIGNERONS DE L'ENCLAVE
CÔTES DU RHÔNE AOC, BIO

Als ich den Verkaufspreis sah, war ich natürlich etwas skeptisch, da er schon sehr günstig ist – und es sich erst noch um einen Biowein handelt. Einmal mehr wurde ich belehrt, dass Preis und Qualität oftmals keine reelle Verbindung zueinander haben. Entsprechend überrascht hat mich die Qualität dieses Côtes du Rhône, den ich wärmstens als Haus- oder Notvorratswein empfehlen kann. Er ist wohl rustikal in der Art mit spürbaren Tanninen, wie aber auch einer schmelzigen Fruchtigkeit, die an Himbeerkompott, Pflaumen und Cassis denken lässt. Perfekt zu Hausmannskost oder einer Vesperplatte.

TRINKREIFE JETZT GENIESSEN
PASST ZU KALTER PLATTE, TERRINE, GEFLÜGEL, REISGERICHTEN, BRATEN, WURST
SERVICETIPP BEI 15–16 °C SERVIEREN
ALKOHOLWERT 13,5 %

Punkte

16

FRANKREICH

ROTWEIN

PREIS FR. 11.95

CÔTES DU RHÔNE 2018
RÉSERVE
FAMILLE PERRIN

So richtig bekannt wurde die Familie Perrin, als sie zusammen mit Brad Pitt und Angelina Jolie den Miraval Rosé lanciert hat. Ihnen gehört aber auch das Château Beaucastel, dessen Weine Weltruhm geniessen. Dieser Côtes du Rhône ist ein solider und süffiger Alltagswein, den man eigentlich immer entkorken kann. Er wird Newcomers wie Kennern munden. Dominiert von reifen roten Früchten mit delikaten Gerbstoffen und einer schönen Konzentration. Der gute Hauswein, der im Finale etwas von den Gerbstoffen markiert ist, daher sollte man unbedingt etwas dazu essen. Preislich optimal.

TRINKREIFE BIS 2024 GENIESSEN
PASST ZU TERRINE, KALTER PLATTE, BRATEN, WILD, PILZGERICHTEN, WÜRZIGEM KÄSE
SERVICETIPP BEI 15–16 °C SERVIEREN
ALKOHOLWERT 14,5 %

Punkte

16.5*

FRANKREICH

ROTWEIN

PREIS FR. 14.90

CHÂTEAU LA TONNELLE 2016 HAUT-MÉDOC

Feinwürzig im Geschmack mit Noten von Backpflaumen, Brombeeren und etwas Tabak und Cassis. Hat feine Tannine, die jedoch nicht zu stark markieren. Assemblage aus Cabernet Sauvignon, Merlot und Petit Verdot, die fast schon leichtfüssig den Hals hinunterfliesst. Delikat in der Art und ideal, wenn man einen klassischen, nicht zu schweren Bordeaux sucht, der gut zu Fleischgerichten passt. Preislich ein Hit.

TRINKREIFE BIS 2024 GENIESSEN
PASST ZU GRILLADEN, EINTOPF, HAMBURGER, TERRINE, BRATEN
SERVICETIPP BEI 16–18 °C SERVIEREN
ALKOHOLWERT 14 %

Punkte

16.5

FRANKREICH

ROTWEIN

PREIS FR. 14.90

ABBÉ ROUS 2018
CÔTES DU ROUSSILLON VILLAGES

Die Winzergenossenschaft Abbé Rous ist nach dem Mönch Abbé Rous benannt, der im 19. Jahrhundert als Erster Banyuls-Weine in Flaschen verkaufte, um die Renovierung seiner Kirche zu finanzieren. Heute bewirtschaftet die Genossenschaft Abbé Rous eine Rebfläche von 1150 Hektaren. Diese Assemblage aus Grenache, Syrah und Carignan duftet nach Cassis und Brombeeren. Im Gaumen intensiv, dicht fruchtig und etwas «laut», was nicht zuletzt mit den 15 Volumenprozent dieses Blockbusters zu tun hat. Stoffig dann das Finale. Ein barocker, üppiger Wein, zu dem man unbedingt etwas Deftiges essen sollte.

TRINKREIFE BIS 2024 GUT
PASST ZU BRATEN, EINTOPF, LAMM, ENTE
SERVICETIPP BEI 15–16 °C SERVIEREN
ALKOHOLWERT 15 %

Punkte

16.5

FRANKREICH

ROTWEIN

PREIS FR. 19.90

CHÂTEAU DE CHAMBERT 2015
BIO
CAHORS AOC

Biodynamischer Blend aus Malbec und Merlot, der aus dem Cahors stammt, einer Gegend, die für Malbec-Weine bekannt ist. Duftet delikat fruchtig aus dem Glas und lässt an rote Kirschen, Cassis und etwas Himbeere denken. Im Gaumen dann viel Temperament und aromatische Fülle. Noten von Backpflaumen und Erdbeeren sind zentral, wie auch die präsenten Gerbstoffe. Ein rustikaler Franzose, der eine klassische Eleganz in sich trägt.

MANOR

MIS EN BOUTEILLE AU CHÂTEAU
CHÂTEAU DE CHAMBERT
CAHORS
APPELLATION CAHORS CONTRÔLÉE
MALBEC - DEPUIS 1690

TRINKREIFE JETZT GENIESSEN
PASST ZU BRATEN, WILD, LAMM, STEAK, EINTOPF, WILDGEFLÜGEL
SERVICETIPP BEI 16–18 °C SERVIEREN
ALKOHOLWERT 13,5 %

Punkte

16.5

FRANKREICH

ROTWEIN

PREIS FR. 24.90

CROZES-HERMITAGE 2018 MAISON LES ALEXANDRINS

Dieser Crozes-Hermitage ist ein reiner Syrah und herrlich kräftig. Der neue Jahrgang ist nicht mehr eine Zusammenarbeit zwischen den Perrins und den Jaboulets, sondern zwischen Guillaume Sorrel, Nicolas Jaboulet und Alexandre Caso. Der Wein reift für 12 Monate in Eichenfässern und duftet jetzt herrlich fruchtig nach Cassis, Brombeeren und Leder. Im Gaumen viel Schmelz und Struktur. Auch hier sehr dunkelbeerig und dicht. Ein rustikaler Rhonewein für kräftige Gerichte. Mit etwas mehr als 1300 Hektaren ist Crozes-Hermitage die flächengrösste Appellation der nördlichen Rhone. Sie liegt am linken Ufer des Flusses und umfasst 11 Gemeinden.

TRINKREIFE BIS 2023 GENIESSEN
PASST ZU BRATEN, LAMM, WILD, ENTE, EINTOPF, HAMBURGER, GEFLÜGEL, GRILLIERTEM THUNFISCH, PILZTERRINE
SERVICETIPP BEI 16–17 °C SERVIEREN
ALKOHOLWERT 13,5 %

Punkte

17

FRANKREICH

ROTWEIN

PREIS FR. 29.90

MARSANNAY LES ECHEZEAUX 2018
DOMAINE FAIVELEY

Ein eleganter Burgunder, der Lust macht, Wildgeflügel zu kochen oder einen alten französischen Film zu schauen. Elegant und geschmeidig verführt er bereits in der Nase. Im Gaumen dann delikate Aromen von schwarzen Beeren, Leder und etwas Pfeffer. Mittelschwer, trotz der aromatischen Präsenz. Die Tannine sind ganz fein und delikat. Reifte 14 Monate in französischen Barriques, von denen knapp ein Drittel Neuholz waren. Das Finale hat eine angenehme Saftigkeit und man erkennt Aromen von Stachelbeeren und Cassis. Elegant von A bis Z und ideal, wenn man sich etwas Spezielles gönnen will. Auch ein guter Geschenkwein. Dieser Familienbetrieb ist seit bald 200 Jahren in der Hand der Faiveleys.

TRINKREIFE BIS 2028 GENIESSEN
PASST ZU FILET, GEFLÜGEL, THUNFISCH, RISO NERO, KANINCHEN, ZWIEBELWÄHE, WILDVORSPEISEN
SERVICETIPP BEI 15–16 °C SERVIEREN
ALKOHOLWERT 13,5 %

Punkte

17.25*

ITALIEN

ROTWEIN

PREIS FR. 15.95

RUBRATO IRPINIA 2016
AGLIANICO
FEUDI DI SAN GREGORIO

Auch ein Jahr nach der letzten Verkostung noch ein Topwein und preislich natürlich ein Hit – vor allem im Vergleich mit den Weinen aus der Toskana. Es duftet hier nach reifen Walderdbeeren, Holunder und Veilchen. Im Gaumen viel Temperament, Eleganz und Kraft. Sehr fruchtig und stoffig zugleich mit gut eingebauten Gerbstoffen. Man kaut sich förmlich durch die saftige Frucht. Dieser Süditaliener macht Spass und wertet jedes italienische Gericht auf. Fruchtbetont und lang im Abgang. Esswein mit feurigem Charakter, der zufrieden stimmt und von dem man sich gerne ein zweites Glas einschenkt. Die Traube Aglianico ist eine weitere der spannenden autochthonen Sorten Italiens. Ihr Ursprung wird in Griechenland vermutet. Der bekannte Produzent Feudi di San Gregorio vinifiziert daraus Topweine.

TRINKREIFE BIS 2022 GENIESSEN
PASST ZU PASTA, GRILLADEN, GEFLÜGEL
SERVICETIPP BEI 16–18 °C SERVIEREN
ALKOHOLWERT 13,5 %

Punkte

17

ITALIEN

ROTWEIN

PREIS FR. 16.95

APPASSIMENTO 2018
COLLEFRISIO

Assemblage aus Montepulciano, Merlot und Sangiovese, die in die Kategorie der modernen Blockbuster-Weine gehört und auch ein Jahr nach der letzten Verkostung noch fit ist. Eine wahre Überraschung aus den Abruzzen. Appassimento ist auch ein neues Modewort bei der Produktion von konzentrierten und üppigen Weinen aus dem Süden Italiens. Wenn Sie gerne Rosinen, Himbeerkonzentrat und Schokoladearomen sowie viel reife Frucht spüren, dann ist dies Ihr neuer Italiener. Warmblütig und voller Temperament. Absolut modern und sehr expressiv. Bei der Produktion werden Trauben verwendet, die angetrocknet sind, was dazu führt, dass der Wein in der Aromatik noch konzentrierter wird.

TRINKREIFE JETZT GENIESSEN
PASST ZU GRILLADEN, BRATEN, EINTOPF, GERICHTEN MIT SCHWARZEN OLIVEN, ITALIENISCHER KÜCHE
SERVICETIPP BEI 15–16 °C SERVIEREN
ALKOHOLWERT 14 %

Punkte

17.5*

ITALIEN

ROTWEIN

PREIS FR. 17.90

COLLEMASSARI 2017
ROSSO RISERVA
MONTECUCCO DOC

Der neue Jahrgang des Signaturweins des Hauses ist voller Finesse, Charme und delikater Textur. Die Assemblage aus primär Sangiovese mit etwas Ciliegiolo und Cabernet Sauvignon duftet nach Brombeeren, Zedernholz und Leder, wie auch etwas nach Rosen. Im Gaumen delikat mit schönem Schmelz und Noten von kandierten Erdbeeren und etwas Schokolade. Hat einen modernen Touch und trinkt sich fast von selbst. Ein perfekter Hauswein und auch ein guter Passepartoutwein. Trinkt sich jetzt schon gut. Warum nicht einmal Ferien auf dem wunderschönen Anwesen buchen: www.collemassariwines.it/de

TRINKREIFE BIS 2023 GENIESSEN
PASST ZU PASTA, GRILLADEN, STEAK, LAMM, GERICHTEN MIT PILZEN, WILDGEFLÜGEL, BISTECCA ALLA FIORENTINA
SERVICETIPP BEI 16–17 °C SERVIEREN
ALKOHOLWERT 14,5 %

Punkte

17

ITALIEN

ROTWEIN

PREIS FR. 23.90

INSOGLIO 2019
TENUTA DI BISERNO

Diese Assemblage aus Syrah, Cabernet Franc, Merlot und Petit Verdot hat einen bekannten Gründervater. Lodovico Antinori, der Bruder des bekannten Marchese Piero Antinori, hat dieses Weingut gegründet, nachdem er sein vorheriges, Ornellaia, verkauft hatte. Interessant ist, dass die Weine der Tenuta di Biserno seit Beginn immer sehr gut angekommen sind. Das Wildschwein auf der Etikette kommt übrigens nicht von ungefähr: Einerseits lieben die Toskaner sein Fleisch als Delikatesse, andererseits fressen Wildschweine leider ganze Weinberge kahl. Der 2019er duftet intensiv und tiefgründig, sodass man ihn am besten gleich dekantiert. Im Gaumen dann Noten von schwarzen Kirschen, Cassisnektar, Lorbeere und Gewürznelken. Ist dicht und stoffig, wobei seine Tannine ganz fein und seidig sind. Wunderbar festlich und spannend. Toller Maremma-Wein, der Verwandte, Freunde und Liebschaften verzaubern wird. Ideal, wenn man einen komplexen, warmblütigen und dichten Toskaner sucht, der erst noch aristokratischer Abstammung ist.

TRINKREIFE BIS 2026 GENIESSEN
PASST ZU PASTA, GRILLADEN, STEAK, LAMM, GERICHTEN MIT PILZEN, WILDGEFLÜGEL, BISTECCA ALLA FIORENTINA
SERVICETIPP BEI 16–17 °C SERVIEREN
ALKOHOLWERT 14 %

Punkte

16.75

ITALIEN

ROTWEIN

PREIS FR. 24.90

CROGNOLO 2017
TENUTA SETTE PONTI
TOSCANA

Ein moderner Toskaner, der bereits in der Nase viel Schmelz und süss-fruchtige Aromen ankündigt. Im Gaumen entsprechend schmelzig, dicht und voller saftiger Frucht. Ganz anders in der Stilistik als der Chianti Classico Riserva der Tenuta Perano. Hier ist die Aromatik weniger spröde und gefällig charmant. Auch handelt es sich hier um einen Blend von Sangiovese, Merlot und Cabernet Sauvignon. Der Name des Weingutes bezieht sich darauf, dass man zwischen Arezzo und Florenz sieben Brücken überqueren muss, um das Weingut im Chianti Classico zu erreichen. Die Weine werden vom Top-Önologen Carlo Ferrini betreut.

TRINKREIFE BIS 2022 GENIESSEN
PASST ZU PASTA, PIZZA, LASAGNE, BRATEN, ENTE
SERVICETIPP BEI 15–16 °C SERVIEREN
ALKOHOLWERT 14,5 %

Punkte

17.5

ITALIEN

ROTWEIN

PREIS FR. 24.90

DEA VULCANO 2018
DONNAFUGATA
ETNA ROSSO DOC

Weine vom Vulkan Ätna sind Donnafugatas jüngstes Experiment. Diese Assemblage aus Nerello Mascalese und Nerello Cappuccio ist delikat in der Farbe und duftet einladend ätherisch. Er ist nicht der schwere Blockbuster, den man gerne in Sizilien findet, sondern der elegante, leichtfüssige und frische Rote mit beachtlicher Präsenz. Zeigt viel Struktur, präsente Gerbstoffe und eine herrliche Frische im Finale. Noten von Erdbeerkonfitüre, Zedernholz und Lakritze sind zentral. Absolut entdeckungswürdig, wenn man auf der Suche nach einem Trendwein ist.

TRINKREIFE BIS 2024 GENIESSEN
PASST ZU WILD, ENTE, GRILLIERTEM FISCH, SPINATWÄHE, PASTA, PIZZA
SERVICETIPP BEI 15–16 °C SERVIEREN
ALKOHOLWERT 13 %

Punkte

16.5

ITALIEN

ROTWEIN

PREIS FR. 24.90

BAROLO 2016
ENZO BARTOLI
BAROLO DOCG

Neu in diesem Kapitel und ein guter Einstieg in die komplizierte Welt des Barolo. Die Flasche ist speziell handlich und der Wein spröde, trotz seiner reifen Beerigkeit. Man entdeckt Aromen von Zedernholz, Rosinen und getrockneten Mandarinenschalen. Die Tannine sind ganz fein und umhüllen die Frucht straff. Rustikal und mit einem bodenständigen Charme. Nicht der süssfruchtige Charmeur, hier fühlt man die Kraft der Natur im Glas. Alltags-Barolo für Hausmannskost.

TRINKREIFE JETZT GENIESSEN
PASST ZU STEAK, BRATEN, SALAMI, KANINCHEN, PASTA, PIZZA
SERVICETIPP BEI 16–17 °C SERVIEREN
ALKOHOLWERT 13,5 %

Punkte

17

ITALIEN

ROTWEIN

PREIS FR. 29.90

BAROLO 2016
GIOVANNI ROSSO
SERRALUNGA D'ALBA

Klassischer Barolo, der seine spröde, trockene Art perfekt inszeniert. Wie für einen aus Nebbiolo-Trauben vinifizierten Wein typisch, präsentieren sich die Tannine mit einer trockenen, herben, aber seidigen Art – daher ist es zwingend, zu einem Barolo etwas zu essen. Im Duft erkennt man schwarze Kirschen, Veilchen, Rosen und etwas Rosinen. Im Gaumen dann intensiv und allgegenwärtig. Filigran das Finale mit einer blumig frischen Dominanz. Guter Einstieg in die komplexe Welt der Barolo-Weine, die gar nicht so einfach zu verstehen sind. Nur eins: Sie sind das absolute Gegenteil eines Primitivo aus dem Süden des Landes. Man könnte sogar sagen: Der Barolo ist das Violinkonzert von Franz Liszt und der Primitivo eine Samstag-Abend-Show mit Raffaella Carrà.

TRINKREIFE BIS 2025 GENIESSEN
PASST ZU BRASATO, OSSOBUCO, PASTA MIT TRÜFFEL, HAMBURGER, PIZZA AI FUNGHI, ENTE
SERVICETIPP BEI 15–16 °C SERVIEREN
ALKOHOLWERT 14 %

Punkte

16.25

ITALIEN

ROTWEIN

PREIS FR. 29.90

AMARONE DELLA VALPOLICELLA 2016
SOPRA SASSO
DOCG

Der neue Jahrgang kommt ganz im Hausstil daher, auch wenn er eine Spur leichter wirkt. Fröhlich und temperamentvoll in der Art und auch nicht so heftig, wie das gerne bei Amarone-Weinen der Fall sein kann. Hat Noten von kandierten Kirschen, Erdbeeren, Backpflaumen und auch etwas Schokolade. Ein zugänglicher und äusserst charmanter Amarone, der den Moment italienisch und vor allem entspannt werden lässt. Dekantieren oder zumindest aus grösseren Gläsern servieren.

TRINKREIFE BIS 2024 GENIESSEN
PASST ZU FLEISCHGERICHTEN, PASTA MIT TRÜFFELN, BRATEN, WILD, ENTE, ZIGARREN
SERVICETIPP BEI 16–18 °C SERVIEREN
ALKOHOLWERT 15 %

Punkte

16.75

ITALIEN

ROTWEIN

PREIS FR. 32.50

AMARONE DELLA VALPOLICELLA 2016
BLACK LABEL
PASQUA, DOCG

Das Familienunternehmen Pasqua produziert im Norden Italiens eine breite Palette an Weinen – vom Top-Amarone bis zum einfachen Basiswein. Dieser Amarone ist ein moderner Charmeur, der den Gaumen mit süss-fruchtigen Aromen zu verführen weiss. Ideal, wenn man gerne schokoladige Aromen und reife Fruchtessenzen geniesst. Noten von Backpflaumen, Feigenkompott und dunkler Schokolade sind zentral. Die Tannine umhüllen dieses Aromapaket delikat. Modern und laut.

TRINKREIFE BIS 2024 GENIESSEN
PASST ZU BRATEN, WILD, SCHLACHTPLATTE, DEFTIGEN GERICHTEN, PIZZA, EINTOPF, EXOTISCHER KÜCHE
SERVICETIPP BEI 16–17 °C SERVIEREN
ALKOHOLWERT 15 %

Punkte

17

ITALIEN

ROTWEIN

PREIS FR. 37.90

ENEO 2018 MONTEPELOSO IGT

Montepeloso liegt in der nördlichen toskanischen Maremma, nahe dem mittelalterlichen Städtchen Suvereto. In unmittelbarer Nachbarschaft befindet sich das für seine Spitzenweine berühmte Bolgheri mit Häusern wie Ornellaia, Sassicaia oder Masseto. Im Jahr 1999 kaufte Fabio Chiarelotto das Weingut Montepeloso und vergrösserte es im Laufe der Jahre auf total 14 Hektaren bestockte Rebfläche. Inzwischen gelten seine Weine als verlässliche Maremma-Weine, die eine grosse Komplexität, viel Charakter und Aroma in sich vereinen. Der 2018er kann jetzt schon genossen werden, wobei ich ihn dann dekantieren würde. Stoffig und dicht vom ersten bis zum letzten Schluck mit Noten von Stachelbeeren, Cassis und Holunder. Assemblage aus Sangiovese, Montepulciano, Malvasia und Grenache. Die Grenache markiert im Moment sehr stark, zumal der Wein viel mediterranes Temperament offenlegt.

TRINKREIFE BIS 2026 GENIESSEN
PASST ZU PASTA, GRILLADEN, STEAK, LAMM, GERICHTEN MIT PILZEN, WILDGEFLÜGEL, BISTECCA ALLA FIORENTINA
SERVICETIPP BEI 16–17 °C SERVIEREN
ALKOHOLWERT 15 %

Punkte

17.5

ITALIEN

ROTWEIN

PREIS FR. 37.90

CHIANTI CLASSICO 2016 RISERVA, TENUTA PERANO FRESCOBALDI

Die Adelsfamilie Frescobaldi prägt seit Generationen den Weinbau in der Toskana und entsprechend vielfältig ist ihre Weinpalette. Zu ihren Weingütern gehört auch die Tenuta Perano in Gaiole im Chianti, der höchstgelegenen Gemeinde des Chianti Classico. Die Sangiovese-Rebe bringt hier besonders komplexe Weine hervor, wie man bei diesem Riserva feststellt. Der Duft lässt an Zedernholz, Backpflaumen, Gewürznelken und etwas Kaffee denken. Im Gaumen dann saftig und rustikal mit Leder-, Tabak- und Zedernholznoten sowie etwas getrockneten Orangenschalen. Er ist saftig, mit dichten, feinen Tanninen und sehr elegant. Fliesst frisch den Hals hinunter und entführt in Gedanken in die pittoreske Landschaft des Chianti Classico. Ein eleganter Klassiker für festliche Momente.

TRINKREIFE BIS 2025 GENIESSEN
PASST ZU BISTECCA ALLA FIORENTINA, PASTA AL RAGÙ, BRASATO, RISOTTO AI FUNGHI, SALAMI, CARNE CRUDA, PIZZA
SERVICETIPP BEI 15–16 °C SERVIEREN
ALKOHOLWERT 14,5 %

Punkte

16.5

PORTUGAL

ROTWEIN

PREIS FR. 12.95

MOURAS 2018 GRANDE ESCOLHA ALENTEJO DO

Das Label ist schon eine Augenweide und der Wein eine schöne Entdeckung, wenn man auf der Suche nach einem modernen, üppigen und dicht-aromatischen Tischwein ist. Aus den Sorten Cabernet Sauvignon, Alicante Bouschet und Syrah vinifiziert und entsprechend temperamentvoll. Aromen von in Schokolade gebadeten schwarzen Kirschen, Cassis und Brombeerkompott sind zentral. Die Tannine sind präsent und man erkennt die Struktur dieses Südportugiesen. Auch im Finale sehr barock und modern in der Art. Preislich natürlich sehr günstig.

TRINKREIFE JETZT GENIESSEN
PASST ZU EINTOPF, BRATEN, GERICHTEN MIT SCHWARZEN OLIVEN, HAMBURGER, PIZZA, PAELLA
SERVICETIPP BEI 15–17 °C SERVIEREN
ALKOHOLWERT 14 %

Punkte

17*

PORTUGAL

ROTWEIN

PREIS FR. 15.95

DUAS QUINTAS 2017
RAMOS PINTO
DOURO DOC

Wenn Sie auf der Suche nach einem wirklich dunklen und stoffigen Roten sind, der dennoch eine schöne Frische im Finale aufweist, dann lohnt es sich, dieses Schnäppchen zu verkosten. Die Hauptsorten sind Touriga Nacional und Touriga Franca und der Duft lässt an Cassisnektar, schwarze Kirschen, Holunder und etwas Lakritze denken. Im Gaumen dicht mit feinen, straffen Gerbstoffen und einer schönen Frische. Sie ist so zentral, dass man gleich einen zweiten Schluck nimmt. Im Abgang dann auch eine leicht schokoladige, fruchtige Note. Toller Hauswein! Der Wein stammt übrigens von einem sehr historischen Weingut, das 1880 gegründet worden ist und heute zur Roederer-Gruppe gehört.

TRINKREIFE BIS 2023 GENIESSEN
PASST ZU EINTOPF, BRATEN, GERICHTEN MIT SCHWARZEN OLIVEN, HAMBURGER, PIZZA
SERVICETIPP BEI 15–17 °C SERVIEREN
ALKOHOLWERT 14,5 %

Punkte

17.5

PORTUGAL

ROTWEIN

PREIS FR. 24.90

POST SCRIPTUM 2019 DE CHRYSEIA DOURO DOC

Leuchtet wie dunkle Tinte aus dem Glas. Der Duft kündigt einen stoffigen, konzentrierten und dunkelbeerigen Wein an. Man denkt an Cassisnektar, schwarze Kirschen, Holunder und Lorbeeren. Im Gaumen dicht, elegant und fein geschliffen. Die Tannine sind präsent, aber sehr delikat. Auch erkennt man Noten von Graphit und etwas Pfeffer. Der Post Scriptum ist der zweite Wein von Chryseia und wurde als ein Wein konzipiert, der dem Hauptwein Chryseia ebenbürtig, aber etwas leichter und frischer ist. Man kann ihn schon in seiner Jugend trinken. Kreiert wurde der Wein von den Symingtons (einer der wichtigsten Weinbaufamilien des Douro) und Bruno Prats (ehemals Château Cos d'Estournel).

TRINKREIFE BIS 2023 GENIESSEN
PASST ZU FLEISCHGERICHTEN, BOHNENEINTOPF, WILD, LAMM, HAMBURGER
SERVICETIPP BEI 15–16 °C SERVIEREN
ALKOHOLWERT 14 %

Punkte

16.5*

SPANIEN

ROTWEIN

PREIS FR. 12.95

LA GAVACHA 2018
VIÑEDOS DE ALTURA
CALATAYUD DO

Neu in diesem Kapitel und ein echtes Schnäppchen. La Gavacha ist das Projekt von Sylvie Ziegler, die sehr alte Grenache-Reben (85 Jahre im Durchschnitt) ausgewählt hat, die von César Langa (5. Generation auf dem Weingut) vinifiziert wurden. Calatayud ist eine der vier Appellationen von Aragon. Hier, auf Höhenlagen von 800 Meter über Meer, ist der Ertrag sehr begrenzt. Das Resultat ist ein stoffiger, saftiger Roter mit schönem mediterranen Temperament und einer angenehmen Länge. Aromatisch entdeckt man Noten von Stachelbeeren, Brombeeren und schwarzen Kirschen. Im Finale eine schöne Saftigkeit, die ihn vibrierend dynamisch wirken lässt.

TRINKREIFE JETZT GENIESSEN
PASST ZU FLEISCHGERICHTEN, TAPAS, GRILLIERTEM FISCH, KANINCHEN, BOHNENSUPPE
SERVICETIPP BEI 15–16 °C SERVIEREN
ALKOHOLWERT 14,5 %

Punkte

15.5

SPANIEN

ROTWEIN

PREIS FR. 13.95

PROTOS 2019
ROBLE
RIBERA DEL DUERO

Reiner Tempranillo, der in sattem Rot aus dem Glas leuchtet. In der Nase Noten von Cassis, Brombeeren und Schokolade. Wirkt fruchtig einladend und unkompliziert modern. Im Gaumen auch sehr gefällig und stoffig. Hat einen modernen Touch und eine spürbare Tanninstruktur, die im Gaumen markiert. Daher sollte zu diesem Jungwein unbedingt etwas gegessen werden – was auch von schwerer Natur sein kann. Das ideale Glas Alltagswein zu Hausmannskost. Hat eine schöne Frucht und geniesst sich am besten in seiner Jugend.

TRINKREIFE JETZT GENIESSEN
PASST ZU EINTOPF, GRILLADEN, TAPAS AUS FLEISCH, DEFTIGEN GERICHTEN
SERVICETIPP BEI 15–17 °C SERVIEREN
ALKOHOLWERT 14,5 %

Punkte

16.5

SPANIEN

ROTWEIN

PREIS FR. 14.90

RIOJA 2017
REAL AGRADO
CRIANZA

Klassischer Rioja, der viel reife Frucht, delikate Röstaromen und auch feines Tannin in sich vereint. In der Nase entdeckt man Backpflaumen und Zedernholz und im Gaumen dann auch eine dezent schokoladige Note, die von den feinen Gerbstoffen umhüllt wird. Guter Esswein, der aus 50 % Tempranillo und 50 % Garnacha vinifiziert worden ist. Auch ein perfekter Hauswein, zumal er preislich optimal ist. Das Weingut wurde 1974 von einer Gruppe von Weinfreunden gegründet. Sie pflanzten 100 Hektaren Wein zwischen Alfaro und Aldeanueva de Ebro. Seit 2018 gehört die Kellerei zur El-Gaitero-Gruppe.

TRINKREIFE BIS 2023 GENIESSEN
PASST ZU FLEISCHGERICHTEN, TAPAS, GRILLIERTEM FISCH, KANINCHEN, BOHNENSUPPE
SERVICETIPP BEI 15–16 °C SERVIEREN
ALKOHOLWERT 14,5 %

Punkte

16.75

SPANIEN

ROTWEIN

PREIS FR. 16.95

FLOR DE GODA 2018
GARNACHA
CAMPO DE BORJA

Leuchtet granatrot und duftet vielversprechend nach Zedernholz, Erdbeeren und etwas Malaga. Im Gaumen geschmeidig mit reifer Fruchtigkeit und feinen, dezenten Gerbstoffen. Ein mittelschwerer Spanier, der es einem leicht macht, ihn zu mögen. Passepartout-Wein, der nicht zu stark polarisiert und perfekt zum Essen passt. Im Finale interessante Rosinen- und Backpflaumenaromen. Ein Charmeur aus der nicht so bekannten Region Campo de Borja. Ist jetzt auf dem Trinkhöhepunkt und zeigt schöne Reifearomen. Doch aufgepasst: So gefällig und charmant er den Hals hinunterplätschert, hat er doch stolze 15,5 Volumenprozent, die man gar nicht so spürt. Vegan vinifiziert.

TRINKREIFE JETZT GENIESSEN
PASST ZU COQ AU VIN, KALBSFILET, BRATEN VOM HELLEN FLEISCH, WILDGEFLÜGEL, KRÄFTIGEN TAPAS, SCHLACHTPLATTE
SERVICETIPP BEI 16–17 °C SERVIEREN
ALKOHOLWERT 15,5 %

Punkte

18.25*

SPANIEN

ROTWEIN

PREIS FR. 17.50

PALOMAR MONASTRELL 2018
JUAN GIL
JUMILLA DO

Seit Jahren ein sicherer Wert, wenn man auf der Suche nach einem konzentrierten, dichten und muskulösen Wein ist, der im Gaumen so richtig intensiv wahrgenommen wird – auch mit dem neuen Jahrgang eine Wucht. Noten von Lavendel, Rosen, Mandarinen, Jasmin und Lilien sind sowohl in der Nase wie auch im Gaumen zu erkennen. Er lenkt die Aufmerksamkeit auf sich wie eine verführerisch parfümierte Frau, die gerade um die Ecke verschwunden ist. Reiner Monastrell, der selbstsicher, konzentriert und stoffig im Gaumen markiert. Die Tannine sind fein und sehr schön strukturiert. Elegant und ausgewogen. Herrlich trinkreif und knackig bunt. Blockbuster aus Jumilla, der natürlich preislich ein Hit ist. Dekantieren tut ihm auch gut.

TRINKREIFE BIS 2025 GENIESSEN
PASST ZU FLEISCHGERICHTEN, GRILLADEN, SPARERIBS, HAMBURGER, CLUBSANDWICH, GEGRILLTEM THUNFISCH, ENTENBRUST, GERICHTEN MIT EINER CREMIGEN SAUCE
SERVICETIPP BEI 16–17 °C SERVIEREN
ALKOHOLWERT 15 %

Punkte

17.5*

SPANIEN

ROTWEIN

PREIS FR. 19.95

MUSEUM REAL 2015 RESERVA DO CIGALES

Ein herrlich üppig barocker Wein mit molliger Struktur und saftiger Frucht. Einladender Auftakt mit reifen Fruchtnuancen. Man denkt an Rosinenkompott und Dörrpflaumen sowie an Leder und Orangenlikör. Im Gaumen eine wahre Wohltat – auch ein Jahr nach der letzten Verkostung. Ohne zu überladen zu sein, versteht es dieser halb moderne, halb traditionelle Wein zu verführen und einen mit seiner saftigen Fruchtigkeit in seinen Bann zu ziehen. Fleischig und konzentriert in der Art und lang im Finale. Trotz dieses aromatischen Konzentrats zugänglich und süffig. Idealer Alltagswein, der zahlreiche Gäste überraschen wird. Es lohnt sich, viel stilles Wasser neben diesem Wein zu trinken, zumal er so zugänglich ist, dass er sich trotz seines Volumens sehr locker trinkt. Toller Spanier, den man ruhig auch etwas lagern kann. Schön, dass man auch einmal einen etwas reiferen Wein entdecken kann.

TRINKREIFE BIS 2025 GENIESSEN
PASST ZU ROTEM FLEISCH, TEIGWAREN, GRATINS, EINTOPF, SCHLACHTPLATTE
SERVICETIPP BEI 16–17 °C SERVIEREN
ALKOHOLWERT 14,5 %

Punkte

17

SPANIEN

ROTWEIN

PREIS FR. 24.90

TINTO TORREDEROS 2015 RESERVA RIBERA DEL DUERO DO

Reiner Tempranillo, der stoffig und komplex markiert. Reifte während 18 Monaten in Barriques aus amerikanischer und französischer Eiche. Das Resultat ist dicht und füllt den Gaumen im Nu aus. Noten von Leder, kubanischen Zigarren und Schokolade sowie Backpflaumen und viel Cassis sind hier dominant. Die Tannine sind präsent und geben ihm eine komplexe Struktur. Eleganter Ribera, den man ruhig dekantieren kann. Ideal für das Familienessen oder zu klassischen Fleischgerichten. Hat Druck und Komplexität in jedem Schluck.

TRINKREIFE BIS 2023 GENIESSEN
PASST ZU FLEISCHGERICHTEN, BRATEN, LAMM, WILD, TERRINE, EINTOPF, STEAK
SERVICETIPP BEI 16–17 °C SERVIEREN
ALKOHOLWERT 14,5 %

Punkte

16.5

FRANKREICH

SCHAUMWEIN

PREIS FR. 16.90

CRÉMANT DE LOIRE BOUVET EXCELLENCE

Assemblage aus Chenin Blanc und Chardonnay, die erfrischend und einladend duftet. Im Gaumen knackig frisch, gradlinig und trocken. Aromatisch erkennt man Limetten- und Quittennoten, wie auch etwas Harz. Perfekte Apéro-Bollicine zu einem attraktiven Preis. Steht Crémant auf dem Label, weiss man, dass es sich um einen französischen Schaumwein handelt, der mit der méthode traditionnelle vinifiziert worden ist. Also mit der zweiten Gärung in der Flasche, was sehr aufwendig ist.

TRINKREIFE JETZT GENIESSEN
PASST ZU APÉRO, FISCHKNUSPERLI, ANTIPASTI, GEBÄCK
SERVICETIPP BEI 8–10 °C SERVIEREN
ALKOHOLWERT 12,5 %

Punkte

16.25

FRANKREICH

SCHAUMWEIN

PREIS FR. 21.95

CHAMPAGNE MONTAUDON BRUT

Manor-Haus-Champagner, von dem es auch eine Rosé-Version gibt. Er duftet einladend nach Brioche, Aprikosenkompott und Honig. Im Gaumen sehr frisch mit einer etwas kernigen Mousse. Man ist auf jeden Fall nach dem ersten Schluck im Nu frisch für den Abend. Auch im Abgang sehr frisch und fast etwas verspielt. Klassischer Apéro-Champagner, den man sehr kühl und aus der Flûte servieren sollte. Gradlinig und dynamisch vom ersten bis zum letzten Schluck.

TRINKREIFE JETZT GENIESSEN
PASST ZU APÉRO, FISCH, TAPAS, HÄPPCHEN, GEFLÜGEL
SERVICETIPP BEI 8–10 °C SERVIEREN
ALKOHOLWERT 12 %

Punkte

17.5

FRANKREICH

SCHAUMWEIN

PREIS FR. 41.90

CHAMPAGNE DRAPPIER BRUT NATURE

Sie heissen «Brut Nature», «Zero Dosage», «Extra Brut» oder «Ultra Brut». Es sind knochentrockene Champagner, die unter anderem perfekt zum Genuss von Austern passen. Im Vergleich zu normalen Brut-Champagnern wird diesen nach der zweiten Gärung keine Dosage beigefügt, mit der Folge, dass sie im Gaumen knochentrocken schmecken. Ein wunderbarer Champagner ohne Dosage ist der Drappier Brut Nature. Dieser reine Pinot Noir zeigt einen dezenten Kupferschimmer. Seine Struktur ist ausgeprägt und seine Finesse einzigartig. Im Gaumen Noten von Zitrusfrüchten, Walderdbeeren und weissem Pfirsich. Knochentrocken und wunderbar als Einstieg in die Welt der undosierten beziehungsweise ungeschminkten Champagner. Persönlich habe ich immer einen solchen Champagner gekühlt, denn nach einem üppigen Essen frischt er den Gaumen im Nu auf und belebt sämtliche Geschmacksnerven. Generell sind die Weine des Familienbetriebs Drappier eine Entdeckung wert.

TRINKREIFE JETZT GENIESSEN
PASST ZU KRUSTENTIEREN, APÉRO, DEFTIGEN GERICHTEN WIE EINER SCHLACHTPLATTE, SUSHI, AUSTERN
SERVICETIPP BEI 6–8 °C SERVIEREN
ALKOHOLWERT 12 %

Punkte

17

FRANKREICH

SCHAUMWEIN

PREIS FR. 42.90

CHAMPAGNE DEUTZ
BRUT CLASSIC

Duftet nach weissen Blüten, Honig und weissen Rosen. Im Gaumen kernig, delikat und mit einer schönen Fruchtessenz ausgestattet. Hat eine schöne Struktur und Biss. Ein Klassiker aus der Champagne, der im Finale auch angenehme Brioche-Aromen und etwas kandierte Aprikosen offenbart. Assemblage aus Pinot Noir, Chardonnay und Pinot Meunier. Gegründet wurde das Champagnerhaus von den beiden Deutschen William Deutz und Peter Geldermann, die 1830 in die Champagne auswanderten. Inzwischen gehört das Haus der Louis-Roederer-Gruppe.

TRINKREIFE BIS 2023 GENIESSEN
PASST ZU APÉRO, GEBÄCK, EGLIFILETS, ANTIPASTI
SERVICETIPP BEI 6 8 °C SERVIEREN
ALKOHOLWERT 12 %

Punkte

17.25

FRANKREICH

SCHAUMWEIN

PREIS FR. 46.90

CHAMPAGNE PIPER-HEIDSIECK CUVÉE BRUT

Duftet einladend nach Brioche und etwas kandierten Aprikosen. Im Gaumen wird man von der delikaten und frischen Mousse begrüsst. Aromatisch zeigen sich Noten von gebackenen Aprikosen, etwas Minze und geröstete Noten. Trotz seiner Frische hat er eine barocke Fülle. Das Finale ist komplex und von reifen Fruchtaromen und gleichzeitig auch von Frische geprägt. Eleganter Champagner und guter Einstieg in die Champagnerwelt von Piper-Heidsieck.

TRINKREIFE JETZT GENIESSEN
PASST ZU GEBÄCK, APÉRO, HÄPPCHEN, GRILLIERTEM FISCH
SERVICETIPP BEI 6–8 °C SERVIEREN
ALKOHOLWERT 12 %

Punkte

17.5

FRANKREICH

SCHAUMWEIN

PREIS FR. 79.90

CHAMPAGNE BILLECART-SALMON ROSÉ BRUT

Einer der bekanntesten Rosé-Champagner der Welt – zumindest unter den Brut-Abfüllungen. Assemblage aus Chardonnay, Pinot Noir und Pinot Meunier. Die Mousse ist sehr fein und delikat und im Gaumen entdeckt man Aromen von Walderdbeeren, Kirschen und etwas Karamell. Frisch und dynamisch fliesst er den Hals hinunter, wobei man schnell Lust auf ein zweites Glas bekommt. Solider Markenwein, der auch gut als Geschenk ankommt. Persönlich schätze ich die absolut zarte Stilistik dieses Rosés sehr. Billecart-Salmon ist eines der wenigen verbliebenen Champagnerhäuser, die im Besitz der ursprünglichen Familie sind. Es wurde 1818 von Nicolas-François Billecart gegründet.

TRINKREIFE JETZT GENIESSEN
PASST ZU HÄPPCHEN, FISCH VOM GRILL, SUSHI, APÉRO
SERVICETIPP BEI 6–8 °C SERVIEREN
ALKOHOLWERT 12 %

Punkte

15.5

ITALIEN

SCHAUMWEIN

PREIS FR. 15.50

PROSECCO SUPERIORE 2020 CONEGLIANO VALDOBBIADENE CECILIA BERETTA

Guter Hausprosecco für alle Tage. Noten von reifen Mandarinen, Melonen und Honig sind zu erkennen. Die Mousse ist delikat und lange präsent. Easy drinking – auch on the rocks. Offenbart im Finale eine schöne Frische und zelebriert eine unkomplizierte Art der Bollicine-Kultur. 1980 wurde Cecilia Beretta gegründet. Die Kellerei gehört heute zur Spitze der Pasqua-Gruppe. Der Name leitet sich von der wundervollen Villa Beretta in Mizzole ab. Diese wurde in den 1940er-Jahren von der Familie erworben.

TRINKREIFE JETZT GENIESSEN
PASST ZU APÉRO, ANTIPASTI, FISCH, GEMÜSEGERICHTEN, BELLINI
SERVICETIPP BEI 6–8 °C SERVIEREN
ALKOHOLWERT 11 %

Punkte

15.75

ITALIEN

SCHAUMWEIN

PREIS FR. 15.95

PROSECCO SENSI 18K BRUT

Goldene Weinflaschen und überhaupt extrovertierte Verpackungen sind bei den Schaumweinen sehr beliebt. Dieser Prosecco duftet kernig trocken und lässt an weisse Blüten, Alpenkräuter und etwas Pfirsich denken. Im Gaumen trocken und dynamisch, zumal die kernige Mousse eine starke Präsenz hat. Fliesst rassig den Hals hinunter und erfreut mit seiner unkomplizierten Art. Kann auch on the rocks serviert werden – dann ist er besonders süffig.

TRINKREIFE JETZT GENIESSEN
PASST ZU APÉRO, FISCH, ANTIPASTI
SERVICETIPP BEI 6–8 °C SERVIEREN
ALKOHOLWERT 11 %

Punkte

16.75

ITALIEN

SCHAUMWEIN

PREIS FR. 16.95

PROSECCO RIVE DI COMBAI DRY 2019
BOTTEGA
VALDIOBBIADENE SUPERIORE, DOCG

Sandro Bottega zählt zu den bekanntesten Prosecco-Produzenten. Seine süffigen Schaumweine sind weltweit ein Begriff – auch in der Schweiz. Dieser Prosecco aus der bauchigen Flasche ist komplex, knackig und dynamisch. Die Mousse hat eine gute Präsenz und weckt den Gaumen im Nu. Aromatisch sehr blumig, mit einer dezenten Honignote. Man entdeckt auch exotische Früchte und getrocknete Mandarinenschalen. Ein Charmeur, der eisgekühlt serviert werden sollte oder auch on the rocks und natürlich im Bellini. Perfekter Haus-Prosecco, dessen Label auch einen dezenten Bling-Bling-Effekt hat.

TRINKREIFE JETZT GENIESSEN
PASST ZU SUSHI, FISCH, ANTIPASTI, APÉRO, HÄPPCHEN
SERVICETIPP BEI 6–8 °C SERVIEREN
ALKOHOLWERT 11 %

Punkte

16.5

ITALIEN

SCHAUMWEIN

PREIS FR. 39.90

FRANCIACORTA BELLAVISTA ALMA GRANDE CUVÉE BRUT

Wenn Sie gerne Champagner trinken, wäre ein Franciacorta auch eine schöne Entdeckung. Einer der Topproduzenten ist Bellavista, dessen Schaumweine absolute Spitzenprodukte sind. Die Cuvée Brut ist ein guter Einstieg. Die Nase ist vielschichtig, einladend. Man entdeckt Aromen von Akazienhonig, Pilzen und weissem Pfirsich. Im Gaumen wunderbar elegant und ebenfalls komplex. Es hat einen Honigschmelz und eine rassige Saftigkeit. Die Mousse ist mittelschwer und gut präsent. Persönlich trinke ich einen Wein wie diesen aus Weissweingläsern.

TRINKREIFE JETZT GENIESSEN
PASST ZU APÉRO, ANTIPASTI, KRUSTENTIEREN, PASTA ALLE VONGOLE
SERVICETIPP BEI 6–8 °C SERVIEREN
ALKOHOLWERT 12,5 %

Unsere Empfehlung

Rebel.lia

7.5 dl

Rebsorte
Tempranillo, Garnacha Tintorera, Bobal

Herkunft
Spanien

Alkoholgehalt
14%

Eigenschaft
Der Rebellia ist ein Rotwein aus der wenig bekannten Region Utiel Requeña. Die Reben dieser Cuvée sind alt, d.h. durchschnittlich 60 Jahre, und geben daher konzentrierte Beeren, was sich nach der Kelterung im Wein zeigt. Nach vier bis fünf Monaten Ausbau in Holzfässern präsentiert sich dieser biologisch zertifizierte Rotwein intensiv fruchtig und stoffig mit einem attraktiven Nachhall. Ein Geheimtipp!

Ihren nächsten SPAR Supermarkt finden Sie unter www.spar.ch

AUF GUTE NACHBARSCHAFT

SPAR «SO FRISCH. SO NAH. SO GÜNSTIG»

2016 hat SPAR Schweiz mit der südafrikanischen SPAR Group Ltd einen neuen Mehrheitsaktionär erhalten. Gegründet wurde das internationale Unternehmen mit Sitz in Holland 1932. Die Schweizer SPAR-Gruppe beschäftigt über 2000 Mitarbeitende und über 300 Lernende werden ausgebildet. Das Unternehmen ist sehr stark in der Ostschweiz sowie im Waadtland vertreten.

SPAR ist mit seinem Sortiment schon im ersten Weinseller vertreten. Dabei setzte sich das Sortiment stets aus klassischen europäischen Weinbauregionen zusammen. Von der Stilistik her haben mir die Weine immer gut gefallen, da sie eher traditionell und klassisch zusammengestellt sind – und oftmals sogar von kleinen Familienbetrieben stammen. SPAR hat auch ein sehr eigenständiges Weinangebot, das voller Trouvaillen ist. In diesem Kapitel stellen wir auch ein paar ältere Jahrgänge vor, die jetzt perfekt trinkreif sind, sowie Neuentdeckungen aus dem Burgund.

SPAR.CH

Verkostungs-Statistik Spar

80 verkostete Weine, davon 46 Rotweine

6 Anzahl Länder

WICHTIGSTE LÄNDER	
Frankreich	28
Italien	23
Schweiz	15
Spanien	10

SCHWEIZER REGIONEN	
Wallis	4
Deutschschweiz	4
Drei-Seen-Land	3
Waadt	2
Tessin	2

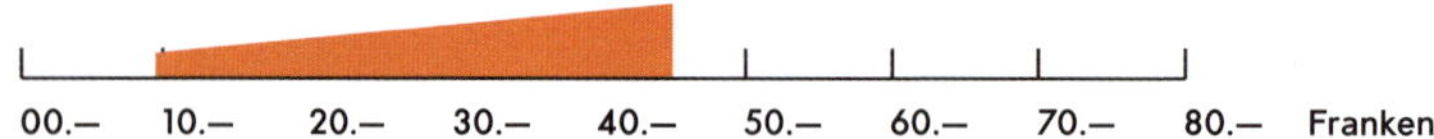

von **9.90** bis **44.95**

35

Weine zwischen 10 und 15 Franken

22

Weine zwischen 15 und 20 Franken

Aufgefallen

Punkte
17.5

FR. **16.95** SEITE **541**

ŒIL-DE-PERDRIX 2020
CAVE DU CHÂTEAU D'AUVERNIER

Punkte
17*

FR. **13.95** SEITE **521**

A L'ORIGINE 2019
VINCENT GRAENICHER
LA CÔTE AOC

Punkte
17.25*

FR. **11.30** SEITE **539**

NUESTRA SEÑORA DEL PORTAL
GARNATXA BLANCA 2019
TERRA ALTA, CELLER PIÑOL

Punkte
16.75

FR. **14.95** SEITE **553**

CADRAN 2017
CHÂTEAU MONESTIER LA TOUR
BERGERAC

Punkte
16.5

FR. **16.95** SEITE **556**

CHÂTEAU CROIX-MOUTON 2016
JEAN-PHILIPPE JANOUEIX
BORDEAUX SUPÉRIEUR

SCHWEIZ

Punkte

16.75*

WEISSWEIN

PREIS FR. 11.90

FENDANT 2019
TSCHANGERANG
VALAIS AOC

Exotisch, fruchtig, leichtfüssig und ein toller Wein gegen den Durst – auch ein Jahr nach der letzten Verkostung. Aromatisch ist er selbstsicher mit einem schönen Fruchtschmelz und Noten, die an Honig, Quitten, weissen Pfirsich und etwas Mandarinenschale denken lassen. Preislich top und der aromatisch modernste Chasselas dieses Kapitels. Easy drinking aus dem Wallis, das Lust macht, ein paar Freunde einzuladen, etwas zu kochen und übers Leben zu philosophieren.

TRINKREIFE JETZT GENIESSEN
PASST ZU APÉRO, FISCH, KÄSEGERICHTEN, RACLETTE, VEGETARISCHEN GERICHTEN
SERVICETIPP BEI 8–10 °C SERVIEREN
ALKOHOLWERT 13,5 %

Punkte

16.5

SCHWEIZ

WEISSWEIN

PREIS FR. 11.90

AUVERNIER 2019
DOMAINE DE MONTMOLLIN
NEUCHÂTEL AOC

Ein Jahr nach der letzten Verkostung noch topfit und ein tolles Beispiel für die Güte der Chasselas-Weine aus Neuenburg, seien sie nun unfiltriert oder nicht. Persönlich habe ich immer ein paar davon gekühlt bereit, zumal mir ihre frische, leicht strukturierte Art mit Aromen von Alpenkräutern, Quitte und etwas Harz sehr gut gefällt. Klar ein leichter Wein, aber einer, der den Gaumen perfekt aviniert und wach hält. Frische und ein mineralisches Finale sind hier zentral. Die Domaine Montmollin befindet sich mitten im Dorf und ist für Besucher geöffnet. Ihre Weine sind neben denen von Château d'Auvernier die Klassiker des Ortes.

TRINKREIFE JETZT GENIESSEN
PASST ZU APÉRO, FISCH, KÄSEGERICHTEN, RACLETTE, VEGETARISCHEN GERICHTEN, GEFLÜGEL
SERVICETIPP BEI 8–10 °C SERVIEREN
ALKOHOLWERT 11 %

SCHWEIZ

Punkte

16

WEISSWEIN

PREIS FR. 13.95

RIESLING X SYLVANER 2018
SCHMID WETLI

Susanne und Kaspar Wetli bewirtschaften mit ihren drei Söhnen Kaspar jun., Matthias und Florian 17 Hektaren Reben in Berneck. Dieser knackige, süffige und dynamische Ostschweizer wurde speziell für SPAR abgefüllt und zeigt ein Jahr nach der letzten Verkostung etwas mehr Reife. Er ist jetzt wohl weniger frisch, aber dafür von einer gemütlichen Fruchtigkeit gezeichnet. Noten von kandiertem Ingwer, Aprikosenmarmelade und Mandarinensorbet sind zu erkennen. Bunter Ostschweizer für alle Tage.

TRINKREIFE JETZT GENIESSEN
PASST ZU APÉRO, FISCH VOM SEE, SPARGELN, GEMÜSEQUICHE, FRÜHLINGSSUPPE, GEFLÜGEL, NASI GORENG, TOAST HAWAII
SERVICETIPP BEI 8–10 °C SERVIEREN
ALKOHOLWERT 11,5 %

SCHWEIZ

Punkte

17*

WEISSWEIN

PREIS FR. 13.95

A L'ORIGINE 2019
VINCENT GRAENICHER
LA CÔTE AOC

Der neue Jahrgang hat einen qualitativen Sprung nach vorne gemacht – was mich sehr freut, zumal man jetzt einen fröhlichen, süffigen Wein geniesst, der schnell Lust auf einen zweiten Schluck macht. Feine Ingwer-, Minz- und Limettennoten sind neben etwas Honig und Apfelaromen zu erkennen. Das pure Gegenteil des Epesses von Fonjallaz. Dieser Chasselas ist eher auf der frischen, dynamischen und athletischen Seite. Wirkt modern und selbstsicher und ist auch ein schönes Beispiel dafür, wie Chasselas schmeckt, der keine malolaktische Gärung hinter sich hat. Die malolaktische Gärung, die auch zweite Gärung oder biologischer Säureabbau genannt wird, spielt beim traditionellen Schweizer Chasselas eine wichtige Rolle – was speziell ist, da dieser Prozess, der während der Vinifikation stattfindet, vor allem für Rotweine wichtig ist. Es geht dabei primär darum, dass der Säuregehalt im Wein sinkt und der Wein dann cremiger und runder schmeckt – was beim Weisswein jedoch nicht jedermanns Sache ist.

TRINKREIFE JETZT GENIESSEN
PASST ZU APÉRO, FISCH, KÄSEGERICHTEN, VEGETARISCHEN GERICHTEN, GEFLÜGELSALAT, PASTA MIT MUSCHELN
SERVICETIPP BEI 8–10 °C SERVIEREN
ALKOHOLWERT 12 %

SCHWEIZ

Punkte

16.25

WEISSWEIN

PREIS FR. 16.95

TENUTA AL PLATANO
BIANCO DI MERLOT 2020
CANTINA IL CAVALIERE

Der neue Jahrgang ist etwas trockener und kerniger mit Aromen, die an Steinobst, Limetten und kühles Gestein denken lassen. Im Gaumen süffig, dynamisch und nicht zu expressiv. Frischer weisser Tessiner, der von den Brüdern Loris und Eros Belossi vinifiziert worden ist. Bianco di Merlot ist eine Tessiner Spezialität, die perfekt zu Schweizer Küchenklassikern serviert werden kann.

TRINKREIFE JETZT GENIESSEN
PASST ZU GEFLÜGEL, KALBFLEISCH, RISOTTO AL LIMONE, FISCH VOM SEE, TARTE FLAMBÉE
SERVICETIPP BEI 12–13 °C SERVIEREN
ALKOHOLWERT 12,8 %

SCHWEIZ

Punkte

16.25

WEISSWEIN

PREIS FR. 17.50 (70cl)

EPESSES LA RÉPUBLIQUE 2019
PATRICK FONJALLAZ
LAVAUX AOC

Die Terrassenlandschaft des Lavaux wurde im 12. Jahrhundert von Zisterziensermönchen angelegt und danach von Generationen von Weinbauern gepflegt, ausgebaut und verbessert. Die Mauern bilden das Korsett dieser Landschaft, die von Hunderten von Wegen und Treppen durchzogen ist. Hier im schattigen Garten des Weingutes Clos de la République von Patrick Fonjallaz hat man einen unvergesslichen Blick auf das Lavaux, den man sich nach einer Kellerbesichtigung gönnen sollte. Die Weinpalette von Fonjallaz ist gross, zumal die Reben von 38 Hektaren verarbeitet werden. Der Epesses La République ist ein Klassiker des Hauses, der sich ein Jahr nach der letzten Verkostung schmelziger und barocker präsentiert. Er fliesst gemütlich den Hals hinunter und lässt dabei an Honig, weisse Blüten und frisch gebackene Brioche denken. Elegant und perfekt für ein Fischgericht vom Genfersee.

TRINKREIFE JETZT GENIESSEN
PASST ZU GEMÜSETELLER, FONDUE, FORELLE, KÄSEGERICHTEN, GEFLÜGEL, PASTETE, BRATWURST MIT ZWIEBELSAUCE
SERVICETIPP BEI 8–10 °C SERVIEREN
ALKOHOLWERT 12,2 %

SCHWEIZ

Punkte

17.25*

WEISSWEIN

PREIS FR. 18.50

FENDANT BALAVAUD 2018
GRAND CRU, VALAIS AOC
JEAN-RENÉ GERMANIER

Gilles Besse und Jean-René Germanier führen seit Jahren einen der besten Familienbetriebe im Wallis und wir stellen immer ein paar Weine ihres breiten Sortiments im Weinseller vor. Diesen Grand-Cru-Fendant schätze ich sehr, da er wirklich einen Grand-Cru-Charakter zelebriert, ohne zu vergessen, dass er ein Fendant ist – also ein Chasselas, der ein Wein der leisen Töne ist. Man hat hier Struktur und Schmelz wie auch delikate Fruchtaromen, die an Quitten, weisse Blüten, Melone und Honig denken lassen. Klar ist der 2018er etwas reif, aber nicht weniger spannend. Ich würde ihn aus Chardonnay-Gläsern geniessen und mich von seiner gewinnenden Leichtigkeit verwöhnen lassen.

TRINKREIFE JETZT GENIESSEN
PASST ZU VORSPEISEN, FONDUE, SKÄSEGERICHTEN, EGLIFILETS, VOL-AU-VENTS, MILKEN, KALBSGESCHNETZELTEM, GEFLÜGEL
SERVICETIPP BEI 8–10 °C SERVIEREN
ALKOHOLWERT 12 %

Punkte

17.25

SCHWEIZ

WEISSWEIN

PREIS FR. 18.95

HEIDA DU VALAIS 2020
MARAUDEUR, CORDONIER & LAMON
VALAIS AOC

Wenn Sie gerne intensive, exotische und schmelzige Walliser Weine geniessen, dann ist dieser eine gute Wahl, zumal es der kräftigste Schweizer dieses Kapitels ist, der mit dem neuen Jahrgang noch dazugelegt hat. Noten von kandierten Früchten, frischen Pflaumen und Mandarinenschalen sind zu erkennen. Er fliesst ölig und opulent den Hals hinunter, ohne jedoch zu schwer zu wirken, und lässt auch hier eine breite aromatische Fruchtspur zurück. Fröhlicher Walliser, der jedes Fondue aufwertet, aber auch zu allerhand kulinarischen Kreationen passt. Unbedingt aus etwas grösseren Gläsern servieren und im Finale die salzige Note geniessen. Schön auch, dass inzwischen ein Heida praktisch in jedem Weisswein-Kapitel des Weinsellers zu finden ist.

TRINKREIFE BIS 2024 GENIESSEN
PASST ZU GEFLÜGEL, FONDUE, FISCH VOM GRILL, ANTIPASTI, THAI-GERICHTEN, MEDITERRANEN KLASSIKERN, PAELLA
SERVICETIPP BEI 12–13 °C SERVIEREN
ALKOHOLWERT 14,3 %

SCHWEIZ

Punkte

16.5

WEISSWEIN

PREIS FR. 21.90

SAUVIGNON BLANC 2018
FASZINATION & PASSION
SCHMID WETLI

Neu in diesem Kapitel und ein weiterer Ostschweizer Wein von Schmid Wetli. Dieser Sauvignon Blanc ist klar aromatisch und bunt mit Noten von Passionsfrucht, Limetten, Feuersteinbonbons und etwas Orangenschalen. Im Gaumen dann eine schöne Frische und viel konzentrierte Frucht. Modern in der Art und sehr selbstsicher. Ideal, wenn man etwas Aromatik in den Moment bringen will. Hat die Ausstrahlung eines bunten Regenbogens und stimmt vom ersten Schluck an positiv.

TRINKREIFE JETZT GENIESSEN
PASST ZU SPARERIBS, JAKOBSMUSCHELN, PASTA ALLE VONGOLE, SCHWEINSBRATEN, RISOTTO AL LIMONE, GRÜNEN SPARGELN
SERVICETIPP BEI 8–10 °C SERVIEREN
ALKOHOLWERT 13,5 %

Punkte

17*

DEUTSCHLAND

WEISSWEIN

PREIS FR. 14.95

RIESLING 2019
VOM ROTEN SCHIEFER
PAULINSHOF, MOSEL

Die Weine des Paulinshof sind absolut eine Entdeckung wert und immer ein kleiner Coup de cœur von mir. Diese Abfüllung ist auch ein Jahr nach der letzten Verkostung noch so richtig saftig und aromatisch explosiv mit Noten von Rosen, Muskat, Honig und Aprikosenkompott. Ihre knackige Säure steht in schöner Balance mit der intensiven Aromatik, die spürbar im Abgang präsent bleibt. Solider Riesling zu einem Top-Preis, der den Gaumen den ganzen Abend lang wach halten wird. Ein «elektrisierender» Weisser, dessen Aromatik mit Turbogeschwindigkeit jede Geschmackspore im Gaumen erreicht.
Das traditionsreiche Weingut liegt in der Gemeinde Kesten (Bereich Bernkastel) im deutschen Anbaugebiet Mosel. Es handelt sich um einen ehemaligen Stiftshof der Kirche St. Paulin (Trier), der erstmals im Jahre 936 urkundlich erwähnt wurde. Zur Zeit der Säkularisierung im Jahre 1803 ging der Paulinshof in Privatbesitz. Seit dem Jahre 1969 gehört er Klaus und Christa Jüngling. Kellermeister ist ihr Sohn Oliver Jüngling.

TRINKREIFE JETZT GENIESSEN
PASST ZU APÉRO, GEFLÜGEL, FISCH, EXOTISCHER KÜCHE, RISOTTO MIT MUSCHELN, SPARGELN, VEGETARISCHEN GERICHTEN, INDISCHEM CURRY
SERVICETIPP BEI 8–10 °C SERVIEREN
ALKOHOLWERT 12 %

Punkte

17*

FRANKREICH

WEISSWEIN

PREIS FR. 12.95

CADRAN BLANC 2018
CHÂTEAU MONESTIER LA TOUR

Der weisse Cadran ist der perfekte Wein gegen den Durst, für das gesellige Zusammensein oder um den Gaumen zu avinieren. Noten von Limetten, weissen Blüten, etwas Rhabarber und Mandarinenschalen sind zentral. Er ist nicht ein Wein der grossen Worte (das muss er auch nicht sein), sondern einer, der den Moment im Nu entschleunigt und Lust macht, über das Nachtessen nachzudenken. Von der Struktur her präzise und kühl. Da er aus dem Bergerac stammt und nicht aus der Nachbarregion Bordeaux ist er preislich so attraktiv, dass es keinen Grund gibt, nicht einen kleinen Vorrat davon anzulegen. Der Cadran (egal ob rot oder weiss) ist der perfekte Hauswein – sei es preislich, qualitativ oder auch, weil sich dahinter viel umgesetzte Weinpassion befindet. 2012 erwarb die Familie Scheufele im Herzen des Bergerac die herrliche Domaine Château Monestier La Tour. Auf rund 25 Hektaren Rebfläche kultivieren sie zusammen mit dem Önologen-Team von Stéphane Derenoncourt biologische und biodynamische Weine.

TRINKREIFE JETZT GENIESSEN
PASST ZU APÉRO, HÄPPCHEN, ANTIPASTI, KRUSTENTIEREN, FISCH, SPARGELN, GEMÜSEPLATTE, PASTA ALLE VONGOLE, GEFLÜGEL MIT ZITRONE
SERVICETIPP BEI 8–10 °C SERVIEREN
ALKOHOLWERT 13,5 %

Punkte

16.5

FRANKREICH

WEISSWEIN

PREIS FR. 15.95

CHABLIS 2019
DOMAINE FOURREY

Dieser Chardonnay ist ein Prototyp für einen regionalen Traditionswein. Das gute Glas Wein für jeden Tag, das noch die Sprache seines Herkunftsterroirs spricht. Wie für Chardonnay aus dieser Burgunder Region typisch, sollte der Wein eher frisch, trocken und sehr mineralisch sein. Das pure Gegenteil eines buttrigen Chardonnay aus Kalifornien. Ein Jahr nach der letzten Verkostung noch topfit. Nicht zu schwer und in sich ruhend. Ein perfekter Hauswein für Frankreichaficionados. Da Weine aus dem Chablis preislich etwas teurer sind, ist hier der Preis optimal.

TRINKREIFE JETZT GENIESSEN
PASST ZU APÉRO, FISCH, KRUSTENTIEREN, AUSTERN, GEFLÜGEL, TERRINE MIT FISCH
SERVICETIPP BEI 8–10 °C SERVIEREN
ALKOHOLWERT 13,5 %

Punkte

16.5

FRANKREICH

WEISSWEIN

PREIS FR. 17.95

SANCERRE 2019
DOMAINE GÉRARD FIOU

Der neue Jahrgang ist knackig frisch, bunt, mit Noten von Zitrusfrüchten, weissen Blüten und Stachelbeeren – also ganz anders als der Chablis, der eher auf der aromatisch neutralen Seite ist. Modern vinifizierter Weinklassiker, der seiner Herkunft wegen etwas teurer ist. Easy drinking pur und ein idealer Begleiter für einen französischen Kulinarikabend, der mit Krustentieren beginnt und mit frischem Ziegenkäse endet. Natürlich darf dabei die Musik von France Gall nicht fehlen. Jeder Schluck hat einen fröhlichen Rhythmus und gute Stimmung in sich.

TRINKREIFE JETZT GENIESSEN
PASST ZU APÉRO, KRUSTENTIEREN, MOULES, ANTIPASTI, SUSHI, RISOTTO MIT FISCH, GEFLÜGEL, SPARGELN, VEGETARISCHEN GERICHTEN, FRISCHEM ZIEGENKÄSE
SERVICETIPP BEI 8–10 °C SERVIEREN
ALKOHOLWERT 13 %

Punkte

16.5

FRANKREICH

WEISSWEIN

PREIS FR. 18.95

POUILLY-FUISSÉ 2018
LES ROBÉES, FABRICE LAROCHETTE
BURGUND

Ein Jahr nach der letzten Verkostung etwas reifer und molliger im Geschmack. Steht Pouilly-Fuissé auf dem Etikett, weiss man, dass es sich um Chardonnay aus dem Burgund handelt. Noten von Honig, Ananas, weissem Pfirsich und Röstaromen tauchen auf, wie auch eine delikate Brioche-Note. Mittelschwer und sehr bekömmlich. Ist in sich ruhend und jetzt sehr schön trinkreif. Wein eines Familienbetriebes, der etwas über 10 Hektaren Reben verarbeitet, wobei die Reben für diesen Wein über 40 Jahre alt sind, was ihm auch die schöne Würzigkeit im Abgang verleiht.

TRINKREIFE JETZT GENIESSEN
PASST ZU GEFLÜGEL, KRUSTENTIEREN, SCHLACHTPLATTE, KALBSBRATEN, VEGETARISCHEN GERICHTEN, APÉRO RICHE
SERVICETIPP BEI 10–12 °C SERVIEREN
ALKOHOLWERT 13,5 %

Punkte

16.75

FRANKREICH

WEISSWEIN

PREIS FR. 19.95

CHÂTEAU MARTINAT BLANC 2018
CÔTES DE BOURG
GRAND VIN DE BORDEAUX

Zwei gute News – dieser weisse Bordeaux wurde nicht nur günstiger, sondern auch besser. Es lohnt sich, ein paar Flaschen davon zu besorgen, zumal die Weissweinproduktion von Château Martinat sehr beschränkt ist. Aromatisch ist das der Wein, wenn man einen süffigen, expressiven und präzisen Weissen sucht, der nach Limetten, Zitronensorbet und etwas Passionsfrucht duftet und schmeckt. Im Gaumen schöne Fülle und dennoch saftig frisch. Sehr elegant und knackig. Ein erfrischender Côtes de Bourg aus den Sorten Sauvignon Blanc und Sémillon, der ein absolutes Schnäppchen ist. Wein gegen den Durst. Die Côtes de Bourg liegen rund 20 Kilometer nordwestlich der Stadt Bordeaux, im Gebiet, wo die beiden Flüsse Dordogne und Garonne zusammenkommen. Das Château Martinat bewirtschaftet insgesamt 10 Hektaren Reben.

TRINKREIFE JETZT GENIESSEN
PASST ZU ANTIPASTI, KRUSTENTIEREN, FISCH VOM GRILL, GEFLÜGELSALAT, VITELLO TONNATO, REISGERICHTEN, PAELLA, SCHLACHTPLATTE
SERVICETIPP BEI 8–10 °C SERVIEREN
ALKOHOLWERT 13 %

Punkte

17

FRANKREICH

WEISSWEIN

PREIS FR. 44.95

MEURSAULT 2018
DOMAINE HENRI DELAGRANGE

Neu in diesem Kapitel und ein kleiner Coup de cœur von mir. Dieser Burgunder Klassiker leuchtet in strahlendem Goldgelb aus dem Glas. Persönlich würde ich ihn sogar dekantieren und die Karaffe etwas schütteln, bevor ich diesen schmelzigen Chardonnay serviere. Noten von Harz, Bergkräutern, Honig und Aprikosen sind zu erkennen, ebenso eine spannende Struktur und Komplexität. Ein Wein, der einen verwöhnt, wenn man ihm genügend Aufmerksamkeit und Musse schenkt. Didier Delagrange lebt wie zahlreiche seiner Vorfahren nach der önologischen Prämisse, dass grosser Wein im Weinberg und nicht im Keller entsteht. Eine Entdeckung, die sich auch jung geniessen lässt und dem Moment etwas Spezielles verleihen wird. Ideal auch als Geschenk.

TRINKREIFE BIS 2025 GENIESSEN
PASST ZU FILET VOM SCHWEIN, TERRINE, GEFLÜGEL, GRILLIERTEM FISCH, KALTER PLATTE
SERVICETIPP BEI 10–12 °C SERVIEREN
ALKOHOLWERT 13 %

Punkte

16.5

ITALIEN

WEISSWEIN

PREIS FR. 14.40

SOAVE SAN MICHELE 2019
CLASSICO
CA'RUGATE, VENETO

Reiner, im Stahltank ausgebauter Garganega, der zu einem Klassiker des SPAR-Sortiments geworden ist. Aromatisch parfümiert und modern. Ich muss an Passionsfrucht, Mandarinen, Limetten und Melonen denken. Im Gaumen schlank und frisch – auch ein Jahr nach der letzten Verkostung. Mit dieser Aromatik repräsentiert dieser Soave den Geschmack der Zeit, in der etwas intensivere und süssfruchtigere Aromen populär sind. Ein Wein, der bei Ihren Gästen gut ankommt, da er frivol, fröhlich und bunt in Erinnerung bleibt. Perfekt auch zum Apéro und wenn man am Kochen ist und dazu ein frisches Glas Weisswein trinken will, das einen dann noch animiert, das Rezept etwas kreativer umzusetzen.

TRINKREIFE JETZT GENIESSEN
PASST ZU EXOTISCHER KÜCHE, ANTIPASTI, GEMÜSETELLER, SUSHI, FISCHCARPACCIO, HELLEM FISCH, MUSCHELN, GEFLÜGEL MIT ZITRONENSAUCE
SERVICETIPP BEI 8–10 °C SERVIEREN
ALKOHOLWERT 12 %

Punkte

16

ITALIEN

WEISSWEIN

PREIS FR. 14.45

PINOT GRIGIO 2020
NALS MARGREID
SÜDTIROL

Seit Jahren ein sicherer Wert, wenn man einen süffigen Hauswein sucht. Der Basiswein der modernen Genossenschaftskellerei Nals Margreid ist ein klassischer Durstlöscher. Im Gaumen dominieren verführerische Honig-, Quitten- und Rhabarberaromen. Easy drinking für alle Tage mit frisch-fruchtigem Finale. Kein Wein der grossen Worte, aber einer gegen den Durst, der mit dem neuen Jahrgang etwas an Komplexität zugelegt hat. Schmelzig und frisch zugleich mit einer zusätzlich würzigen Note. Pinot Grigio ist nicht ganz so populär wie Chardonnay, gehört aber zu den bekanntesten Traubensorten der Welt.

TRINKREIFE JETZT GENIESSEN
PASST ZU APÉRO, ANTIPASTI, TERRINE, SUSHI, KRUSTENTIEREN, GEGRILLTEM GEFLÜGEL, SPARERIBS
SERVICETIPP BEI 8–10 °C SERVIEREN
ALKOHOLWERT 13,5 %

Punkte

16.5

ITALIEN

WEISSWEIN

PREIS FR. 16.95

ROERO ARNEIS 2019
MERICA
CA'ROSSA

Ein klassischer Roero Arneis – trocken, süffig, knackig und mit einer saftigen Frische – auch ein Jahr nach der letzten Verkostung. Noten von Limetten, Ingwer und weissem Pfeffer sind zu erkennen. Er ist schlank und perfekt gegen den Durst und natürlich für die Antipasti. Müsste ich diesen Wein mit einer Farbe vergleichen, würde ich an Hellgrün denken, und bei einem Musikstück kämen mir die schwungvollen Klänge von Bach in den Sinn. Klassischer Apérowein. Kein moderner Wein, sondern ein Vertreter seines Terroirs. Kühlt den Gaumen im Nu.

TRINKREIFE JETZT GENIESSEN
PASST ZU APÉRO, ANTIPASTI, TAPAS, GEMÜSETERRINE, PASTA MIT OLIVENÖL, GEGRILLTEM FISCH, GEMÜSETELLER, LARDO, KANINCHENFILET
SERVICETIPP BEI 8–10 °C SERVIEREN
ALKOHOLWERT 13 %

Punkte

15.5

ÖSTERREICH

WEISSWEIN

PREIS FR. 11.95

WIEN 1 2020
PFAFFL

Diese Assemblage aus Riesling, Grünem Veltliner und Pinot Blanc leuchtet in kräftigem Goldgelb und duftet modern exotisch. Auch hat es etwas CO_2 im Wein, was ihm eine Spritzigkeit und Dynamik verleiht. Klar ein unkomplizierter Apérowein, aber einer mit fröhlich buntem Charakter. Modern, schrill und easy. Kühlen und aufschrauben lautet hier die Devise. Wein für sorgenlose Weingeniesser, die vor allem eines wollen: Spass haben. Aromatisch dominieren Aromen von Cassis, Erd- und Stachelbeeren.

TRINKREIFE JETZT GENIESSEN
PASST ZU EXOTISCHEN GERICHTEN, WIENER SCHNITZEL, SPARGELN, GEFLÜGEL, APÉROHÄPPCHEN
SERVICETIPP BEI 8–10 °C SERVIEREN
ALKOHOLWERT 12 %

Punkte

16.5*

ÖSTERREICH

WEISSWEIN

PREIS FR. 11.95

RIESLING 2019
FEDERSPIEL, ROSSATZ
DOMÄNE WACHAU

Neu in diesem Kapitel und ein knackiger, frischer und zugänglicher Einstieg in die spannenden Weinen der Wachauer Rieslinge. Noten von Limetten, Fleur de Sel, Brennnessel und Quitten sind harmonisch verwoben. Hat einen schönen Druck, ohne zu intensiv zu wirken. Ein kühler, strukturierter Wein, der von seinem Charakter her an die kantige Architektur von Peter Zumthor denken lässt. Unter einem Federspiel versteht man einen Wachauer Wein im Kabinettbereich mit einem Mostgewicht ab 84,6 °Oechsle und einem Alkoholgehalt zwischen 11,5 und 12,5 Volumenprozent. Diese Weine sind ausnahmslos klassisch trocken vergoren. Der Name «Federspiel» hat seinen Ursprung im alten Brauch des Zurückholens des Beizvogels bei der Falkenjagd – eine in der Wachau zu früheren Zeiten übliche Form herrschaftlicher Jagd.

TRINKREIFE JETZT GENIESSEN
PASST ZU GRILLIERTEM FISCH, KRUSTENTIEREN, EXOTISCHEN GERICHTEN, WIENER SCHNITZEL, KALBSBRATWURST, SCHWEINEBRATEN
SERVICETIPP BEI 8–10 °C SERVIEREN
ALKOHOLWERT 12,5 %

Punkte

17.25*

SPANIEN

WEISSWEIN

PREIS FR. 11.30

NUESTRA SEÑORA DEL PORTAL GARNATXA BLANCA 2019 TERRA ALTA, CELLER PIÑOL

Ein Jahr nach der letzten Verkostung noch topfit – wie Juanjo Piñol, wenn er voller Passion über sein Familienweingut und seine Weine spricht. Ich schätze seine Weinpalette sehr, zumal ich sie seit Jahren verkoste und sie qualitativ mega verlässlich ist und preislich absolut ein Hit. Bei diesem rassigen Garnatxa Blanca wird man schon in der Nase von exotischen Aromen begrüsst. Sein Auftakt ist extrovertiert und wunderbar aromatisch. Noten von Passionsfrucht, Limette und kühlem Marmor sind zu erkennen. Im Gaumen viel Saft, Dynamik und Frische. Dieser Spanier macht Spass und gehört in die Kategorie der Weine, die gute Laune verbreiten. Man serviert sie am besten zum Apéro und gönnt sich ein Glas, während man das Abendessen zubereitet. Modern, unkompliziert und für die gute Laune. Perfekt für den unkomplizierten Abend mit Freunden.

TRINKREIFE JETZT GENIESSEN
PASST ZU APÉRO, TAPAS, EXOTISCHEN VORSPEISEN, FISCHGERICHTEN, FISCHCARPACCIO, VEGETARISCHEN GERICHTEN, SPARGELN, GERICHTEN MIT ZITRONENSAUCE
SERVICETIPP BEI 8–10 °C SERVIEREN
ALKOHOLWERT 12,5 %

SCHWEIZ

Punkte

16.5

ROSÉ

PREIS FR. 16.90

ŒIL-DE-PERDRIX 2019
DOMAINE DE MONTMOLLIN
NEUCHÂTEL AOC

Die Familie de Montmollin baut seit dem 17. Jahrhundert Reben an und ist inzwischen einer der grössten Produzenten in Neuenburg. 50 Hektaren werden verarbeitet, wobei die Domaine auch auf biodynamischen Weinbau umgestiegen ist. Der Œil-de-Perdrix (Pinot Noir) ist ein Klassiker. Wir haben erneut den 2019er verkostet und er wirkt jetzt deutlich reifer und in sich ruhender. Nicht mehr der frische Apérowein, sondern der mittelschwere Rosé, den man zu einem Gericht geniesst. Noten von Walderdbeeren, Quitten und getrocknete Mandarinenschalen sind zu erkennen. Traditioneller Wein aus dem Kanton Neuenburg.

TRINKREIFE JETZT GENIESSEN
PASST ZU APÉRO, KALTER PLATTE, WURSTWAREN, METZGETE, FONDUE, FISCH VOM SEE, RISOTTO, VEGETARISCHEN GERICHTEN, EXOTISCHER KÜCHE
SERVICETIPP BEI 12–13 °C SERVIEREN
ALKOHOLWERT 13 %

Punkte

17.5

SCHWEIZ

ROSÉ

PREIS FR. 16.95

ŒIL-DE-PERDRIX 2020 CAVE DU CHÂTEAU D'AUVERNIER

Château d'Auvernier wurde 1603 erbaut und befindet sich unweit des Ufers des Neuenburgersees im gleichnamigen Ort Auvernier. Fischerei und Weinbau waren hier früher Hauptaktivitäten, inzwischen ist der Weinbau dominant. Ihr bekanntester und wichtigster Wein ist der Œil de Perdrix, der mit dem neuen Jahrgang optisch etwas aufgefrischt daherkommt, zumal das Label erneuert wurde. Kaum im Glas, leuchtet er in strahlendem, fluoreszierendem Pink. Im Gaumen dann frisch, knackig und perfekt gegen den Durst. Hat eine schöne Struktur und auch eine angenehme Fruchtigkeit. Aromatisch erkennt man Noten von saftigen Beeren, Kirschen und etwas Pfeffer. Rosé gegen den Durst und für das gesellige Zusammensein. Ideal auch, wenn man einen nicht zu schweren Wein für traditionelle Gerichte sucht.

TRINKREIFE JETZT GENIESSEN
PASST ZU APÉRO, FISCH, GEFLÜGEL, KALTER PLATTE, BRATWURST, MEDITERRANER KÜCHE, FILET DE PERCHE
SERVICETIPP BEI 12–13 °C SERVIEREN
ALKOHOLWERT 13,5 %

Punkte

16.5*

FRANKREICH

ROSÉ

PREIS FR. 11.95

PETULA 2019
LUBERON
MARRENON

Ein Jahr nach der letzten Verkostung eine Spur reifer, aber nach wie vor eine charmante Erfrischung. Aromatisch tauchen Noten von Kirschen, Stachelbeeren, Erdbeeren und Quitten auf – aber nicht zu dominant und gerade genug, um Lust auf einen zweiten Schluck zu machen. Guter Hausrosé zu einem absolut attraktiven Preis. Oftmals ist Rosé übrigens eine gute Lösung, wenn man bei der Weinauswahl unsicher ist. Interessant bei dieser Abfüllung ist auch, dass es sich um eine Assemblage aus Syrah und Grenache handelt.

TRINKREIFE JETZT GENIESSEN
PASST ZU APÉRO, HÄPPCHEN, CARPACCIO VOM ROHEN FISCH, TERRINE, VEGETARISCHEN GERICHTEN, GEFLÜGEL
SERVICETIPP BEI 10–12 °C SERVIEREN
ALKOHOLWERT 13,5 %

Punkte

16.5

FRANKREICH

ROSÉ

PREIS FR. 12.95

MIMI EN PROVENCE 2019 CÔTES DE PROVENCE GRANDE RÉSERVE

Blumiger und fruchtiger Rosé für alle Tage. Noten von Steinobst, Cassis und Melonen sind zu erkennen. Ein verspielter Côtes de Provence, der dem Moment die nötige Farbe verleiht. Aus den Sorten Grenache, Cinsault und Syrah vinifiziert. Ideal für den Freundinnenabend, wenn man wieder einmal so richtig tratschen will. Vorsicht: sehr, sehr süffig. Falls es draussen zu heiss ist, kann man auch ein paar Eisstücke hineingeben. Roséweine aus den Côtes de Provence erleben im Moment einen wahren Boom, nicht zuletzt, weil hier zahlreiche Promis inzwischen ein Weingut erworben oder zumindest einen Rosé lanciert haben.

TRINKREIFE JETZT GENIESSEN
PASST ZU APÉRO, ANTIPASTI, TAPAS, TERRINE, KALTER PLATTE, EXOTISCHER KÜCHE, FISCH, GEFLÜGEL, RISOTTO, GEGRILLTEN SCAMPI, PASTA MIT MUSCHELN
SERVICETIPP BEI 10–12 °C SERVIEREN
ALKOHOLWERT 12,5 %

Punkte

17

FRANKREICH

ROSÉ

PREIS FR. 18.50

PUECH-HAUT 2019
ARGALI
LANGUEDOC

Die Flasche fällt schon einmal auf, zumal ihre Form einmalig ist – die einen werden sie mögen, die anderen nicht. Der Wein ist spitze und in der Art ein Prestige-Rosé. Nur ganz wenige Rosés weisen eine wirkliche Komplexität auf, wie man sie in diesem Wein entdecken kann. Noten von Stachelbeeren, Minze, weissem Pfirsich und Blüten sind zu erkennen. Hat Struktur und passt sehr gut zu Antipastikreationen. Wenn Sie Miraval und Whispering Angel mögen, dann wird Ihnen dieser Argali sogar noch mehr munden. Kühlen, Sound auflegen und entspannen. Das 20 km nord-östlich von Montpellier gelegene Weingut erstreckt sich über 250 Hektaren und weist eine Höhe zwischen 50 und 150 m über dem Meeresspiegel auf. Die Weine gelten inzwischen als Geheimtipps aus dem Languedoc.

TRINKREIFE JETZT GENIESSEN
PASST ZU APÉRO, ANTIPASTI, FISCH, EXOTISCHEN GERICHTEN, VEGETARISCHER KÜCHE, RISOTTO, GEGRILLTEN SCAMPI, PASTA MIT MUSCHELN
SERVICETIPP BEI 12–13 °C SERVIEREN
ALKOHOLWERT 13 %

Punkte

16.75

FRANKREICH

ROSÉ

PREIS FR. 23.90

CHÂTEAU PUECH-HAUT 2019
TÊTE DE BÉLIER
LANGUEDOC

Es scheint, dass wir eine neue Abfüllung dieses Rosés verkostet haben, zumal sie deutlich komplexer und charmanter auffiel als noch vor einem Jahr. Aromatisch sind Noten von Mandarinen, Melonen und etwas gelbe Pflaumen zu erkennen. Diese Assemblage aus Grenache und Mourvèdre reifte während sechs Monaten im Stahltank und hat eine angenehm zugängliche Art. Kann ruhig auch zum Essen genossen werden. Wenn Sie auf der Suche nach einem spannenden Rosé sind, der nicht aus den Côtes de Provence stammt, dann ist dieser Wein ein Muss.

TRINKREIFE JETZT GENIESSEN
PASST ZU APÉRO, ANTIPASTI, FISCH, EXOTISCHEN GERICHTEN, VEGETARISCHER KÜCHE, RISOTTO, GEGRILLTEN SCAMPI, PASTA MIT MUSCHELN
SERVICETIPP BEI 12–13 °C SERVIEREN
ALKOHOLWERT 13,5 %

SCHWEIZ

Punkte

16.5*

ROTWEIN

PREIS FR. 13.90

HEDINGER 2019
SELEKTION SUNNEBERG
AOC SCHAFFHAUSEN

Neu in diesem Kapitel und ein charmanter, fröhlicher Blauburgunder aus dem schaffhausischen Blauburgunderland, der im Nu verführt. Und zwar mit reifen Fruchtaromen, die an schwarze Kirschen, Erdbeeren und Pflaumen denken lassen. Mittelschwer und in sich ruhend. Im Finale auch ein angenehm reiffruchtiger Schmelz. Verlässlicher Ostschweizer, der dem Moment eine lockere Ambiance verleiht. Vinifiziert von Markus Hedinger, der den Familienbetrieb in 3. Generation führt und dessen Betrieb Besuchern offensteht (hedinger.ch).

TRINKREIFE JETZT GENIESSEN
PASST ZU KALTER PLATTE, GEFLÜGEL, GRILLADEN VOM FISCH, TERRINE, BRATWURST
SERVICETIPP BEI 15–16 °C SERVIEREN
ALKOHOLWERT 13 %

Punkte

16

SCHWEIZ

ROTWEIN

PREIS FR. 14.95

PINOT NOIR 2018
WEINGUT SCHMID WETLI
OSTSCHWEIZ

Ein Jahr nach der letzten Verkostung perfekt reif und voll fruchtig. Noten von Walderdbeeren, Cassis, Backpflaumen und Schokolade sind dominant. Ideal, wenn der Rote nicht zu schwer und seine Frucht von der Sonne verwöhnt sein sollte. Hat einen gemütlichen Charakter und verlangt nach kleinen Häppchen. Das gute Glas Wein für jeden Tag – vinifiziert aus der wichtigsten Rotweinsorte der Schweiz.

SPAR

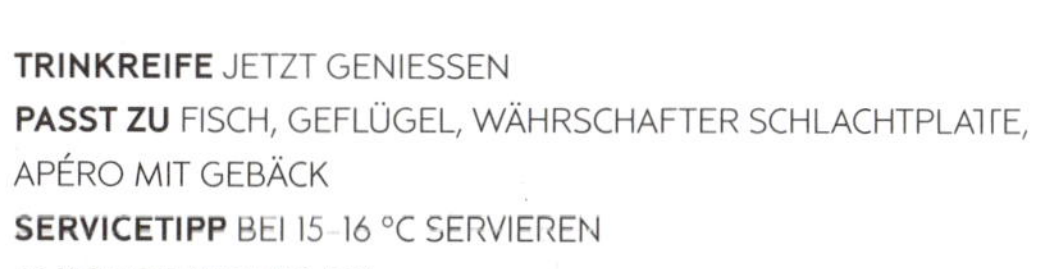
TRINKREIFE JETZT GENIESSEN
PASST ZU FISCH, GEFLÜGEL, WÄHRSCHAFTER SCHLACHTPLATTE, APÉRO MIT GEBÄCK
SERVICETIPP BEI 15–16 °C SERVIEREN
ALKOHOLWERT 13,5 %

SCHWEIZ

Punkte

17*

ROTWEIN

PREIS FR. 14.95

CORNALIN 2019 TSCHANGERANG ALBERT MATHIER & SÖHNE

Der noch junge Jahrgang dieser Walliser Spezialität strahlt nur so vor saftiger Fruchtigkeit und präsentiert sich auch ein Jahr nach der letzten Verkostung noch dynamisch jugendlich. Noten von schwarzen Kirschen, Cassis und Gewürznelken sind zentral. Die Tannine sind fein und umhüllen die dichte, dunkle Frucht fest. Ein stoffiger Walliser, der die Güte dieser Trauben herrlich offenbart. Hat auch eine schöne Frische im Abgang. Cornalin ist immer eine etwas spezielle Traubensorte, die gerne auch als wild und ungezähmt wahrgenommen wird, da im Finale auch pfeffrige und würzige Noten zu erkennen sind. Preislich sehr attraktiv, zumal es selten ist, für weniger als 15 Franken die Flasche einen Cornalin dieser Qualität zu entdecken. Die Mathiers sind 1387 nach Salgesch gekommen. Ursprünglich aus Marseille stammend, wanderten sie über Grenoble ins Wallis ein. Der Grund lag in der Armut und der Möglichkeit, im Ausland als Söldner Geld zu verdienen.

TRINKREIFE BIS 2025 GENIESSEN
PASST ZU WILD, ENTE, SCHLACHTPLATTE, EXOTISCHEN GERICHTEN, GERICHTEN MIT VIEL PFEFFER ODER SCHWARZEN OLIVEN
SERVICETIPP BEI 16–18 °C SERVIEREN
ALKOHOLWERT 13,5 %

SCHWEIZ

Punkte

17

ROTWEIN

PREIS FR. 17.95

**TENUTA AL PLATANO
MERLOT ROSSO 2018
CANTINA IL CAVALIERE**

Ein Jahr nach der letzten Verkostung wunderbar reif und ausgewogen. Auch wenn er eher mittelschwer ist, so hat er einen ganz tollen Trinkfluss. Im Abgang dann Noten von Walderdbeeren, Gewürznelken und Leder, wie auch etwas kandierte Feigen und Schokolade. Ein selbstsicherer Tessiner der alten Schule, der nicht zu überladen ist, sondern die Güte der leisen, aber präzisen Töne in sich hat. Das Finale ist angenehm frisch. Die Familie Belossi kam Ende des 19. Jahrhunderts vom Piemont ins Tessin. Schon seit vier Generationen ist sie im Landwirtschaftsbereich tätig. Seit Roberto Belossi das Zepter übernommen hat, widmet sie sich ausschliesslich dem Weinbau. Diese Cuvée wurde von seinen zwei Söhnen Loris und Eros vinifiziert.

TRINKREIFE JETZT GENIESSEN
PASST ZU KALTER PLATTE, TERRINE, RISOTTO MIT PILZEN, GEFLÜGEL, FISCH VOM GRILL, ENTE, FILET, PASTAGERICHTEN, PIZZA
SERVICETIPP BEI 15–16 °C SERVIEREN
ALKOHOLWERT 13 %

Punkte

16

FRANKREICH

ROTWEIN

PREIS FR. 11.95

LES COMPLICES 2016 PUECH-HAUT LANGUEDOC

Südfrankreich von seiner charmanten Seite. Der Wein ist von schmelzigen Aromen gezeichnet. Man erkennt Backpflaumen, Schokolade, Cassiskonzentrat und etwas Holundernoten. Diese Assemblage aus Syrah und Grenache ist jetzt schön trinkreif und fliesst angenehm frisch den Hals hinunter. Das gute Glas Rotwein für französische Küchenklassiker. Easy und traditionell zugleich. Falls Ihnen die Weine aus dem Bordeaux zu viele Tannine aufweisen und der Burgunder zu leicht ist, dann ist dies Ihr richtiger Wein. Er hat eine warme Seele und viel mediterranes Temperament. Auch ein Jahr nach der letzten Verkostung ein unveränderter Charakter. Interessant auch die Roséweine dieser Domaine. Easy drinking für alle Tage.

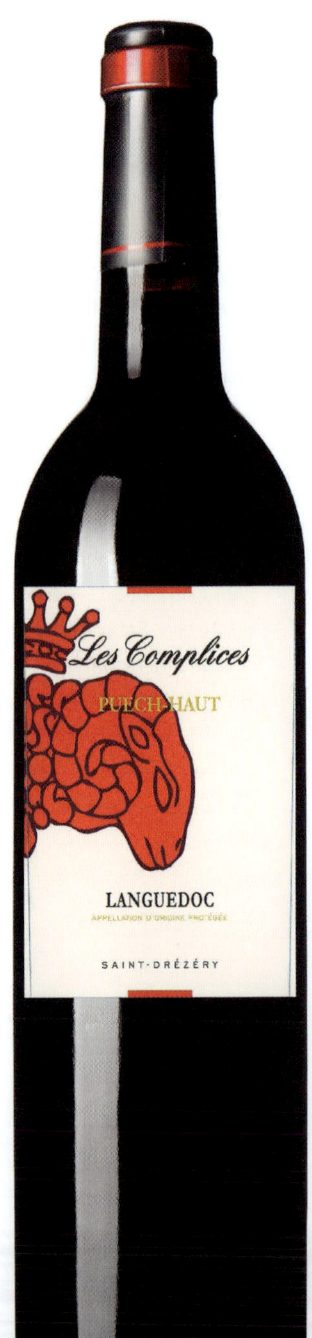

TRINKREIFE JETZT GENIESSEN
PASST ZU MEDITERRANER KÜCHE, KANINCHEN, GEFLÜGEL, SCHLACHTPLATTE, REISGERICHTEN, BRATEN, WURSTWAREN, RÖSTIGERICHTEN, ENTE
SERVICETIPP BEI 15–16 °C SERVIEREN
ALKOHOLWERT 14 %

Punkte

16.5*

FRANKREICH

ROTWEIN

PREIS FR. 12.50

CHÂTEAU RAUZAN DESPAGNE 2016 BORDEAUX

Günstig und fröhlich. Ein moderner Bordeaux mit viel fruchtiger Expression. Als ob man einen Löffel voller schwarzer Kirschen essen würde. Die Tannine sind präsent, aber schon fein und seidig. Guter Einstiegsbordeaux zu einem interessanten Preis. Mittelschwer und fröhlich in der Art. Easy-drinking-Alltagswein aus Bordeaux, der von allen Vorzügen des modernen Weinmachens profitiert. Spassig und fruchtbetont vom ersten bis zum letzten Tropfen. Guter Alltagswein, wenn es etwas intensiver, aber nicht kompliziert zu und her gehen soll. Happywein.

TRINKREIFE JETZT GENIESSEN
PASST ZU HAMBURGER, STEAK, TERRINE, WILDGEFLÜGEL, RISOTTO MIT PILZEN
SERVICETIPP BEI 16–17 °C SERVIEREN
ALKOHOLWERT 13,5 %

Punkte

16.5*

FRANKREICH

ROTWEIN

PREIS FR. 12.90

SAINT-AMOUR 2016
CLOS DU CHAPITRE
FABRICE LAROCHETTE

Der Clos du Chapitre von Fabrice Larochette ist ein perfekter Tischwein, wenn man gerne traditionelle, nicht zu schwere Rotweine liebt, die in der Aromatik an rote Kirschen, Graphit, Stachelbeeren und etwas trockene Tannine denken lassen. Dieser Gamay hat ganz feine Ecken und Kanten und passt perfekt zu würzigen oder fettigen Gerichten. Diese Domäne wird seit Generationen vom Vater an den Sohn weitergegeben. Heute bewirtschaftet Fabrice Larochette 10,77 Hektaren Mâconnais-Reben, wobei er einer dieser kleinen Perlen-Winzer ist, die man eigentlich mehr während einer Reise ins Burgund trifft als im Detailhandel bei uns. Daher ist dies eine sehr schöne Entdeckung, zumal es sich um einen 100-%-Handwerkswein handelt. Interessanterweise haben wir dieses Jahr den 2016er verkostet, von dem ich eigentlich denken würde, dass er bereits zu reif ist. Kaum im Gaumen, erkennt man klar seine reife Fruchtigkeit, die aber sehr schön zur Geltung kommt.

TRINKREIFE JETZT GENIESSEN
PASST ZU TERRINE, WURSTWAREN, TARTE FLAMBÉE, SCHLACHTPLATTE, GRILLIERTEM FISCH, GEFLÜGEL, KANINCHEN, ENTE
SERVICETIPP BEI 15–16 °C SERVIEREN
ALKOHOLWERT 13 %

Punkte

16.75

FRANKREICH

ROTWEIN

PREIS FR. 14.95

CADRAN 2017
CHÂTEAU MONESTIER LA TOUR
BERGERAC

Assemblage aus Merlot und Cabernet Franc, die delikat beerig duftet und im Gaumen charmant auf sich aufmerksam macht. Nicht zu schwer und nicht zu leicht, sondern gerade richtig. Der Basis-Rote von Château Monestier La Tour ist vom Charakter her ein perfekter Hauswein, den man zu Hausmannskost geniesst – sei das eine Kalte Platte oder ein Geflügel- oder Risottogericht. Aromatisch offenbart dieser Blend aus dem Bergerac Noten von Brombeeren, schwarzen Kirschen und etwas Cassis. Im Gaumen wunderbar ausgewogen und dicht. Die Tannine sind fein und umhüllen die saftige Frucht wie ein seidiges Tuch. Mittelschwer und wunderbar in sich ruhend. Ein eleganter Rotwein, der die Güte dieser klassischen Weinbauregion wunderbar spiegelt, ohne dass er dabei aromatisch zu intensiv markieren muss.

TRINKREIFE BIS 2023 GENIESSEN
PASST ZU BRATEN, STEAK, EINTOPF, TERRINE, REISGERICHTEN, GRILLIERTEM THUNFISCH, GEFLÜGELGERICHTEN
SERVICETIPP BEI 15–17 °C SERVIEREN
ALKOHOLWERT 14 %

Punkte

16.25

FRANKREICH

ROTWEIN

PREIS FR. 15.95

FLEURIE 2015
CLOS DE LA TOUR
DOMAINE DE ROCHE-GUILLON

Zum Glück habe ich den Jahrgang vor der Degustation nicht gesehen, denn bei Beaujolais sind wir es uns nicht wirklich gewohnt, ältere Weine zu geniessen. Das Image der Weine suggeriert, dass sie jung am besten sind. Diese schöne Abfüllung macht vor, dass es auch mit Reife geht. Ein Fleurie wird aus der Sorte Gamay vinifiziert und ist nie ein wirklich schwerer Wein. Er ist aber sehr süffig und bekömmlich und auch unkompliziert. Und manchmal macht das einfach Spass. Der 2015er lässt an Backpflaumen, schwarze Kirschen und Schokolade denken und zeigt seine Reife ungeniert. Geschmeidig und elegant im Gaumen. Toller Hauswein, den man zu leichten, wie aber auch zu elaborierten Gerichten servieren kann und der langsam ausgetrunken werden sollte. Das pure Gegenteil eines üppigen Primitivos – hier geniesst man delikate önologische Handwerkskunst aus einer analogen Zeit.

TRINKREIFE JETZT GENIESSEN
PASST ZU KALTER PLATTE, TERRINE, GEFLÜGEL, TRUTHAHN, ENTE, ZÜRCHER GESCHNETZELTEM, VEGETARISCHEN GERICHTEN, FILET
SERVICETIPP BEI 15–16 °C SERVIEREN
ALKOHOLWERT 13 %

Punkte

16.5

FRANKREICH

ROTWEIN

PREIS FR. 16.95

CHÂTEAU CAP D'OR 2015 SAINT-GEORGES ST-ÉMILION

Wir verkosteten erneut den 2015er von Jean-Philippe Janoueix und genossen die aromatische Stabilität dieses St-Émilion. Er ist stoffig, dicht und sehr komplex, ohne dabei kompliziert zu sein. Hat Noten von schwarzen Kirschen, Stachelbeeren und etwas Kaffee. Die Tannine sind dicht und wirken leicht trocken, sodass man dazu am besten ein Stück Fleisch oder ein kräftiges Gericht geniesst. Bodenständig und präsent vom ersten bis zum letzten Schluck. Perfekt wenn der Rote etwas gehaltvoller sein darf und auch Tannine zeigen darf. Etwas mehr auf Struktur bedacht als der gefälligere Château Rauzan Despagne.

TRINKREIFE BIS 2025 GENIESSEN
PASST ZU STEAK, BRATEN, GERICHTEN MIT PILZEN, EINTOPF, GEFLÜGEL MIT OLIVEN
SERVICETIPP BEI 15–16 °C SERVIEREN
ALKOHOLWERT 14 %

Punkte

16.5

FRANKREICH

ROTWEIN

PREIS FR. 16.95

CHÂTEAU CROIX-MOUTON 2016
JEAN-PHILIPPE JANOUEIX
BORDEAUX SUPÉRIEUR

Dieser Bordeaux ist nicht nur ein perfekter Alltagswein, er ist auch preislich sehr attraktiv. Noten von Zedernholz, Cassis und Kaffee sind zu erkennen. Im Gaumen viel Struktur und Komplexität. Ein klarer Esswein, den man am besten zu einem Stück Fleisch geniesst. In der Regel findet man solche Trouvaillen eher aus unbekannteren französischen Regionen wie etwa dem Bergerac. Wein für den Hausvorrat. Ist auf der einen Seite traditionell in der Art und gleichzeitig sehr zugänglich und erzählt wie der Netflix-Hit «Bridgerton» Geschichten aus einer vergangenen Zeit mit einer ganz modernen, bunten Sprache. Kleiner Coup de cœur von mir.

TRINKREIFE JETZT GENIESSEN
PASST ZU STEAK, ENTRECOTE, FILET, LAMM, HAMBURGER
SERVICETIPP BEI 15–16 °C SERVIEREN
ALKOHOLWERT 14,5 %

Punkte

17

FRANKREICH

ROTWEIN

PREIS FR. 21.50

CHOREY-LÈS-BEAUNE 2017
LES BEAUMONTS
DOMAINE ARNOUX PÈRE ET FILS

Ein Jahr nach der letzten Verkostung noch schöner und komplexer – als ob sich weitere Aromaebenen entfalten konnten. Das gute Glas Alltags-Pinot-Noir aus einer weniger bekannten Appellation des Burgunds – daher ist sein Preis auch etwas tiefer. Viel Finesse, florales Parfüm und delikate Beerenaromen. Die Tannine sind fein und perfekt integriert. Ein Klassiker für Frankreichaficionados, die die leisen Töne suchen und auch gerne zum Essen klassische Musik hören. Unbedingt aus bauchigen Gläsern servieren, zumal der Duft mit jedem Schluck an Expression zunimmt. Generell interessant an diesem Frankreichkapitel ist, dass wir für einmal auch die Güte der Reife zelebrieren und so erleben, dass Wein mit dem Alter eine spannende Palette an Aromen und Expressionen entwickelt.

TRINKREIFE BIS 2024 GENIESSEN
PASST ZU RIND, GEFLÜGEL, KANINCHEN, FISCH, VEGETARISCHEN GERICHTEN, KALTER PLATTE, TERRINE, COQ AU VIN
SERVICETIPP BEI 15–16 °C SERVIEREN
ALKOHOLWERT 13 %

Punkte

17.75*

FRANKREICH

ROTWEIN

PREIS FR. 21.95

CHÂTEAU MONESTIER LA TOUR 2017
CÔTES DE BERGERAC AOC

Der 2017er-Jahrgang des Grand Vin von Château Monestier La Tour präsentiert sich elegant und selbstsicher. Schon die Nase macht klar, dass es sich um einen komplexen Wein mit vielen Aromaschichten handelt. Assemblage aus Cabernet Franc und Merlot, wobei das Alter der Reben bei 50–70 Jahren liegt. Dieser Côtes de Bergerac reifte während 15 Monaten in Barriques, von denen ein Drittel neu, ein Drittel 2- und ein Drittel 3-jährig ist. Aromatisch dominieren Aromen von Brombeeren, Backpflaumen, Tabak, Lorbeer und etwas Cassis, wobei auch eine angenehme Frische und Finesse das Finale zeichnen. Erneut kann man feststellen, dass der neue Jahrgang an Qualität gewonnen hat. Ab dem 2018er-Jahrgang wird der Château Monestier La Tour offiziell biozertifiziert sein. Persönlich würde ich diesen Wein dekantieren oder aus etwas grösseren Gläsern geniessen – entweder zum Essen oder zur Lektüre eines historischen Romans, der natürlich in Frankreich spielen sollte. Charismatischer Bergerac, der ein guter Botschafter für die önologische Güte seiner Region ist. Das Weingut ist im Besitz der Familie Scheufele.

TRINKREIFE BIS 2025 GENIESSEN
PASST ZU BRATEN, GRILLADEN, GEFLÜGEL VOM GRILL, TERRINE MIT TRÜFFEL, ENTE, RISOTTO MIT PILZEN, SIEDFLEISCH, OSSOBUCO
SERVICETIPP BEI 15–16 °C SERVIEREN
ALKOHOLWERT 14,5 %

Punkte

17.5

FRANKREICH

ROTWEIN

PREIS FR. 24.95

CHÂTEAUNEUF-DU-PAPE 2015 RÉSERVE DE LÉONIE

Hat sich perfekt entwickelt und ist noch spannender als vor einem Jahr. Châteauneuf-du-Pape-Weine tendieren dazu, sehr opulent und mächtig zu sein, was dazu führen kann, dass ihre Trinkigkeit etwas darunter leidet. Nicht so diese Abfüllung. Sie ist von Finesse markiert und zeigt Aromen von Walderdbeeren, Backpflaumen, Brombeeren und etwas Cassis. Die Tannine sind fein und von der Frucht umschlungen und das Finale von einer angenehmen Frische gezeichnet – als ob man kühles Fruchtfleisch spüren würde. Elegant und ausgewogen. Assemblage aus Grenache und Syrah, die man aus grösseren Gläsern geniesst. Das ist auch die Art Wein, die man nach dem Essen noch in einer gemütlichen Runde geniessen kann. Sie werden sehen, die Gäste werden gesprächig und die Gespräche philosophischer. Die Geschichte des Châteauneuf-du-Pape wurde durch die römisch-katholische Kirche geprägt. Sie begann 1309 mit dem Exil von Papst Clemens V. in Avignon. Sein Nachfolger, der Weinfreund Papst Johannes XXII., wählte wenige Jahre später das Schloss Châteauneuf als Sommerresidenz und übte grossen Einfluss auf den Weinbau der Region aus. Als Châteauneuf-du-Pape wurde der Wein aber erst ab dem 19. Jahrhundert bezeichnet.

TRINKREIFE BIS 2025 GENIESSEN
PASST ZU BRATEN, EINTOPF, TERRINE, KRÄFTIGEN GERICHTEN, GEFLÜGEL, SCHLACHTPLATTE
SERVICETIPP BEI 15–17 °C SERVIEREN
ALKOHOLWERT 15 %

Punkte

16.25

FRANKREICH

ROTWEIN

PREIS FR. 25.70

SAVIGNY-LÈS-BEAUNE 2014
LES PIMENTIERS
DOMAINE ARNOUX PÈRE ET FILS

Der 2014er ist das Resultat eines Topjahres. Man erkennt das auch daran, dass dieser Burgunder trotz seiner spürbaren Reife noch viel Trinkfreude bereitet. Noten von Walderdbeeren, edlem Leder und Erdbeermarmelade sind zu erkennen. Auch eine dezent reiffruchtige Aromatik. Im Gaumen rustikal und bodenständig und sehr ausbalanciert. Hat eine spannende Saftigkeit und würzig-pfeffrige Aromen. Dieser Pinot Noir ist klar auf der eher feingliedrigen und leichten Seite, was ihn aber nicht weniger komplex macht. Unbedingt aus etwas bauchigen Gläsern geniessen, damit er sich schön entfalten kann. Preislich für einen Burgunder sehr vernünftig, zumal diese Weine immer etwas mehr kosten. Wein eines Familienbetriebs.

TRINKREIFE BIS 2024 GENIESSEN
PASST ZU RIND, GEFLÜGEL, KANINCHEN, FISCH, VEGETARISCHEN GERICHTEN, KALTER PLATTE
SERVICETIPP BEI 15–16 °C SERVIEREN
ALKOHOLWERT 13 %

Punkte

16.75

FRANKREICH

ROTWEIN

PREIS FR. 27.95

CHÂTEAU DAUGAY 2017 ST-ÉMILION GRAND CRU

Das Weingut Château Daugay gehört der gleichen Familie, der auch das bekannte Château Angélus gehört. Der 2017er ist jetzt herrlich trinkreif und von der Stilistik eher bodenständig und rustikal. Also mit Noten, die an Lorbeeren, Leder, Champignons und Backpflaumen denken lassen. Die Tannine sind fein und präsent. Ein Klassiker für traditionelle Weingeniesser, die gerne über alte Werte nachdenken und auch noch gerne selber kochen. Persönlich schätze ich solche Weine sehr, zumal sie auch das Bild des Châteaus auf dem Etikett widerspiegeln. Das pure Gegenteil eines modernen Blockbusterweins. Hier trinkt man Geschichte und nicht eine Aromabombe. Stammt von einem sehr teuren und bekannten Terroir. Ein Jahr nach der letzten Verkostung noch perfekt elegant – und zwar vom ersten bis zum letzten Schluck.

TRINKREIFE JETZT GENIESSEN
PASST ZU FILET, GEFLÜGEL, TERRINE, STEAK, HAMBURGER, EINTOPF, GRILLADEN
SERVICETIPP BEI 15–16 °C SERVIEREN
ALKOHOLWERT 14 %

Punkte

18

FRANKREICH

ROTWEIN

PREIS FR. 32.50

TÊTE DE BÉLIER 2017
CHÂTEAU PUECH-HAUT
LANGUEDOC

Der 2017er ist nach wie vor eine absolute Gaumenwohltat. Herrlich, diese Fülle. Barocker Genuss, der gar nicht mehr aufhören will. Dieser Wein ist eine önologi-sche Symphonie. Neben seiner angenehm schmelzigen Art tauchen auch Aromen von kandierten Kirschen, Erdbeeren und Cassiskompott auf. Natürlich fehlt auch die schokoladige Seite nicht. Dekantieren Sie diesen üppigen Südfranzosen aus dem Languedoc und beobachten Sie Ihre Gäste, wenn sie den ersten Schluck davon ge-niessen. Falls einmal eine Alternative zu einem Amarone gesucht wird, würde ich es mit dieser Assemblage aus Syrah, Mourvèdre und Grenache versuchen. Robert Parker meinte im WineAdvocate übrigens über diesen Wein kurz und prägnant: «Get it if you can». Das Château Puech-Haut liegt zwischen der Küste des Mittelmeeres und den Ausläufern der Cevennen in der Gemeinde Saint-Drézéry, einem kleinen Dorf, das 15 Kilometer nordöstlich von Montpellier zu finden ist. Ein Wein, der dem Moment das gewisse Etwas verleiht.

TRINKREIFE BIS 2022 GENIESSEN
PASST ZU FLEISCHGERICHTEN, KRÄFTIGEN GERICHTEN, PASTA MIT TRÜFFEL, RISOTTO MIT OLIVEN, WILD
SERVICETIPP BEI 15–17 °C SERVIEREN
ALKOHOLWERT 15 %

Punkte

17

FRANKREICH

ROTWEIN

PREIS FR. 39.95

VOLNAY 2017
VIEILLES VIGNES
DOMAINE HENRI DELAGRANGE

Finesse, Finesse und nochmals Finesse lautet hier die Devise. Verführt werden Nase und Gaumen von subtilen Himbeer- und Brombeeraromen, wobei die Tannine ganz fein und delikat präsent sind. Man erkennt eine spannende Struktur, die den alten Reben zu verdanken ist. Im Finale eine grosszügige Fruchtkonzentration, die von einer angenehmen Frische getragen wird. Ein Burgunder, der sich schneller trinkt, als man meinen würde. Didier Delagrange lebt wie zahlreiche seiner Vorfahren nach der önologischen Prämisse, dass grosser Wein im Weinberg und nicht im Keller entsteht. Eine Entdeckung, die sich auch jung geniessen lässt.

TRINKREIFE BIS 2025 GENIESSEN
PASST ZU FILET, TERRINE, GEFLÜGEL, GRILLIERTEM FISCH, KALTER PLATTE
SERVICETIPP BEI 15–16 °C SERVIEREN
ALKOHOLWERT 13,5 %

Punkte

18

FRANKREICH

ROTWEIN

PREIS FR. 44.90

CHÂTEAU GLORIA 2018 SAINT-JULIEN

Klassischer Saint-Julien, der seine Struktur und Komplexität wunderbar zeigt. Auch wenn die Nase sehr einladend ist und an Cassis, Minze und Brombeeren denken lässt, ist klar, dass einen im Gaumen ein charaktervoller Bordeaux erwartet. Im Gaumen schön stoffig und dicht. Hat eine leicht rauchige Note sowie Aromen, die an Schokolade, Tabak und Leder denken lassen. Hat Biss und Tiefe. Ein jetzt noch jugendlicher Wein, der jedoch Lust auf ein zweites Glas macht. Ist komplex, aber nicht zu kompliziert. Mit einem Château Gloria kann man auch Bordeaux-Newcomer verführen. Ich würde ihn dekantieren und die Karaffe etwas schütteln, bevor ich den Wein serviere. Die Kreation von Château Gloria ist der Arbeit eines einzigen Mannes zu verdanken, Henri Martin, der mit Leidenschaft und unermüdlicher Arbeit Parzelle um Parzelle aus dem Besitz der Crus Classés von Saint-Julien erwarb und Château Gloria zu einem 50 Hektaren grossen Weingut gemacht hat, das zu den sicheren Werten der Region zählt. Der Wein für den speziellen Moment oder das festliche Dinner.

TRINKREIFE BIS 2026 GENIESSEN
PASST ZU GRILLADEN VOM FLEISCH, HAMBURGER, PIZZA MIT SPECK, RISOTTO MIT PILZEN, MORCHELTERRINE, EINTOPF, LAMM
SERVICETIPP BEI 16–17 °C SERVIEREN
ALKOHOLWERT 14,5 %

Punkte

16.5*

ITALIEN

ROTWEIN

PREIS FR. 9.90

BARBERA D'ALBA 2020 CA'ROSSA

Dieser Barbera hat Temperament wie eine italienische Familie am Mittagstisch. Kaum im Gaumen, geht die Post ab. Noten von reifen Waldbeeren, Kirschen und Holunder sind zu erkennen. Viel Dynamik und Reife in jedem Schluck. Auch kommt der Charakter der Traube sehr schön zum Vorschein. Anders als der für das Piemont typische Nebbiolo macht es einem Barbera ja sehr einfach, ihn zu mögen. Wie ein musikalischer Ohrwurm erfreut er den Gaumen. Ich gebe ihm auch dieses Jahr ein Sternchen und sage wieder: Pasta kochen, dazu ein Glas dieses temperamentvollen Norditalieners geniessen und nicht vergessen, guten Sound zu hören. Im Vergleich zum Barbera d'Alba von Silvio Grasso ist dieser blumig-fruchtiger und etwas unkomplizierter. Preislich top.

TRINKREIFE JETZT GENIESSEN
PASST ZU PASTA, LASAGNE, BRATEN, RISOTTO MIT SAFRAN, ENTENBRUST
SERVICETIPP BEI 15–16 °C SERVIEREN
ALKOHOLWERT 14 %

Punkte

16

ITALIEN

ROTWEIN

PREIS FR. 13.95

PRIMITIVO DON ANTONIO 2015
COPPI
APULIEN

Der Pizza-Pasta-Wein für alle Tage. Der Don Antonio ist dunkel in der Farbe und dicht-schmelzig im Gaumen. Kaum berührt der Wein die Zunge, geht die aromatische Explosion schon los. Noten von kandierten Rosinen, Schwarzwäldertorte und Erdbeerparfait sind an der Front spürbar. Modern, schrill und easy drinking pur. Dieser Wein ist geschminkt und bereit für den unterhaltsamen Abend. Ist ein Jahr nach der letzten Verkostung noch perfekt – wobei ihm die reife Fruchtaromatik sehr gut bekommt. Interessant auch der Vergleich zu seinem grösseren Bruder – dem Primitivo Senatore (Fr. 24.95).

TRINKREIFE JETZT GENIESSEN
PASST ZU PASTA, RISOTTO, POLENTA, PIZZA, GRILLADEN, HAMBURGER
SERVICETIPP BEI 16–17 °C SERVIEREN
ALKOHOLWERT 14,5 %

Punkte

17.25*

ITALIEN

ROTWEIN

PREIS FR. 15.40

BARBERA D'ALBA 2019 SILVIO GRASSO

Für mich ein absolut einmaliger Basis-Barbera, der nichts vortäuscht. Noten von roten Kirschen, Brombeeren, Leder und Erdbeerkompott sind zu erkennen, wobei sie eher auf der frischen Seite markieren. Die Tannine sind straff und präsent. Solide, elegant und traditionell mit einer unglaublichen Saftigkeit und einem doch markanten Volumen. Ein Hauswein erster Güte. Diesen Klassiker lege ich mir inzwischen jedes Jahr wieder in den Keller. Persönlich schätze ich solche Weine sehr, da sie viel Trinkvergnügen bereiten und den Gaumen nicht so schnell ermüden. Auch will man nicht immer die kompliziertesten Weine geniessen. Hauswein aus dem Piemont, der perfekt zu italienischen Küchenklassikern passt. Das pure Gegenteil eines modernen Primitivo.

TRINKREIFE BIS 2024 GENIESSEN
PASST ZU PIZZA, SALAMI, PASTA, ENTE, COQ AU VIN, LEBER, WILD, OSSOBUCO, RISOTTO
SERVICETIPP BEI 15–17 °C SERVIEREN
ALKOHOLWERT 14,5 %

Punkte

16.5

ITALIEN

ROTWEIN

PREIS FR. 15.95

PALAZZETTO 2018
TUA RITA
ROSSO TOSCANA

Bei diesem Biowein handelt es sich um eine Assemblage aus Sangiovese, Cabernet Sauvignon, Merlot und Syrah, der mit dem neuen Jahrgang eine frische, saftige und kühle Frucht offenbart. Schön, dass er schlank und saftig den Hals hinunterfliesst, obschon seine aromatische Komplexität nicht zu knapp ist. Noten von Walderdbeeren, Rosinen und Melonen vermählen sich mit Cassis- und Sauerkirschenaromen. Dynamischer Toskaner und ein perfekter Hauswein für italienische Küchenklassiker. Tua Rita ist ein relativ junges Weingut, das 1984 vom Ehepaar Virgilio Bisti und Rita Tua gegründet wurde und sich in der toskanischen Maremma befindet.

TRINKREIFE BIS 2026 GENIESSEN
PASST ZU PASTA, LASAGNE, PIZZA, POLENTA, GRIILLADEN, ANTIPASTI MIT FLEISCH
SERVICETIPP BEI 16–18 °C SERVIEREN
ALKOHOLWERT 13,5 %

Punkte

16

ITALIEN

ROTWEIN

PREIS FR. 17.90

NERO D'AVOLA/SYRAH IL FIRRO 2016 CANICATTI, SIZILIEN

Vinifiziert wurde dieser Sizilianer speziell für SPAR aus den zwei kräftigen Sorten Syrah und Nero d'Avola. Das Resultat ist ein zugänglicher, aromatisch eher expressiver Rotwein, der an kandierte Himbeeren, Holunder und Walderdbeerenkonzentrat denken lässt. Easy drinking, das man ruhig auch dekantiert servieren kann. Ideal auch, wenn man zu seinem Teller Pasta sonst einen Primitivo entkorkt. Wenn Sie gerne einen voluminösen, sympathischen und fast schon molligen Wein mögen, dann ist dies Ihr Kandidat. Die Trauben wachsen übrigens am Fusse der Unesco-geschützten archäologischen Stätte «Tal der Tempel».

TRINKREIFE JETZT GENIESSEN
PASST ZU STEAK, ROTEM FLEISCH, ITALIENISCHEN KÜCHENKLASSIKERN VON PASTA BIS OSSOBUCO
SERVICETIPP BEI 16–17 °C SERVIEREN
ALKOHOLWERT 14,5 %

Punkte

17

ITALIEN

ROTWEIN

PREIS FR. 18.50

VALPOLICELLA RIPASSO 2017 SUPERIORE, CAMPO BASTIGLIA CA'RUGATE

Das Herrliche an einem Ripasso ist seine barocke Art. Schon sein Duft verrät, dass man bald einen intensiven, aromareichen Wein mit viel Extrakt und aromatischen Kapriolen geniessen wird. Noten von Rosinen, Rosen, Backpflaumen und kandierten Feigen sind zu erkennen. Der 2017er zeigt eine schöne Reife und viel Schmelz. Ich würde ihn langsam austrinken und dazu Pastagerichte mit einer kräftigen Tomatensauce servieren. Charmant, sympathisch und sehr, sehr zugänglich. Stimmt romantisch und weckt die Abenteuerlust. Wenn Sie Amarone mögen, dann sollten Sie auch den Ripasso, seinen kleinen Bruder, verkosten.

TRINKREIFE JETZT GENIESSEN
PASST ZU PASTA AL SUGO, PIZZA, GEFLÜGEL, PICCATA ALLA MILANESE, OSSOBUCO
SERVICETIPP BEI 15–16 °C SERVIEREN
ALKOHOLWERT 14,5 %

Punkte

17.5

ITALIEN

ROTWEIN

PREIS FR. 19.95

VALPOLICELLA RIPASSO MANFRO 2018 FAMIGLIA CASTAGNEDI TENUTA SANT'ANTONIO

Im Vergleich zum Ripasso von Ca'Rugate viel mehr Schmelz, Fülle, kandierte Fruchtaromen und auch etwas Kaffeenoten. Hier geht es klar fülliger und barocker zu und her. Auch sind seine Tannine feiner und delikater. Perfekt für das Dinner mit viel Kerzenlicht, bei dem man auch einem Pianokonzert lauscht und die Gerichte von kräftigen Saucen begleitet werden. Viel Temperament und italienische Wärme in jedem Schluck. Ein Wein, der die Seele wärmt und im Finale Noten von kandierten Erdbeeren, Backpflaumen und Karamell offenbart.

TRINKREIFE BIS 2023 GENIESSEN
PASST ZU FILET, BRATEN, WILD, LASAGNE, ENTRECOTE, PASTAGERICHTEN
SERVICETIPP BEI 15–17 °C SERVIEREN
ALKOHOLWERT 14 %

Punkte

17

ITALIEN

ROTWEIN

PREIS FR. 23.45

SELECT LAGREIN GRIES 2017 RISERVA, ROTTENSTEINER ALTO ADIGE DOC

Wers gerne konzentriert, schwarzbeerig und intensiv hat, sollte diesen Wein verkosten – auch den neuen Jahrgang. Man fühlt sich bei seinem Genuss in einen dunklen, feuchten Wald versetzt. Noten von schwarzem Pfeffer, Brombeeren, Lorbeer und schwarzen Kirschen tauchen auf. Hat etwas Mysteriöses in sich und mit jedem Schluck erkennt man die Kraft dieser Südtiroler Botschaftertraube. Im Abgang auch Aromen von delikater Bitterschokolade. Ein mächtiger Norditaliener, der jedoch mit Frische den Hals hinunterfliesst. Klarer Esswein.

TRINKREIFE BIS 2026 GENIESSEN
PASST ZU BRATEN, LAMMGIGOT, LAMMSCHULTER, EINTOPF, COQ AU VIN
SERVICETIPP BEI 15–16 °C SERVIEREN
ALKOHOLWERT 13,5 %

Punkte

16.5

ITALIEN

ROTWEIN

PREIS FR. 24.95

PRIMITIVO SENATORE 2013
COPPI
APULIEN

Der grosse Bruder des Don Antonio. Er ist klar komplexer, eleganter und filigraner, trotz seiner aromatischen Fülle und Reife. Die Nase lässt an Backpflaumen, kandierte Datteln und Rosinen denken. Im Gaumen dann ähnlich, wobei hier auch etwas Kaffee-, Leder- und Gewürznelkenaromen dazukommen. Ein perfekter Primitivo für kalte Tage, wenn man von der Wärme des Südens träumen will oder wenn man einen saftigen Schmorbraten kocht. Auch ein schöner Geschenkwein.

TRINKREIFE JETZT GENIESSEN
PASST ZU PASTA, PIZZA, FLEISCHGERICHTEN, WILD, SCHLACHTPLATTE, ENTE, BRATEN
SERVICETIPP BEI 16–18 °C SERVIEREN
ALKOHOLWERT 13,5 %

Punkte

16.5

ITALIEN

ROTWEIN

PREIS FR. 24.95

ROSSO DI MONTALCINO 2017
CANALICCHIO DI SOPRA
TOSKANA

Sowohl der Rosso di Montalcino wie auch sein grosser Bruder, der Brunello di Montalcino, sind komplexe historische Weine, die Musse und Zeit für den Genuss verlangen. Sie zeigen jeweils viel Struktur und Komplexität und man geniesst sie daher am besten zum Essen. Mit dem Rosso kann man gut in diese Weinwelt einsteigen. Der 2017er präsentiert sich noch jugendlich, zumal seine Tannine dicht und intensiv am Gaumen markieren. Etwas Luft tut ihm sicher gut. Er ist klar ein Wein für Kenner und das pure Gegenteil eines Primitivos. Hier erkennt man Aromen von Zedernholz, getrockneten Orangenschalen, Rosinen und etwas Walderdbeeren. Geniessen Sie diesen gut strukturierten Wein leicht gekühlt zu einem Stück Fleisch oder einem Teller Pasta. Der neue Jahrgang kommt ganz im Hausstil daher.

TRINKREIFE BIS 2025 GENIESSEN
PASST ZU PASTA, ENTE, COQ AU VIN, STEAK, GEFLÜGEL, RISOTTO
SERVICETIPP BEI 15–16 °C SERVIEREN
ALKOHOLWERT 14,5 %

Punkte

16.25

ITALIEN

ROTWEIN

PREIS FR. 26.90

BAROLO 2010
ROSORETTO

Wow – ein 2010er und erst noch ein neuer Barolo in diesem Kapitel. Nicht erschrecken, wenn Sie diesen Wein einschenken, zumal seine Farbe stark ins Rostbraun geht. Im Duft delikat mit Noten von Rosinen, Zedernholz und getrockneten Mandarinenschalen. Klar ein Wein für Kenner, die auch gerne einmal ein Experiment mit einem sehr reifen Wein erleben. Die Tannine sind sehr fein und straff und der Trinkfluss perfekt. Wein alter Schule, den man am besten zu einem saftigen Braten oder Pasta mit Trüffeln geniesst. Preislich natürlich für einen solchen Wein eher auf der günstigen Seite.

TRINKREIFE JETZT GENIESSEN
PASST ZU BRATEN, PASTA MIT TRÜFFELN, WILD, LAMM
SERVICETIPP BEI 17–18 °C SERVIEREN
ALKOHOLWERT 14,5 %

Punkte

17.5

ITALIEN

ROTWEIN

PREIS FR. 28.95

EDIZIONE 2018
CINQUE AUTOCTONI
FANTINI

Eins vorweg: Der neue Jahrgang ist etwas leichter in der Art, aber nach wie vor ein absoluter Italo-Blockbuster. Schon die Flasche ist eine Sache für sich – denn sie ist schwerer als andere, die man sonst entkorkt. Das passt aber zum Inhalt, der bereits mit einer dichten, tintigen Farbe auf sich aufmerksam macht. Im Gaumen geht es entsprechend muskulös und barock zu und her. Ein echter Bodybuilder-Wein, der im Gaumen so richtig üppig und fett markiert. Die Trauben stammen aus zwei Regionen – Abruzzen und Apulien – und sind Montepulciano, Primitivo, Sangiovese, Negroamaro und Malvasia Nera. Dieser Wein fährt ein, wie wenn Ihnen jemand mit der Trompete direkt ins Ohr bläst, oder, anders ausgedrückt: anschnallen und die Wucht geniessen. Natürlich hat es viel schokoladige Aromen sowie Cassis- und Brombeerkonzentrat und man geniesst hier mehr die Arbeit im Weinkeller als die im Rebberg. Aber warum auch nicht? Laut, schrill und extrovertiert.

TRINKREIFE BIS 2024 GENIESSEN
PASST ZU BRATEN, GRILLADEN, ENTE, WILD, EXOTISCHER KÜCHE
SERVICETIPP BEI 16–18 °C SERVIEREN
ALKOHOLWERT 14,5 %

Punkte

17

ITALIEN

ROTWEIN

PREIS FR. 29.90

ANTICUS 2017
BARON SALVADORI, NALS MARGREID
SÜDTIROL

Diese Assemblage aus Cabernet Sauvignon und Merlot ist in sich ruhend, sehr komplex und ausgewogen. Auch wenn es sich um einen sogenannten Bordeaux-Blend handelt, präsentiert sich dieser kräftige Rotwein italienisch charmant. Noten von Zimt, Rosinen, kandierten Kirschen und Cassis sind zu erkennen. Der Wein ist sehr spannend, vielschichtig und in seiner Struktur verstrickt. Ein hochwertiger Norditaliener aus einer alpinen Weinregion. Elegant, schmelzig und sehr dicht. Man beisst sich förmlich durch die konzentrierten, dunklen Fruchtaromen. Genuss pur, wenn der Wein etwas schwerer sein darf, wobei das Finale elegant und so saftig ist, dass man gleich noch einen zweiten Schluck nehmen möchte.

TRINKREIFE JETZT GENIESSEN
PASST ZU WILD, FLEISCHGERICHTEN, LAMM, GERICHTEN MIT SCHWARZEN OLIVEN UND PILZEN
SERVICETIPP BEI 16–18 °C SERVIEREN
ALKOHOLWERT 14 %

Punkte

17

ITALIEN

ROTWEIN

PREIS FR. 33.95

BAROLO 2016
SILVIO GRASSO
PIEMONT

Der Basis-Barolo der Kellerei Silvio Grasso ist bereits ein Stück Arbeit für den Gaumen – im positiven Sinn, denn hier kommt Struktur, Tiefgang, Komplexität und orchestrale Fülle auf einen zu. Wenn Sie das aromatische Gegenteil eines Amarone suchen, dann wäre dies ein guter Kandidat. Wie für aus Nebbiolo vinifizierte Weine typisch, sind die Gerbstoffe recht präsent und wirken im Gaumen im ersten Moment etwas trocken. Daher muss man zu einem solchen Wein etwas essen – und wenn es nur ein Stück Salami ist. Ein Barolo braucht Luft und Zeit, um sich entfalten zu können. Je länger er im Glas ist, umso besser wird er. Ein absolut handwerklicher und terroirspezifischer Wein. Braucht jedoch Luft (grössere Gläser) und Zeit, um sich zu öffnen.

TRINKREIFE BIS 2026 GENIESSEN
PASST ZU KANINCHEN, WILD, RIND, TERRINE, WILDGEFLÜGEL, PASTA, LAMM, BRATEN, GERICHTEN MIT KRÄFTIGEN SAUCEN, TRÜFFELN
SERVICETIPP BEI 15–16 °C SERVIEREN
ALKOHOLWERT 14 %

Punkte

17

ITALIEN

ROTWEIN

PREIS FR. 34.90

AMARONE DELLA VALPOLICELLA 2016 MANFRO, TENUTA SANT'ANTONIO FAMIGLIA CASTAGNEDI

Aromatisch ein super Konzentrat mit Aromen von Rosinen, Schokolade, Backpflaumen und Karamell. Intensiv und orchestral vom ersten bis zum letzten Tropfen und auch ein Wein, der gut zu einem Stück Schokolade passt. Im Vergleich zum Valpolicella Ripasso desselben Produzenten markant konzentrierter und dichter. Dieser Wein fordert den Gaumen und hat etwas Meditatives. Ist auch viel komplexer und weniger finessenreich als die Abfüllung von Ca'Rugate. Hier wird ohne Hemmungen aromatisch dick aufgetragen.

TRINKREIFE BIS 2025 GENIESSEN
PASST ZU BRATEN, OSSOBUCO, WILD, ENTE, FLEISCHGERICHTEN, PASTA MIT PILZSAUCE, KRÄFTIGEN GERICHTEN, SCHOKOLADE
SERVICETIPP BEI 16–18 °C SERVIEREN
ALKOHOLWERT 15,5 %

Punkte

17

ITALIEN

ROTWEIN

PREIS FR. 48.90

AMARONE DELLA VALPOLICELLA 2016
PUNTA 470
CA'RUGATE

Eine Neuentwicklung beim Amarone, die auf die globale Erwärmung und den Trend zu High-Altitude-Weinen hinweist. Denn bei diesem kräftigen Klassiker steht der Begriff «Punta 470» dafür, dass die Trauben auf 410 bis 500 Meter über Meer angesiedelt sind. Bis jetzt wurden diese Höhenangaben vor allem bei den Malbecs aus Argentinien auf dem Frontetikett vermerkt, aber ich bin mir sicher, dass in Zukunft weitere Weine folgen werden. Ein Jahr nach der letzten Verkostung ist dieser Amarone noch dicht, fruchtbetont und komplex. Noten von Rosinen, Backpflaumen, delikater Schokolade und kandierten Kirschen sind dominant. Das Volumen ist etwas leichter, aber perfekt ausgewogen. Ein stoffiger und verführerischer Wein für das romantische Dinner oder das lang ersehnte Familienessen. Unbedingt aus etwas grösseren Gläsern geniessen.

TRINKREIFE JETZT GENIESSEN
PASST ZU BRATEN, COQ AU VIN, ENTE, WILD, REIFEM KÄSE, GEGRILLTEM FLEISCH, PASTA MIT TRÜFFELN
SERVICETIPP BEI 16–18 °C SERVIEREN
ALKOHOLWERT 15 %

Punkte

17.5

ITALIEN

ROTWEIN

PREIS FR. 54.95

BRUNELLO DI MONTALCINO 2015
CANALICCHIO DI SOPRA
TOSKANA

Der Brunello die Montalcino ist einer der grössten Weine Italiens. Er wurde 1967 im einmaligen Terroir von Montalcino geboren, als die DOC «Brunello di Montalcino» gegründet wurde. 1980 wurde daraus die DOCG. Der Rotwein besteht immer aus 100 % Sangiovese. Der Wein darf erst fünf Jahre nach der Ernte in den Verkauf und ist für eine lange Lagerung gedacht. Der 2014er ist farblich etwas reif, was aber nicht weiter störend ist, zumal sein Duft noch jugendliche Beerenaromen enthält. Im Gaumen frisch, delikat und dicht strukturiert. Noten von wilden Kräutern, Zedernholz, Rosinen, schwarzen Kirschen und auch Backpflaumen sind zu erkennen. Trotz seiner aromatischen Dichte äusserst feingliedrig und frisch. Unbedingt dekantieren oder noch etwas im Keller vergessen. Im Gaumen viel Finesse, Frische und saftige Frucht. Ein klassischer Brunello, der einen verstehen lässt, warum diese Weinregion weltberühmt ist, wobei man ihn wahrscheinlich zweimal verkosten muss, bis man das versteht.

TRINKREIFE BIS 2026 GENIESSEN
PASST ZU GRILLADEN, PASTA, BISTECCA ALLA FIORENTINA, TERRINE, FILET
SERVICETIPP BEI 16–18 °C SERVIEREN
ALKOHOLWERT 14 %

Punkte

17.5

ÖSTERREICH

ROTWEIN

PREIS FR. 27.95

DAS PHANTOM 2018
K+K KIRNBAUER
BURGENLAND

Das Phantom war 1987 Österreichs erste Rotwein-Marke, zumal damals die Sorten Cabernet Sauvignon und Merlot nicht in der lokalen Qualitätsweinverordnung enthalten waren und man so gezwungen war, einen Fantasienamen zu erfinden. Inzwischen ist das Phantom ein bekannter Star unseres Nachbarlandes und offenbart die Vielschichtigkeit der vier Vermählungssorten und das Geheimnisvolle der Assemblage. Das Resultat ist ein dramatischer Wein, der schon in der Nase auf die Komplexität, die einen im Gaumen erwartet, aufmerksam macht. Wie in einer Wagner-Oper geht es hier zu und her und eins ist sicher: Diesen Charakterwein trinkt man nicht einfach so, man setzt sich mit ihm auseinander. Assemblage aus Blaufränkisch, Merlot, Cabernet Sauvignon und Syrah, der 16 Monate in Barriques reifte. Noten von Sauerkirschen, Cassis, Brombeeren und dunkler Erde sind zentral. Hat eine mächtige Struktur und sollte dekantiert werden. Orchestraler Genuss.

TRINKREIFE JETZT GENIESSEN
PASST ZU KALTER PLATTE, SCHLACHTPLATTE, GRILLADEN, ENTE, WILD, HAMBURGER, GEFLÜGEL, STEAK VOM GRILL
SERVICETIPP BEI 16–17 °C SERVIEREN
ALKOHOLWERT 13,5 %

Punkte

16.75*

SPANIEN

ROTWEIN

PREIS FR. 11.90

RAIG DE RAÏM 2017
TERRA ALTA DO
CELLER PIÑOL

Assemblage aus Garnatxa Negra und Cariñena – also zwei äusserst temperamentvollen Trauben. Das Resultat ist explosiv – vor allem, wenn man auch den Preis dieses temperamentvollen und fröhlichen Weins sieht. Viel Frucht, viel Trinkspass und viel reife Aromen sind zu entdecken. Die Nase ist einladend mit knackig-fruchtigen Aromen, die an Brombeeren, Cassisgelee und Rosen denken lassen. Easy drinking aus Spanien mit spassigem Charakter. Schmeckt, wie das Etikett aussieht. Dynamisch, verführerisch und so unkompliziert, dass die Flaschen schneller als sonst geleert werden. Er rockt im Gaumen und macht Lust, ein Stück Fleisch auf den Grill zu legen. Kein Lagerwein. Celler Piñol ist ein Familienbetrieb, der eine sehr spannende Palette an Weinen kreiert, die seit Jahren zum SPAR-Sortiment gehören.

TRINKREIFE JETZT GENIESSEN
PASST ZU APÉRO, TAPAS, GRILLADEN, ENTE, EINTOPF, GERICHTEN MIT TOMATEN, SCAMPI
SERVICETIPP BEI 15–16 °C SERVIEREN
ALKOHOLWERT 14 %

Punkte

16

SPANIEN

ROTWEIN

PREIS FR. 11.95

RIOJA BERONIA CRIANZA 2015
DOS MADERAS
BODEGAS BERONIA

Easy drinking aus Spanien. Fruchtig, mittelschwer und ideal, wenn man einen preislich attraktiven Hauswein sucht. Es handelt sich um einen Klassiker. Von der Stilistik her sehr gefällig und süffig – trotz seines Alters. Ein Teil des Weins reifte in Barriques aus amerikanischer Eiche und ein Teil in Barriques aus französischer Eiche. Die Entstehungsgeschichte der Kellerei ist sehr interessant, zumal 1973 eine Gruppe von gastronomisch versierten Freunden aus dem Baskenland, die gerne ins Rioja in die Ferien gingen, beschlossen, eigene Reserva- und Gran-Reserva-Weine zu produzieren. 1982 wurde ihre Kellerei in die Gruppe der Familienweingüter von González Byass integriert.

TRINKREIFE JETZT GENIESSEN
PASST ZU GEFLÜGEL, WURSTWAREN, VEGETARISCHEM EINTOPF, KANINCHEN, TAPAS
SERVICETIPP BEI 15–16 °C SERVIEREN
ALKOHOLWERT 13,5 %

Punkte

16.5*

SPANIEN

ROTWEIN

PREIS FR. 11.95

PATA NEGRA 2012 GRAN RESERVA VALDEPEÑAS DO

Gut gemachter Easy-drinking-Spanier und erst noch ein Gran Reserva, der ein Jahr nach der letzten Verkostung noch topfit ist. Hier gehen Sie auf Nummer sicher, wenn Sie Lust auf einen ausgewogenen, fruchtbetonten Alltagswein haben, der allen gefallen soll. Sehr reiffruchtig mit Aromen von Cassis, Backpflaumen, Erdbeeren und auch etwas Leder. Top-Alltagswein mit schönem Schmelz. Er ist dynamisch und voller Energie. Dass dieser Gran Reserva nicht mehr kostet, hat auch damit zu tun, dass Weine aus dieser Region generell günstiger sind. Die Familie Garcia Carrión blickt auf eine lange Geschichte zurück, die ihren Anfang 1890 nahm. Damals gründete der Grossvater des jetzigen Besitzers José García Carrión in Jumilla eine grosse Weinkellerei mit dem Ziel, Wein nach Frankreich zu exportieren. Heute verarbeitet sie 40 000 Hektaren Reben aus ganz Spanien und arbeitet dabei mit 1400 Weinbauern zusammen.

TRINKREIFE BIS 2024 GENIESSEN
PASST ZU WILD, LAMM, BRATEN, GRILLADEN, ENTE, TERRINE
SERVICETIPP BEI 16–17 °C SERVIEREN
ALKOHOLWERT 13 %

Punkte

16

SPANIEN

ROTWEIN

PREIS FR. 14.95

RIOJA CONDE VALDEMAR 2017 CRIANZA

Ein traditioneller Spanier, der von der Stilistik her rustikal und bodenständig markiert und in der Art das pure Gegenteil der Weine von Celler Piñol ist. Schon sein Gehalt ist leichter und mehr von der Struktur als von der dichten Fruchtigkeit geprägt. Die Frucht ist saftig und lässt an Pflaumen, Kirschensorbet und etwas Stachelbeeren denken. Im Gaumen tauchen zudem Leder- und Zedernholzaromen auf sowie ein mediterranes Temperament. Ein mittelschwerer Rioja, der neben Faustino und Marqués de Riscal in der Schweiz einen grossen Bekanntheitsgrad geniesst. Die Bodega der Familie Martínez Bujanda wurde im Jahre 1889 von Joaquín Martínez Bujanda gegründet und zählt heute zu den modernen Produzenten des Rioja.

TRINKREIFE JETZT GENIESSEN
PASST ZU DEFTIGEN GERICHTEN, WILD, HAMBURGER, LAMM, PILZ- UND PFEFFERGERICHTEN, ABER AUCH ZU TAPAS, KANINCHEN ODER GEFLÜGEL
SERVICETIPP BEI 15–16 °C SERVIEREN
ALKOHOLWERT 14 %

Punkte

17*

SPANIEN

ROTWEIN

PREIS FR. 14.95

NUESTRA SEÑORA DEL PORTAL 2017, TERRA ALTA DO CELLER PIÑOL

Assemblage aus Garnatxa Negra und Cariñena. Das Resultat ist gelungen und man geniesst im Gaumen einen kräftigen, temperamentvollen Spanier mit viel Gehalt und Kraft. Der Wein hat eine beerige Saftigkeit, feine Tannine und auch eine ledrige und würzige Note. In der Art modern und charaktervoll mit einem optimalen Preis-Leistungs-Verhältnis. Ist komplexer als der Raig de Raïm, der im Vergleich bunter und charmanter markiert. Guter Hauswein, wenn Sie gerne viel reife Frucht, würzige Aromen und einen orchestralen Abgang geniessen. Stimmt gemütlich und zufrieden.

TRINKREIFE BIS 2023 GENIESSEN
PASST ZU GERICHTEN MIT PILZEN, BRATKARTOFFELN MIT PEPERONI, BRATEN, STEAK, LAMMKOTELETT, EXOTISCHER KÜCHE, HAMBURGER
SERVICETIPP BEI 15–16 °C SERVIEREN
ALKOHOLWERT 14 %

Punkte

16.75

SPANIEN

ROTWEIN

PREIS FR. 17.95

RIOJA AÑARES RESERVA 2016 BODEGAS OLARRA

Ein klassischer Rioja der alten Schule, der elegant und ausgewogen auffällt. Noten von Backpflaumen, Mandarinensorbet und Zedernholz sind zu erkennen. Mittelschwer und sehr zugänglich, auch wenn die Tannine straff und seidig spürbar sind. Im Gaumen viel Temperament und reife Fruchtaromen. Perfekt für Hausmannskost und wenn man lieber Weine geniesst, die an ihr Herkunftsterroir erinnern und im Gaumen etwas länger nachwirken. Hier geniesst man sonnenverwöhntes Spanien. Seit Jahren ein sicherer Wert, der mit dem neuen Jahrgang seiner Stilistik treu geblieben ist. Auch erkennt man seine Lagerung in Barriques aus amerikanischer Eiche, die ihm eine dezente Kokosnussaromatik verleiht.

TRINKREIFE JETZT GENIESSEN
PASST ZU TAPAS, GRILLADEN, THUNFISCH, PAELLA, EINTOPF, GEFLÜGEL, KALBSBRATEN
SERVICETIPP BEI 16–17 °C SERVIEREN
ALKOHOLWERT 14 %

Punkte

16.75

SPANIEN

ROTWEIN

PREIS FR. 17.95

RIOJA MANZANOS RESERVA 2014
FAMILIA FERNANDEZ DE MANZANOS

Ein Jahr nach der letzten Verkostung noch voll im Schuss. Elegant, dicht und von Leder- und Backpflaumenaromen gezeichnet. Dieser Rioja hat sowohl eine rustikale, wie aber auch eine moderne Seite. Ideal, wenn der Wein Struktur und dichte Frucht in sich vereinen darf. Im Finale ledrig und mittelschwer mit Noten von dunklen Früchten. Am besten geniesst man ein kräftiges Gericht dazu – von Vorteil wäre auch, dass man ihn dekantiert oder zumindest zwei Stunden vor dem Genuss öffnet. Von der Stilistik ganz anders als der Raig de Raïm. Dieser Rioja ist bodenständiger und auch mehr von Gerbstoffen gezeichnet, was ihn zu einem guten Esswein macht.

TRINKREIFE BIS 2024 GENIESSEN
PASST ZU FLEISCHGERICHT, PAELLA, RISOTTO MIT PILZEN, GEFLÜGEL, GRILLIERTEM THUNFISCH, KANINCHEN
SERVICETIPP BEI 16–18 °C SERVIEREN
ALKOHOLWERT 13,5 %

Punkte

17.5

SPANIEN

ROTWEIN

PREIS FR. 26.50

ABADIA RETUERTA 2016
SELECCIÓN ESPECIAL
SARDON DE DUERO

Müsste man einen eleganten Spanier beschreiben, wäre diese Abfüllung sicher ein gutes Beispiel dafür. Der Wein ist charismatisch und charmant wie George Clooney und man mag ihn auf Anhieb. Ist stoffig und selbstsicher mit Noten von Backpflaumen, Cassis, Graphit, Leder und Schokolade. Seine Struktur ist beachtlich und man kann ihn sehr gut dekantieren und geniesst ihn auf jeden Fall zu einem kräftigen Gericht. Ideal für das romantische Date, das Familienessen, bei dem einfach alles stimmen muss, oder als Geschenk. Ein Wein, den man auch gerne Bordeaux-Liebhabern ausschenken kann, zumal es hier ähnlich komplex und strukturiert zu und her geht – wobei seine Aromatik eine polierte Perfektion zelebriert. Assemblage aus Syrah, Tempranillo und Cabernet Sauvignon. Zentrum des Weingutes ist das Kloster María de Retuerta aus dem 12. Jahrhundert sowie das herrliche Hotel, das Besuchern offensteht.

TRINKREIFE BIS 2024 GENIESSEN
PASST ZU STEAK, FLEISCHGERICHTEN, BRATEN, WILD, GERICHTEN MIT EINER KRÄFTIGEN SAUCE, PILZTERRINE, COQ AU VIN
SERVICETIPP BEI 16–18 °C SERVIEREN
ALKOHOLWERT 14,5 %

Punkte

17.75

SPANIEN

ROTWEIN

PREIS FR. 29.95

L'AVI ARRUFI 2015
TERRA ALTA DO
CELLER PIÑOL

Celler Piñol ist ein äusserst verlässlicher und spannender Familienbetrieb Spaniens, dessen Weine ich sehr schätze. Diese barocke Abfüllung wird Ihren Gästen sicher gefallen, zumal sie viel Schmelz, Charisma und süsses Fruchtkonzentrat in sich hat. Kann ruhig auch dekantiert werden. Die Assemblage aus Grenache, Syrah und Cabernet Sauvignon reifte während fünfzehn Monaten in neuen französischen Eichenfässern. Kaum im Glas, scheinen ätherische Öle aus dem Wein zu steigen. Aromatisch dominiert ein unglaublich dichtes Fruchtkonzentrat, das an Minze, Backpflaumen, schwarze Kirschen und Heidelbeeren denken lässt. Die Tannine und die Röstaromen sind ganz delikat und perfekt in der Frucht integriert. Perfekt auch seine Balance. Dieser kleine Blockbuster fliesst konzentriert den Hals hinunter und regt zum Philosophieren an. Modern, selbstsicher und wuchtig. Ganz mein Wein nach einem strengen Tag. Das Jahr Lagerung seit der letzten Verkostung hat ihm sehr gut getan und er präsentiert sich noch eleganter.

TRINKREIFE BIS 2025 GENIESSEN
PASST ZU GEGRILLTEM FLEISCH, EINTOPF, PAELLA, WILD, LAMM, ENTE
SERVICETIPP BEI 16–17 °C SERVIEREN
ALKOHOLWERT 14,5 %

Punkte

16.5

FRANKREICH

SCHAUMWEIN

PREIS FR. 9.95

MIMI BRUT ROSÉ GRANDE RÉSERVE

Es steht zwar Brut Rosé auf dem Etikett, aber dieser Südfranzose leuchtet gold-gelb. Er wurde aus der kräftigen Rotweinsorte Grenache vinifiziert und duftet nach Birnen, Honig und Quitten. Im Gaumen herrlich trocken und süffig. Auch unkompliziert in der Art, was manchmal einfach eine Wohltat ist, zumal man nicht allzu lange über den Wein philosophieren, sondern einfach die durch ihn gewonnene Entspannung geniessen will. Die Mousse prickelt dynamisch frisch. Kurz: ein knackig frischer und supersüffiger Provence-Schaumwein, der perfekt zum Apéro, zum Picknick oder zu einer Gartenparty passt.

TRINKREIFE JETZT GENIESSEN
PASST ZU APÉRO, HÄPPCHEN, CARPACCIO VOM ROHEN FISCH, TERRINE, VEGETARISCHEN GERICHTEN, GEFLÜGEL
SERVICETIPP BEI 12–13 °C SERVIEREN
ALKOHOLWERT 12,5 %

Punkte

17.5*

FRANKREICH

SCHAUMWEIN

PREIS FR. 17.95

CRÉMANT DE BOURGOGNE BRUT BLANC DE BLANCS PASCAL ARNOUX

Auch dieses Jahr ein Highlight und ideal, wenn man gerne etwas strukturiertere Schaumweine hat. Assemblage aus Chardonnay und Aligoté – also zwei Weissweinsorten, daher der Name «Blanc de Blancs». Die Mousse ist fein und delikat, aber schön präsent. Noten von Brioche, Honig und warmem Gebäck verführen Nase und Gaumen. Delikat und charmant zugleich mit einem Touch Trüffelaromatik. Steht auf der Flasche Crémant, bedeutet das nichts anderes, als dass es sich um einen französischen Schaumwein handelt, der wie ein Champagner vinifiziert wurde. Da er aber nicht aus der Champagne stammt, darf er sich nicht so nennen. Crémant-Weine kosten in der Regel auch viel weniger als Champagner, ohne dabei weniger gut zu sein. Dieser elegante Wein stammt von einem Familienbetrieb, der 20 Hektaren Reben bewirtschaftet.

TRINKREIFE JETZT GENIESSEN
PASST ZU APÉRO, TARTE FLAMBÉE, ANTIPASTI, FISCHGERICHTEN, TAPAS, RISOTTO AL LIMONE, SPARGELN, GEMÜSEVARIATIONEN, BOUILLABAISSE
SERVICETIPP BEI 12–13 °C SERVIEREN
ALKOHOLWERT 12,5 %

Punkte

17.5*

FRANKREICH

SCHAUMWEIN

PREIS FR. 34.95

CHAMPAGNE LACOURTE-GODBILLON, BRUT, 1ER CRU TERROIRS D'ECUEIL

Auch dieses Jahr einer meiner Champagner-Favoriten. Ein Champagner für Kenner, da er kräftig und mit einer saftigen Säure im Gaumen präsent ist. Auch hat er eine eher komplexe und vielschichtige Art. Er nimmt den Gaumen recht in Anspruch und lässt aromatisch an Ingwersorbet, Limetten, Brioches mit Aprikosenfüllung und Minze denken. Die Mousse ist ganz fein, was ein weiteres Zeichen für seine Güte ist. Zur Kreation dieses Topchampagners wurden 85 % Pinot Noir und 15 % Chardonnay assembliert. Zu diesem Wein können Sie ruhig auch etwas essen, denn er hat die nötige Struktur dazu. Eine Entdeckung, die ich in meinem Kühlschrank habe. Interessant ist weiter, dass die Basisweine in Barriques reifen, die aus Eichenwäldern der Region Champagne-Ardenne stammen. Die Champagner dieses kleinen Familienbetriebs sind echte Perlen der Champagne. Das Ehepaar Lacourte-Godbillon vinifiziert eine kleine, aber höchst feine Palette an Champagner von Topqualität. Ideal, wenn der Schaumwein etwas mehr kosten darf und eine Entdeckung sein soll.

TRINKREIFE BIS 2027 GENIESSEN
PASST ZU FISCH, ANTIPASTI, WURSTWAREN, PILZTERRINE, PASTA MIT TRÜFFELN, ZIGARREN
SERVICETIPP BEI 6–8 °C SERVIEREN
ALKOHOLWERT 12 %

Punkte

15.5

ITALIEN

SCHAUMWEIN

PREIS FR. 13.95

PROSECCO GAIANTE BRUT DOC TREVISO

Knackiger, trockener und süffiger Prosecco mit Noten, die an weisse Rosen, Jasmin und Honig denken lassen. Die Mousse ist etwas voluminös, aber schön fein und zart. Als ob der Gaumen in ein frisches Schaumbad eintauchen würde. Ein unkomplizierter Prosecco für unkomplizierte Momente. Kühlen, entkorken und in grosse Weissweingläser einschenken. Warum nicht auch dazu die Musik von Mina abspielen? Auch on the rocks zu entdecken. Aus der Traubensorte Glera vinifiziert.

TRINKREIFE JETZT GENIESSEN
PASST ZU APÉRO, ANTIPASTI, KRUSTENTIEREN, COCKTAILS, BOWLEN
SERVICETIPP BEI 6–8 °C SERVIEREN
ALKOHOLWERT 11,5 %

Punkte

17

ITALIEN

SCHAUMWEIN

PREIS FR. 18.95

PROSECCO RIVE DI COLLALTO 2019 DOCG BORGOLUCE EXTRA DRY

Ein Klassiker, auf den man sich seit Jahren verlassen kann. Noten von weissen Blüten, Honig und Birnen sind zu erkennen. Die Mousse ist fein und kräftig und die Aromatik schön ausbalanciert. Hat klar mehr Körper und Tiefe als der Prosecco Gaiante, was auch richtig ist, zumal es sich hier produktionstechnisch um eine höhere Qualitätsstufe handelt. Am besten verkosten Sie beide nebeneinander und Sie werden sehen, dass dieser komplexer ist und auch eine intensivere, aber höchst delikate Mousse aufweist. Die Traube, aus der Prosecco vinifiziert wird, heisst übrigens Glera. Ein Wein, den ich immer gekühlt bereit habe. Man weiss ja nie, ob eventuell ein Spontanapéro stattfindet.

TRINKREIFE JETZT GENIESSEN
PASST ZU APÉRO, ANTIPASTI
SERVICETIPP BEI 6–8 °C SERVIEREN
ALKOHOLWERT 11,5 %

Punkte

17.5*

ITALIEN

SÜSSWEIN

PREIS FR. 14.95

MOSCATO D'ASTI 2020 BRICCO DEL SOLE CASCINA LA MORANDINA

Jedes Jahr ein Highlight und eine Erinnerung daran, dass wir vielleicht viel zu wenig Moscato d'Asti geniessen, zumal dieser Klassiker aus dem Piemont alles hat, was einen Gaumen erfreut – und erst noch einen tiefen Alkoholgehalt. Die Mousse ist delikat und verleiht dem Wein eine anregende Dynamik. Er verführt wie die Musik von Burt Bacharach, die einen in die kitschigbunten 60er-Jahre zurückversetzt. Dieser Schaumwein ist perfekt, wenn man sich süss verwöhnen will. Während des Schaumbades, während der TV-Serie oder einfach auf dem Balkon bei Sonnenuntergang. Es lohnt sich, jederzeit eine Flasche davon im Kühlschrank zu haben, sei es als Durstlöscher, als Getränk zu einem fruchtigen Dessert oder als sympathisches Mitbringsel. Aromatisch sind Noten von Rosen, Muskat, Honig, weissem Pfirsich und etwas Minze dominant. Leicht und grazil und natürlich auch on the rocks der Drink der Saison.

TRINKREIFE JETZT GENIESSEN
PASST ZU APÉRO, DIGESTIF, BLÄTTERTEIGDESSERTS, FRISCHEM ZIEGENKÄSE
SERVICETIPP BEI 6–8 °C SERVIEREN
ALKOHOLWERT 5,5 %

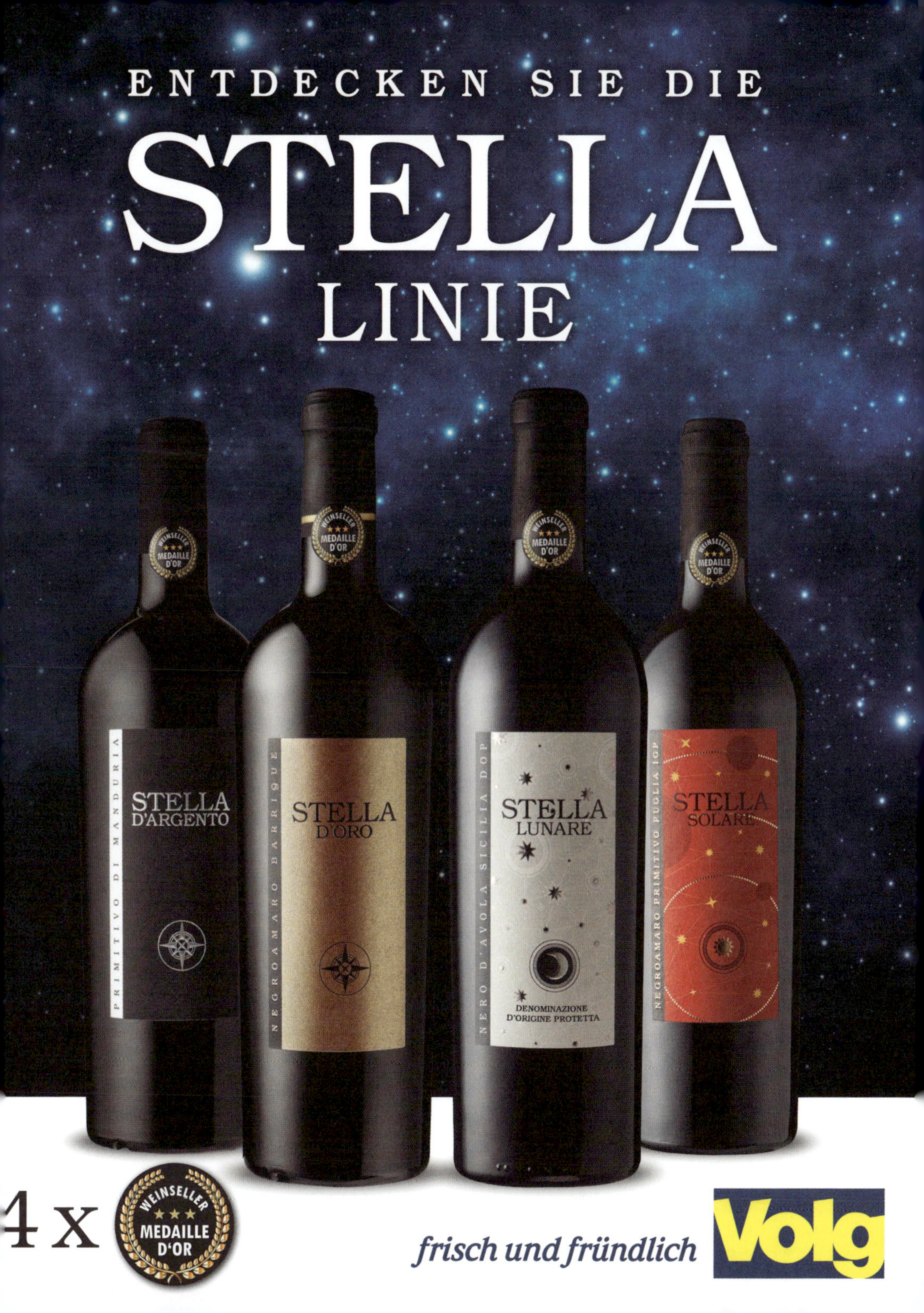

ENTDECKEN SIE DIE
STELLA
LINIE
PRIMITIVO DI MANDURIA
STELLA
D'ARGENTO
NEGROAMARO BARRIQUE
STELLA
D'ORO
NERO D'AVOLA SICILIA DOP
STELLA
LUNARE
DENOMINAZIONE
D'ORIGINE PROTETTA
NEGROAMARO PRIMITIVO PUGLIA IGP
STELLA
SOLARE
4 x
WEINSELLER
MEDAILLE
D'OR
frisch und fründlich
Volg

VOLG
«FRISCH UND FRÜNDLICH»

Nach Coop und Denner ist Volg als Teil der fenaco-Landi Gruppe der drittgrösste Anbieter auf dem Schweizer Markt. Das Volg-Verkaufsstellennetz spannt sich bis in kleine Dörfer und setzt sich aus rund 600 Volg-Läden zusammen. Die kleinsten Verkaufsstellen sind gerade mal einige Dutzend Quadratmeter gross, die grössten rund 400 Quadratmeter. Das gesamte Volg-Weinsortiment umfasst rund 200 Weine, die meisten im günstigen bis mittleren Preissegment. Zum Angebot gehören auch Weine der Schwesterfirma Rutishauser-DiVino SA. Schweizer Weine machen rund 45% des Weinumsatzes aus.

Auch die Volg-Weine sind seit dem ersten Weinseller-Buch vertreten – wie übrigens auch SPAR, Globus und Manor. Für den Weinseller haben wir das Sortiment verkostet, das auch im kleinen Dorfladen vorzufinden ist. Punkto Preis-Leistungs-Verhältnis ist Volg immer ganz vorne mit dabei. Bei Volg kann man die Weine online bestellen und in den nächstgelegenen Volg-Laden liefern lassen. Klarer Trend dieses Jahr: Bioweine, Schweiz, Prosecco und Süditalien.

VOLG.CH/WEINSHOP

Verkostungs-Statistik Volg

70 verkostete Weine, davon 40 Rotweine

8 Anzahl Länder

WICHTIGSTE LÄNDER

Italien	26
Schweiz	21
Spanien	9

SCHWEIZER REGIONEN

Wallis	8
Deutschschweiz	7
Waadt	5
Tessin	1

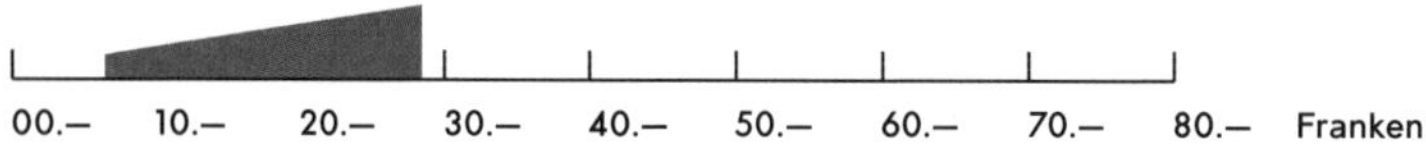

von **5.90** bis **27.90**

27

Weine zwischen 10 und 15 Franken

25

Weine zwischen 5 und 10 Franken

Aufgefallen

Punkte
17.5*

FR. **10.90** SEITE **605**

GOLDBEERE RIESLING-SILVANER 2020
OSTSCHWEIZ
VOLG WEINKELLEREIEN

Punkte
16.5

FR. **8.50** SEITE **615**

PINOT GRIGIO 2020
BRUNETTI DI AMEROSA
TERRE SICILIANE, ORGANIC WINE

Punkte
17.5*

FR. **9.80** SEITE **627**

SALVAGNIN AOC VAUD 2020
FEU SACRÉ
CAVE DUPRÉE

Punkte
18*

FR. **22.90** SEITE **653**

POGGIO CIVETTA 2019
BOLGHERI DOC

Punkte
18

FR. **17.90** SEITE **651**

STELLA D'ARGENTO 2019
PRIMITIVO DI MANDURIA DOC

Punkte

17*

SCHWEIZ

WEISSWEIN

PREIS FR. 10.70

LA CÔTE AOC 2020
LUMIÈRE DU SOLEIL
CAVE DUPRÉE

Der neue Jahrgang könnte sich nicht unterschiedlicher präsentieren als unsere persönlichen Eindrücke vom Jahr 2020 – er ist bunt, aromatisch fröhlich und herrlich verspielt. Noten von Passionsfrucht, Mandarinensorbet und Limetten sind zu erkennen – und zwar nicht zu knapp. Nach wie vor der perfekte Wein gegen den Durst. Natürlich ein leichter Weisser, aber einer, der Freude macht. Warum nicht auch on the rocks servieren? Perfekter Hausweisswein.

TRINKREIFE JETZT GENIESSEN
PASST ZU SUSHI, SÜSSWASSERFISCH, KÄSEGERICHTEN, VEGETARISCHEN GERICHTEN, APÉRO RICHE
SERVICETIPP BEI 8–10 °C SERVIEREN
ALKOHOLWERT 12,5 %

SCHWEIZ

Punkte

17,5*

WEISSWEIN

PREIS FR. 10.90

GOLDBEERE RIESLING-SILVANER 2020 OSTSCHWEIZ VOLG WEINKELLEREIEN

Ein Gute-Laune-Wein erster Güte, der mit dem neuen Jahrgang eine Spur intensiver und bunter daherkommt. Farblich entspricht er einem Regenbogen und aromatisch einem exotischen Früchtekorb. Fröhlicher Weingenuss aus der Ostschweiz, und zwar vom ersten bis zum letzten Schluck. Noten von Pink Grapefruit, Litschis, Mandarinen und weissem Pfirsich sind zentral. Er ist leicht in der Art und daher ein perfekter Haus-Apéro-Wein. Kühlen und guten Sound auflegen.

TRINKREIFE JETZT GENIESSEN
PASST ZU APÉRO, EXOTISCHEN VORSPEISEN, EGLIFILET, GEMÜSEGERICHTEN, KALBFLEISCH
SERVICETIPP BEI 8–10 °C SERVIEREN
ALKOHOLWERT 12 %

SCHWEIZ

Punkte

17*

WEISSWEIN

PREIS FR. 11.20

FENDANT AOC VALAIS 2020
BLANC D'AMOUR
CAVE VALCOMBE

Ein Chasselas, der dem Moment im Nu viel Leichtigkeit und Entspannung verleihen wird. Modern und selbstsicher und herrlich gegen den Durst. Er verführt schon mit dem ersten Schluck und entführt aromatisch in eine bunte, fruchtige Welt, ohne überladen zu wirken. Noten von exotischen Früchten, Mango und Quittenkompott sind zu erkennen. Mittelschwer vom Gehalt und perfekt zu leichten Gerichten oder zu einem Apéro. Kühlen, aufschrauben und geniessen lautet die Devise. Ein paar Flaschen davon sollten immer gekühlt bereitstehen. Preislich ein echtes Schnäppchen. Im Vergleich zum Féchy etwas kerniger und trockener. Als ob er eher die kühlen Walliser Alpen als den warmen Genfersee widerspiegeln würde.

TRINKREIFE JETZT GENIESSEN
PASST ZU APÉRO, HÄPPCHEN, FONDUE, KÄSESCHNITTE, KALTER PLATTE, FISCH, VEGETARISCHEN GERICHTEN, RISOTTO AL LIMONE
SERVICETIPP BEI 8–10 °C SERVIEREN
ALKOHOLWERT 12,5 %

SCHWEIZ

Punkte

17*

WEISSWEIN

PREIS FR. 11.90

FÉCHY AOC 2020
LA CÔTE, SOIR SOLEIL
CAVE DUPRÉE

Ein knackiger, dynamischer und süffiger Chasselas. Perfekt gegen den Durst und ideal, wenn der Chasselas etwas fröhlicher sein darf. Noten von Quitten, Pfirsich und Melone. Easy drinking für lockere Momente. Hat eine bunte Aromatik, die einen charmant verführt. Easy und unkompliziert. Das gute Glas Schweizer Weisswein zur Entspannung. Auch ein schöner Wein während des Kochens oder zur Lektüre der Tagespresse.

TRINKREIFE JETZT GENIESSEN
PASST ZU APÉRO, KÄSESCHNITTE, KALTER PLATTE, EXOTISCHER KÜCHE, GEFLÜGEL
SERVICETIPP BEI 8–10 °C SERVIEREN
ALKOHOLWERT 12 %

SCHWEIZ

Punkte

17*

WEISSWEIN

PREIS FR. 13.50

G CUVÉE DE BLANCS 2020
PRESTIGE
VOLG WEINKELLEREIEN

Der neue Jahrgang bleibt dem Charakter des 2019ers sehr treu. Bunt, frivol, spassig und locker geht es mit der Prestige Goldbeere G Cuvée de Blancs zu und her. Hier spielt weniger die Herkunft des Weins eine Rolle als seine perfekte Gaumenunterhaltung, wobei sie beim 2020er etwas gar üppig ausgefallen ist. Wüsste ich es nicht besser, würde ich an einen Wein aus Chile oder Südafrika denken. Der weisse Bruder der roten Cuvée, die beide den lockeren Genuss moderner Weine zelebrieren. Assemblage aus Chasselas, Chardonnay und Müller-Thurgau, wobei die Trauben alle aus der Westschweiz stammen. Easy drinking pur. Kühlen, zusammen das Nachtessen kochen und sich von der Goldbeere inspirieren lassen. Hat eine Aromatik, die so toupiert ist wie die Perücke der Königin Charlotte in der Netflix-Erfolgsserie «Bridgerton». Die gute Wahl, wenn Ihnen der Chasselas doch eine Spur zu leicht ist. Wir geben ihm ein Sternchen, weil er die modernen Bedürfnisse exakt abdeckt.

TRINKREIFE JETZT GENIESSEN
PASST ZU APÉRO, EXOTISCHEN VORSPEISEN, EGLIFILET, GEMÜSE-GERICHTEN, KALBFLEISCH, GEFLÜGEL, VEGETARISCHEN GERICHTEN
SERVICETIPP BEI 8–10 °C SERVIEREN
ALKOHOLWERT 12,5 %

SCHWEIZ

Punkte

17.25

WEISSWEIN

PREIS FR. 15.80

LAVAUX AOC 2020
CAVE DUPRÉE

Der neue Jahrgang ist etwas voluminöser und träger als noch der 2019er, aber dennoch sehr süffig und charmant. Er hat eine gewinnende Art und Aromen, die an reifen Pfirsich, Honig, Minzenblätter und Quitten denken lassen. Auch erkennt man ganz delikate Orangennoten. Das Jahr 2020 wird uns allen in Erinnerung bleiben, daher lohnt es sich, ein paar Flaschen des eher klein ausgefallenen Jahrgangs auf die Seite zu legen. Ein Klassiker seiner Art, den ich Fans von Schweizer Wein nur empfehlen kann. Der Weinberg von Lavaux erstreckt sich von Lausanne bis zum Schloss Chillon. Die dramatische Schönheit dieses Weingebietes war der Unesco 2007 die Klassifizierung als Weltkulturerbe wert. Daher kosten Chasselas-Weine aus dem Lavaux immer etwas mehr als die anderen, wobei sie preislich absolut optimal sind.

TRINKREIFE BIS 2025 GENIESSEN
PASST ZU APÉRO, FISCH, FONDUE, VEGETARISCHEN GERICHTEN, SUSHI, GEFLÜGEL
SERVICETIPP BEI 8–10 °C SERVIEREN
ALKOHOLWERT 12,5 %

Punkte

16.75

SCHWEIZ

WEISSWEIN

PREIS FR. 16.30

JOHANNISBERG 2020
CAVE VALCOMBE
VALAIS AOC

Ein cremiger, leicht frischer Johannisberg, wobei das nicht ganz einfach ist, zumal die meisten Weine aus dieser Sorte üppiger und breiter ausfallen. Hat ein schönes Volumen, ohne zu laut zu sein. Noten von Honig, Quitten und weisser Schokolade sind zu erkennen, ebenso auch kandierte Birnen und Bittermandeln. Im Finale frisch mit geschmeidigem Volumen. Man kennt diese Sorte auch unter dem Namen Sylvaner. Interessant ist, dass er für das Wallis eine der wichtigsten weissen Sorten ist.

TRINKREIFE BIS 2027 GENIESSEN
PASST ZU GEBÄCK, SPARGELN, GEFLÜGEL, FISCH, KALBFLEISCH, GEMÜSEEINTOPF
SERVICETIPP BEI 10–12 °C SERVIEREN
ALKOHOLWERT 13,3 %

SWISS WINE

SCHWEIZ

Punkte

17

WEISSWEIN

PREIS FR. 16.50

PETITE ARVINE 2020, CAVE VALCOMBE VALAIS AOC

Frisch, saftig und perfekt gegen den Durst. Hat eine schöne Sweet-Sour-Aromatik, die von exotischen Fruchtaromen, Granny Smith und Ingwersorbet ergänzt wird. Etwas schlanker als der Heida und eine absolute Spezialität. Guter Hauswein, wenn es etwas frivoler zu und her gehen darf. Petite Arvine ist eine alte einheimische Rebsorte aus dem Wallis. Erstmals erwähnt wurde sie in einem Dokument aus 1602.

TRINKREIFE JETZT GENIESSEN
PASST ZU APÉRO, KÄSEGERICHTEN, SCHLACHTPLATTE, CHINESISCHER KÜCHE, CURRY, FONDUE
SERVICETIPP BEI 8–10 °C SERVIEREN
ALKOHOLWERT 13,1 %

SCHWEIZ

Punkte

17.25

WEISSWEIN

PREIS FR. 16.90

ST-SAPHORIN AOC LAVAUX 2020
AIMÉ VIGNOUX

Der neue Jahrgang ist modern und frivol in der Aromatik, als ob er einen aromatischen Unterhaltungszusatz erhalten hätte. Noten von Muskat, Mandarinen und weissen Blüten sind zentral und auch etwas Honig. Der verspielte Waadtländer, den man perfekt als Durstlöscher und zum lockeren Apéro servieren kann. Nicht mehr so klassisch wie noch mit dem letzten Jahrgang. Kühlen, aufschrauben und zu Häppchen servieren. Aromatischer als sonst. Einen St-Saphorin zu geniessen ist immer wieder ein spezielles Erlebnis, vor allem, wenn man einmal das kleine Winzerdorf im Waadtland besucht hat. Umgeben von Reben, Bergen und Genfersee, scheint hier die Zeit etwas langsamer zu vergehen als sonst.

TRINKREIFE BIS 2024 GENIESSEN
PASST ZU SUSHI, SÜSSWASSERFISCH, KÄSEGERICHTEN, VEGETARISCHEN GERICHTEN, APÉRO RICHE
SERVICETIPP BEI 8–10 °C SERVIEREN
ALKOHOLWERT 12 %

SCHWEIZ

Punkte

17.5*

WEISSWEIN

PREIS FR. 17.80

HEIDA 2020
CAVE VALCOMBE
VALAIS AOC

Rassig und selbstsicher. Der neue Jahrgang ist eine Spur präziser als noch der 2019er und ein tolles Beispiel für die Güte unserer autochthonen Walliser Spezialitäten. Die salzig-mineralische Note im Finale ist top. Aromen von kandierten Früchten wie Ingwer, Melone und Pink Grapefruit sind zentral, wie auch ein erfrischender Touch von Minzsorbet. Nicht mehr so barock wie der 2019er, dafür rassiger und frischer, ohne dabei weniger Gehalt aufzuweisen. Heida ist übrigens, wie Petite Arvine auch, eher eine aromatisch expressive Sorte, die zu den autochthonen Walliser Traubensorten zählt.

TRINKREIFE JETZT GENIESSEN
PASST ZU KÄSE, SUSHI, THAI-CURRY, GERICHTEN MIT KORIANDER UND ZITRONENGRAS, FISCH
SERVICETIPP BEI 8–10 °C SERVIEREN
ALKOHOLWERT 13,1 %

Punkte

16*

FRANKREICH

WEISSWEIN

PREIS FR. 5.95

ROSIÈRE CHARDONNAY VIOGNIER 2020

Der neue Jahrgang kommt ganz im Hausstil daher und ist der absolute Budget-Kracher. Im Vergleich zum Caswell Chardonnay, der auch in diese spassige, süss-fruchtige Richtung geht, ist dieser sogar noch süsslicher. Klar ein Unterhaltungswein für einen Gaumen, der es gerne easy und vollaromatisch hat. Kein Wein der leisen Töne. Schmeckt, wie das Etikett aussieht – kitschig, bunt und romantisch süss mit Aromen von kandierten Melonen, Honig und Mandarinensorbet. Auch ein Hauch Vanille ist zu erkennen. Modernes Weinschaffen aus Frankreich zum Schnäppchenpreis. Das Finale ist soft und charmant. Fun-Wein pur! Rosière gibt es übrigens in verschiedenen Ländern, wobei die Traubenmischung je nach Land variiert und sich den Kundenbedürfnissen und allgemeinen Gewohnheiten anpasst. Bei solchen Weinen kann man davon ausgehen, dass sie Jahr für Jahr aromatisch gleich daherkommen – oder sich dann den allgemeinen Trendaromen anpassen.

TRINKREIFE JETZT GENIESSEN
PASST ZU PARTY, GRILLADEN, FISCH, GEFLÜGEL, HAMBURGER, EXOTISCHER KÜCHE
SERVICETIPP BEI 8–10 °C SERVIEREN
ALKOHOLWERT 12,5 %

Punkte

16.5

ITALIEN

WEISSWEIN

PREIS FR. 8.50

PINOT GRIGIO 2020
BRUNETTI DI AMEROSA
TERRE SICILIANE IGT, ORGANIC WINE

Neu im Sortiment und erst noch Bio. Ein frecher, frivoler und modern aromatischer Biowein. In der Vergangenheit hätte man nie gedacht, dass Bioweine so bunt schmecken können. Noten von kandierten Früchten, Limetten, Melonen und weissem Pfirsich sind zentral. Mittelschwer in der Art und perfekt gegen den Durst. Soll der Weisse einfach sein und viel Aroma in sich haben, dann ist das der Kandidat. Easy drinking für Dolce-far-niente-Stimmung. Perfekter Antipasti-Pizza-Plausch-Wein.

TRINKREIFE JETZT GENIESSEN
PASST ZU APÉRO, ANTIPASTI, SALAT MIT FETA UND GEFLÜGEL, PASTA ALLE VONGOLE, FISCH
SERVICETIPP BEI 8–10 °C SERVIEREN
ALKOHOLWERT 12 %

Punkte

16.25

ITALIEN

WEISSWEIN

PREIS FR. 10.50

L'AMORINO 2020
VINO BIANCO D'ITALIA

Der neue Jahrgang ist der süss-fruchtigste Weisswein dieses Kapitels, also ideal, wenn Sie wirklich viel reiffruchtige Aromen suchen. Noten von Aprikosenmarmelade, weisser Schokolade und Rhabarbersorbet sind zu erkennen. Und zwar nicht zu knapp. Früher hätte man gedacht, dass solche Weine nur aus der Neuen Welt stammen, inzwischen findet man zahlreiche Abfüllungen aus Süditalien. Schrill, aromatisch und bunt. Der weisse Bruder des roten L'Amorino, der mit dem Herzen auf dem Etikett zu den Top Ten des Volg-Sortiments gehört. Kühlen, Pasta alle vongole servieren und einschenken.

TRINKREIFE JETZT GENIESSEN
PASST ZU PASTA, LASAGNE, RISOTTO, SCALOPPINE, ANTIPASTI, GEFLÜGEL, GRILLADEN VOM FISCH
SERVICETIPP BEI 8–10 °C SERVIEREN
ALKOHOLWERT 11,5 %

Punkte

16*

PORTUGAL

WEISSWEIN

PREIS FR. 7.90

ANIMUS VINHO VERDE 2020 DOC

Kühlen, Sound auflegen und einschenken. Ein spassiger, unkomplizierter Klassiker aus Portugal. Unterhaltsam wie der Eurovision-Song-Contest, wo alles etwas extrovertierter zu und her geht. Aus den Sorten Loureiro und Arinto vinifiziert. Ideal, wenn der Weisse süffig, rassig und etwas prickelnd sein darf. Noten von Limetten, Kernobst und Minze sind dominant. Enthält auch etwas CO_2, das im Gaumen angenehm prickelt. Dem Wein wird gerne CO_2 beigefügt, damit er schön frisch bleibt. Kurz: ein herrlicher Alltagswein ohne Allüren – einfach zum Geniessen und in guter Gesellschaft zu entdecken. Vegan ist er auch noch.

TRINKREIFE JETZT GENIESSEN
PASST ZU APÉRO, GRILLADEN VOM FISCH, TAPAS, HÄPPCHEN, FISCHKNUSPERLI, GEFLÜGEL
SERVICETIPP BEI 8–10 °C SERVIEREN
ALKOHOLWERT 11 %

Punkte

17.5*

SPANIEN

WEISSWEIN

PREIS FR. 9.50

MIRADA MOSCATO 2020
VALENCIA DO

Der neue Jahrgang ist erneut ein Volltreffer, wenn man gerne im Gaumen von dezenter Mousse, blumigen Aromen und einem süss-spassigen Aromaspektrum unterhalten wird. Wenn schon, denn schon, kann ich bei diesem Wein nur sagen. Wenn schon aromatisch-süss, dann so und mit etwas CO_2 versetzt. Das ist zwar mehr Getränk als Wein, aber im allgemeinen Moscatoboom ein sehr gutes. Seine süffige, aromatische, prickelnde Art und sein tiefer Alkoholgehalt haben Moscato im Nu bekannt gemacht. Ein Partygetränk oder Fun-Wein für eine Generation, die ein Flair für schrille Marken à la Gucci hat.

TRINKREIFE JETZT GENIESSEN
PASST ZU APÉRO, TAPAS, PIZZA, EXOTISCHEN GERICHTEN, GEBÄCK, FISCHSTÄBCHEN, GEFLÜGEL, SPARERIBS
SERVICETIPP BEI 6–8 °C SERVIEREN
ALKOHOLWERT 7 %

Punkte

17.5*

SPANIEN

WEISSWEIN

PREIS FR. 12.50

MARQUÉS DE RISCAL 2020 VERDEJO, RUEDA DO

Der neue Jahrgang ist verlässlich wie eh und je. Klar ist es ein moderner aromatischer Wein, aber einer, der grossen Trinkspass macht. Die Nase ist exotisch und wunderbar parfümiert. Im Gaumen ebenfalls exotisch-fruchtig. Ich muss an Passionsfruchtsorbet, Ingwer und Limetten denken. Auch der neue Jahrgang präsentiert sich wieder auf der expressiven, intensiv fruchtigen Seite. Kurz: inzwischen ein moderner Klassiker und auch ein sicherer Wert für alle Tage und alle Spanien-Aficionados. Kein komplexer Wein, der lange über sein Herkunftsterroir philosophiert, sondern vielmehr ein Wein, der das Temperament Spaniens in sich trägt. Aus der Sorte Verdejo vinifiziert. Perfekt für jede Party und jedes Familienfest. Badewanne mit Eiswürfeln füllen und 24 Flaschen Riscal Verdejo rein – das Fest wird bestimmt ein Knaller.

TRINKREIFE JETZT GENIESSEN
PASST ZU APÉRO, ANTIPASTI, TAPAS, GRILLADEN VOM FISCH, KRUSTENTIEREN, GEFLÜGEL, FISCHCARPACCIO
SERVICETIPP BEI 8–10 °C SERVIEREN
ALKOHOLWERT 13 %

Punkte

16*

USA

WEISSWEIN

PREIS FR. 7.90

CHARDONNAY CASWELL 2020

Easy drinking, das uns unbekümmert und locker werden lässt – und das schon nach dem ersten Glas. Der neue Jahrgang ist schlanker als 2019, aber in der Stilistik ganz derselbe. Bunt, schrill und süffig mit Aromen von kandierter Ananas, Vanille, Honig und Melonensorbet. Unkompliziert und unterhaltend. Ideal, wenn Sie in Gedanken wieder einmal in die USA reisen wollen. Ein preisgünstiger Wein für einen Gaumen, der es gewohnt ist, viele Aromen gleichzeitig wahrzunehmen.

TRINKREIFE JETZT GENIESSEN
PASST ZU HAMBURGER, GRILLADEN VOM FISCH, CHINESISCHER KÜCHE, GEFLÜGEL, ANTIPASTI, APÉRO, SPARERIBS
SERVICETIPP BEI 8–10 °C SERVIEREN
ALKOHOLWERT 12 %

Punkte

17*

SCHWEIZ

ROSÉ

PREIS FR. 11.90

ŒIL-DE-PERDRIX AOC VALAIS 2020
NID D'AMOUR
CAVE VALCOMBE

Im Vergleich zum Dôle Blanche dynamischer, knackiger und frischer. Klar ist, dass beide in zwei komplett unterschiedliche Richtungen gehen. Dieser Rosé leuchtet in einem sympathischen Pastell-Pink und erfreut im Nu mit seiner lebendigen Fruchtigkeit. Interessant auch die Gaumenfülle. Noten von Cassis, Erdbeerenkonfitüre und Holunder sind zentral. Nicht der süffige Rosé-de-Provence-Stil, sondern mehr der gemütlich stimmende Charmeur. Hat Gehalt, Fülle und doch viel Dynamik. Warum nicht auch on the rocks geniessen?

TRINKREIFE JETZT GENIESSEN
PASST ZU DIM SUM, FRÜHLINGSROLLEN, GLASNUDELSALAT, SPARERIBS, GRILLADEN VOM FISCH
SERVICETIPP BEI 10–12 °C SERVIEREN
ALKOHOLWERT 12,5 %

Punkte

16.5

SCHWEIZ

ROSÉ

PREIS FR. 11.90

DÔLE BLANCHE AOC VALAIS 2020 FLEUR D'AMOUR

Im Vergleich zu den ausländischen Rosés dieses Kapitels ein ruhiger, bodenständiger und aromatisch eher zurückhaltender Rosé. Er fliesst gemächlich den Hals hinunter und lässt an weissen Pfirsich, Melonen und Aprikosen denken. Hat etwas Solides und in sich Ruhendes. Mittelschwer und ausgewogen. Dieser aus Pinot Noir vinifizierte Rosé ist eine Walliser Spezialität und sollte jung und schön kühl genossen werden.

TRINKREIFE JETZT GENIESSEN
PASST ZU APÉRO, FISCHKREATIONEN, VEGETARISCHEN GERICHTEN, GEMÜSEWÄHE, AUFSCHNITT, SALAT MIT GEFLÜGEL, REISGERICHTEN, FONDUE BOURGUIGNONNE
SERVICETIPP BEI 10–12 °C SERVIEREN
ALKOHOLWERT 12,5 %

Punkte

15.5

FRANKREICH

ROSÉ

PREIS FR. 5.95

ROSIÈRE ROSÉ 2020

Die önologische Zuckerwatte. Unglaublich, wie süss es hier zu und her gehen kann. Eigentlich sollte man diesen Rosé auch im Süssweinkapitel erwähnen. Assemblage aus Carignan, Grenache und Cinsault. Schrill, saftig und gegen den Durst. Stachelbeeren, Mandarinenschalen und Himbeerkonzentrat sind zu erkennen. Kühlen und auch on the rocks servieren. Spassig, bunt und frivol anders.

TRINKREIFE JETZT GENIESSEN
PASST ZU GRILLADEN VOM FISCH ODER WURST, APÉRO, ANTIPASTI, FISCHSUPPE
SERVICETIPP BEI 8–10 °C SERVIEREN
ALKOHOLWERT 11,5 %

Punkte

16.75*

FRANKREICH

ROSÉ

PREIS FR. 6.80

L'ESPRIT ROSÉ PAYS D'OC IGP 2020

Seine Farbe ist herrlich charmant und man kann sich am Pastell-Pink kaum sattsehen, zumal die liebliche Erscheinung dieses süffigen Rosés an die Weine Südfrankreichs denken lässt, die man gewöhnlich am Strand als Begleiter eines frisch zubereiteten Fischs geniesst. Hat im Vergleich zum 2019er etwas mehr Aromatik, ist aber nach wie vor ein süffiger, leichtfüssiger Rosé gegen den Durst. Noten von saftigen Walderdbeeren und Heidelbeeren sind zu erkennen. Kein Lagerwein, aber der perfekte Begleiter zu mediterraner Küche. Easy drinking aus dem Süden Frankreichs, der Schluck für Schluck entspannt. Der Durstlöscher für das kleine Budget, der absolut in sich stimmt. Drink Pink von seiner charmantesten Seite.

TRINKREIFE JETZT GENIESSEN
PASST ZU APÉRO, TAPAS, ANTIPASTI, WÜRZIGEN VORSPEISEN, FISCHGERICHTEN, MEDITERRANER KÜCHE
SERVICETIPP BEI 8–10 °C SERVIEREN
ALKOHOLWERT 12,5 %

Punkte

16.5*

ITALIEN

ROSÉ

PREIS FR. 5.95

ROSATO DI TOSCANA IGT 2020

Schon die Farbe ist ein Knaller. Leuchtet in kitschig buntem Rosa und im Gaumen geht der aromatische Spass gleich weiter. Aromatische Tischbombe mit Bonbon-Flavour. Kühlen, Antipasti servieren und den Moment geniessen. Musikalisch extrovertiert wie die Musik von Cardi B. Kein Terroirwein, aber ein perfekter Unterhaltungsrosé.

TRINKREIFE JETZT GENIESSEN
PASST ZU ANTIPASTI, PIZZA, GRILLIERTE FISCH, SPARERIBS, PAELLA
SERVICETIPP BEI 8–10 °C SERVIEREN
ALKOHOLWERT 11,5 %

Punkte

16.5*

USA

ROSÉ

PREIS FR. 7.90

WHITE ZINFANDEL 2020
CASWELL

Optisch hat er etwas an Farbe zugelegt und strahlt in kräftigem Pink aus dem Glas. Aromatisch kräftig geht es auch punkto Duft und Geschmack weiter. Und zwar nicht zu knapp. Ich kann verstehen, dass dieser expressive süss-fruchtige Rosé eine grosse Fangemeinde hat – sind doch auch viele Zeitgenossen Red Bull und den neuen Hard Seltzers nicht abgeneigt. Denn hier wird aromatisch so richtig übertrieben – konzentrierte Himbeeraromen, kandierte Kirschen, Wassermelonensorbet und Rosenduft, um einige zu nennen. Der Regenbogenwein unter den Roséweinen. Bunt und fröhlich vom ersten bis zum letzten Tropfen. Man könnte auch sagen: schrill, laut und herrlich aromatisch. White Zinfandel ist ein kalifornischer Roséklassiker, der aus der Sorte Zinfandel (Primitivo) vinifiziert wird. Meist sind die Weine relativ spassig-süss.

TRINKREIFE JETZT GENIESSEN
PASST ZU APÉRO, ANTIPASTI, EXOTISCHEN VORSPEISEN, VEGETARISCHEN GERICHTEN, GRILLADEN VOM FISCH
SERVICETIPP BEI 10–13 °C SERVIEREN
ALKOHOLWERT 10,7 %

Punkte

17.5*

SCHWEIZ

ROTWEIN

PREIS FR. 9.80

SALVAGNIN AOC VAUD 2020
FEU SACRÉ, CAVE DUPRÉE

Der neue Jahrgang ist herrlich süffig, delikat und perfekt gegen den Durst. Auch ideal, wenn der Rote nicht zu schwer sein soll und man einen Roten sucht, den man auch leicht gekühlt geniessen kann. Noten von schwarzen Kirschen, Walderdbeeren und Holunder sind zentral. Ein fröhlicher Waadtländer für das unbekümmerte Zusammensein. Preislich perfekt. Wird mit Lagern nicht besser, sondern sollte in seiner Jugend genossen werden. Ich bewerte ihn relativ hoch, da ich ihn zwei Mal verkostet habe (kurz vor dem Abfüllen und dann nach einigen Monaten in der Flasche) – und seine aromatische Balance und auch seine eher leichte, aber solide Art beide Male überzeugend waren. Das gute Glas Schweizer Wein.

TRINKREIFE JETZT GENIESSEN
PASST ZU APÉRO, KALTER PLATTE, TERRINE, SCHLACHTPLATTE, SALAMI, SCHWEINEBRATEN, ZWIEBELWÄHE, BRATWURST, SUPPEN
SERVICETIPP BEI 15–16 °C SERVIEREN
ALKOHOLWERT 13 %

Punkte

16.5*

SCHWEIZ

ROTWEIN

PREIS FR. 11.90

GOLDBEERE PINOT NOIR 2020
OSTSCHWEIZ
VOLG WEINKELLEREIEN

Auch mit dem 2020er präsentiert sich dieser Volg-Klassiker in sehr guter Laune – er ist fruchtbetont, süffig und will nur eins: den Gaumen mit seiner schmelzigen Fruchtigkeit erfreuen. Unkompliziert und spassig. Das gute Glas Ostschweizer, das den Moment entspannt und die Stimmung locker werden lässt. Markenwein von Volg für einen junggebliebenen Gaumen. Easy drinking für alle Tage. Guter Hauswein.

TRINKREIFE JETZT GENIESSEN
PASST ZU APÉRO, KALTER PLATTE, KALBSPLÄTZLI, GEFLÜGEL, TERRINE, FISCH VOM GRILL, HAMBURGER, KANINCHEN
SERVICETIPP BEI 15–16 °C SERVIEREN
ALKOHOLWERT 12,5 %

Punkte

16

SCHWEIZ

ROTWEIN

PREIS FR. 12.50

DÔLE AOC VALAIS 2020
NUIT D'AMOUR
CAVE VALCOMBE

Pinot Noir und Gamay sind in diesem mittelschweren Dôle assembliert. Neben dem Fendant ist der Dôle der bekannteste Walliser Wein. Der neue Jahrgang ist etwas trockener als der Salvagnin und sehr süffig, frisch und ideal gegen den Durst. Kein grosser Wein, das muss er auch nicht sein, aber ein herrlich leichter, den man unkompliziert geniesst. Einen Dôle trinkt man am besten in seiner Jugend, also in den ersten drei Jahren nach der Produktion. Lagern macht ihn nicht zwingend besser, da er meist schon trinkreif auf den Markt kommt.

TRINKREIFE JETZT GENIESSEN
PASST ZU APÉRO, SCHLACHTPLATTE, SALAMI, SCHWEINEBRATEN, ZWIEBELWÄHE, BRATWURST, KANINCHEN, GEFLÜGEL, FISCH, VEGETARISCHEN GERICHTEN
SERVICETIPP BEI 15–16 °C SERVIEREN
ALKOHOLWERT 13 %

SCHWEIZ

Punkte

17*

ROTWEIN

PREIS FR. 13.90

SELEZIONE D'AUTORE 2020
MERLOT TICINO DOC

Auch dieses Jahr kam der Merlot der Cantina Sociale di Mendrisio als Fassmuster zur Probe und erneut findet man für einen absolut fairen Preis einen klassischen, süffigen und eleganten Tessiner Merlot, der es einem nicht schwer macht, ihn zu mögen. Er ist eine Spur konzentrierter als noch der 2019er, aber in der Frucht weniger frivol. Hat eine erdige, bodenständige Note. Aromatisch erkennt man Aromen von Walderdbeeren, Leder, Holunder und etwas Lorbeer. Ideal, wenn der Rote etwas zugänglicher sein darf und man gerne auch einen jungen Rotwein geniesst. Verlässlicher Alltagswein, der ein guter Botschafter für die Weinkultur des Tessins ist.

TRINKREIFE JETZT GENIESSEN
PASST ZU POLENTA MIT SAUCE, KANINCHEN, RISOTTO MIT SAFRAN, SALAMI, GERICHTEN MIT RINDFLEISCH, PILZGERICHTEN
SERVICETIPP BEI 15–16 °C SERVIEREN
ALKOHOLWERT 12,7 %

SCHWEIZ

Punkte

17.5*

ROTWEIN

PREIS FR. 14.90

G CUVÉE 2020, PRESTIGE VOLG WEINKELLEREIEN

Dunkel in der Farbe und dicht im Geschmack. Der kleine Blockbuster aus der Ostschweiz. Viel konzentrierte Frucht, die an schwarze Kirschen, Cassis, Brombeeren und Holunder denken lässt. Trotz der Konzentration hat die G Cuvée einen schönen Trinkfluss. Dynamisch, selbstsicher und fröhlich – und zwar vom ersten bis zum letzten Schluck. Assemblage aus Pinot Noir, Dornfelder und Cabernet Dorsat, die neue aromatische Wege geht und im Grund das aromatische Gegenteil des Salvagnin ist.

TRINKREIFE JETZT GENIESSEN
PASST ZU PLÄTZLI À LA MINUTE, HAMBURGER, ZÜRCHER GESCHNETZELTEM MIT RÖSTI, BRATEN, RISOTTO MIT SAFRAN, TINTENFISCH, ENTE, LAMM
SERVICETIPP BEI 16–17 °C SERVIEREN
ALKOHOLWERT 13 %

Punkte

17

SCHWEIZ

ROTWEIN

PREIS FR. 15.80

CORNALIN 2020
CAVE VALCOMBE
VALAIS AOC

Neu in diesem Kapitel und ein eleganter, knackiger und bodenständiger Cornalin, der für seine Art eher leichtfüssig ist, obschon sich hier in jedem Schluck viel Struktur verbirgt. Sowohl im Rebberg wie auch im Glas geht der Cornalin eigene Wege. Im Rebberg ist er der «erste farbige Wein im Wallis», zumal sich sein Blattwerk sehr früh verfärbt. Im Glas ist er dunkler als die meisten anderen Walliser Weine – inklusive des Syrah. Seine rote, ins Violette übergehende Farbe ist von einmaliger Intensität. In der Nase erkennt man Aromen von roten Früchten (schwarze Johannisbeeren, Kirschen und Brombeeren) sowie etwas Weihnachtsgewürze und Schokolade. Die Tannine sind präsent, jedoch von der Frucht perfekt umhüllt. Ein Signaturwein aus dem Wallis.

TRINKREIFE BIS 2024 GENIESSEN
PASST ZU WILD, LAMM, KALTER PLATTE, EINTOPF, GULASCH, TERRINE MIT PFEFFER, SCHLACHTPLATTE
SERVICETIPP BEI 15–17 °C SERVIEREN
ALKOHOLWERT 13 %

SCHWEIZ

Punkte

17.5

ROTWEIN

PREIS FR. 17.90

MALANS STEINBÖCKLER PINOT NOIR 2020 AOC GRAUBÜNDEN VOLG WEINKELLEREIEN

Eleganter Pinot aus einer der bekanntesten Pinot-Noir-Zonen der Schweiz. Ein Besuch und man taucht im Nu in diese Blauburgunderwelt ein. Wir verkosten den Malanser schon seit vielen Jahren und 2020 ist wieder ein Topjahr. Im Gaumen schöne Frische und saftige, straffe Tannine. Man erkennt Aromen von Backpflaumen und reifen Brombeeren. Es ist ein Pinot der leisen Töne, der aber nicht lieblich, sondern relativ komplex markiert. Er hat Struktur und ein kerniges Finale mit delikaten Gerbstoffen und einer anregenden Aromatik. Der Malanser ist im Vergleich zum Fläscher eine Spur komplexer und intensiver, wobei beide Weine einen schönen Trinkfluss in sich haben.

TRINKREIFE BIS 2025 GENIESSEN
PASST ZU KALTER PLATTE, KALBFLEISCH, KANINCHEN, GEFLÜGEL, TERRINE, PILZGERICHTEN, RISOTTO MIT PILZEN, LINSENEINTOPF, SPECK UND BOHNEN
SERVICETIPP BEI 15–16 °C SERVIEREN
ALKOHOLWERT 13,5 %

SCHWEIZ

Punkte

17.25

ROTWEIN

PREIS FR. 17.90

FLÄSCH GEMSWÄNDLER PINOT NOIR 2020
AOC GRAUBÜNDEN
VOLG WEINKELLEREIEN

Der neue Jahrgang ist spannend, vielversprechend und mittelschwer mit delikaten Tanninen. Kaum im Glas, erkennt man einen klassischen Pinot Noir mit Aromen von reifen Walderdbeeren, Holunder und Pflaumen. Die Tannine sind seidig und präsent. Schön auch die frische Seite im Finale, die ihm eine schöne Dynamik verleiht. Ein Herrschäftler, der entdeckt werden will und der im Vergleich zu anderen Jahren etwas scheu auftritt. Ist aber seit Jahren ein sicherer Wert aus einer der bekanntesten Weinbauzonen der Bündner Herrschaft.

TRINKREIFE BIS 2026 GENIESSEN
PASST ZU ENTE, GEFLÜGEL, PILZGERICHTEN, RISOTTO, KALBFLEISCH, RINDSGESCHNETZELTEM, WILD, HACKBRATEN
SERVICETIPP BEI 15–16 °C SERVIEREN
ALKOHOLWERT 13,5 %

Punkte

16.5

CHILE

ROTWEIN

PREIS FR. 12.90

MERLOT LA CAPITANA 2019
BARREL RESERVE
VIÑA LA ROSA

Hier hat die Stilistik komplett geändert und wenn Ihnen der La Capitana in den letzten Jahren gefallen hat, lohnt es sich, die letzten Flaschen des 2018er aufzukaufen. Denn der 2019er ist weniger gehaltvoll und erdiger in der Art. Noten von Leder, Walderdbeeren und etwas Schokolade. Es ist jetzt ein rustikaler Wein, der dicht und trocken den Hals hinunter fliesst. Etwas schmelziger als der Tessiner Merlot, aber weniger elegant und aromatisch.

TRINKREIFE JETZT GENIESSEN
PASST ZU GRILLADEN, WILD, GEFLÜGEL, HAMBURGER, PIZZA
SERVICETIPP BEI 15–16 °C SERVIEREN
ALKOHOLWERT 13,5 %

Punkte

15.75*

FRANKREICH

ROTWEIN

PREIS FR. 5.95

ROSIÈRE SYRAH 2020
PAYS D'OC IGP
DEMI-DOUX

Easy drinking für eine markenbewusste Generation mit süssem Gaumen. Sehr konzentriert in der Aromatik mit Noten von Cassisessenz, Holunder, Brombeerkonzentrat und auch etwas Schokolade. Man kaut sich fast durch diese dicke Fruchtaromatik, die einen süssen Schmelz im Finale hinterlässt. Ich gebe ihm ein Sternchen, da das Preis-Leistungs-Verhältnis einfach gut ist und der Stil unverändert stabil blieb. Der Spassvogelwein schlechthin. Top-Markenwein zu einem megagünstigen Preis. Modernes Weinschaffen pur, das punkto Konzentration am oberen Limit spielt.

TRINKREIFE JETZT GENIESSEN
PASST ZU APÉRO, PARTY, BOWLEN, PICKNICK, GRILLADEN, EXOTISCHER KÜCHE, PIZZA, PASTA, HAMBURGER
SERVICETIPP BEI 15–16 °C SERVIEREN
ALKOHOLWERT 12,5 %

Punkte

17.5*

FRANKREICH

ROTWEIN

PREIS FR. 9.95

BEAUREMPART 2020 GRANDE RÉSERVE PAYS D'OC IGP

Seit Jahren ein sicherer Wert, vor allem wenn man einen vollmundigen Roten sucht, der im Gaumen förmlich vor Konzentration explodiert. Hat Fülle, Schmelz und eine stoffige Präsenz. Nicht der elegante, feine Wein, sondern fast schon ein kleiner Aufschneider. 50 % Cabernet Sauvignon und 50 % Merlot. Das pure Fruchtkonzentrat, das jedoch elegant und wunderbar samtig den Hals hinunterfliesst. Unterhaltungswein, der immer gut ankommt. Dekantieren und die Gäste damit überraschen. Noten von kandierten Kirschen, Brombeeren und Cassis. Ideal für den Grillabend, die Party oder ein gemütliches Zusammenkommen.

TRINKREIFE BIS 2025 GENIESSEN
PASST ZU GRILLADEN, FLEISCHGERICHTEN, WILD, LAMM, EXOTISCHER KÜCHE, PICKNICK, ENTE
SERVICETIPP BEI 15–17 °C SERVIEREN
ALKOHOLWERT 13,5 %

Punkte

15.5

ITALIEN

ROTWEIN

PREIS FR. 5.90

BARDOLINO DOC 2020

Frisch, delikat und gegen den Durst. Dieser süffige Norditaliener ist gezeichnet von einer blumig fruchtigen Note, die ganz dezent zu erkennen ist. Wie für einen Bardolino typisch, sehr leichtfüssig, spritzig und perfekt für Häppchen oder Grilladen. Kein Lagerwein, sondern einer, den man jung und zu einem Teller Pasta geniesst. Süffig, trocken und gradlinig mit einer schönen Fruchtnote im Finale. Budget-Hauswein aus dem Norden Italiens. Bardolino ist auch der Name eines bekannten Örtchens am Gardasee. Ein Bardolino besteht immer aus mindestens 95 % Corvina – einer Traube, die auch für die Vinifikation von Amarone verwendet wird.

TRINKREIFE JETZT GENIESSEN
PASST ZU APÉRO, GRILLADEN, PIZZA, PASTA, SONNTAGSPICKNICK
SERVICETIPP BEI 14–15 °C SERVIEREN
ALKOHOLWERT 12,5 %

Punkte

16.5*

ITALIEN

ROTWEIN

PREIS FR. 7.95

SALICE SALENTINO DOC 2020 TRENTACINQUESIMO PARALLELO

Der neue Jahrgang ist von schöner reifer Frucht geprägt. Solide und charmant und für seinen Preis ein Schnäppchen. Es ist ein herrlicher Hauswein, der von reifen roten Früchten geprägt ist. Noten von Brombeeren, Cassis und Schokolade. Ein Gute-Laune-Italiener für das gesellige Zusammensein und für italienische Küchenklassiker.

TRINKREIFE JETZT GENIESSEN
PASST ZU APÉRO, EXOTISCHEN VORSPEISEN, KALTER GEMÜSESUPPE, GRILLADEN, PASTA, PIZZA, POLENTA, RISOTTO
SERVICETIPP BEI 15–16 °C SERVIEREN
ALKOHOLWERT 13 %

Punkte

16

ITALIEN

ROTWEIN

PREIS FR. 8.50

P PRIMITIVO 2020
SALENTO IGP, FOLLARE

Easy drinking, das unkompliziert den Hals hinunterfliesst und vor allem eine reife Fruchtaromatik hinterlässt. Kein Lagerwein. Guter Hauswein für weniger als zehn Franken. Noten von reifen, schwarzen Beeren und saftige Tannine sind zentral. Hat eine stoffige, aber auch eine sehr unkomplizierte Aromatik.

Im Grunde sind die Weine aus der Sorte Primitivo meist intensive Gaumenschmeichler, die mit viel konzentrierter Frucht und dunkler Erscheinung unsere Sinne verführen. Primitivo ist nach wie vor eine absolut trendige Traubensorte, nicht zuletzt, weil man sie zu allerhand italienischen Küchenklassikern kombinieren kann, genauso wie zu einer Pizza oder einem Steak vom Grill. Der Name bezieht sich auf die frühe Reife der Sorte (italienisch «primo» – der Erste).

TRINKREIFE JETZT GENIESSEN
PASST ZU LASAGNE, PIZZA, PASTA ALLE VONGOLE, GRILLADEN VOM FLEISCH UND FISCH, GEFLÜGEL, RISOTTO MIT KAPERN
SERVICETIPP BEI 15–16 °C SERVIEREN
ALKOHOLWERT 12,5 %

Punkte

17*

ITALIEN

ROTWEIN

PREIS FR. 8.90

BRUNETTI DI AMEROSA 2019 ROSSO PUGLIA IGT ORGANIC WINE

Ein Jahr nach der letzten Verkostung noch topfit. Diese Cuvée aus Sangiovese, Montepulciano und Nero di Troia ist biologisch vinifiziert. Im Gaumen viel reife Frucht und in der Art fast an einen Ruby Port erinnernd, wobei sein Alkoholgehalt natürlich tiefer und die Tannine delikater sind. Viel Wärme und Aromen von Dörrfrüchten im Gaumen. Kochen Sie dazu Risotto oder ein Fleischgericht – oder geniessen Sie ihn, während Sie Donna Leons Commissario Brunetti bei der Auflösung seiner Fälle helfen. Neu haben wir dieses Jahr auch einen Brunetti unter den Weissweinen.

TRINKREIFE JETZT GENIESSEN
PASST ZU GRILLADEN, EINTOPF, ENTE, RISOTTO, WILD, PASTA MIT TOMATENSAUCE, PIZZA, LASAGNE
SERVICETIPP BEI 16–17 °C SERVIEREN
ALKOHOLWERT 14 %

Punkte

16.75*

ITALIEN

ROTWEIN

PREIS FR. 9.90

NERO D'AVOLA SICILIA DOC 2020
ALLEGRO

Der neue Jahrgang ist frivol, süffig und herrlich aromatisch. Er hat eine angenehm unkomplizierte Art und verwöhnt den Gaumen schon beim ersten Kontakt mit einer fruchtigen Intensität, wobei auch eine saftige Frische vorhanden ist. Wenn Sie auf der Suche nach einem sympathischen Hauswein sind, der weniger als 10 Franken kostet, dann können Sie diesen kistenweise einbunkern. Seine liebliche Art wird von süss-fruchtigen Aromen umgarnt. Dolce-far-niente-Stimmung und Pasta- oder Pizza-Dinner-Abend mit Freunden harmonieren ebenso gut zu diesem Sizilianer wie die Musik von Laura Pausini.
Einfacher – aber verlässlich.

TRINKREIFE JETZT GENIESSEN
PASST ZU PASTA, PIZZA, GEGRILLTEM FLEISCH, WILDTERRINE, GEFLÜGEL MIT SCHWARZEN OLIVEN
SERVICETIPP BEI 15–16 °C SERVIEREN
ALKOHOLWERT 13,5 %

Punkte

17.25*

ITALIEN

ROTWEIN

PREIS FR. 9.90

GRANDE SINFONIA 2020 APPASSIMENTO VINO PASSITO PUGLIA IGP

Der dritte Jahrgang dieses modernen Italieners hat seine Stilistik beibehalten. Wenn man önologisch erleben will, was ein Turbo-Effekt ist, dann ist dies der richtige Wein. Muskulös, modern, extrovertiert, übertrieben laut, süss-fruchtig mit schokoladigem Schmelz und dicht geht es hier zu und her. Dennoch easy Unterhaltung – wie eben ein Blockbuster. Volgs Antwort auf den Erfolg der südländischen Monsterweine. Der Fachbegriff Appassimento bedeutet so viel wie Verwelkung und er kommt bei der Produktion von Recioto oder Passito vor. Mit dieser Methode wird den geernteten Weintrauben ein Grossteil ihrer Flüssigkeit entzogen und sie verlieren 30–40 % ihres Gewichtes. Dadurch wird ihr Zuckergehalt beim Pressen grösser und die Aromatik des Weins entsprechend konzentrierter.

TRINKREIFE BIS 2023 GENIESSEN
PASST ZU BRATEN, SCHWEREN GERICHTEN, LAMM, WILD, PASTA
SERVICETIPP BEI 16–18 °C SERVIEREN
ALKOHOLWERT 14,5 %

Punkte

17.25*

ITALIEN

ROTWEIN

PREIS FR. 10.50

L'AMORINO NEGROAMARO 2020 PUGLIA IGP

Der neue Jahrgang ist charmant und blumig mit einer Regenbogenaromatik und süss-schokoladigen Aromen. Gute-Stimmung-Wein, der natürlich mehr im Keller als im Rebberg vinifiziert wird, aber das ist eine andere Diskussion. Happy Wine mit dem Herzchen-Look. Deutlich konzentrierter als der Primitivo Salento Piana del Sole, aber in der Art geht er in eine ähnliche Richtung. Wie in einem Marvel-Comic ist hier seine ganze aromatische Dramaturgie aufgemotzt und von einer anderen Dimension. Spassig, unterhaltsam und laut. Süss-fruchtige Gaumenüberraschung mit Noten von kandierten Kirschen, Schokolade, Schwarzwäldertorte und Cassis.

TRINKREIFE JETZT GENIESSEN
PASST ZU PASTA, PIZZA, GEFLÜGEL, STEAK, HAMBURGER, PILZEN, LASAGNE
SERVICETIPP BEI 15–16 °C SERVIEREN
ALKOHOLWERT 13,5 %

Punkte

17.25*

ITALIEN

ROTWEIN

PREIS FR. 12.50

STELLA SOLARE 2020
NEGROAMARO PRIMITIVO
PUGLIA IGP

Heftiger und moderner Weingenuss aus dem Trendgebiet Apulien. Assemblage aus zwei charaktervollen und intensiven Botschaftertrauben des italienischen Südens. Preislich natürlich perfekt und daher ein toller Alltagswein, wenn es fruchtig, beerig, schmelzig und schokoladig süss zu und her gehen darf. Der perfekte Wein für eine aromatische Küche, in der sich viele Aromen auf einem Teller vereinen. Easy drinking für lockere Momente. Im Vergleich zum Stella Lunare und Stella d'Argento eher charmant und auf der Erdbeerkompottseite. Er ist weniger dunkel in der Aromatik und hat auch eine blumigere Note.

TRINKREIFE JETZT GENIESSEN
PASST ZU EXOTISCHEN GERICHTEN, CAJUN-KÜCHE, LASAGNE, OSSOBUCO, SALTIMBOCCA, PASTA, GNOCCHI, PIZZA, GEFLÜGEL
SERVICETIPP BEI 16–17 °C SERVIEREN
ALKOHOLWERT 13,5 %

Punkte

17.5*

ITALIEN

ROTWEIN

PREIS FR. 12.90

COSTALAGO 2019 ROSSO VERONESE IGT ZENI

Der neue Jahrgang kommt ganz im Hausstil daher und ist eine echte Entdeckung, wenn einem die Stella-Weine zu kreiert sind und man die Handschrift eines Familienbetriebs im Glas spüren will. Klar ein moderner Wein, aber ein perfekter Hauswein. Eine wahre Gaumenwohltat unter all den modernen Italienern, denn hier kommen Finesse, moderner Charme und erkennbare Herkunft zusammen. Corvina Rosso, Merlot und Cabernet Sauvignon sind in diesem Wein assembliert. Er ist dunkel in der Farbe und einladend fruchtig. Man entdeckt Noten von kandierten Kirschen, Rosinen und duftenden Rosen. Im Gaumen schöne Präsenz, delikate Tannine und eine sehr spannende Struktur. Auch ein Wein, der mit jedem Schluck besser wird, was für seine Güte spricht. Perfekt für das romantische Dinner oder den genussvollen Moment mit sich allein. Viel Charme und reife Fruchtaromen im Glas. Zeni ist ein toller Produzent und seit über 20 Jahren eine sichere Marke bei Volg. Auf dem Weingut befindet sich übrigens ein schönes Weinbaumuseum, das öffentlich zugänglich ist.

TRINKREIFE BIS 2025 GENIESSEN
PASST ZU LASAGNE, OSSOBUCO, SALTIMBOCCA, PASTA, GNOCCHI
SERVICETIPP BEI 15–16 °C SERVIEREN
ALKOHOLWERT 14 %

Punkte

17*

ITALIEN

ROTWEIN

PREIS FR. 13.90

PRIMITIVO SALENTO IGT 2020
PIANA DEL SOLE

Wenn Sie auf der Suche nach einem konzentrierten, aber dennoch nicht zu schweren Rotwein sind, der ihr Pastagericht festlich ergänzt, dann ist dieser Volg-Klassiker ein sicherer Wert. Noten von schwarzen Kirschen, Cassis und auch etwas Schokolade sind zentral. Der neue Jahrgang ist nach Hausrezept vinifiziert. Geschmeidig macht er sich im Gaumen breit und wartet nicht lange darauf, mit seiner modern-frivolen Art zu unterhalten. Ein spassiger Süditaliener aus der Trend-Traube Primitivo. Hat eine schöne Frische im Finale und zelebriert die süsse Frucht dynamisch.

TRINKREIFE JETZT GENIESSEN
PASST ZU PASTA, PIZZA, GEGRILLTEM FLEISCH, WILDTERRINE, GEFLÜGEL ODER KANINCHEN MIT SCHWARZEN OLIVEN, ENTE, BRATEN
SERVICETIPP BEI 15–16 °C SERVIEREN
ALKOHOLWERT 13,5 %

Punkte

16.75

ITALIEN

ROTWEIN

PREIS FR. 13.90

CHIANTI DOCG RISERVA 2016
POGGIO CIVETTA

Moderner, schmelziger Chianti und ein toller Alltagswein, der sowohl zur Pasta wie auch zu Fleischgerichten passt. Nicht der rustikale Chianti, sondern eher der, der seine Frucht schmelzig offenbart. Mittelschwer in der Art mit Noten von Leder, Holunder, Backpflaumen und Cassisgelee. Dieser solide Hauswein-Chianti ist sehr süffig und kann gut für allerhand Momente eingesetzt werden. Vom gemütlichen Pasta-Pizza-Abend bis zum etwas eleganteren Familienessen. Was mir gut gefällt, ist seine klare, saubere Fruchtnote. Kein Wein der grossen Worte, aber ein verlässlicher, wenn man einen regionaltypischen Rotwein sucht, der nicht schwer zu verstehen ist.

TRINKREIFE JETZT GENIESSEN
PASST ZU TEIGWAREN MIT TOMATENSAUCE, ROTEM FLEISCH, WILD, LEBER, TERRINE
SERVICETIPP BEI 16–17 °C SERVIEREN
ALKOHOLWERT 13 %

Punkte

17.25*

ITALIEN

ROTWEIN

PREIS FR. 13.90

STELLA LUNARE 2020
NERO D'AVOLA
SICILIA DOC

Modern, schrill und aufgemotzt. Nicht der Terroirwein, sondern einer aus dem önologischen Traumstudio. Ein sogenannter Konditorwein, der an Schwarzwäldertortenessenz, kandierte Kirschen und Karamell denken lässt. Das schmeckt wohl alles gut, ist aber bei einem Wein ein klares Indiz für den aromatischen Zeitgeist. Ideal für Convenience-Köche oder solche, die in einem Gericht mehr als 12 verschiedene Aromen vereinen, die dann auch meist von salzig bis süss gehen. Der «Lady Gaga» unter den aktuellen Weinen aus dem Süden Italiens. Viel süsse Frucht und schokoladige Aromen.

TRINKREIFE JETZT GENIESSEN
PASST ZU PASTA, PIZZA, LASAGNE, BRATEN, RISOTTO, HAMBURGER
SERVICETIPP BEI 15–16 °C SERVIEREN
ALKOHOLWERT 14,5 %

Punkte

17.5*

ITALIEN

ROTWEIN

PREIS FR. 15.90 (Fr. 9.95/3,75dl)

RIPASSO VALPOLICELLA 2019
SUPERIORE DOC
ZENI

Der kleine Bruder des Amarone ist stoffig, konzentriert und modern. Noten von kandierten Kirschen, Schokolade und süssem Gebäck. Zugänglich und mittelschwer. Hat einen modernen Touch und verführt im Nu – und zwar nicht zu knapp. Wie bei allen Zeni-Abfüllungen kann man sich richtig auf sie verlassen. Die Tannine sind dezent spürbar und verleihen ihm eine gute Struktur. Eleganter Esswein, der nach Kerzenlicht und einem Braten verlangt. Warum dazu nicht wieder einmal ein klassisches Klavierkonzert hören? Sicherer Wert für Italien-Nostalgiker. Enthält primär die Traubensorten Rondinella und Corvina.

TRINKREIFE JETZT GENIESSEN
PASST ZU PASTA, OSSOBUCO, RINDSFILET, ENTENBRUST, GEFLÜGEL, POLENTA MIT PILZEN
SERVICETIPP BEI 15–17 °C SERVIEREN
ALKOHOLWERT 14 %

Punkte

18

ITALIEN

ROTWEIN

PREIS FR. 17.90

STELLA D'ARGENTO 2019 PRIMITIVO DI MANDURIA DOC

Die Stella-Linie besteht inzwischen aus vier Rotweinen. Der neue Jahrgang des Stella d'Argento ist in der Art natürlich gleich geblieben, zumal diese Weine weniger dem Terroir als einer Handschrift oder einem önologischen Design treu bleiben. Ich muss aber gestehen, dass das «aromatische Rezept» perfekt umgesetzt worden ist. Der Renner bei Volg. Die schwere Weinflasche lässt einen besonders edlen Wein vermuten. Viel Schokolade, Karamell und rote Früchte und Vanille. Ein Wein für das Date, das Versöhnungsessen, den Heiratsantrag oder einfach zum Ausklinken und die Seele baumeln lassen – sofern man einen aromatischen Kracher erleben will. Nichts für traditionelle Weingeniesser, sondern für den modernen Gaumen. Hier muss man Red Bull gewohnt sein. Dann findet man in diesem extrovertierten Primitivo seinen önologischen Partner.

TRINKREIFE JETZT GENIESSEN
PASST ZU PASTA, OSSOBUCO, RINDSFILET, ENTENBRUST, GEFLÜGEL
SERVICETIPP BEI 15–17 °C SERVIEREN
ALKOHOLWERT 14,5 %

Punkte

17

ITALIEN

ROTWEIN

PREIS FR. 19.90

STELLA D'ORO 2019
NEGROAMARO DI SALENTO, IGP
BARRICATO

Die Krönung der Stella-Linie. Ist etwas teurer und die Flasche hat auch ihr Gewicht. Der neue Jahrgang ist rustikaler und auch die Tannine mehr spürbar. Natürlich viel Schokolade und süssfruchtige Aromen, aber auch Tannine, die leicht trocken im Gaumen präsent bleiben. Kann für manche Gaumen auch schnell einmal etwas zu geschminkt, also etwas überladen wirken. Ein moderner Wein, der perfekt zur Dinnerparty mit lauter Musik und frivolen Gästen serviert werden kann. Entkorken Sie gerne Primitivo-Weine, dann sollten Sie diesen auch einmal ausschenken.

TRINKREIFE JETZT GENIESSEN
PASST ZU PASTA, OSSOBUCO, RINDSFILET, ENTENBRUST, GEFLÜGEL, LAMM, GRILLIERTEM THUNFISCH, SCHWEINEBRATEN
SERVICETIPP BEI 15–17 °C SERVIEREN
ALKOHOLWERT 14,5 %

Punkte

18*

ITALIEN

ROTWEIN

PREIS FR. 22.90

POGGIO CIVETTA 2019 BOLGHERI DOC

Vom selben Produzenten wie der Chianti Classico und eine tolle Steigerung. Modern, stoffig und präsent – und ganz seinem Herkunftsterroir entsprechend. Weine aus Bolgheri sind in der Regel immer schmelziger und fruchtiger im Vergleich zu einem Chianti. Der neue Jahrgang ist noch selbstsicherer geworden. Hat alles, was ein Blockbusterwein in sich hat, ist aber glücklicherweise auch schön frisch. Stoffig und dicht. Dekantieren ist ein Muss. Diesen Wein können Sie am Familienfest oder zum Dinner mit Freunden ausschenken – seine charismatische Art wird sehr gut ankommen. Auch ein guter Geschenkwein. Assemblage aus Sangiovese, Merlot und Cabernet Sauvignon.

TRINKREIFE BIS 2027 GENIESSEN
PASST ZU PASTA, BRATEN, FLEISCHGERICHTEN, GRILLIERTEM FISCH, WURSTWAREN, SCHLACHTPLATTE, RISOTTO MIT PILZEN
SERVICETIPP BEI 16–17 °C SERVIEREN
ALKOHOLWERT 14 %

Punkte

18*

ITALIEN

ROTWEIN

PREIS FR. 27.90

AMARONE DELLA VALPOLICELLA DOCG 2018 ZENI

Der teuerste Wein des Volg-Kapitels und seit Jahren ein sicherer Wert. Deutlich konzentrierter als der Valpolicella und auch komplizierter. Er benötigt Musse und Zeit und kann auch dekantiert werden. Man entdeckt Noten von Schokolade, Kaffee, Heidelbeeren, Rosinen und etwas Zedernholz. Für den Preis top. Der Wein fürs gemütliche Wochenend-Dinner oder das romantische Date. Die Weine von Zeni gefallen mir jedes Jahr sehr gut, zumal man sich immer auf sie verlassen kann. Auch tun sie meinem eher traditionellen Gaumen sehr gut. Einer der Top-Amarone des Weinsellers und der Stolz des Familienweingutes Zeni, auf dem verschiedene Generationen für die Güte norditalienischer Weinklassiker sorgen. Der neue Jahrgang kommt ganz im vertrauten Stil daher. Konzentriert und deftig.

TRINKREIFE BIS 2027 GENIESSEN
PASST ZU BRATEN, FILET, ENTE, STROGANOFF, COQ AU VIN, PASTA MIT TRÜFFELN ODER ANDEREN PILZEN, ZIGARREN
SERVICETIPP BEI 16–18 °C SERVIEREN
ALKOHOLWERT 15,5 %

Punkte

16.25*

ÖSTERREICH

ROTWEIN

PREIS FR. 7.95

ZWEIGELT 2020
LENZ MOSER
QUALITÄTSWEIN

Der neue Jahrgang ist unkompliziert, beerig fruchtig und ideal, wenn der Rote nicht zu schwer sein und auch zu allerhand Gerichten passen sollte. Leuchtet in kräftigem Rot und strahlt eine fruchtige Selbstsicherheit aus. Im Gaumen pures easy drinking mit Noten von Brombeeren, Cassis und etwas Schokolade. Ein moderner und unkomplizierter Österreicher für den täglichen Genuss. Das Preis-Leistungs-Verhältnis ist optimal, daher gebe ich ihm auch dieses Jahr ein Sternchen.

TRINKREIFE JETZT GENIESSEN
PASST ZU HAMBURGER, GRILLADEN, WILDVORSPEISEN, KALTER PLATTE, GEFLÜGEL, RISOTTO MIT PILZEN, PIZZA
SERVICETIPP BEI 15–16 °C SERVIEREN
ALKOHOLWERT 12,5 %

Punkte

16.75

PORTUGAL

ROTWEIN

PREIS FR. 8.90

ANIMUS DOURO DOC 2019

Solider Alltagsportugiese, der ein Jahr nach der letzten Verkostung noch eine schöne Präsenz hat. Nicht zu kompliziert und dennoch komplex mit Noten von Backpflaumen, Kaffee und Lorbeere. Mittelschwer und ideal für alle Tage. Das Douro-Tal zählt zu den schönsten Landschaften Portugals. Ungewöhnlich wild und kultiviert zugleich, gehört die Region seit 2001 zum Weltkulturerbe der Unesco. Atemberaubend steile Weinterrassen klettern zu beiden Seiten des Douro die Hänge hinauf. Von hier stammt der bekannte Portwein, aber auch zahlreiche Stillweine – so auch der Animus.

TRINKREIFE JETZT GENIESSEN
PASST ZU GEFLÜGEL, STEAK, SCHLACHTPLATTE, ENTE, RISOTTO MIT PILZEN
SERVICETIPP BEI 16–17 °C SERVIEREN
ALKOHOLWERT 13 %

Punkte

17*

PORTUGAL

ROTWEIN

PREIS FR. 13.50

ANIMUS RESERVA 2019
DOURO DOC

Vergleichen Sie den Duft der beiden Animus-Weine – des normalen und des Reserva. Die Nase wird in zwei aromatische Welten eintauchen. Der neue Jahrgang des Reserva ist in der Stilistik etwas anders, zumal er mehr Struktur und Komplexität als noch der 2018er aufweist. Er ist weniger charmant und schokoladig, dafür mehr von Gerbstoffen und Pflaumenaromen gezeichnet, was ihn zu einem guten Esswein macht. Warum nicht auch dekantieren oder zumindest aus etwas grösseren Gläsern geniessen? Produziert von Vicente Leite de Faria, dessen Familie seit Beginn des 19. Jahrhunderts im Douro-Tal Trauben kultiviert. Assemblage aus Tinta Roriz, Touriga Franca und Touriga Nacional.

TRINKREIFE JETZT GENIESSEN
PASST ZU GEFLÜGEL (AUCH WENN ER VEGAN IST), GEMÜSEEINTOPF, STEAK, RISOTTO MIT PILZEN
SERVICETIPP BEI 15–17 °C SERVIEREN
ALKOHOLWERT 13,5 %

Punkte

16

SPANIEN

ROTWEIN

PREIS FR. 7.95 (5 dl)

RIOJA DOCA 2017
CRIANZA
SANCHO GARCÉS

Ein Jahr nach der letzten Verkostung in sich ruhend und rustikal. Fast schon eine aromatische Ausnahme in diesem Kapitel, da dieser Rioja eher rustikal, bodenständig und kernig ist und nicht, wie die meisten Weine, modern und schmelzig. Offenbart neben reifen Fruchtnoten auch Leder-, Tabak- und Zedernholzaromen. Auch Aromen von Backpflaumen und Lorbeer sind zu erkennen. Preislich natürlich fast unschlagbar, daher kann ich ihn sehr als Alltags-Hauswein empfehlen, vorausgesetzt, man hat rustikale Weine mit Ecken und Kanten gerne, die voll präsent sind und ihr Temperament alles andere als unter Kontrolle haben. Aus der Sorte Tempranillo vinifiziert.

TRINKREIFE JETZT GENIESSEN
PASST ZU FLEISCHGERICHTEN, EINTOPF, GEFLÜGEL, WURSTWAREN
SERVICETIPP BEI 16–18 °C SERVIEREN
ALKOHOLWERT 14,5 %

Punkte

16.75

SPANIEN

ROTWEIN

PREIS FR. 9.90

RIOJA DOCA PUERTA VIEJA 2019 CRIANZA BODEGAS RIOJANAS

Günstiger Alltagsspanier und ein guter Konterpunkt zu den Stella-Weinen – denn hier geht es rustikal, erdig und bodenständig zu und her. Die Frucht ist eher auf der feinen Seite und dazu kommt eine herbe Lederaromatik. Im Gaumen dann schön stoffig und auch von den Gerbstoffen markiert. Kurz: Es handelt sich um einen klassischen Rioja mit Struktur, Komplexität und Charakter. Der Wein reifte während 18 Monaten in neuen amerikanischen Eichenfässern. Der neue Jahrgang ist eine Spur finessenreicher als noch der 2018er.

TRINKREIFE BIS 2023 GENIESSEN
PASST ZU TAPAS, GEFLÜGEL, FISCHPLATTE, GRATIN, FILET STROGANOFF, GULASCH
SERVICETIPP BEI 15–16 °C SERVIEREN
ALKOHOLWERT 13,5 %

Punkte

17.5*

SPANIEN

ROTWEIN

PREIS FR. 13.50

ORO SELECCIÓN SOLITARIO 2018
TORO DO
MÄHLER-BESSE

Toro ist normalerweise ein Terroir, dessen Weine ihren Preis haben. Bei dieser Abfüllung bietet Volg seit Jahren einen Best Buy in mancherlei Hinsicht an. Es ist ein klassischer, eleganter Vollblutwein von einem bekannten Bordeaux-Produzenten. Der neue Jahrgang ist eine Spur strenger und strukturierter als auch schon. Daher würde ich ihn noch etwas im Keller ruhen lassen oder auf jeden Fall dekantieren. In der Nase erkennt man Noten von dunkler Schokolade, Kaffee, Leder und Röstaromen. Im Gaumen dann komplex mit straffen und präsenten Tanninen. Ein stoffiger und moderner Wein, dessen Preis der Hammer ist. Aus der Sorte Tempranillo vinifiziert.

TRINKREIFE BIS 2027 GENIESSEN
PASST ZU GRILLADEN VOM FLEISCH UND VOM FISCH, LAMMKEULE, GERICHTEN MIT SCHWARZEN OLIVEN UND KAPERN, WÜRZIGEM BERGKÄSE
SERVICETIPP BEI 15–17 °C SERVIEREN
ALKOHOLWERT 14,5 %

Punkte

16.25

SPANIEN

ROTWEIN

PREIS FR. 13.90

RIOJA DOCA 2016 RESERVA, URSA MAIOR

Wir haben erneut denselben Jahrgang verkostet und die Gerbstoffe sind präsent und verleihen diesem Klassiker ein nahezu perfektes Gerüst. Guter Hauswein für traditionelle Küche, die auch ganz einfach sein kann. Aromatisch entdeckt man Leder-, Tabak-, Lorbeer- und Pflaumenaromen. Im Vergleich zum Rioja DOCa Puerta Vieja jetzt etwas leichter und herber, zumal die Qualität des Puerta Vieja deutlich zugelegt hat. Bei diesem 2016er werden die Tannine auch mit längerem Lagern nicht feiner.

TRINKREIFE JETZT GENIESSEN
PASST ZU HAUSMANNSKOST, GRILLADEN, BRATEN
SERVICETIPP BEI 15–17 °C SERVIEREN
ALKOHOLWERT 13,5 %

Punkte

17.25*

SPANIEN

ROTWEIN

PREIS FR. 16.90

FINCAS VALDEMACUCO 2019 ROBLE, VALDEMAR RIBERA DEL DUERO DO

Basis-Ribera, der auch im neuen Jahrgang Freude bereitet und vom bekannten Produzenten Conde de Valdemar stammt. Wird speziell für Volg abgefüllt und geht in die Kategorie der soliden, erdigen Hausweine, die ganz kurz im Holz reiften (5 Monate). Man zahlt etwas mehr, hat dafür aber auch einen gehaltvolleren Wein im Glas, wobei ich auch betonen muss, dass ein Ribera del Duero in der Regel auch teurer ist als ein Rioja. Vinifiziert wurde der Wein aus Tempranillo. Der neue Jahrgang ist eine Spur komplexer und hat auch etwas mehr Tiefe, was für einen Roble-Wein (also einen Basis-Wein) sehr erfreulich ist.

TRINKREIFE BIS 2024 GENIESSEN
PASST ZU STEAK, WURSTWAREN, TAPAS, WILD, ENTE, SCHLACHTPLATTE
SERVICETIPP BEI 15–17 °C SERVIEREN
ALKOHOLWERT 14 %

Punkte

17.5

SPANIEN

ROTWEIN

PREIS FR. 19.90

**FINCAS VALDEMACUCO 2017
CRIANZA, VALDEMAR
RIBERA DEL DUERO DO**

Ribera del Duero liegt wie Toro im Gebiet Castilla-León und gilt als härtester Konkurrent der bekannten Region Rioja. Auch wenn die Rebflächen hier einen Drittel der Rebflächen des Rioja ausmachen, haben die Weine doch Weltruhm erlangt. Die Hauptsorte der Region ist Tinto Fino (Tempranillo). Diese Abfüllung ist komplexer und dichter als der Roble desselben Produzenten und leuchtet kräftig dunkelrot aus dem Glas. Die Tannine sind fein und dicht. Noten von Backpflaumen, Cassis und Brombeeren sind zu erkennen sowie eine erdige Note und ein delikat schokoladiger Schmelz. Hat eine mollige Fülle und straffe Dichte. Gefällt Ihnen der Marqués de Riscal, dann könnte Ihnen auch dieser gefallen. Traditioneller Esswein mit einer festlichen Aura.

TRINKREIFE BIS 2026 GENIESSEN
PASST ZU BRATEN, FILET, EINTOPF, TERRINE
SERVICETIPP BEI 15–17 °C SERVIEREN
ALKOHOLWERT 14,5 %

Punkte

17.5

SPANIEN

ROTWEIN

PREIS FR. 21.80

MARQUÉS DE RISCAL RIOJA DOCA RESERVA 2017

Der neue Jahrgang ist wohl der teuerste unter den Riojaweinen, aber auch einer der besten. Hier weiss man, was man bekommt, und geniesst im Glas einen eleganten Traditionswein, der zu Spaniens Weingeschichte gehört. Mit einem Marqués de Riscal ist man immer gut gewappnet – egal ob man einen Weinkenner oder einen Amateur zum Essen eingeladen hat. Aromatisch ist er auf der rustikalen, stoffigen Seite mit Noten von Rosinen, Backpflaumen, Zedernholz, Mandarinenschalen und etwas Kaffee. Er hat viel Finesse und Eleganz, geht aber klar in die Kategorie der Markenweine, die man weltweit findet und die wie ein Starbucks-Café Sicherheit verleihen. Dekantieren ist auch möglich. Bei einer Aktion würde ich gleich ein paar Kisten einkaufen, zumal diese Weine eine äusserst lange Lebensdauer haben. Das kann man übrigens bei einem Besuch der Kellerei live erleben, da im Keller zahlreiche sehr alte Abfüllungen lagern.

TRINKREIFE BIS 2030 GENIESSEN
PASST ZU SUSHI, SÜSSWASSERFISCH, KÄSEGERICHTEN, VEGETARISCHEN GERICHTEN, APÉRO RICHE
SERVICETIPP BEI 15–16 °C SERVIEREN
ALKOHOLWERT 14 %

Punkte

16.5*

USA

ROTWEIN

PREIS FR. 7.90

CABERNET SAUVIGNON 2020
CASWELL

Ein Gruss aus der Neuen Welt. Aromatisch, modern und bunt. Neue Welt, aber sehr gefällig und süffig. Easy drinking mit Himbeer-Brombeer-Cassis-Note. Am besten geniesst man ihn leicht gekühlt zu moderner Musik. Viel Frucht, Aromatik und ein schokoladiges Finale. Ein Fun-Wein aus Übersee, der Jahr für Jahr die Aromatik eines beliebten Hitparaden-Ohrwurms hat. Flower-Power-Wein mit einem süss-fruchtigen Aromaspiel. Mittelschwer.

TRINKREIFE JETZT GENIESSEN
PASST ZU EXOTISCHER KÜCHE, GRILLADEN, HAMBURGER, HOTDOG, SPARERIBS
SERVICETIPP BEI 15–16 °C SERVIEREN
ALKOHOLWERT 13 %

Punkte

16.5*

USA

ROTWEIN

PREIS FR. 7.90

ZINFANDEL 2020
CASWELL

Neu in diesem Kapitel und wie alle Weine der Caswell-Linie ein klassischer Gaumen-Pleaser. Schon der Duft zieht einem förmlich die Nase ins Glas, so intensiv und einladend locken die süssen Fruchtaromen, die an kandierte Datteln, schwarze Kirschen und reife Feigen denken lassen. Im Gaumen kommt dann noch eine angenehm schokoladige Note dazu. Die Gerbstoffe sind delikat und die Struktur samtig charmant. Easy drinking – die kalifornische Interpretation des Primitivo, der hier Zinfandel heisst. Spassig vom ersten bis zum letzten Schluck.

TRINKREIFE JETZT GENIESSEN
PASST ZU LAMM, ENTE, EXOTISCHER KÜCHE, GRILLADEN, HAMBURGER, PIZZA, TÜRKISCHEN GERICHTEN
SERVICETIPP BEI 15–16 °C SERVIEREN
ALKOHOLWERT 14,5 %

Punkte

18*

SCHWEIZ

SCHAUMWEIN

PREIS FR. 12.90

VOLGAZ! VIN MOUSSEUX
VOLG WEINKELLEREIEN
HALBTROCKEN

Mein Volg-Schaumwein-Favorit – seit Jahren. Charmant und aromatisch verführt er im Gaumen. Ideal, wenn man gerne einen trockeneren Moscato d'Asti oder einen fruchtigeren Prosecco entkorken möchte – warum nicht einmal die Schweizer Antwort darauf einschenken? Duftet blumig-fruchtig und verspielt nach weissen Rosen, Lilien, Mango und etwas Honig. Im Gaumen zartgliedrig mit feiner Mousse, die delikat prickelt. Absolut unkompliziert und süffig. Ein sicherer Verführer aus der Ostschweiz. Wichtig ist, dass man ihn sehr kühl geniesst. Reiner Riesling-Sylvaner, der ein Loblied auf den lockeren, aber terroirspezifischen Weingenuss singt. Easy drinking pur – warum nicht auch on the rocks? Trauben aus dem Jahrgang 2020 – dem Jahr, das unsere Welt total auf den Kopf gestellt hat.

TRINKREIFE JETZT GENIESSEN
PASST ZU APÉRO, BRUNCH, EXOTISCHEN VORSPEISEN, PIZZA, FISCH
SERVICETIPP BEI 6–8 °C SERVIEREN
ALKOHOLWERT 8.5 %

Punkte

17*

ITALIEN

SCHAUMWEIN

PREIS FR. 9.90

PROSECCO MONTE SANTO DOC, EXTRA DRY RAPHAEL DAL BO

Preislich ein Hit! Inzwischen fast schon ein sicherer Wert – zumal er in der Stilistik noch etwas an Qualität zugelegt hat. Im Vergleich zu den restlichen Proseccos hat dieser die feinste Mousse und dies ist in der Regel ein Indiz für eine gute Qualität. Ein fröhlich-blumiger Schaumwein für den unkomplizierten Genuss, wenn man gerne trockene und präzise Bollicine geniesst. Schon die Nase macht Lust, einen grossen Schluck zu nehmen und sich genüsslich auf einen langen Apéro einzulassen. Im Gaumen fruchtbetont, kernig und rassig mit einer markanten Mousse und einem sehr günstigen Preis. Solider Hausprosecco, den man auch on the rocks geniessen oder zum Mischen eines Bellinis nutzen kann.

TRINKREIFE JETZT GENIESSEN
PASST ZU APÉRO, ANTIPASTI, HÄPPCHEN
SERVICETIPP BEI 6–8 °C SERVIEREN
ALKOHOLWERT 11 %

Punkte

16.25

ITALIEN

SCHAUMWEIN

PREIS FR. 11.90

PROSECCO CINZANO DOC, SPUMANTE DRY

Markenbewusster Prosecco, der Lust macht, wieder einmal nach Mailand zu reisen und die Bar Basso zu besuchen. Hat etwas Ecken und Kanten und markiert trocken und kernig, wobei auch Aromen von Muskat, Honig und Limetten dazukommen. Ist etwas gefälliger als auch schon und klar easy drinking pur. Im Vergleich zum günstigeren Dal-Bo-Prosecco ist die Mousse etwas weniger fein.

TRINKREIFE JETZT GENIESSEN
PASST ZU APÉRO, VORSPEISEN, BRUNCH, ANTIPASTI
SERVICETIPP BEI 6–8 °C SERVIEREN
ALKOHOLWERT 11 %

Punkte

16.5

ITALIEN

SCHAUMWEIN

PREIS FR. 14.90

PROSECCO MONTE SANTO SUPERIORE DI CONEGLIANO VALDOBBIADENE, DOCG, EXTRA DRY, RAPHAEL DAL BO

Die Prosecco-Abfüllungen von Raphael Dal Bo werden mit jedem Jahrgang populärer – zumindest findet man sie überall. Dieser Superiore Extra Dry ist der aromatisch dichteste, wobei seine Mousse nicht so fein wie die des Extra Dry ist. Noten von weissen Blüten, Holunder, Honig und weissem Pfirsich verwöhnen Nase und Gaumen. Auch hier kann ich nur sagen: kühlen und geniessen – auch in einem Schaumbad. Oder servieren Sie ihn eiskalt zu kleinen Häppchen und italienischen Canzoni. Schaumwein kann man übrigens immer als Gaumenerfrischung servieren – auch nach einem Nachtessen.

TRINKREIFE JETZT GENIESSEN
PASST ZU APÉRO, ANTIPASTI, HÄPPCHEN
SERVICETIPP BEI 6–8 °C SERVIEREN
ALKOHOLWERT 11 %

Punkte

16.5

ITALIEN

SCHAUMWEIN

PREIS FR. 14.90 (Fr. 8.90/3,75dl)

PROSECCO DOC EXTRA DRY AGRICOLTURA BIOLOGICA RAPHAEL DAL BO

Die aktuelle Abfüllung erfreut die Nase mit einem blumigen Auftakt und Noten von weissen Rosen und Honig. Die Mousse ist etwas voluminös und kernig, aber zum Glück übernimmt die fruchtige Aromatik schnell das Zepter. Noten von Melone und Honig machen sich breit. Biologisch vinifiziert und erst noch vegan. Zudem ist er auch in der kleinen 3,75-dl-Flasche erhältlich. Prosecco ist nach wie vor einer der erfolgreichsten Schaumweine der Gegenwart. Zwei neue Trends: Es werden immer mehr Bio-Proseccos abgefüllt und neu hat es auch Rosé-Proseccos im Angebot.

TRINKREIFE JETZT GENIESSEN
PASST ZU APÉRO, ANTIPASTI, HÄPPCHEN
SERVICETIPP BEI 6–8 °C SERVIEREN
ALKOHOLWERT 11 %

Punkte

16.75

ITALIEN

SCHAUMWEIN

PREIS FR. 15.90

PROSECCO DOC
EXTRA DRY
FREIXENET

Ein optischer Hit. Gestylter geht es kaum. Es duftet nach weissen Blüten, Jasmin und etwas Limette. Im Gaumen rassig und ebenfalls delikat blumig mit Noten von weissem Pfirsich und Quitten. Auch ein Marken-Prosecco, der aber aromatisch klar etwas süss-fruchtiger ist als der Cinzano. Easy drinking für einen Event, bei dem die optische Erscheinung der Gäste, des Essens und der Getränke zentral ist. Feel-good-Schaumwein mit Passepartout-Charakter. Preislich perfekt.

TRINKREIFE JETZT GENIESSEN
PASST ZU APÉRO, ANTIPASTI, HÄPPCHEN, BELLINI, COCKTAILS, PICKNICK
SERVICETIPP BEI 6–8 °C SERVIEREN
ALKOHOLWERT 11 %

Punkte

16.5*

ITALIEN

SÜSSWEIN

PREIS FR. 5.95

FILIPETTI MOSCATO V.S.Q. DOLCE

Easy drinking, sehr ausgewogen und sympathisch mit einer süffigen Leichtigkeit im Abgang. Bunte Gaumenerfrischung für den geselligen Abend oder den Sonntagsbrunch. Noten von Honig, Melone, Rosen und Muskat sind zentral. Ganz wichtig: sehr kalt geniessen – entweder aus der Sektschale oder aus dem Weissweinglas. Persönlich trinke ich diesen süss-fruchtigen Schaumwein auch on the rocks. Absolut kein Lagerwein. Toll ist auch der tiefe Alkoholgehalt – dem zweiten Glas steht nichts im Wege.

TRINKREIFE JETZT GENIESSEN
PASST ZU APÉRO, GEBÄCK, BRUNCH, ANTIPASTI, FRÜHLINGSROLLEN, COCKTAIL, FISCHKNUSPERLI
SERVICETIPP BEI 6–8 °C SERVIEREN
ALKOHOLWERT 6.5 %

INDEX

WEISSWEINE

ROSÉ

ROTWEIN

GAGLIOLE
www.gagliole.com
GAGLIOLE
Aus dem Land der Träume

SCHAUMWEIN

SÜSSWEIN

Clairette de Die,
Tradition, Excellence (17*) 341
Filipetti Moscato V.S.Q.,
Dolce (16,5*)..673
Lambrusco di Modena,
DOC, Amabile, Villa Bonga (15,5*)........................432
Mousseux Suisse,
Demi-Sec (17*).. 103
Moscato d'Asti 2020,
Bricco del Sole,
Cascina La Morandina (17,5*) 597
Moscato d'Asti 2020,
La Baudria (18*) 298
Moscato d'Asti 2020,
Villa Garducci (17*) 104
Moscato Spiritoso,
Toso (16,5*) 342
Moscato Spumante Allini,
Dolce (15*)... 431
Pata Negra Cava,
DO, Semi Seco (15,75) 433